조중국경조약의 승계 문제를 중심으로

남북통일과 북한이 체결한
국경조약의 승계

조중국경조약의 승계 문제를 중심으로

남북통일과 북한이 체결한
국경조약의 승계

한명섭 지음

한국학술정보㈜

머리말

2000년 10월 16일자 『중앙일보』에 "북한·중국 국경조약 전문 최초 확인"이란 제하의 특종기사가 게재되었다. 중앙일보 취재팀이 옌지(延吉)의 한 헌책방에서 우연히 1974년 6월 중국 길림성혁명위원회외사판공실 편인(編印)의 『中朝, 中蘇, 中蒙 有關條約, 協定, 議定書滙編』이란 제목의 소책자를 발견하였다는 것이다. 위 책자에는 그동안 일부 문헌을 통해 그 존재만 추측되던 북한과 중국의 국경 관련 조약문이 그대로 실려 있었다. 이를 계기로 국내 학자들 사이에는 남북한이 통일될 경우 통일한국이 위 조약을 그대로 승계해야 하는지에 대한 관심과 논란이 제기되었다.

국제법적 측면에서 남북한의 통일은 국가승계의 문제로 논의된다. 그러나 국가승계의 문제는 국제법 분야에서 아직도 확립된 이론이 없을 만큼 가장 복잡한 분야 중의 하나이다. 특히 조약승계 분야, 그중에서도 국경조약 내지 영토조약의 승계 문제는 각 해당국의 역사적 배경 및 이해관계와 맞물려 더욱 복잡한 문제를 야기하고 있다.

분단 이후 북한은 1962년에는 중국과 1985년에는 구소련과 각 국경조약을 체결함으로써 한반도의 영토는 압록강과 두만강을 경계로 하게 되었다. 북한이 체결한 조약에 의해 간도는 중국으로, 연해주는 러시아로 귀속이 된 것이다. 문제는 남북한이 통일될 경우, 통일한국은 북한이 체결한 영토조약을 그대로 승계할 수밖에 없는가 하는 것이다.

조약승계에 대한 법원(法源)으로는 먼저 성문법인 1978년에 채택된 조약승계협약이 있다. 남북한이 모두 위 협약에 가입은 하지 않았지만 위 협약의 내용이 국제관습법화되었다면 우리 헌법 제6조 제1항에 의해 남북 통일 시에도 적용되어야 할 것이다.

조약승계협약 제11조와 제12조에서 규정하고 있는 국경조약 및 기타 처분적 조약의 자동승계의 원칙에 대해서 상당수 학자들이 국경조약의 경우에는 이를 승계하는 것이 국제관습법화되었다고 보고 있다. 그러나 대표적 분단국가인 예멘과 독일의 통일과정에서 이들은 기존의 국경조약을 그대로 승계하지 않고 새로운 조약을 제설하였다. 그 밖에도 각국의 사례에 비추어 볼 때 국경조약자동승계의 원칙이 국제관습법화되었다고 보기 어렵다는 것이 필자의 생각이다. 국제판례의 경우에도 일부 판례가 국경조약 자동승계원칙을 따른 것으로 분석되고 있으나 해당 사례들은 대체로 국가승계의 문제가 직접적인 쟁점이 된 것이 아니어서 확고한 판례가 형성되었다고 볼 수 없다. 결론적으로 국경조약자동승계의 원칙은 적지 않은 학자들로부터 도전을 받고 있고, 각국의 실행 및 판례를 살펴보아도 아직 국제관습법으로서의 확실한 지위를 차지한 원칙이 아니다. 오히려 각국의 실행은 아직도 자발적 승계에 의한 해결을 하고 있다고 보는 것이 타당하다 할 것이다.

북한이 중국 및 러시아와 체결한 국경조약의 승계문제에 대한 국내 학자들의 입장을 살펴보면, 국제법 원칙에 의해 위 국경조약을 승계할 수밖에 없다는 견해가 있는가 하면 북한의 국제법적 주체성을 인정하지 않거나 위 조약은 비밀조약이라는 이유 등으로 이를 승계하지 않을 수 있다는 주장, 국제법적으로 승계를 할 수밖에 없으나 위 조약이 불법 또는 부당하게 체결되었다면 그 효력을 다툴 수 있다는 등 다양한 주장들이 있다.

북한 역시 국제사회에서 국제법상의 주체인 국가로서의 지위를 갖고 활동하고 있는 점, 국제법적으로 비밀조약이라고 해서 그 효력이 없는 것은 아니라는 점 등에 비추어 볼 때 현실적으로 북한이 체결한 조약의 무효를 주장하기는 어렵다고 본다. 또한 북한이 중국 또는 러시아와 체결한 조약이 강제로 체결된 것이라거나 불평등하게 체결된 것이므로 불법 또는 부당한 조약임을 내세워 그 효력을 다투는 것도 무리라고 생각한다. 결국 국제법적 관점에서 북한이 체결한 위 각 국경조약은 유효한 것으로 볼 수밖에 없을 것이다. 다만 위 조약이 유효하다고 해서 통일한국이 이를 바로 승계해야만 하는 것인지는 전혀 별개의 문제이다.

따라서 법적 논리로만 본다면 북한의 법인격이 소멸하는 통일의 형태, 즉 병합 형태의 통일이 될 경우 통일한국은 북한이 체결한 국경조약 역시 효력을 상실하는 것으로 선언을 하고 상대방인 중국이나 러시아와 그 효력을 다툴 수 있을 것이다. 결론적으로 통일한국이 조중국경조약을 자동승계해야 한다는 확립된 국제법적 원칙 내지 국제관습법은 없다고 본다.

그러나 이는 조약승계의 법리상 승계국인 우리가 선행국인 북한이 체결한 위 국경조약을 승계할 국제법적 의무가 없으며, 이를 승계하지 않겠다는 주장을 할 수 있다는 의미일 뿐이다. 즉, 우리의 일방적인 선언에 의해 위 국경조약들이 바로 무효가 되는 것이 아니라 상대국인 중국 및 러시아와의 사이에 그 효력에 대한 다툼이 발생한다는 것을 의미하는 것에 지나지 않는다.

나아가 북한이 체결한 영토조약을 승계할 법적 의무가 없다는 결론이 간도영유권 문제를 전부 해결해 주는 것은 아니다. 간도영유권 문제에 대하여는 지금까지 우리 학계에서 논의되어 온 간도협약의 무효 문제, 백두산정계비상의 토문강에 대한 해석의 문제, 위 지역에 대한 우리의 역사적 권원의 문제에 대한 연구와 더불어 평화적 통일의 달성과 통일 한국의 미래에 대한 정책적 고려가 병행되어야 할 과제이다.

이 책은 필자가 2011년 8월 경희대학교 대학원에서 이영준(李英峻) 교수님의 지도하에 작성한 박사학위 논문인 『朝中國境條約의 承繼에 관한 硏究』를 일부 수정·보완하고, 논문에는 없는 대한제국과 대한민국의 동일성에 관한 문제 등을 추가한 것이다.

대학 재학 시절 처음으로 국제법에 흥미를 갖게 해 주셨고, 이 책의 바탕이 된 논문심사 과정에서 많은 조언을 해 주신 김찬규 교수님, 항상 통일과 남북문제에 깊은 관심을 가져온 필자에게 조중국경조약에 대한 관심을 갖게 해 주시고 논문과 이 책이 발간되기까지 변함없는 지도와 격려를 해 주신 이영준 교수님, 논문 작성 시 예리한 지적과 진심 어린 조언을 아끼지 않으신 단국대학교 김석현 교수님과 경희대학교 강희원, 정완 교수님, 출간을 허락해 주신 한국학술정보(주)의 채종준 대표이사님을 비롯한 관계자 여러분께 진심으로 감사드린다. 아울러 늘 변함없이 든든한 동반자로 함께해 온 아내, 그리고 항상 밝고 건강하게 자라고 있는 두 아들과도 기쁨을 나누고 싶다.

앞으로 이 책의 발간을 계기로 이 분야에 대해 보다 많은 분들의 관심과 연구 및 발전이 있기를 기원하면서, 필자 스스로도 더욱 심도 있는 연구를 계속해 나갈 것을 약속드린다.

2011년 10월
한명섭

CONTENTS

CONTENTS

CONTENTS

제1장 서론

제1절 연구의 목적

남북한의 통일은 종국적으로 법·제도적 통합을 통해 완성된다.[1] 그중 법의 통합은 국내법 분야에서만 발생하는 것이 아니라 국제법 분야에서도 발생하게 된다. 남북한의 통일에 대한 국제법적 문제는 통상 국가승계 혹은 국가상속의 문제로 논의되고 있다. 국가승계(state succession)란 한 국가의 영토의 일부 또는 전부가 다른 국가로 이전될 때, 그 영토를 상실하는 국가가 그 영토와 관련하여 가지고 있던 제반 권리와 의무가 어느 범위까지 그 영토를 새로 획득하는 국가로 이전되는가의 문제를 다루는 것이다. 여기서 영토를 상실하는 국가를 통상 선행국(先行國, predecessor state)이라 하고, 영토를 획득하는 국가를 승계국(承繼國, successor state)이라 한다.[2] 선행국에서 승계국으로 이전되는 권리와 의무로는 조약, 국유재산, 국가문서, 국가채무, 국민의 국적, 개인의 권리 또는 기득권, 국제기구의 회원국 지위, 국제적 불법행위에 대한 국가책임 등이 있다. 이 중 승계의 범위와 방식 등에 관하여 많은 논란이 제기되고 있는 분야 중 하나가 조약의 승계 문제이다.

북한은 현재 국제연합(UN) 회원국으로서 161개국과 외교관계를 맺고 수많은 조약을 체결하고 있다. 특히 북한은 중국, 러시아와 국경을 맞대고 있어 이들 국가와 각기 국경조약을 체결하였다. 따라서 남북한이 통일될 경우에 국제법적으로 북한이 체결한 조약, 특히 중국 또는 러시아와 체결한 국경조약을 그대로 승계해야만 하는 것인지의 문제가 발생한다.

남북한 통일 시 국경조약의 승계문제가 특별히 문제가 되는 것은 통일 한국의 영토범위와 직결되어 국익과 관련되는 현실적인 쟁점이면서도 법적·정치적 문제점이 혼재되어 있기 때문이다.

첫째, 남북 분단 이전부터 분쟁의 대상이던 간도와 연해주 또는 녹둔도(鹿屯島)의 영

---

[1] 북한의 정식 명칭은 '조선민주주의인민공화국'이나 이 책에서는 「남북교류협력에 관한 법률」과 「남북관계 발전에 관한 법률」상의 명칭인 '북한'을 혼용하기로 하고, 대한민국 역시 위 각 법률상의 용어인 '남한' 또는 경우에 따라서는 '한국'이란 용어를 혼용하기로 한다. 「남북교류협력에 관한 법률」 제1조는 군사분계선 이남지역을 '남한'이라 하고, 군사분계선 이북지역을 '북한'이라 한다.

[2] '선행국'과 '승계국'의 용어는 학자들마다 달리 사용하고 있는데, 피승계국과 승계국(김정건), 선임국가와 계승국가(유병화), 선행국과 후계국(이한기), 선행국과 승계국(장효상, 이병조, 윤명선·이영준, 김정균·성재호) 등의 용어가 사용되고 있다. 이 책에서는 비교적 널리 사용되는 용어인 '선행국'과 '승계국'으로 통일하기로 한다.

유권 문제와 직접적인 관련이 있다. 영유권 문제는 우리의 일방적인 주장과 결정에 의해 해결될 수 없는 것으로 이에 대한 중국과 러시아의 입장도 고려하지 않을 수 없다.

오늘날 전 세계적으로 영토분쟁이 있는 지역은 200곳이 넘는다.3) 영토분쟁 하나쯤 없는 나라는 없다 해도 과언이 아닐 정도다. 이러한 영토분쟁에는 역사적 배경이 있고, 수자원이나 광물자원, 어족자원과 같은 경제적 이해관계가 얽혀 있으며, 문화와 종교, 인종 갈등에 민족주의 문제가 내재된 경우도 많다. 우리가 속해 있는 동아시아 지역도 예외가 아니다. 일본의 독도에 대한 영유권 주장을 비롯하여 최근 다시 불거진 동중국해의 센카쿠 열도(중국명 다오위다오) 영유권을 둘러싼 중국과 일본의 갈등, 2010년 11월 1일 러시아 드미트리 메드베데프(Dmitry Anatolyevich Medvedev) 대통령의 방문으로 일본과의 외교적 분쟁을 일으킨 쿠릴 열도를 비롯하여 남중국해의 남사군도와 서사군도에 대한 중국과 동남아 5개국의 물고 물리는 갈등 등이 대표적이다.4)

영토분쟁의 해결은 상당수가 당사자 간의 정치적인 협상을 통해 이루어지고 있다. 그러나 이러한 영토분쟁은 오로지 정치적 문제인 것은 아니다. 정치적인 협상의 출발은 분쟁지역에 대한 당사국 간의 법적 권원의 주장에서 출발하기 때문이다.

간도와 녹둔도 문제는 조선 또는 대한제국 시기만 하더라도 분쟁이 계속되어 온 곳이었다. 하지만 남북 분단 이후 북한은 중국 및 러시아(구소련)와의 우호적 관계에서 새로운 국경조약을 체결하였고, 남한 정부 역시 직접 국경을 맞대고 있지 않은 상황에서 별다른 문제제기를 못하고 있는 실정이다. 그러나 이들 지역의 영유권 문제와 관련해서는 학술단체 등을 중심으로 끊임없이 영유권 주장이 제기되고 있고, 중국의 경우에는 간도문제에 대하여 단순한 학문적 단계를 벗어나 이를 주권과 정치적인 중대한 문제로 보고 동북공정에 착수한 바 있다.

그동안의 간도 영유권에 대한 문제는 주로 백두산정계비의 비문에 대한 해석 문제와 일본과 중국 간에 체결된 간도협약의 무효화 문제에 집중되어 왔다. 그런데 2000년 10월 중앙일보 취재팀에 의해 그동안 일부 자료를 통해 그 존재 사실만 확인되던 조중국경조약5)의 중국어본이 발견되었다. 따라서 간도영유권 문제는 더 이상 간도협약의 무효화

---

3) 현재의 영토분쟁 지역 목록은 http://en.wikipedia.org/wiki/list_of_territorial_disputes 참조. 위 사이트에서는 이어도, 독도 및 압록강과 두만강의 특정 섬을 영토분쟁 지역으로 소개하고 있다(검색일: 2011년 4월 22일).
4) 센카쿠 열도와 쿠릴 열도의 구체적인 분쟁 역사와 당사국 주장의 근거에 대하여는 김찬규·김석현, "主要 島嶼紛爭 事例", 『국제법평론』, 통권 제6호(1996. 6.), 143-149쪽 참조.
5) 본 조약에 대한 북한의 자료가 없어 한글본에 의한 조약의 정식 명칭은 알 수가 없고, 중국어본에 의하면 「中華人民共和國和朝鮮民主主義人民共和國邊界條約」이다. 이하에서는 "조중국경조약" 또는 문맥에 따라 "조중변계조약"이라 하기로 한다.

와 백두산정계비의 해석만으로 해결할 수 없는 문제가 된 것이다. 조중국경조약이 유효한 것이라면 신법 우선의 원칙에 의해 기존의 조약의 유무효는 문제가 되지 않기 때문이다. 즉 간도영유권에 대한 문제는 남북한 통일 시 발생하는 국제법상의 국가승계 문제와 관련하여 북한이 체결한 조중국경조약을 통일한국이 그대로 승계해야만 하는 것인지의 문제가 최우선의 선결과제로 된 것이다.

둘째, 남북한의 법적 지위 내지 관계가 통상의 국가 대 국가의 관계가 아닌 분단국가라는 특수성 때문에 남북한 통일에도 조약승계에 관한 일반 국제법원리가 그대로 적용되는 것인지에 대한 법률적인 문제가 발생한다.

셋째, 남북한 관계에서도 국제법원리가 적용된다 하더라도 국경조약의 승계에 관한 확립된 국제법적 원칙이 있는지의 문제가 발생한다. 특히 1978년 8월 23일 채택된 「조약의 국가승계에 관한 비엔나 협약」(Vienna Convention on Succession of States in Respect of Treaties, 이하 "조약승계협약"이라 한다)[6] 제11조와 제12조에서 규정하고 있는 국경조약과 기타 처분적 조약의 계속성의 원칙 혹은 자동승계의 원칙과 관련하여 다양한 논쟁이 전개되고 있다. 위 원칙을 국제관습법으로 볼 수 있는지에 대해서는 의견이 일치하지 않는다.

이처럼 북한이 중국, 러시아와 체결한 국경조약의 승계 문제는 통일한국의 영토범위와 관련하여 민족적 감정뿐 아니라 국익 차원에서의 현실적인 이해관계가 있다. 또한 분단국가의 특수성에서 오는 법리적인 문제와 국경조약 계속성의 원칙이 국제관습법의 지위에 있는지의 문제점 등이 매우 복잡하게 얽혀 있다. 따라서 남북한 통일에 대비하여 사전에 이 문제에 대한 충분한 논의와 검토를 거쳐 승계의 기본원칙과 방법 등을 준비해 두지 않을 경우에는 통일 과정에서 심각한 혼란을 초래하게 될 것이다. 특히 동서독의 통일과 같이 급변사태 등에 의해 예기치 않은 상황에서 통일이 이루어질 경우에는 그 혼란이 더욱 가중될 수밖에 없다.

위와 같은 여러 가지 문제점에 대한 인식하에, 남북한 통일 시에 발생하는 조약승계의 문제 중에서 북한이 체결한 국경조약, 특히 조중국경조약을 중심으로 현재의 국제법 체계상 영토조약의 승계에 관한 확립된 국제법적인 원칙이 존재하는지에 대해 살펴보고자 한다.[7]

---

6) 위 협약은 1978년 8월 23일 채택된 이래 위 협약 제49조의 15번째 비준 또는 가입 문서가 기탁된 일자로부터 30일째 되는 날에 발효된다는 규정에 의해 20년 가까이 발효되지 못하다가 1996년 11월 6일 발효되었으며, 2009년 10월 현재 당사국은 22개국이다. 남한과 북한은 모두 이에 가입하고 있지 않다.
7) 국가의 구성요소 중 하나인 영토는 한 나라의 주권 혹은 통치권이 미치는 전체 영역을 의미하고, 국경은

제2절 연구의 범위

이 책은 북한이 중국과 체결한 조중국경조약을 중심으로 남북한이 통일될 경우 위 조약을 승계해야 할 것인지를 검토하는 데 주된 목적이 있다. 위 연구를 위해서는 우선 근대 국가의 형성 과정에서 발생한 국경형성 과정과 국가승계 및 조약승계에 대한 일반적인 검토가 필요하다. 특히 조약승계협약 제11조와 제12조에서 규정하고 있는 국경조약과 기타 영토적 조약의 계속성의 원칙을 일반적으로 승인된 국제법규 또는 국제관습법으로 볼 수 있는지가 논의의 핵심이 될 것이다. 이에 대한 검토를 위해 각국의 관행과 국제판례에 대한 분석을 하였다.

한편, 조중국경조약은 남한이 체결한 것이 아니라 북한이 체결한 것이다. 따라서 북한의 조약에 대한 일반적인 고찰을 하고, 조중국경조약 등을 비롯하여 백두산정계비와 간도협약을 거쳐 조중국경조약 체결에 이르기까지 북한과 중국의 국경체제 형성과정 및 관련 조약에 대해서도 살펴보았다. 나아가 통일한국의 영유권 주장과 관련하여 학계에서 논의의 대상이 되고 있는 녹둔도를 중심으로 녹둔도가 러시아의 영토로 귀속되게 된 과정을 살펴보고, 북한과 러시아의 조약체결에 대한 내용도 분석하였다. 또한 조중국경조약의 상대 당사국인 중국의 영토분쟁에 대한 해결 방식과 분쟁해결 사례도 연구 범위에 포함하였다.

남북한의 통일은 분단국가의 통일이라는 점에서 국제법상의 일반적인 국가승계에 관한 이론을 그대로 적용할 수 있는지가 문제된다. 북한이 체결한 조약의 승계 문제를 다루기 위해서는 필연적으로 남북한의 법적 지위, 즉 분단국가의 법적 지위에서 오는 여러 가지 문제점에 대한 검토가 선행될 수밖에 없다. 마지막으로 조약승계 문제는 남북한이 어떤 형태로 통일이 되느냐에 따라 그 내용이 달라질 수 있으므로 우리 헌법상 논의 가능한 남북한의 통일 유형을 먼저 살펴보고 각 유형에 따른 조약승계의 문제를 검토하였다.

국가 영토의 외적 한계, 즉 영토주권과 관할권의 한계를 표시하는 선을 말하므로 국경은 영토의 부분이라고 할 수 있다. 따라서 국경분쟁이 주로 인접국간에 영토의 외적 한계를 표시하는 국경의 정확한 위치와 관련된 분쟁인 반면, 영토분쟁은 특정 지역에 대한 권원의 정당성에 대한 분쟁이라는 점에서 차이점이 있다. 그러나 실제로는 국경분쟁에서도 국경 사이에 일정 영토가 존재하기 마련이어서 국경분쟁 역시 영토분쟁적 성격을 갖기 때문에 양자를 명확하게 구별하는 것이 쉽지 않다. 더군다나 조약의 승계와 관련해서는 '국경조약'과 '기타 영토적 조약'을 모두 영토적 조약 혹은 처분적 조약이란 개념으로 동일하게 취급하고 있어 양자의 엄격한 구별이 큰 의미가 없다. 따라서 국경조약과 기타 영토적 조약을 포함하는 광의의 개념으로 '영토조약' 혹은 '영토적 조약' 혹은 '처분적 조약' 혹은 '물적 조약'이란 개념을 함께 사용하기로 한다.

한편 국경조약 승계 문제 외에 해양경계선의 승계 여부도 별도의 논의의 대상이 될 수 있다. 조약승계협약 제11조 및 제12조가 국경체제 및 기타 영토체제를 수립하는 조약을 영토적 성격(territorial character)을 지니는 것으로 보고 계속성의 원칙을 정하고 있는데, 해양경계획정에 관한 조약 역시 영토적 성격의 조약에 해당하는지 여부에 대해 논란이 있기 때문이다. 이에 대하여는 국경선의 획정과 해양경계획정 간의 법원칙에 있어서 어떠한 차이점이 존재한다고 볼 수 없으므로 국가승계의 유형이 발생할 때 역시 국경선과 마찬가지로 국가승계에 의해 영향을 받지 않는다고 보거나,[8] 해양경계획정 조약 역시 성격상 처분적(dispositive) 조약이기 때문에 국경선과 해양경계획정의 구분을 인정하는 국가관행이 존재하지 않는 사정에서 해양경계선의 승계문제는 국경선과 동일하게 취급할 수 있다는 견해가 있다.[9] 이에 반하여 해양경계선을 국경선과 동일하게 취급하는 것에 대한 일관된 국가관행을 찾아볼 수 없으며, 특히 대륙붕 경계획정의 승계문제의 경우 중재재판소의 선례가 존재하는 것은 사실이지만 이를 두고 확정적인 결론을 내리기에는 다소 어려움이 존재한다는 의견도 있다.[10]

해양경계획정 관련 조약의 승계 여부를 국경조약과 별개로 볼 것인지 여부를 논하는 것은 국경조약과는 달리 국가승계 시 계속성의 대상이 아니라고 할 수 있는지를 살펴보는 데 그 의미가 있다. 그러나 해양경계획정조약 역시 조약승계협약 제11조와 제12조의 영토적 조약에 해당하지 않는다고는 보기 어렵고, 국경조약의 계속성의 원칙을 국제법상의 일반원칙으로 인정하지 않는 경우에는 이를 별도로 논할 필요가 없는 것이다. 따라서 이 책에서는 해양경계획정 관련 조약의 승계문제는 별도의 검토를 하지 않았다.

---

8) Geoffery Marston, "The Stability of Land and Sea Boundary Delimitations in International Law," G. H. Blake (ed.), *World Boundaries, Vol. 5: Maritime Boundaries* 144(1994), p.159. 신창훈, "통일 이후 북한이 체결한 기존 해양경계획정협정의 승계문제", 『서울국제법연구』, 제16권 제2호(2009. 12.), 151쪽에서 재인용.

9) David M. Ong, "The Legal Status of the 1989 Australia-Indonesia Timor Gap Treaty following the End of Indonesian Rule in East Timor," 31 *Netherlands Yearbook of International Law* 67(2000), p.101. 신창훈, 위의 논문, 152쪽에서 재인용.

10) 신창훈, 위의 논문, 166쪽.

제3절 선행연구 분석

이 책은 조약승계에 관한 국제법적인 문제가 주된 연구 대상이기는 하나, 이는 궁극적으로 간도와 연해주에 대한 영유권 문제와 직접 관련된 통일한국의 영토문제를 다루고자 하는 것이다. 이 문제를 해결하기 위해 앞의 연구범위에서 살펴본 바와 같이 조약승계에 관한 기존의 연구결과뿐만 아니라, 북한의 영토조약 체결 현황 및 국경체제, 분단국가의 법적 지위 내지 특수성에 따른 국제법 적용 문제, 간도와 연해주 등 이른바 북방영토에 대한 문제, 중국의 영토문제 해결 원칙과 실행에 대한 연구 등을 포괄적으로 다루고 있다.

조약승계협약에서 규정하고 있는 국경조약 계속성의 원칙과 관련하여서는 과연 위 원칙이 국제관습법의 지위를 확보하였는지에 대한 의견이 분분하다. 국내 국제법 개설서에서는 대체로 국가승계 문제를 깊이 다루고 있지 않으며, 이 문제를 다루고 있더라도 위 조약승계협약의 내용을 소개하는 정도가 대부분이다. 특히 국경조약승계의 원칙이 국제법상 일반원칙인 양 소개하고 있기도 하다. 이는 개설서의 성격상 지면 할애의 문제도 있겠으나, 남북통일 시의 간도와 연해주에 대한 영유권 문제와 관련지어 다루고 있지 않기 때문인 것으로 보인다.

학위 논문을 중심으로 선행연구를 살펴보면 위와 같은 문제들에 대한 종합적·체계적 연구물은 찾아보기 어렵다. 대체로 위의 각 쟁점에 대한 개별적 연구에 그치거나, 간도영유권 문제를 다루면서 부수적으로 조중국경 문제에 대한 언급을 하는 식으로 한 가지 쟁점에 대한 연구를 주로 하면서 다른 쟁점을 부수적으로 다루고 있는 정도이다. 그러나 통일한국의 영토문제에 대한 해결을 위해서는 위 각 쟁점에 대한 별도의 논의만으로는 부족하고, 각 쟁점을 종합적으로 고찰할 필요가 있다. 위 연구 범위에서 언급한 각 쟁점에 대해 국제법적 시각을 통한 종합적·체계적 검토가 바로 이 책의 특성이자, 기존 논문과의 차이점이다.

간도영유권 문제와 북한이 체결한 영토조약의 승계 문제를 다룬 기존의 연구물은 크게 두 가지로 분류해 볼 수 있다. 하나는 일반적인 조약승계 문제를 주된 내용으로 다루면서 그 연구 결과에 따라 조중국경조약의 승계문제를 검토하는 방법인데 주로 국제법학자들의 접근방법이라 할 수 있다. 다른 하나는 간도영유권 문제를 주된 쟁점으로 다루면서 간도영유권 주장의 정당성을 강조함과 아울러 통일 시 조중국경조약의 승계문제에 대한 의견을 개진하는 방법인데 법학자보다는 주로 역사학자, 정치학자들이 택한 방식이다.

국가승계 및 조약승계 일반에 대한 연구를 하면서 조중국경조약의 승계문제를 언급한 박사학위 논문으로는 이순천의 『條約에 對한 國家承繼 -最近의 國際實行과 南北統一時 適用問題를 中心으로-』, 구희권의 『國家統合時의 國家承繼에 관한 硏究 -統一韓國을 中心으로-』, 신각수의 『國境紛爭의 國際法的 解決에 관한 硏究』 정도가 대표적이다.

간도영유권과 관련된 박사학위 논문으로는 이한기의 『한국의 領土: 領土取得에 관한 국제법적 연구』, 김경춘의 『鴨錄 · 豆滿江 國境問題에 關한 硏究』, 최정섭의 『間島문제와 국제 관계』, 이일걸의 『間島協約에 관한 연구: 韓 · 中 領有權紛爭을 둘러싼 日 · 淸 交涉過程을 중심으로』 등이 있다.11) 그러나 이들 논문은 2000년 10월 조중국경조약 전문이 확인되기 전에 발표된 것들이다. 비교적 최근에 간도영유권과 관련하여 조중국경조약의 문제를 다루고 있는 박사학위 논문으로는 김정호의 『國際法上 間島領有權에 關한 硏究』가 있다. 그러나 위 논문에서는 남북한의 통일에 국가승계의 문제가 발생하는지, 이 경우 적용할 법원이 무엇인지에 대한 문제제기와 더불어 조약승계협약 제11조가 국경의 안정성을 확보하기 위한 것이지만, 위 규정이 최종적이고 절대적인 것은 아니라고 평가하면서, 조약승계 방식과 절차에 대한 간단한 의견 개진을 하였을 뿐 조약승계에 관한 국제법적인 분석에 그다지 비중을 두고 있지 않다.12)

한편, 남북한 통일 시의 국가승계 문제를 주제로 한 석사학위 논문이 여러 편이 있으나, 기존의 연구 범위를 크게 벗어나지 못하고 있다. 오히려 남북한 통일과 조중국경조약의 문제를 비교적 구체적으로 다룬 논문들은 학술지에 게재된 논문들이다. 이 분야에 관심을 갖고 논문을 게재한 대표적인 학자로는 김찬규, 김명기, 박기갑, 노영돈, 유철종, 이현조, 최태현, 이석우, 박용현, 이근관, 신용호 등이 대표적이다. 이들이 각종 학술지를 통해 발표한 논문들은 비록 그 성격상 이 책의 연구범위에 포함되는 여러 가지 쟁점들을 포괄적으로 다루지 못한 한계가 있으나, 이 책의 작성에 많은 참고가 되었다.

---

11) 특이하게도 간도 문제에 대한 최초의 박사학위 논문은 국내 학자가 아니라 일본 학자인 시노다 지사쿠(篠田治策)가 1938년 동경대학에서 발표한 『白頭山定界碑』이다. 위 논문에서는 간도지역을 한 · 중 간에 형성된 무주지로 보고 이를 처음 개간하고 점유한 한국의 영토로 보고 있다. 간도 문제 관련 박사학위 논문의 내용 요지와 특징에 대한 구체적인 분석은 이일걸, "間島協約 締結 100년의 回顧와 展望", 『간도협약 100년의 재조명: 회고(回顧)와 전망(展望)』(서울: 북방민족나눔협의회 · 간도되찾기운동본부, 2009), 36-42쪽 참고.

12) 김정호, 『國際法上 間島領有權에 關한 硏究』(명지대학교 대학원 박사학위논문, 2000), 142-144쪽.

제2장 우리나라 국경 형성 과정과 북한의 영토조약

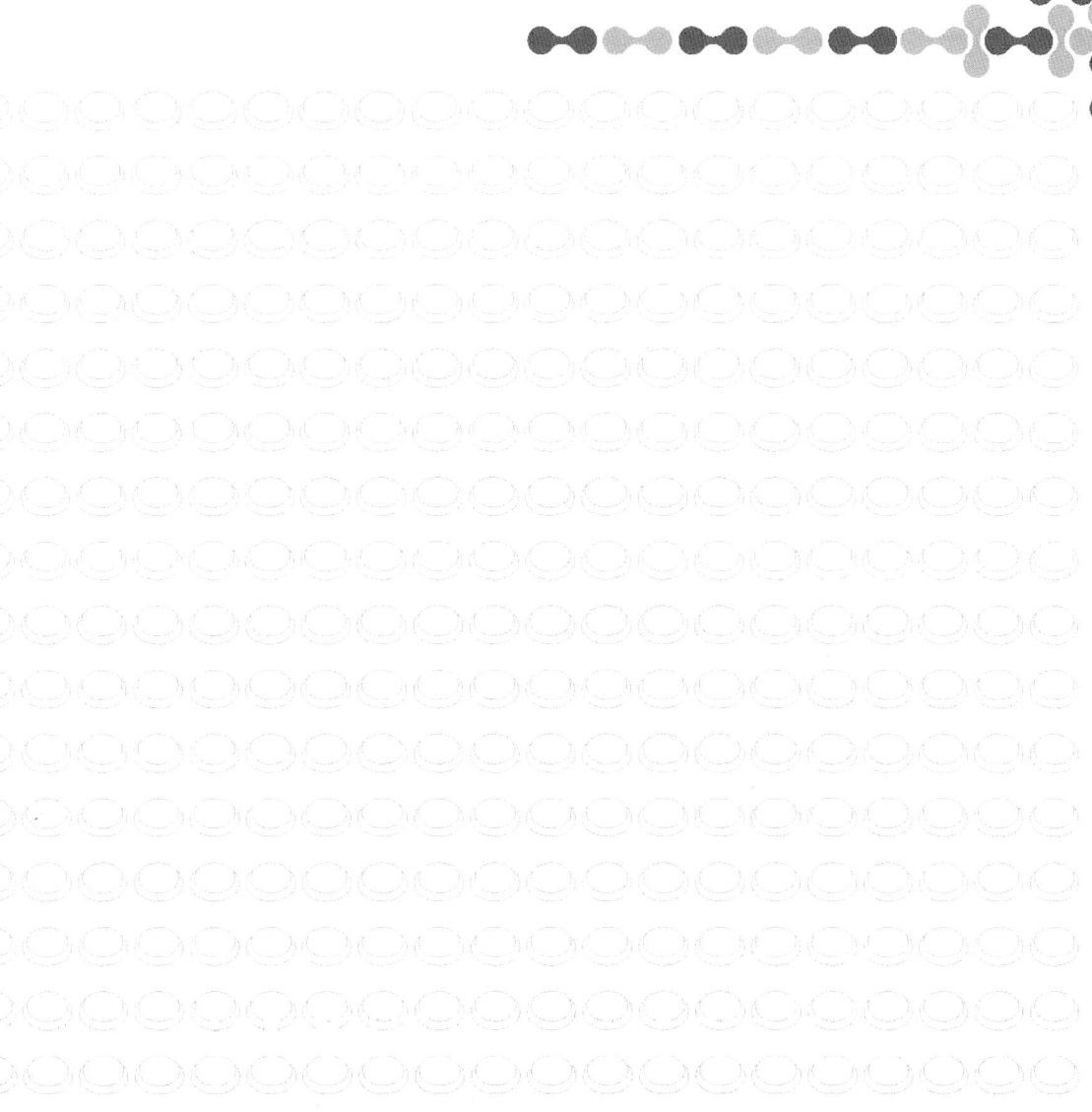

제1절 제국주의의 출현과 근대국가의 국경

오늘날 국가의 성립요소로서 영토의 개념은 근대 민족국가의 형성과정에서 탄생한 것으로 그리 오래된 것이 아니다.

근대국가 이전의 봉건국가에서는 토지는 소유권적인 영유(領有)의 대상으로 간주되어 아직 근대적인 통치의 대상으로서 영토의 관념이 형성되지 않았다.[13] 전근대적 영토 관념에서 중요한 것은 사람이었지 땅이 아니었다. 즉 사람이 거주하고 거주민에 대한 정치적·문화적 지배가 이루어지는 지역을 자신의 '강역(疆域)'이라고 생각하였다. 따라서 사람이 살지 못하는 작은 섬은 물론이고 인간이 거주하기 어려운 지역은 강역의 변두리, 즉 '변강(邊疆)'으로 존재하였고, 국가 사이의 변강은 영역이 애매하고 변동 가능한 것이었다.[14]

근대국가의 특징 중 하나는 봉건 제후의 영유의 대상인 토지의 관념에서 공권의 대상인 영토의 관념을 확립하여 확실한 경계를 지닌 영토를 계속적으로 통제한다는 점이다.[15]

로마제국과 중국의 경우 국경에 대한 인식은 희박하였는데, 그 이유는 이들 국가는 자국 중심의 문명권과 자국 이외의 야만권을 기준으로 영토적 정체성을 설정함으로써, 국경에 대한 인식보다는 중앙부와 변경으로 구분하고자 하였기 때문이다. 이러한 시각은 1648년 웨스트팔리아(Westphalia)조약이 체결된 이후 민족국가의 형성과정에서 민족별로 자기들의 영토를 인종적·지리적 선에 따라 조직함으로써 국경에 대한 인식의 변화를 경험하게 되었다.[16]

즉, 유럽에서 국경이 획정되기 시작한 것은 카롤링거(Carolinger) 왕조 이래의 일이지만, 1648년 웨스트팔리아조약 이후 민족국가의 형성을 위하여 민족별로 자기들의 영토를 인종적·지리적 선에 따라 조직화하는 과정을 통하여 본격화되었다.[17]

변경과 국경의 관계를 살펴보면 다음과 같다. 첫째, 국경은 선적(線的), 인위적, 정치

---

13) 『政治學大辭典』(서울: 박영사, 1983), 182쪽.

14) 배성준, "중·일 역사 교과서의 근대 영토문제 서술", 『중국 역사 교과서의 민족·국가·영토문제』(서울: 동북아역사재단, 2006), 216쪽.

15) 이혜숙, "근대국가의 형성과정에 대한 연구", 『慶尙大學校論文集: 人文·社會·理工·生農界』, 제29권 제1호(1990. 6.), 142쪽.

16) 최태현, "國境問題에 대한 國際法的 考察 ―領土紛爭事例 整理 및 向後 展望―", 『韓中關係史 研究의 成果와 課題』(과천: 국사편찬위원회·한국사학회, 2004), 3쪽. 이 책에서 인용한 위 논문의 출처는 인터넷 http://blog.naver.com/downplus/140006059478이며(검색일: 2011년 2월 5일), 인용 쪽수는 위 인터넷 자료에 따른 것이다.

17) 신각수, 『國境紛爭의 國際法的 解決에 관한 研究』(서울대학교대학원 박사학위논문, 1991), 8쪽.

적, 법적 개념인데 반하여 변경은 면적(面的), 자연적, 지리적 개념이다. 법률용어로서는 국경이라는 개념이 보다 원칙적으로 사용되고 있다. 둘째, 국경은 선으로서의 특성을 갖고 있지만, 항상 그 배경이 되는 변경과의 관계하에 영토적 관점에서 고찰된다는 점에서 포괄적인 개념이다. 셋째, 구역으로 존재하는 변경 내에서도 상당한 기간 동안 정주가 이루어진 경우에는 지방공동체 간의 수락을 통하여 전통적 관습선이 형성되며, 이는 중앙 국가 권력에 의하여 국경으로 전환되기도 한다.[18]

이러한 영토 및 국경 개념에 기초하여 세계 각국의 국경이 본격적으로 획정되기 시작한 것은 제국주의의 출현과 깊은 관련이 있다. 제국주의(帝國主義)란 통상 한 국가의 정치적·경제적 지배권을 다른 민족·국가의 영토로 확대시키려는 국가의 충동이나 정책 또는 그러한 경향의 사상을 의미하며, 일반적으로는 1870년부터 20세기 초에 걸쳐 나타난 독점 자본주의(獨占資本主義)에 대응하는 정치적·경제적 구조를 총칭하는 말로 쓰인다.[19]

제국주의는 일반적으로 침략에 의하여 영토를 확장한다는 점에서 팽창주의 또는 식민 주의와 거의 동일한 의미로 사용된다. 하지만 제국주의는 식민지와 경제적·문화적 세력 권을 형성함으로써 거대 제국을 창출하는 데 목적을 두고 있다는 점에서 식민주의와는 구별되며, 식민주의는 제국주의의 일부라는 주장도 있다.[20]

근대 제국주의 발생의 배경으로는 산업국가의 성장에 따른 해외시장의 필요성, 통신과 수송 분야에서의 새로운 과학기술의 발달, 무기의 발달에 따른 군사력의 강화, 노동자 계 급 형성 및 이들과 기존 지배계층과의 대립으로 인한 사회적 갈등, 인구의 증가, 독일과 이탈리아의 통일과 이들의 열강 대열 합류로 인한 유럽에서의 세력균형 파괴와 갈등, 미 국과 일본 같은 신흥 강대국의 등장 등을 들 수 있다.[21]

제국주의의 출현으로 아시아, 아프리카, 아메리카의 약소국들은 거의 식민지로 전락하 였다. 아프리카는 결국 제국주의 열강의 분할로 라이베리아와 에티오피아를 제외한 전 지역이 유럽 열강의 식민지가 되었다. 아시아에서는 영국은 인도와 미얀마, 말레이 반도 를 식민지로 삼았고, 프랑스는 인도차이나 반도를 식민지로 삼았으며, 네덜란드도 인도네 시아를 식민지로 삼고 향료 무역을 독점하였다. 태평양의 여러 섬들도 예외는 아니었다. 미국은 스페인과 싸워 필리핀을 얻었고, 1898년에는 하와이 제도를 병합하였다.

---

18) 최태현, 앞의 논문, 3-4쪽.
19) 북한에서는 제국주의를 "착취와 약탈, 침략과 전쟁을 주된 생존수단으로 삼으며 독점이 지배하는 마지막 단계의 자본주의"라고 정의한다. 사회과학원 법학연구소, 『법학사전』(평양: 사회과학원출판사, 1971), 624쪽.
20) 정상수, 『제국주의』(서울: 책세상, 2009), 19쪽.
21) 위의 책, 21-30쪽.

19세기가 끝나면서 유럽 열강의 세계 분할이 어느 정도 종료되자, 이들의 경쟁은 다시 유럽 대륙으로 돌아가게 되었고, 그 과정에서 발생한 무력충돌은 제1차 세계대전으로 이어졌다. 이후 1929년의 대공황과 1933년의 히틀러의 등장으로 제2차 세계대전을 겪게 된다. 오늘날의 국경은 대부분 이와 같은 제국주의 열강에 의한 세계의 분할과 제1, 2차 세계대전을 통하여 획정되었다. 이러한 역사적 배경으로 인해 국경획정 과정에서 제국주의의 강압에 의한 불평등한 조약체결의 문제가 발생하였으며, 오늘날까지도 지구상에는 수많은 영토분쟁이 끊이지 않고 있다.

제2절 우리나라 근대의 국경 형성 과정

Ⅰ. 백두산정계비 설치 이전의 상황

간도영유권 문제의 당사국인 조선과 청 사이에는 원래 명확한 국경이 없었다. 양국 간에 국경이 처음으로 성립된 것은 1627년 정묘호란의 강화조약이었던 「강도회맹」에 의한 것으로 보고 있으나, 이에 따르더라도 ㄱ 경계가 어디인지는 정확히 파악되지 않고 있다.

다만, 1638년에 청의 태종은 '남반'이라는 압록강 하류지점에서 봉황성을 거쳐 감양변문(지금의 경흥과 회인)을 지나 성창문과 왕청변문에 이르는 선에 방압공사를 하였는데, 당시의 사정을 극히 단편적으로 남긴 청 호부(淸 戶部)의 기록은 신계는 구계에 비하여 동쪽으로 50리를 더 전개하였다고 되어 있다.[22] 따라서 구계는 이 방압공사가 이루어진 '남반-봉황성-감양변문-왕청변문'의 선보다 50리 서쪽에 있었음을 추정할 수 있으며, 이것이 1627년 강도회맹에서 정한 경계가 아닌가 추측된다. 즉 압록강 이북과 두만강 이북의 상당한 지역이 조선의 땅이었던 것이다. 당시의 국경을 표시한 지도인 '천하지도 조선총도 오라지방도(天下地圖 朝鮮摠圖 烏喇地方圖)'를 보면 압록강 이북의 봉황성 부근에서부터 북쪽으로 상당한 길이의 책(柵)이 있고 이어서 그 위로는 성이 쌓여 있으며, '역합참'의 서쪽의 한 지점에서 동쪽으로 혼동강이 '역둔하'와 '낙니강'과 만나는 부근까

---

22) 양태진, 『한국의 국경연구』(서울: 동화출판사, 1981), 122쪽.

지 책이 설치되어 있다. 이것이 신계인지 구계인지는 명확히 알 수 없으나 백두산정계비가 세워지기 전까지의 조선과 청간의 국경이었다.[23]

Ⅱ. 백두산정계비

청의 강희제는 그동안 전해져 오던 건국신화에 나오는 부쿠리(布庫里)산을 백두산으로 해석하고 백두산을 청조 발상지로 간주하였다. 그리하여 강희제는 목극등(穆克登)을 파견하였다. 목극등은 백두산 천지를 청의 영토로 하기 위하여 백두산 정상에서 남쪽으로 내려와 분수령을 찾아 국경을 삼는다는 원칙을 세우고, 조선에 대하여 강압적으로 이를 단행하였다. 이에 따라 백두산 정상에서 남동쪽 10리 되는 지점에서 분수령을 발견하고, 그곳을 분계지점으로 정하여 1712년 5월 15일 소위 백두산정계비를 세웠다.[24] 이 비에는 "大淸 烏喇總管 穆克登 旨查邊至此審視 西爲鴨綠 東爲土門 故於分水嶺上 勤石爲記 康熙五十一年五月十五日 筆帖式蘇雨昌通官二哥 朝鮮軍官 李義復 趙壹相 差使官許 朴道常 通官 金應憲 金慶門 朝鮮"이라고 새겨져 있다.[25]

그리고 토문강이 동쪽으로 흐르다가 땅 밑으로 복류하여 얼마만큼 흐르다가 다시 땅 위로 흘러 북쪽으로 방향을 바꾸어 송화강에 합쳐지므로 이 복류하는 유역에 목책·토퇴·석퇴를 쌓아 국경을 명확히 표시하였다. 백두산정계비의 효력에 대하여 긍정설과 부정설이 있지만 이를 유효하게 보는 경우에는 양국 간의 국경은 압록강-백두산정계비-목책·토퇴·석퇴-(송화강 지류인)토문강 선으로 확정되는 것이고, 그 결과 조선은 압록강 북편의 소위 서간도지방을 청에 빼앗긴 바 되었다고 할 수 있다.[26]

백두산정계비의 법적 성격, 즉 조약으로서의 성격에 대해 청은 위 정계비가 분계를 목

---

23) 노영돈, "간도영유권과 중국과의 국경문제", 『STRATEGY 21』, 제9권 제2호 통권 제18호(2006. 가을·겨울호), 30쪽.

24) 위의 논문, 30쪽. 한편, 위 백두산정계비는 설치 이후 1931년까지 오랜 기간 같은 자리에 있었으나 1931년 7월 28일부터 29일 사이 야간에 사라졌다는 기록이 있다. 그러나 다행히 사라지기전의 백두산정계비의 사진과 비문의 탁본이 남아 있다.

25) 이를 번역하면 "대청 오라총관 목극등이 황제의 칙지를 받들어 경계를 조사하기 위하여 이곳에 이르러 살펴보았다. 서쪽으로는 압록강이 경계가 되고 동쪽으로는 토문강이 경계가 되므로 그 분수령 위에 돌에 새겨 기록한다. 강희 51년 5월 15일 중국 만어·한어 번역관 소이창, 중국 통역관 이가, 조선 군관 이의복, 조태상, 조선 차사관 허량, 박도상, 조선 통역관 김응헌, 김경문, 조선"이 된다.

26) 노영돈, 앞의 논문, 31쪽.

적으로 한 것이 아니라며, 국경조약으로서 법적 구속력을 인정하지 않고 있다. 국내 학자들 대부분은 이를 조약으로 보고 있으나, 반대의견도 있다.

먼저 조약으로서의 효력을 인정하는 견해를 살펴보면 구체적인 근거 없이 단지 "한·청 간에 국경에 관한 최초이자 마지막 명문상의 '약정'이었다"면서 「백두산정계비」는 유효하게 성립하여 아직까지도 그 효력이 유지되는 국경조약으로서의 법적 지위를 가진다는 견해가 있는가 하면,[27] 구체적으로 "1712년 건립된 한·청 간의 정계비가 국제조약으로서의 성격을 가지게 된다는 데 대해서는 의문의 여지가 없다"면서 그 이유로 조약은 반드시 문서로 만들어질 필요가 없다는 점과 조약문이 만주어(여진어)로 되어 있지 않고 한문으로 되어 있다는 점은 합의의 조약으로서의 성질에 영향을 미치지 않는다는 주장도 있다.[28] 이와 유사한 주장으로, 국경조약의 형태에는 아무런 제한이 없고, 국경조약의 성립요건은 당사국 간에 국경을 획정하려는 의사가 존재하는지 여부가 중요하며, 합의의 형태가 조약문인지 석비인지 여부는 아무런 관련이 없으므로 한·청 양국 정부가 임명한 대표가 백두산 주변지역을 실제로 답사한 결과를 토대로 건립한 백두산정계비는 양 당사국의 권한 있는 대표에 의하여 체결된 국경조약으로서 유효한 국경획정의 효력을 가진다는 견해도 있다.[29]

이와 반대로 백두산정계비의 법적 효력을 부인하는 학자들도 적지 않은 데, 그 주장의 근거는 서로 다르다.

첫 번째 견해는 "백두산정계비의 효력을 부인하고 ㄱ 이전의 국경이던 압록강 하구 북쪽의 봉황성(鳳凰城)으로부터 북쪽으로 심양(瀋陽)과 요양(遼陽)을 지나는 선(소위 심요선)을 국경으로 하여 압록강 북쪽 지역에 대한 영유권을 주장하는 방법도 신중히 고려되어야 할 것이다. 왜냐하면 한국이 일단 백두산정계비의 효력을 인정하게 되면 이때부터 금반언(estopel)의 원칙에 의하여 구속을 받기 때문에 미리 압록강 북쪽지역에 대한 영유권 주장의 타당성이 검토되어야 하기 때문"이라는 것이다.[30]

두 번째 견해는 강희제의 독단적이며 일방적인 백두산 석비의 실체를 무효화해야 한다는 것이다.[31]

세 번째 견해는 "조선시대 조선과 청국을 위시한 이웃국가 간의 관계, 특히 사대관계

---

27) 이한기, 『한국의 영토』(서울: 서울대학교출판부, 1996), 318, 343쪽.
28) 김찬규, "間島의 領有權", 『韓國北方學會論集』, 창간호(한국북방학회, 1995), 68-70쪽.
29) 최태현, 앞의 논문, 61-62쪽.; 신각수, 앞의 논문, 125쪽.
30) 노영돈, "白頭山地域에 있어서 北韓과 中國의 國境紛爭과 國際法", 『國際法學會論叢』, 제68호 (1990. 12.), 183쪽.
31) 이일걸, "間島協約에 관한 國際法的 考察", 『國際法學會論叢』, 제72호(1992. 12.), 206쪽.

에 따른 조·청 간의 국제관계를 염두에 둔다면 국가 간의 평등을 전제로 하는 근대적 의미에 있어서의 조약 관계는 상상할 수 없다고 보인다. 따라서 목극등이 세운 정계비는 조선과 청국 간에 체결된 국경조약이라기보다는 청이 보낸 자문에 따라 국경을 심사하고 그에 대한 내용을 황제의 명에 따라 청이 확인한 비석으로 이해하는 것이 타당할 듯하다"는 것이다.[32]

조선통감부촉탁 간도파출소 총무과장과 경성제국대학총장을 역임한 일본의 시노다 지사쿠는 "법리론으로는 목극등의 정계비건립은 완전히 무효"라고 주장한다. 그 이유는 "입비(立碑) 당시에 목극등은 그 지점을 도문강, 즉 두만강의 발원지로 오신(誤信)하였고, 조선 측에서는 현실적으로 분수령(分水嶺)에서 발원하는 강원(江源)을 경계로 하여 그 발원지에 비를 세웠기 때문에 양국 관헌의 의사는 전혀 일치하지 않아 소위 법률행위의 요소에 착오가 있었던 것"이기 때문이라고 주장한다.[33]

연변대학교 민족연구원 원장인 동포학자 손춘일은 "강도회맹은 지방정권에 불과한 후금이 조선과 체결한 협정이기 때문에 명나라 입장에서 그것이 유효하다고 보지 않을 것이다. 정계비도 마찬가지이다. 목극등은 두 나라의 국경선을 확정짓는 대사에서 조선국왕이 보낸 접반사 박권과 이선부 등을 완전히 배제한 채, 일방적으로 정계비를 세워 '서위 압록, 동위토문'이라고 하였다. 그리하여 중국의 일부 학자들은 심지어 이것이 정계비가 아니라 단지 신원비에 불과하다"고 주장한다.[34] 위와 같은 주장은 대체로 중국의 입장을 대변하는 것으로 볼 수 있을 것이다.[35]

조약은 국제법 주체들이 법적 구속력을 받도록 체결한 국제법의 규율을 받는 국제적 합의를 말하며, 그 형식이나 내용에 있어서의 착오는 문제가 되지 않는다. 또한 그 내용의 유·불리의 문제는 법적 성격의 판단과는 무관한 별개의 문제이다. 따라서 백두산정계비는 조약으로 보는 것이 타당하다고 본다.

다만 백두산정계비의 법적 효력이 인정된다 하더라도 위 정계비의 내용만으로 조선과 청국 간의 모든 국경 문제가 해결되는 것은 아니다. 왜냐하면 토문강은 송화강의 지류로서 송화강 본류와 합류한 뒤 중국본토를 통과하기 때문이다. 따라서 토문강의 북동지역

---

32) 이성덕, "間島 歸屬과 관련한 몇 가지 국제법적 문제에 대한 管見", 『中央法學』, 제10집 제2호(중앙법학회, 2008. 8.), 385-386쪽.
33) 시노다 지사쿠, 『간도는 조선땅이다-백두산정계비와 국경』, 신영길 역(서울: 지선당, 2005), 328쪽.
34) 손춘일, "한국의 '간도영유권' 주장에 대한 비판적 고찰", 『동아시아 영토문제』, 간도학보 제2호(한국간도학회, 2005. 12.), 30쪽.
35) 백두산정계비에 대한 보다 구체적인 중국의 입장은 외교부·외교안보연구원, 『間島의 領有權問題』(서울: 외교부·외교안보연구원, 1990), 192-224쪽 참조. 위 책은 중국의 李樹田이 편집한『光緖丁未延吉邊務報·延吉廳領土問題之解決』(中國吉林文史出版社, 1986)을 번역한 자료집이다.

에 대해서는 국경이 미정인 상태로 남아 있다고 볼 수 있다.[36]

Ⅲ. 을유감계회담과 정해감계회담

조선과 청 간에 간도영유권문제가 정식으로 제기된 것은 백두산정계비 설치로부터 160여 년이 지나서이다. 그 이유는 1881년 청이 9할의 조선인이 살고 있는 간도지방을 일방적으로 청국 영토라고 단정하여 조선인의 귀화 혹은 조선국 쇄환을 요구했기 때문이다.[37] 그 결과 양국 간에 영유권 분쟁이 시작되었고, 그 핵심은 백두산정계비상의 '토문'에 대한 해석에 관한 것이었다. 이 정계비상의 토문강을 청은 두만·도문·토문을 동일한 강이라고 주장하였고, 조선은 토문강은 두만강과 별개의 강으로 송화강의 지류라고 주장하였다. 이로써 그 사이의 간도지역, 즉 토문강의 동쪽과 두만강의 북쪽의 일정한 지역에 대한 영유권분쟁이 발생하였다. 이 분쟁을 해결하기 위하여 양국은 1885년 을유감계회담(乙酉勘界會談)과 1887년 정해감계회담(丁亥勘界會談)을 가졌으나 합의를 보지 못하였다.

을유감계회담은 조선이 먼저 청에 국경답사확정을 위한 양국 회의를 제의하여 이루어졌는데, 조선은 백두산정계비에 기록된 토문강을 기준으로, 청은 두만강을 기준으로 성계를 획정하자는 주장을 하여 서로의 입장 차이만 확인한 채 회담이 결렬되었다.

정해감계회담은 당시 경성에 주재하던 청의 위안스카이(袁世凱)의 요청으로 이루어졌는데, 청은 무산 이하의 두만강을 기존의 국경으로 보고 그 상류 중 본류를 찾는 데 초점을 맞춘 반면, 조선은 청의 강압을 받으면서도 회담을 결렬시킬 의도로 종전의 토문강 대신 홍토수(紅土水)를 국경으로 제시하였다. 결국은 조선의 의도대로 석을수(石乙水)선을 주장하는 청과의 입장 차이로 회담이 결렬되었다. 이후 북양대신 이홍장이 1888년 회담을 다시 개최하자고 요청하였으나 조선은 경성에 주재하던 위안스카이에게 1887년 정해감계회담 시 조선이 주장한 홍토수선은 이중하의 개인적 의견이지 조선정부의 의견이 아니므로 홍토수선 제안 자체가 무효임을 명백히 하고 더 이상 국경회담에 응하지 않았

---

36) 최태현, 앞의 논문, 62쪽; 신각수, 앞의 논문, 127쪽.
37) 최장근, 『일본의 독도·간도침략 구상: 「島根 告示40號」·「朝鮮間島經營案」의 본질 규명』(서울: 백산자료원, 2010), 179쪽.

다. 이처럼 국경문제가 해결되지 않은 상태에서 조선과 청은 각각 간도지방에 대한 통치권 행사를 하게 되었다.

청은 1880년 간도에 초간국을 개설하고 1894년 행정구역을 세분하는 등 행정조직을 갖추고 간도지역에 거주하는 조선인들이 청의 국적을 취득하도록 하는 동시에 복장과 두발을 만주식으로 고치도록 강요하고 그에 불응하면 토지를 몰수하고 두만강 이남으로 강제추방하기도 하였다. 반면에 조선은 특히 1902년에 이범윤을 간도시찰사로 임명하여 청국인들의 침해와 단련을 혹심하게 받고 있는 북간도에 거주하는 수만 호 수십만 명의 조선인들을 보호하고 호구를 조사하도록 하였으며, 1903년에는 이범윤을 간도관리사로 임명하여 더욱 많은 권한을 부여하였고 그러한 사실을 청에 통고하였다. 순종 조에는 칙령 제49호를 제정하여 임시 간도파출소에 직원을 파견하였고, 간도지방에서 수출 수입하는 화물에 대하여 관세를 면제하는 안을 처리한 사실들이 있다.[38] 한편 청은 간도영유권주장의 논거 중 하나로 1904년 6월 15일 체결된 「한청변계선후장정」을 들고 있는데, 이는 양국의 조약체결권자에 의해 체결된 것이 아니라 단지 양측의 감계관리들이 임의로 약정한 것에 불과하여 조약으로서의 성립요건을 갖추지 못한 것이다.[39]

그 후 1905년 9월 1년여에 걸친 러일전쟁을 승리로 이끈 일본은 같은 해 소위 을사보호조약을 근거로 간도 문제에 개입하여 1907년부터 1909년 사이에 청과 간도영유권문제를 위하여 북경에서 회담을 진행하였다.

Ⅳ. 간도협약

1. 일본의 동삼성육안의 제안

청과 일본의 회담은 1907년 8월부터 간도협약이 체결된 1909년 9월까지 2년여에 걸쳐 북경에서 청국정부와 일본공사 사이에 진행되었다. 처음에는 일본도 간도가 대한제국의 영토임을 주장하였고 이를 위하여 일본이 제시한 근거는 상당히 치밀한 것이었다.[40]

---

38) 이성덕, 앞의 논문, 379-380쪽.
39) 「한청변계선후장정」 제1조는 "양국의 경계는 백두산정계비에 기록된 것으로 증거되므로 양국 정부는 관원을 파견하여 감계한다"고 규정하고 있다. 이에 대한 구체적인 내용은 김정호, 앞의 논문, 81-98쪽 참조.
40) 일본은 청과의 회담 진행 전에 통감부 등을 통해 간도의 실지를 조사한 바가 있으며, 그 결과물 중의 하

그런데 간도영유권문제를 두고 청일 간에 진행된 회담이 대립만을 거듭할 뿐 성과를 보이지 못하자 일본은 간도영유권문제만을 가지고 청과 논의하는 것이 실익이 없다고 판단하고, 그들의 대륙침략정책의 차원에서 간도 문제보다 더 중요한 의미를 가지는 만주지역에 관한 다른 현안들을 성취하기 위하여 1909년 2월 6일 소위 '동삼성육안(東三省六案)'이라는 것을 내놓았다. '동삼성육안'이란 흔히 만주지방이라고 하는 청 동부의 3개성, 즉 흑룡강성, 길림성, 봉천성에 관한 6개의 안이라는 것으로 ① 만주철도의 병행선인 신법철도(신민둔-법고문 간)에 대한 부지권 문제, ② 대석교-영구 간의 기선 문제, ③ 경봉철도를 봉천성 밑까지 연장하는 문제, ④ 무순 및 연대 탄광의 채굴권 문제, ⑤ 안봉선 연안의 광무 문제, 그리고 ⑥ 간도귀속 문제 등이었다.[41]

이 안은 성격상 전5안과 후1안으로 구분된다. 전5안은 청이 일본에게 허여(許與)할 사항으로 만주지역에서의 철도 또는 탄광 등에 대한 5가지의 이권에 대한 것이고, 후1안은 그 대가로 일본이 간도영유권을 청에게 인정해 주겠다는 것이다. 이 동삼성육안의 의미는 전5안에 의하여 일본이 이권을 가지게 되면 그에 필요한 인원과 장비뿐만이 아니라 그 보호에 필요한 병력을 투입할 수 있게 되었다는 데 있다.[42] 일본은 대륙침략을 위한 군사적 거점을 합법적으로 확보하게 되기 때문에 만주의 일부분에 불과한, 그리고 일본의 입장에서 후방이 되어버리는 간도를 청에 귀속시켜도 장기적으로는 그들의 대륙침략정책을 위하여 훨씬 유익하다고 보았다. 이것이 간도영유권 문제에 있어서 대한제국의 영토임을 주장하던 일본이 돌연 그 대도를 비꾸게 된 이유였다.

2. 간도협약과 만주협약의 체결

동삼성육안의 의미를 눈치챈 청은 처음에는 이를 거부하였으나 결국은 일본의 제안대로 받아들여 1909년 9월 4일 북경에서 청의 흠명외무부상서 회판대신 양돈언(欽命外務

나가 「朝鮮間島經營案」이다. 위 자료의 작성시기와 작성자가 표기되어 있지 않으나, 최장근은 그 내용의 분석을 통해 위 자료가 1906년에 작성되었으며, 작성자는 통감부에서 촉탁을 받은 대륙낭인 나카이 킹죠(中井錦城)로 보고 있다. 위 자료의 주된 내용은 간도에 대한 한국 측의 영유권 주장은 부당한 것이지만, 일본이 한국을 대신하여 간도 문제를 제기하여 간도영유권을 포기하는 대신 그에 따른 이권을 획득하자는 것이다. 이에 대한 구체적인 내용은 최장근, 앞의 책, 135-269쪽 참조.
41) 김정호, 앞의 논문, 32쪽.
42) 고영일, 『조선족력사연구』(심양: 료녕인민출판사, 1982), 153쪽 참고. 노광돈, 앞의 논문, 32-33쪽에서 재인용.

部尙書 會辦大臣 梁敦彦)과 일본의 특명전권공사 이쥬인 히코키치(特命全權公使 伊集院彦吉)가 북경에서 전문과 7개조로 구성된 간도협약을 조인하였으며, 협약에는 한인잡거구역도가 첨부되어 있다.

간도협약은 중국어와 일본어로 각각 작성되었는데, 중국어 명칭은 '圖們江中韓界務條款'이고 일본어 명칭은 '間島に關する日淸協約'이다.

간도협약의 주요 내용은 다음과 같다. ① 청일 양국은 도문강이 선린의 호의에 비추어 조선과 청의 국경임을 서로 확인한다(전문). ② 강의 원류(江源)지방에 있어서는 정계비를 기점으로 하여 석을수로써 양국의 한계로 삼는다(제1조). ③ 그 대가로 청은 용정촌, 국자가, 두도구, 백초구를 외국인의 거주 및 무역을 위하여 개방하고, 일본은 이들 지역에 영사관 또는 영사관 분관을 설치한다(제2조). ④ 청은 종래와 같이 도문강 이북의 간지(墾地)에 있어서 한인의 거주를 승인하고, 이 한인잡거구역의 경계는 별첨의 지도에 표시한다(제3조). ⑤ 이 한인잡거구역 내 한인은 청의 관할에 복종하며, 이들에게 청인과 동일하게 대우하여야 하고, 단 인명에 관한 중대한 사항은 먼저 일본 영사관에 통보하여야 한다(제4조). ⑥ 한인잡거구역 내의 한인소유의 토지와 가옥은 청의 인민의 재산과 같이 보호하여야 하며, 도문강을 통한 쌍방 인민의 왕래를 자유롭게 한다. 단, 병기를 휴대한 자는 공문 또는 조회 없이 월경할 수 없다. 그리고 한인잡거구내에서 산출된 미곡은 한인의 반출을 허가한다. 그러나 흉년이 든 경우에는 이를 금지할 수 있으며, 땔감을 위한 채목은 구습에 따라 조변할 수 있다(제5조). ⑦ 청은 장차 길장철도를 연장하여 조선의 회령에서 조선철도와 연결하여야 한다(제6조). ⑧ 이 협약은 조인 즉시 효력을 발생하며, 2개월 이내에 일본의 간도통감부파출소 및 문무의 인원은 철수한다(제7조). 결과적으로 전문에서 도문강(圖門江, 두만강)을 조선과 청의 국경으로 하며, 제1조에서 강의 원류(江源)지방에 있어서는 정계비를 기점으로 하여, 석을수로써 양국의 경계로 삼는다고 규정하여, 간도지방의 영유권이 청에게 귀속됨을 명시한 것이다.[43]

한편, 간도협약과 같은 날 동시에 체결된 만주협약 역시 청의 흠명외무부상서 회판대신 양돈언과 일본의 특명전권공사 이쥬인 히코키치가 북경에서 조인하였으며, 전문과 5개조로 구성되어 있고, 중국어와 일본어로 각각 작성되었다. 중국어 명칭은 '東三省交涉五案條款'이고 일본어 명칭은 '滿洲に關する日淸協約'이다.[44]

---

43) 간도협약 전문은 최장근, 앞의 책, 219쪽 참조.
44) 만주협약의 주요 내용은 ① 청국정부는 신민둔·법고문 간의 철도를 부설할 경우에는 미리 일본국정부와 상의할 것에 동의한다(제1조). ② 청국정부는 대석교-영구지선을 남만주철도 지선으로 승인하고, 이 지선의 말단을 영구에 연장할 것에 동의한다(제2조). ③ 청국정부는 일본국정부가 무순과 연대 탄광의 채굴

위 간도협약과 만주협약은 각 그 명칭과 내용에서 알 수 있는 바와 같이 간도협약은 동삼성육안의 후1안에 대한 것이고, 만주협약은 전5안에 대한 것으로 서로 대가성을 지닌 교환적 성질을 갖고 있는 것이다.

3. 간도협약의 효력

간도협약의 효력에 대하여는 국내 학자들은 거의 대부분 무효로 보고 있다. 간도협약 무효론자들이 주장하는 대표적인 논거는 대체로 다음과 같다.[45]

첫째, 을사보호조약의 불성립 또는 무효로 인해 간도협약이 무효라는 것이다. 간도협약 당시 일본이 조선에 대해 갖고 있던 권한은 1905년 11월 17일자 을사보호조약(제2차 한일협약)에 의한 것이었다. 그런데 위 을사보호조약은 대한제국의 조약체결권자인 고종 황제에 의해서 비준되지 않았으므로 을사보호조약은 성립도 하지 않았다는 것이며, 또한 위 조약이 성립되었다 하더라도 그 체결경위를 보면 위 조약은 일본의 강박에 의하여 체결된 것으로 무효라는 것이다. 따라서 이와 같은 성립하지도 않은 또는 강박에 의해 체결된 것으로서 무효인 을사보호조약을 근거로 일본이 대한제국의 외교권을 대리 행사하여 청과 체결한 간도협약은 무효라는 것이다.

둘째, 을사보호조약상의 보호권의 범위를 넘은 것이므로 무효라는 것이다. 즉 위 을사보호조약의 효력을 인정한다 하더라도 일반 국제법상 보호국은 피보호국의 영토처분권을 가질 수 없으며, 보호관계에 있는 국가들 간에 있어 보호국이 체결한 조약이 피보호국의 조약이 되기 위해서는, 조약이 피보호국을 대리하거나 또는 피보호국의 이름으로(on behalf of, or in the name of protected state) 체결되어야 하는데, 간도협약의 경우 그 어느 곳에도 일본이 조선의 이름으로 이 협약을 체결했다는 근거가 없다. 따라서 일본이 보호국으로서 정당한 권한 없이 간도에 대한 조선의 영유권을 포기한 경우, 제3국으로서 동의하지 않은 조선에 대하여는 아무런 효력이 없다는 것이다.

권을 가지는 것을 승인한다(제3조). ④ 무순과 연대를 제외한 안봉철도 연선과 남만주철도 간선·연선의 광무는 청국 동삼성독무(東二省督撫)와 일본국 총영사가 의정할 내강을 조회하고, 청일 양국인이 합동 경영할 세칙은 앞으로 독무와 일본총영사간에 상정한다(제4조). ⑤ 경봉(신경-봉천)철도를 봉천성까지 연장하는 것에 일본국정부는 이의가 없음을 성명한다(제5조)는 것이다. 노영돈, 앞의 논문, 33-34쪽.

45) 노영돈, "간도 영유권과 중국과의 국경문제", 34-39쪽; 노영돈, "간도영유권을 둘러싼 법적 제문제", 『간도협약 100년의 재조명: 회고(回顧)와 전망(展望)』(서울: 북방민족나눔협의회 간도되찾기운동본부, 2009) 57-65쪽; 유철종, 『동아시아 국제관계와 영토분쟁』(서울: 삼우사, 2006), 202-205쪽.

셋째, 제3국을 위한 조약의 법리 적용에 의해서도 무효라는 것이다. 국제법상 조약은 당사국에게만 효력이 있을 뿐 제3국에는 아무런 영향을 미치지 않는다는 원칙이 확립되어 있다. "서약은 제3국에게 해롭게도 이롭게도 하지 않는다(pacta tertiis nec nocent nec prosunt)"는 고전적인 법원칙은 법의 일반원칙과 상식에 의해 뒷받침되는 것으로 국제법에서도 오래전부터 인정되어 온 원칙이다. 1969년의 「조약법에관한비엔나협약」46)에서도 제3국에 의무를 부과하는 조약은 서면에 의한 명시적인 승낙 없이는 당해 제3국을 구속할 수 없다고 규정하고 있다. 따라서 대한제국이 청일 간도협약에 따라 간도영유권을 포기하는 것에 동의한 바가 없으므로 간도협약은 제3국에 대한 조약의 법리에 의해서도 무효라는 것이다.

넷째, 제2차 세계대전의 전후 처리에 의해서도 간도협약은 무효임이 명백하다는 것이다. 제2차 세계대전을 마무리 하는 과정에서 간도협약과 을사보호조약을 포함하여 일본이 대륙침략정책을 추진하면서 체결한 모든 조약과 이권 및 특혜를 무효화하거나 원상회복하도록 하는 조치가 취해졌다. 1943년 12월 1일 미·영·중 3국에 의한 카이로선언에서는 "3대 연합국의 목적은 일본으로 하여금…… 그리고 만주, 대만, 팽호제도 등 일본이 중국으로부터 도취한 모든 지역을 중국에 반환하게 하는 것이다. 일본국은 폭력 및 강욕에 의하여 약취한 기타 모든 지역으로부터 구축된다"고 규정하고 있다. 위 선언에서 '일본이 중국으로부터 도취한 모든 지역'은 문맥상 1895년 청일전쟁 이후에 일본이 제국주의적 침략행위에 의하여 탈취한 모든 지역을 말하는 것이며, '반환'은 원상회복을 의미하는 것이라고 해석된다.

아울러 1945년 7월 26일 미·영·중 3국(같은 해 8월 8일 소련도 참가)은 포츠담선언 제8항에서 "카이로선언은 이행되어야 하며, 또 일본국의 주권은 혼슈·홋카이도·큐슈·시코쿠 그리고 우리들이 결정하는 소제도에 국한된다"고 규정하여 카이로선언의 원칙을 계승하였다. 위 포츠담선언은 같은 해 8월 14일 일본에 의하여 수락되었으며, 다시 같은 해 9월 2일 항복문서에서도 수락이 명기되었다. 카이로선언에서 규정된 '반환'이 원상회복이라고 할 때 법적으로 간도영유권 문제는 적어도 1895년 이전의 분쟁상태로 원상회복되어야 할 것이다. 그런데 실제로는 동삼성육안을 기초로 동시에 체결한 간도협약과 만주협약 중 일본이 간도영유권을 제물로 하여 중국으로부터 탈취한 이권과 특혜는 원상회복되어 중국으로 반환되었으나, 중국에 불법적으로 귀속된 간도영유권은 원상회복되지 않고, 중국이 계속 점유하고 있는 것이다.

---

46) 1969년 5월 23일 작성되었으며, 1980년 1월 27일 대한민국에 대하여 조약 제697호로 발효되었다.

한편, 1952년 4월 28일 중일평화조약 제4조에서도 "중일 양국은 전쟁의 결과로서 1941년 12월 9일 이전에 체결한 모든 조약, 협약 및 협정은 무효(null and void)로 한다"고 규정하고 있다. 위 규정에서 말하는 1941년 12월 9일 이전이란 일본이 중국에 대하여 침략적 행위를 시작한 때부터 태평양전쟁이 발발할 때까지의 전 기간을 의미하는 것이며, 일본이 중국에 대하여 침략적 행위를 시작한 때란 역시 1895년이 될 것이다. 따라서 위 규정에 의하더라도 1909년에 청일 간에 체결된 간도협약은 무효라 할 것이다.

이처럼 그동안 국내 학자들의 간도협약에 대한 견해는 간도협약이 국제법적으로 당연히 무효라고 보아 왔다.

그런데 최근 간도협약의 유효를 주장하는 견해가 제기되었다. 간도협약은 간도에 대한 영유권은 중국이 가지고, 간도에 대한 조선인의 역사적, 지리적 연고권을 기초로 한 나머지의 권리는 한국 또는 연변 조선족 내지 한국인이 가진다는 타협의 결과물이므로 이러한 간도협약의 정신과 이념에 입각하여 간도협약을 인정하고 새롭게 간도 문제를 해결해 보자는 것이다. 즉 간도 문제에 대한 영토적 주권에 대해서는 중국의 권리를 인정하는 대신에 간도에 대한 간도 조선족 및 한국인의 역사 및 생활근거를 수용하는 형태의 타협을 통해 양국 간의 분쟁의 불씨였던 간도를 한중 양국의 평화의 지역공동체로 가꾸어 나가는 지혜로 승화시키자는 의견이며, 오히려 간도협약 유효론을 따를 경우 한국이 간도에 대한 역사적, 지리적, 민족적 연고성을 계속 확보해 갈 수 있다는 주장이다.[47]

간도협약 유효론을 주장하는 이성환(李盛煥)은 유효론을 제기하는 이유로 첫째, 간도협약 유효론은 현대 영토분쟁 해결의 기본원칙에 부합한다는 측면, 둘째, 1909년 이후 약 100년 가까이 현실적으로 간도를 중국이 점유하고 있다는 현실인식, 셋째, 간도 영유권 주장과 한반도 통일 문제의 상관성, 넷째, 간도는 독도와 달리 사람(구체적으로는 간도 조선인 또는 연변 조선족)이 살고 있는 곳이기 때문에 단순히 땅에 대한 영유권 주장만으로는 해결하기 어려운 측면이 있다는 점을 들고 있다.[48]

이성환의 견해는 현실적인 여건을 고려하여 실질적인 해결방안을 제시하고자 많은 고심을 한 흔적이 엿보인다. 그러나 위 견해는 간도협약의 유무효의 문제는 위 협약이 국제법적으로 볼 때 무효라고 보아야 하는 하자가 있는지 여부에 대한 법률적인 판단의 문제와 위 협약을 무효라고 할 경우 그에 따른 조치를 현실적으로 취할 수 있느냐의 문제는 별개라는 점을 간과한 것으로 보인다.

---

47) 李盛煥, "간도영유권 문제 해결을 위한 시론적 연구 -'간도협약'의 재검토를 통해서-", 『동북아문화연구』, 제14집(동북아시아문화학회, 2008. 3.), 568, 584, 585쪽.
48) 위의 논문, 577쪽.

다만 법률적인 판단의 문제를 떠나 현실적인 정치적, 경제적 측면을 고려한다면 위 주장과 같이 간도를 한중 양국의 평화의 지역공동체로 만들자는 것도 하나의 대안이 될 수 있을 것이다. 그러나 간도를 한중 양국의 평화의 지역공동체로 만들기 위해서 반드시 간도협약을 유효라고 인정할 필요는 없는 것이다. 오히려 간도협약이 무효임을 주장하면서 이 지역을 영유권 분쟁지역으로 공론화 한 다음 양국 간의 협상을 통한 해결방안의 하나로도 제시될 수 있을 것이다.

한편, 간도협약에 대한 중국의 입장은 1952년 4월 28일 중일평화조약 제4조의 내용과는 상반되게 그 유효성을 주장하고 있다. 이에 대해 손춘일은 다음과 같이 주장한다.[49]

> 1915년 5월, 중국과 일본은 "關於南滿州及東部內蒙古的條約"(즉 "만몽조약")을 체결하였다. 그러자 일본은 이로부터 "간도협약"은 무효라고 주장하면서 재만 조선인들에게 "만몽조약"을 적용시키려 하였다. 그러자 민국정부는 이를 견결히 반대하면서 "간도협약"은 여전히 유효하다고 주장하였다. 일본의 주장에 의하면 1910년 "한일합방" 후 조선인들이 모두 일본천황의 '신민'이 되었으므로 당연히 재만 조선인에게도 "만몽조약"이 적용되어야 하며, "간도협약"은 자동적으로 무효되어야 한다는 것이다. 이에 대해 민국정부는 "간도협약"은 한일합방 이전에 체결된 조약이므로 이는 "만몽조약"과 무관하며, 따라서 "만몽조약"이 체결되었다고 해서 "간도협약"을 취소해서는 안 되며, 간도 거주 조선인들에게는 여전히 "간도협약"이 유효하다고 주장하였다. 사실상 중국 역대 정부의 "간도협약"에 대한 태도의 한 면이라고 할 수 있겠다.

한편, 북한은 간도협약, 즉 "간도에 관한 일청조약"을 "일제가 청나라 봉건정부에 강요하여 체결한 침략적 조약"이라고 하며 무효로 보고 있다.[50]

이와 같이 간도영유권 주장은 아직 학계와 시민단체 등을 중심으로 이루어지고 있을 뿐 국제사회에서는 간도지역이 영토분쟁지역으로 인정되지 않고 있으며, 우리 정부의 공식적인 입장 표명도 없는 상태이다. 다만, 2004년 10월 22일 개최된 통일외교통상위원회의 외교통상부 국정감사에서 당시 반기문 외교통상부장관이 "간도협약에 관해서는 법리적으로는 무효라고 생각을 할 수 있습니다. …… 그러나 간도협약이 무효라고 해서 간도 문제가 해결되는 것은 아니라고 봅니다. …… 간도협약 문제와 간도영유권 문제는 분리해서 접근하는 것이 좋을 것이라는 것이 정부의 판단입니다"라고 답변한 사실이 있다.[51]

---

49) 손춘일, 앞의 논문, 28쪽.
50) 사회과학원 법학연구소, 『국제법사전』(평양: 사회과학출판사, 2002), 3쪽.
51) 국회 통일외교통상위원회, 2004년도 국정감사 통일외교통상위원회 회의록.

제3절 북한의 영토조약

Ⅰ. 북한 조약 일반론

1. 조약의 정의

「조약법에관한비엔나협약」 제2조 (a)는 조약을 "단일의 문서에 또는 2 또는 그 이상의 관련문서에 구현되고 있는가에 관계없이 또한 그 특정의 명칭에 관계없이, 서면 형식으로 국가 간에 체결되며, 또한 국제법에 의하여 규율되는 국제적 합의"라고 규정하고 있다. 그러나 위 정의는 편의상 국가 간의 조약만을 대상으로 규율하고 있는 위 비엔나협약상의 정의에 불과하며 위 정의가 국가와 국제기구 또는 국제기구 간 등의 국제적 합의를 조약의 범주에서 제외시키는 것은 아니다. 이러한 조약의 정의에 대하여는 학자마다 그 표현 방식에 차이가 있으나 간략히 정의하자면 조약이란 그 명칭 여하를 불문하고 국제법 주체들이 법적 구속력을 받도록 체결한 국제법의 규율을 받는 국제적 합의라 할 수 있다. 한편, 조약업무에 관한 주무부서인 외교통상부는 조약을 "국제법 주체 가에 권리·의무관계를 창출하기 위하여 서면형식으로 체결되며 국제법에 의하여 규율되는 합의"라고 정의하여 서면형식에 의한 합의만을 조약으로 정의하고 있으나,[52] 구두합의(oral agreement)도 조약으로 인정되는 경우가 있음을 부인하고 있지는 않다.[53]

북한은 조약을 "나라들 간의 투쟁의 협조과정에서 이루어지는 권리와 의무관계를 고착시킨 합의"라고 정의하면서, 조약은 대외정책을 실현하는 법적수단으로 이용된다고 한다.[54] 이를 보다 구체적으로 살펴보면 다음과 같다.

첫째, 위 정의에 따르면 조약은 '나라'들 간의 합의, 즉 국가 간의 합의만을 의미하는 것으로 해석된다. 그러나 북한 『법학사전』에서는 자주적인 독립국가와 자주적 독립국가를 창건하기 위하여 투쟁하는 혁명조직 또는 전민족적 대표기관을 국제법의 당사자로 규정하고 있고,[55] 『국제법학(법학부용)』에서는 독립국가, 민족해방투쟁조직, 교전단체를,[56]

---

52) 외교통상부, 『알기쉬운 조약업무』(서울: 외교통상부, 2006), 8쪽.
53) 위의 책, 7쪽.
54) 사회과학원 법학연구소, 『법학사전』, 87쪽.

『국제법사전』에서는 국가와 민족해방투쟁조직 외에 국제기구도 제한된 범위에서 국제법의 당사자로 등장하는 경우가 있다고 설명하고 있다.[57]

둘째, 조약은 권리와 의무관계를 발생시키는 것이어야 한다. 이를 달리 표현하면 조약은 법적 구속력을 발생시키는 것이어야 한다. 국제법 주체 간의 합의에는 이러한 조약 외에 신사협정(gentlemen's agreement)이라는 것이 있다. 신사협정은 단순히 정치적인 의사표명이나 협력의지 등을 표명하는 합의로서 정치적 또는 도의적 구속력만을 갖고, 법적 구속력이 없다는 점에서 조약과 구별된다. 그러나 남북기본합의서[58]의 법적 성격에 대한 논란과 같이 구체적인 경우에 어느 합의서가 조약인지 신사협정인지의 구별은 그리 간단한 문제가 아니다.

셋째, 조약의 형태인 '합의'는 서면에 의한 합의를 의미하는지 구두합의도 포함되는지 문제될 수 있다. 이에 대하여 북한은 구두협정이 국가들의 권리의무 관계를 명확히 밝히는 데에 많은 부족한 점이 있기 때문에 국제관계에서는 거의 모든 조약이 성문조약의 형식으로 체결되고 있다고 하면서도 국제법 실천에서는 구두협정의 유효성도 인정된다고 함으로써 구두합의에 의한 조약도 인정한다.[59]

북한은 북한이 체결한 모든 국제조약은 주체사상의 승리를 보장하기 위한 법적 수단으로서 중요한 정치 법률적 의의를 가지는 것이라고 설명한다.[60]

2. 조약의 존재 형태와 분류

김일성종합대학이 발간한 『국제법학(법학부용)』을 살펴보면 북한도 우리와 마찬가지로 조약, 협약, 협정, 의정서 등 그 명칭과 관계없이 체약 당사국 간에 권리와 의무를 발생시키는 것을 조약으로 보고 있다. 조약은 그 체결형식에 따라 쌍방조약[61]과 다방조약[62]으로 나눌 수 있다. 쌍방조약은 제3국의 추후 가입가능여부에 따라 개방조약과 닫힌조약

---

55) 위의 책, 85쪽.
56) 김일성종합대학 편, 『국제법학(법학부용)』(평양: 김일성종합대학출판사, 1992), 40-45쪽.
57) 사회과학원 법학연구소, 『국제법사전』, 66쪽.
58) 1991년 12월 13일 체결되어 1992년 2월 19일 발효된 「남북 사이의 화해와 불가침 및 교류·협력에 관한 합의서」를 말한다. 이하에서는 "남북기본합의서"라 한다.
59) 사회과학원 법학연구소, 『국제법사전』, 28쪽.
60) 김일성종합대학 편, 앞의 책, 173쪽.
61) 우리의 '양자조약'과 같은 의미다.
62) 우리의 '다자조약'과 같은 의미다.

으로, 그 효력기간을 정하느냐 여부에 따라 기한부 조약과 무기한부 조약으로, 조약 내용의 공개 여부에 따라 공개조약과 비밀조약으로, 성문화 여부에 따라 성문조약과 불문조약으로 구별하여 설명한다. 또한 그 내용에 따라서는 ① 친선 및 협조에 관한 조약, 동맹조약, 중립에 관한 조약, 불가침 조약, 강화조약 등이 포함된 정치조약, ② 통상 및 항해조약, 무역협정, 차관협정 등과 같은 경제조약, ③ 문화적 협조관계를 규정한 국가들 간의 합의 문건인 문화협정, ④ 영사협약, 국경제도와 관련한 조약, 전쟁 법규 등과 같이 국가들 사이의 법률상 협조문제들을 규정한 법률조약으로 나눌 수 있다고 설명하고 있다.[63]

3. 조약법의 제정

북한은 우리가 조약에 관한 독립된 국내법을 제정하고 있지 않은 것과는 달리 1998년 12월 18일 최고인민회의 상임위원회 정령 제289호로 「조선민주주의인민공화국 조약법」(이하, "북한 조약법"이라 한다)을 채택하였다. 위 법은 총 23개의 조항으로 되어 있으며, 제1조는 위 법에 대하여 "조약의 체결과 리행, 페기[64]에서 제도와 질서를 엄격히 세워 조약을 바로 맺고 정확히 리행하며 다른 나라들과의 친선협조관계를 발전시키는 데 이바지한다"라고 그 목적을 밝히고, 이하의 조항에서 조약 체결권자, 체결질자, 이행, 페기 등에 대해 규정하고 있다.[65] 반면 북한은 1969년의 「조약법에관한비엔나협약」에는 가입하지 않은 것으로 알려지고 있다.

4. 조약의 무효

북한 조약법에는 무효에 관한 별도의 규정이 없으나 『국제법사전』에서 「조약법에관한비엔나협약」 제5부 제2절 조약의 부적법(Invalidity of Treaties) 제46조부터 제53조 사

---

63) 김일성종합대학 편, 앞의 책, 174-180쪽 참조.
64) 북한에서는 우리의 '폐기'를 '페기'라고 표현하고 있다. 이 책에서는 북한 문헌을 직접 인용하는 경우에는 북한의 맞춤법에 따라, 간접적으로 인용하는 경우에는 우리 맞춤법에 따라 표기하기로 한다.
65) 『조선민주주의인민공화국 법전(대중용)』(평양: 법률출판사, 2004), 640-643쪽; 장명봉 편, 『2008 최신 북한법령집』(서울: 북한법연구회, 2008), 93-94쪽.

이에서 규정하고 있는 무효사유를 조약의 무효조건으로 설명하고 있다. 즉, 위 사전에서 "1969년 국제조약법에 관한 윈 협약은 조약의 무효조건을 7가지로 규정하고 있다. ① 위헌조약(제46조); 국가의 기본법인 헌법을 비롯한 중요법규들에 위반되게 체결된 조약은 무효이다 ② 월권조약(제47조); 전권대표가 위임된 권한을 초월하여 체결한 조약은 무효이다. ③ 착오에 의한 조약(제48조); 조약체결 시 착오가 있었다고 인정되는 경우 그 조약은 무효로 선언될 수 있다. ④ 사기에 의한 조약(제49조); 조약이 사기적 방법으로 체결되었다고 판명되는 경우 그것은 무효로 선언될 수 있다. ⑤ 매수에 의한 조약(제50조); 전권대표를 매수하여 체결한 조약은 무효로 선언될 수 있다. ⑥ 강제에 의한 조약(제51∼52조); 체약일방이 체약타방에 힘의 위협 또는 힘을 사용하여 체결한 조약은 무효로 선언될 수 있다. ⑦ 강행법규에 저촉되는 조약(제53조); 조약이 일반국제법의 강행법규에 저촉되게 체결된 조약은 무효로 선언될 수 있다"고 설명하면서 조약의 무효조건 주장은 납득될 수 있게 증명되어야 한다고 한다.66)

한편, 위 『국제법사전』에서는 조약의 유효요건으로 "조약의 규제내용이 체약국들의 법규범 특히 기본법에 부합하여야 하며 전권대표 자신들의 착오나 월권행위가 없어야 할 뿐 아니라 그들에 대한 사기와 매수가 없어야 하며 체약국이나 전권대표에 대한 위협이나 무력적 강제가 가해지지 말아야 하며 조약 전반 규제사항이 일반국제법의 강행법규에 저촉되지 말아야 한다"고 설명하고 있다.67)

이와 관련하여 북한은 강제(또는 강박)에 의해 체결된 조약의 대표적인 사례로 1905년의 을사조약(또는 을사늑약)을 들고 있다. 림동춘은 위 조약을 '불법무효한 강도적인 조약'이라고 하면서 위 조약이 무효인 이유에 대하여 첫째, 국가로부터 조약체결의 전권위임을 부여받지 못한 자들이 서명하였고, 둘째, 우리나라의 자주권을 심히 유린한 침략적인 조약이며, 셋째, 최고주권자나 최고입법기관의 비준을 받지 못했기 때문이라고 설명한다.68)

또한 1998년 한일 간에 체결된 신한일어업협정에 대하여도 북한은 1999년 1월 29일 외무성 대변인의 담화를 통해 "전체 조선인민을 대표할 수 없는 남조선매국집단이 재침 야망에 열이 오른 일본과 공모하여 조작해 낸 이번 어업협정을 절대로 인정하지 않으며, 그것이 완전히 무효라는 것을 내외에 엄숙히 천명한다"고 발표한 바 있다.69) 김일성종합

---

66) 사회과학원 법학연구소, 『국제법사전』, 347쪽.
67) 위의 책, 352쪽.
68) 림동춘, "《을사5조약》은 국제법상 불법무효한 강도적인 조약", 『김일성종합대학학보: 력사법학』, 제47권 제4호(김일성종합대학출판사, 2001), 70-73쪽.

대학 교수인 박영수는 신한일어업협정을 "그 내용과 성격에 있어서 철두철미 우리 민족의 자주권과 영토완정을 유린하는 극히 엄중한 침략적이며 매국적인 범죄문건"이라고 비난한다. 그 이유에 대하여는 위 협정이 첫째, "우리나라의 불가분의 령역인 독도의 존재를 무시하고 그 법적 소속을 부정하는 날강도적 문건"이며, 둘째, "우리의 전통적 어장인 독도주변의 넓은 수역을 일본에 팔아넘김으로써 남조선의 100만 어민들의 명줄을 끊어놓은 문건"이기 때문이라고 한다.[70]

북한이 조약의 무효와 관련하여 특히 강조하고 있는 것 중의 하나가 불평등조약이다. 「조약법에관한비엔나협약」은 불평등조약을 무효사유로 명시하고 있지 않다. 그 이유는 평등과 불평등의 개념이 상대적이어서 자의적으로 해석될 소지가 있으므로 법적 안정성을 확보하기 위한 것으로 해석할 수 있다. 그런데 통상 중국을 비롯한 사회주의 국가들은 불평등 조약을 부적법하거나 최소한 조약의 종료사유가 되는 것으로 본다. 북한의 경우도 『국제법사전』을 보면 불평등조약을 "조약에 규제된 권리와 의무가 어느 일방에는 유리하게, 타방에는 불리하게 설정된 조약"이라고 정의하면서 "일반적으로 제국주의대국들이 약소국가들에 강요하여 체결한 조약들은 불평등조약"이라고 한다.

북한은 불평등조약의 효력에 대하여는 "국제법상 공인된 자주권존중과 국가평등의 원칙에 위반되는 조약으로 법적 효력을 가지지 못한다"고 설명하고 있다.[71] 그러나 북한의 위와 같은 불평등조약에 대한 설명은 오히려 강제에 의한 조약의 설명이라고 보인다.

북한은 강화도조약(병자수호조약 또는 조일수호조규)과 한미행정협정을 이 불평등조약으로 보고 있다. 림동춘은 강화도조약에 대하여 "이처럼 일본침략자들이 1876년 2월 27일에 강요한 《강화도조약》은 정치, 경제, 군사, 외교 등 모든 분야에서 우리 민족의 자주권을 전면적으로 유린한 예속조약이었으며 미국, 영국을 비롯한 구미열강들이 우리나라에 마음대로 끼어들 수 있도록 침략의 길을 열어 준 불평등조약이었다"고 설명하고 있다.[72]

---

69) 박영수, "남조선괴뢰들과 일본반동들이 소작한 새 《어업협정》은 침략적이며 매국적인 범죄문건", 『김일성종합대학학보: 력사법학』, 제45권 제3호(김일성종합대학출판사, 1999), 66쪽.

70) 위의 논문, 66-69쪽.

71) 사회과학원 법학연구소, 『국제법사전』, 247쪽.

72) 림동춘, "《강화도조약》은 침략적이며 불평등적인 예속조약", 『김일성종합대학학보: 력사법학』, 제42권 제3호(김일성종합대학출판사, 1996), 55쪽.

Ⅱ. 북한의 영토·국경에 대한 인식과 영토조약

1. 북한의 영토·국경에 대한 인식

북한의 『국제법사전』에서는 국가영역을 "한 나라의 주권이 행사되는 일정한 지역적 공간"이라고 정의하면서 국가영역은 "영토를 중심으로 그 주위의 일정한 너비의 수역과 그 상공으로 구성"되며, "국제관습과 조약에 의하여 국가 소유의 배와 비행기 내부도 국가령역과 같은 법적 지위를 가진다"고 설명한다.[73]

이 중 영토는 "한 나라의 주권이 행사되는 땅"이며, "단순한 지역적 의미나 지리학적 개념이 아니라 국가주권과 결부된 법률적 개념"이다. 또한 영토에는 "국경 안의 땅 겉면만 아니라 땅 속까지 포함"되며, "일정한 범위의 바다나 하늘도 령토와 잇닿아 있어야 령해, 령공의 지위를 가지게 된다"고 한다.[74]

위 사전에 따르면 국경은 "한 나라의 령역을 다른 나라의 령역이나 공역과 가르는 경계선"으로 "자연지형지물 또는 인공적인 표식물에 의한 실제적 경계선이나, 바다나 공중에서와 같이 실제적인 표식물이 없이 설정되는 가상적 경계선으로 표시"되며, "그것이 어디에 설정되었는가에 따라 륙지국경, 바다국경, 공중국경으로 구분되며, 그 형태에 따라 자연지리적 국경, 기하학적 국경, 천문학적 국경으로 나누어진다"고 설명하고 있다.

또한 "현 국제관계에서는 여러 가지 형태를 배합하여 국경을 정하는 것이 일반적인 현상으로 되고 있다. 국경은 주권국가의 지역적 한계를 표시하는 법적계선으로서 중요한 정치법률적 의의를 가진다. 국경선은 단순한 지리적 경계선이 아니라 령토완정을 보장하는 경계선으로서 중요한 의의를 가진다"고 한다. 육지국경은 "린접국가들간의 국제협정에 의하여 그리고 해안국경과 공중국경은 자기 나라의 국방상 및 경제적 리익을 고려하여 국내립법에 의하여 자주적으로 결정"되며,[75] 국경선은 한 국가의 국가주권이 미치는 법적 계선이며 국가와 국가를 구분하는 지역적 경계선으로 단순한 지리학적 경계선이 아니라 국가의 영토완정을 보장하는 경계선으로 중요한 의의를 가진다고 한다.[76]

북한이 주장하는 영토완정원칙은 영역을 확정하고 지배할 권리는 오직 영역 소속국에

---

73) 사회과학원 법학연구소, 『국제법사전』, 31쪽.
74) 위의 책, 180쪽.
75) 사회과학원 법학연구소, 『법학사전』, 77쪽.
76) 김일성종합대학 편, 앞의 책, 97쪽.

만 있다고 인정하는 국제법적인 원칙을 말한다. 따라서 국가는 역사, 지리적 전통과 이용 실태에 기초하여 또 인접나라들과의 관계문제를 고려하여 영역범위를 합리적으로 정하고 그에 대한 통제권을 행사해야 한다. 그리고 세계 대다수 국가들에는 역사·지리적으로 형성된 국경을 법률적으로 고착시킨 국경선이 확정되어 있다. 그러나 일부 나라들의 국경선은 명확하지 못하거나 외적 요인에 의해 변경되거나 불합리하게 된 것도 있어 관련 국가들 간에 국경분쟁이 발생하고 있다. 이러한 국경분쟁은 주로 제국주의자들의 식민지 통치의 영향에 의해 신생국들 사이에 많이 발생하고 있다고 한다.[77]

2. 국경분쟁과 해결방식

북한의 국경에 대한 인식이 어떤지는 명확하게 알 수 없으나, '국경분쟁'에 대한 설명에서 북한 역시 공산사회주의적 이념을 기초로 국경에 대한 인식을 하고 있음을 짐작할 수 있다. 북한의 『국제법사전』에서는 '국경분쟁'을 다음과 같이 설명하고 있다.[78]

현존 국경선을 두고 리해관계와 주장을 달리하는 린접국가들 사이의 다툼. 매개 국가는 그 존립의 기초인 령토를 가지고 있으며 령토는 국경선에 의해 한정된다. 국경선은 국가들의 령역을 확정하는 경계선인 것만큼 매개 국가들은 그에 절대적인 리해관계를 가진다. 세계 대다수 나라들에는 력사지리적으로 형성된 국경선을 법률적으로 고착시킨 국경선이 확정되어 있다. 그러나 일부 나라들의 국경선은 명확치 못하거나 외적요인에 의해 변경되거나 불합리하게 된 것도 있다. 그리하여 국가들간에는 국경문제를 두고 론의하게 되고 의견이 일치하지 않을 때에는 충돌이 일어난다. 국경분쟁은 주로 제국주의자들의 식민지통치 후과에 의해 신흥세력나라들사이에 많이 일어난다. 제국주의자들은 지난 시기 아시아, 아프리카, 라틴아메리카들을 식민지로 더 많이 거머쥐기 위한 각축전을 벌리면서 이 나라 인민들이 전통적으로 인정하여 오던 국경선을 저들의 침략적 리익에 맞게 제멋대로 고쳐 놓았으며 이 나라들의 국경분쟁을 일부로 조장시키였다. 례를 들면 소말리아와 에티오피아사이에 오가덴 지역의 령유권을 둘러싸고 벌어지고 있는 국경분쟁과 파키스탄과 아프가니스탄사이에 파크투니스탄지역의 령유권을 둘러싸고 벌어졌던 국경분쟁을 들 수 있다. 국경분쟁은 심각한 국제적 문제로 제기되고

77) 사회과학원 법학연구소, 『국제법사전』, 180-181쪽.
78) 위의 책, 38-39쪽.

있으며 그것을 옳게 해결하는 것은 제국주의자들의 침략과 분렬책동을 파탄시키고 세계의 평화와 신흥세력나라들의 단결을 강화함에 있어서 매우 중요한 의의를 가진다. 국경분쟁은 어디까지나 외세의 간섭이 없이 당사국들의 협상에 의하여 평화적으로 해결되어야 한다. 분쟁당사국들만이 력사적으로 형성되어 온 국경과 관련한 문제를 가장 정확히 알 수 있으며 그 해결에서 자기 인민의 리익을 옳게 반영할 수 있다. 분쟁당사국들은 국경문제해결에서 제국주의자들의 롱락물이 되지 말아야 하며 선의와 단결의 원칙에서 최대한의 아량과 인내성을 발휘하여야 한다. 상대방의 의견을 존중하면서 합리적인 해결책을 공동으로 모색하는 것이 중요하다.

이와 같이 북한은 이런 국경분쟁의 해결방안에 관하여 외세의 간섭 없이 당사국들의 협상에 의한 평화적인 해결을 강조한다. 이러한 국경분쟁 평화해결원칙에 따라 국경과 관련하여 제기되는 문제들을 처리하기 위해 체결된 국경조약은 국경의 확정(국경의 구체적 방향과 그 위치를 법적으로 정하는 것) 및 설정(이미 확정된 국경의 위치와 방향에 따라 현지에서 국경을 직접 정하는 것)질서와 국경제도, 국경충돌과 불상사에 대한 조정, 국경지역에서의 협조 등에 대한 문제들을 포괄한다. 국경조약은 성문조약으로 일반적으로 국경선의 길이와 구간, 국경선의 통과지점, 국경선을 표시한 지도와 일람표가 첨부된다.[79]

북한 국제법 교과서나 국제법사전의 내용에 따르면 압록강과 두만강 같은 국제하천에서의 국경선설정에 관하여 일반적으로 배가 다닐 수 있는 강에서는 배가 다니는 물줄기의 중심선이며, 배가 다닐 수 없는 강에서는 강폭의 중간선으로 설정하는 것이 국제적으로 공인된 일반적인 관례이나 국가들 간의 합의에 따라 국경하천 전체를 국경선으로 설정할 수 있다고 한다. 이러한 국경선 확정 및 설정원칙에 따라 북한과 중국 간의 압록강과 두만강에서의 국경선은 강 너비 전체를 국경으로 하고 있다. 또한 백두산 천지와 같은 국경호수에서의 국경선은 호수의 중간선 또는 호수 너비 전체를 국경선으로 설정할 수 있다.[80]

북한 국제법 교과서는 압록강과 두만강을 경계로 그리고 두 강의 강 너비 전체를 국경획정기준으로 하고 또한 국경을 설정하기 위한 공동위원회 구성에 대해 언급하면서도 관련 국경조약인 1962년 국경조약을 전혀 명시하지 않고 있다. 그러나 북한 국제법 교과서가 언급한 국경획정원칙은 뒤에서 고찰하는 바와 같이 조중국경조약 체제에 그대로 반영되었다.[81]

---

79) 위의 책, 38-39쪽.
80) 김일성종합대학 편, 앞의 책, 98쪽.

3. 영토조약 체결 현황

통일 후 북한이 체결한 조약의 처리와 관련하여 주된 관심의 대상이 되는 처분적 조약에 대하여는 현재 국내에 발표된 자료 중 북한 원문은 없고, 체약상대국인 중국이나 러시아의 원문과 이를 번역한 자료들뿐이다. 국내에 소개된 북한의 국경 관련 조약으로는 먼저 중국과 체결한 조약으로는 1962년의 조중국경조약 이외에 「조선민주주의인민공화국 정부대표단과 중화인민공화국 정부대표단의 조·중 국경 문제에 관한 회담기록」(이하, "조중국경회담기요"라 한다),[82] 「조선민주주의인민공화국 정부와 중화인민공화국 정부의 조·중 국경에 관한 의정서」(이하, "조중국경의정서"라 한다)[83]가 있다.[84]

북한과 중국은 위 국경 관련 조약을 체결하기 전에 1956년에 압록강과 두만강에서의 「목재운송에 관한 의정서」를 체결했고, 1958년에는 「두만강 치수공사 설계서에 관한 합의서」를 교환했으며, 1960년 5월 23일에는 「조중국경하천 운항협조에 관한 협정」을 체결하는 등 국경하천의 평화적 공동 이용을 위한 협력을 해 왔다.

다음으로 소련과 체결한 조약으로는 「소비에트사회주의공화국연방과 조선민주주의인민공화국 사이의 국경선에 관한 조약」(이하, "조소국경조약"이라 한다), 「소비에트사회주의공화국연방과 조선민주주의인민공화국 사이의 국경선에 관한 명세서」(이하, "조소국경선명세서"라 한다), 「소비에트사회주의공화국연방과 조선민주주의인민공화국 사이의 경제수역 및 대륙붕 경계획정 협정」(이하, "조소 경제수역·대륙붕 경계획정협정"이라 한다), 「소비에트사회주의공화국연방과 조선민주주의인민공화국 사이의 국경질서제도에 관한 협정」(이하, "조소국경질서협정"이라 한다)이 있으며, 북한, 중국 및 러시아 3개국이 체결한 조약으로는 「두만강 국경수역 경계선 설정에 대한 조선, 중국, 러시아 3국 간 협정」(이하, "두만강 국경수역 경계선 설정에 대한 3국 간 협정"이라 한다)이 있다.

현재 북한과 중국 및 러시아와의 국경체제는 위 조약들에 의하여 형성되어 있다. 이들

---

81) 이현조, "조중변계조약체제에 관한 국제법적 고찰", 『國際法學會論叢』, 제52권 제23호(2007. 12.), 181쪽.

82) 중국어 명칭은 "中華人民共和國政府代表團和朝鮮民主主義人民共和國政府代表團關于中朝邊界問題的會談紀要"이다.

83) 중국어 명칭은 "中華人民共和國政府和朝鮮民主主義人民共和國政府邊界關于中朝邊界的議定書"이다.

84) 이 세 개의 조약은 국회도서관에 있는 吉林省革命委員會 外事辦公室 編, 『中朝, 中蘇, 中蒙 有關條約, 協定, 議定書 滙編』(中國吉林省: 吉林省 革命委員會 外事辦公室, 1974), 5-100쪽에 수록되어 있으며, 서길수, 『백두산 국경 연구』(서울: 여유당출판사, 2009), 373-461쪽에도 중국어 원문과 번역문이 수록되어 있고, 이종석, 『북한-중국관계 1945~2000』(서울: 중심, 2000), 321-343쪽에도 조중국경조약과 조중국경의정서의 번역문이 수록되어 있다.

조약은 남북한이 통일된 후 통일국가의 영토문제와 직결되는 것으로 북한과 중국의 국경조약에 의해서는 간도의 영유권 문제가, 북한과 러시아의 국경조약과 관련해서는 연해주, 특히 녹둔도의 영유권 문제가 현실적인 문제로 제기되기 때문이다. 그동안 국내에서는 간도와 녹둔도가 원래 조선의 영토인데, 간도는 1909년 청일 간 체결된 간도협약에 의하여 부당하게 중국으로 편입되었고, 두만강 하구의 녹둔도 역시 조선의 영토인데 1860년 청·러 간 체결된 북경조약에 의하여 러시아령으로 잘못 편입되었으므로 이를 회복하여야 한다는 주장이 제기되어 왔다.[85)]

그러나 이러한 주장은 우리 정부차원의 공식적인 입장이 아니라 주로 백산학회나 간도학회 등과 같은 민간학술단체나 일부 학자들을 중심으로 전개되어 왔다. 이들은 주로 간도협약과 북경조약이 국제법적으로 무효라는 주장과 함께 간도와 녹둔도에 대한 역사적 권원에 대한 입증 노력을 해 왔으며, 특히 간도와 관련하여서는 백두산정계비의 해석과 관련된 많은 연구와 노력이 진행되어 왔다. 그런데 이러한 노력에 대해 새로운 변수로 등장한 것이 북한이 중국 및 러시아와 새로 체결한 국경조약들이다. 신법우선의 원칙에 의하면 북한이 체결한 이러한 국경조약들에 의해 기존의 간도협약이나 북경조약과는 무관하게 새로운 국경체제가 성립되는 것이기 때문이다. 따라서 간도와 녹둔도에 대한 영유권 주장 노력은 북한이 중국이나 러시아와 체결한 조약마저 극복해야 하는 과제를 떠안게 된 것이다. 물론 간도와 녹둔도에 대한 영유권을 강하게 주장하는 입장에서는 대체로 북한의 국가성과 국제법의 주체성을 부인하면서 북한이 체결한 조약의 무효를 주장하거나, 중국과의 국경조약은 비밀조약이므로 무효라는 주장을 하기도 하나 국제법원칙에 비추어 볼 때는 그렇게 단순하게 해결될 문제가 아닌 것이다.[86)]

---

85) 한명섭, "북한의 조약체결 현황 및 향후 처리 방안", 『북한의 조약체결 현황 및 향후 처리 방안』(법무부, 제36차 남북법령연구특별분과위원회 학술회의 발표문, 2010. 9.), 25-26쪽.
86) 위의 발표문, 26쪽.

Ⅲ. 중국과의 국경체제

1. 조중국경조약 체결 이전의 상황

조중국경조약 체결 이전에 북한의 간도 지역에 대한 인식을 엿볼 수 있는 두 개의 역사적 사실에 대한 언급을 하지 않을 수 없다.

첫 번째는 중국내전시기 북한병사들이 중국군을 도운 대가로 북한이 중국에게 간도 할양을 요구했다는 것이다. 백학순은 미군 정보보고서를 근거로 1947년 3월 북한 대표들과 간도의 4개현 대표들이 중국공산당 동북당 정치국에 헤이룽, 훈춘, 왕칭, 옌지의 할양을 요구한 사실이 있으며, 1947년 5월 10일 중국 대표들이 참석한 회의에서 북한의 최용건과 무정 등이 간도 할양을 요구했다고 한다.[87] 두 번째는 1999년 중국의 정부자료공개법에 의해 획득한 자료인 '北役檔庫所皮藏'에 근거한 박선영의 주장으로 간도 문제와 관련하여 1948년 소련, 북한, 중국 간 평화협정을 체결하였고, 위 평화협정에 따라 소련이 길림성의 연길, 목단강, 목릉과 그 부근 지역을 북한의 영토로 획정하고 지도까지 자세하게 그렸다는 것이다.[88]

위와 같은 주장이 객관적 사실에 부합하는지 여부는 명확히 확인되고 있지 않으나, 만일 위 주장들이 사실이라면 북한 역시 간도 지역을 우리의 영토로 강하게 인식하고 있었다는 근거가 될 것이다.

2. 조중국경 관련 조약문의 발견

남한 사회에서는 오랫동안 신뢰할 만한 근거도 없이 북한이 중공군의 한국전쟁 참전 대가로 백두산 천지의 상당 부분을 중국 쪽에 할양했다는 주장이 정설처럼 여겨져 왔다.[89] 그러나 결국 위 주장은 북한과 중국이 체결한 국경조약 관련 문건의 발견으로 사

---

87) 백학순, "중국내전시 북한의 중국공산당을 위한 군사원조", 『한국과 국제정치』, 통권 19호(경남대학교 극동문제연구소, 1994. 6.), 275-276쪽.
88) 구체적인 내용은 박선영, "소련이 '간도 지역을 북한의 영토로 확정'한 중화민국 외교부 사료와 간도 문제에 대한 연구 과제", 『중국사연구』, 제43집(중국사학회, 2006. 8.), 291-303쪽.
89) 이종석, 앞의 책, 227쪽.

실이 아님이 밝혀졌다.

2000년 10월 16일자 『중앙일보』에 "북한·중국 국경조약 전문 최초 확인"이란 제하의 특종기사가 게재되었다. 중앙일보 취재팀이 옌지(延吉)의 한 헌책방에서 우연히 1974년 6월 중국 길림성혁명위원회외사판공실 편인(編印)의 『中朝, 中蘇, 中蒙 有關條約, 協定, 議定書滙編』이란 제목의 소책자를 발견하였다는 것이다.[90]

당시 국경탐사에 참가했던 가톨릭대학 교수인 안병욱은 위 책 발견 당시의 상황에 대하여 "그토록 의아스러웠던 북한과 중국의 국경조약을 옌지(延吉) 시의 헌책방에서 구하리라고는 상상도 못했다. 그곳에서 우연히 국경자료집을 집어 펼치는 순간 온몸이 굳어지는 긴장감을 느꼈다. 헐값 15위안을 지불하고 부랴부랴 책방을 나섰다. 찬찬히 눈을 비비고 들여다보니 국내 어디에서도 구할 수 없는 북한과 중국의 변계조약이었다"고 설명하고 있다.[91]

위 책의 겉표지에는 '機密文件·注意保存'이라고 명기되어 있고, 안쪽 표지 다음 장에는 공포되지 않은 문건이므로 잘 보존하라는 설명문이 있으며, 총 416쪽 중에서 조중국경조약과 조중국경의정서를 비롯하여 북한과 중국 간에 체결된 각종 조약문이 366쪽에 이르고, 나머지는 몽골과의 국경조약 등이 차지하고 있다.

3. 조중국경 관련 조약의 실체에 대한 검토

위 조약들은 모두 비밀조약이어서 그동안 북한은 물론 중국도 이를 일체 비밀로 하여왔고, 위 책자가 발견된 이후에도 북한과 중국 모두 위 조약의 실체를 공식적으로 인정한 사실이 없다. 조중국경조약에 대해 가장 먼저 깊이 있는 연구를 한 길림성 조선한국연구소의 자료집이나 연구결과에도 나오지 않았다. 중국에서 이 분야에 대한 연구를 해오고 있는 손춘일은 위 조약문이 공개된 이후에도 다음과 같이 그 실체에 대해 의구심을 갖고 있다.

이런 점에서 이종석 저 『북한-중국 관계』에 실린 조·중 국경조약에 대해 약간 의구심을 갖게 된다. 왜냐하면 2004년 11월, 중국의 세계지식출판사에서 외교부조약법률

---

90) 『중앙일보』, 2000년 10월 16일.
91) 『중앙일보』, 2000년 10월 18일.

사(外交部條約法律司)가 편집한 『중화인민공화국국경사무조약집(中華人民共和國邊界事務條約集)』「중·조권(中朝券)」을 공개 발행했는데, 여기에 「조·중 국경조약」과 「조·중 국경의정서」의 원문이 실려 있지 않았다. 권위성을 인정받는 중국외교부조약 법률사가 편집한 조약집에 이와 같이 중요한 국경조약이 실려 있지 않는다는 것은 납득이 잘 가지 않는다. 이런 상황에서 두 가지 의구심을 가질 수밖에 없다. 첫째는 이종석이 수집한 조·중 국경조약과 의정서는 확실한 것인지? 둘째는 이것이 확실하다면 무엇 때문에 조약집에 빠졌을까 하는 문제이다.[92]

따라서 과연 위와 같은 경위로 발견된 위 조약들이 그 후 체결된 또 다른 조약으로 대체되었는지 여부는 알 수 없지만, 위 조약문 자체의 실체에 대한 검토를 할 필요가 있을 것이다. 결론적으로 위 조약들은 다음과 같은 이유로 그 신뢰성이 있다고 판단되며, 실체에 부합한다고 본다.

첫째, 위 조약들의 발견 경위와 조약집의 형태이다. 앞에서 본 바와 같이 위 조약들이 게재된 조약집은 어느 개인의 정보 등을 통해 개별적으로 그 내용만이 입수된 것이 아니라, 중앙일보 취재팀에 의해 우연히 헌 서점에서 발견된 것이며, 그 형태를 보더라도 중국과 북한과의 조약 외에도, 공개가 되어 있는 몽골 및 소련과의 조약까지 함께 수록되어 있는 점, 표지에 '기밀문건·주의보전'이라는 글귀가 명기되어 있는 점 등에 비추어 보면 조작되었을 가능성은 거의 없는 것으로 보인다.

둘째, 위 조약들의 체결 사실에 대한 숭국의 관련 분헌이 다수 존재한다는 것이다. 이에 해당하는 것으로는 우선 1997년 중국에서 상·중·하의 세 권으로 발간된 『周恩來年譜 1949~1976』이다. 이 책은 중국의 대외관계를 총지휘했던 저우언라이(周恩來)의 외교활동을 비교적 상세하게 기록하고 있다. 북한과의 관계에 대해서도 양국 우호관계를 감안해서 비공식 사항에 대해서는 구체적인 내용까지 기록하고 있지는 않으나 대강의 활동내역은 기록하고 있다. 바로 이 책 속에 저우언라이가 1960년대 초에 수차례에 걸쳐 '중조국경' 문제를 놓고 관련 간부들과 상의했다는 기록이 나타나 있다. 그리고 양국 국경조약일로 밝혀진 1962년 10월 12일에 저우언라이가 비밀리에 평양을 방문해 김일성과 국경선 문제를 논의했음도 시사하고 있다.[93]

보다 확실한 문헌은 저우언라이를 보좌하여 외교부장을 맡았던 천이(陣毅)의 일대기를 담은 연보이다. 이 연보는 천이가 1962년 10월 12일 저우언라이를 수행하여 평양에 가

92) 손춘일, 앞의 논문, 29쪽.
93) 이종석, 앞의 책, 228-229쪽.

서 '조중국경협정'을 체결했다는 기록을 담고 있다.[94]

　그 밖에도 문화혁명 당시 중국 길림성 연변조선족 자치주 주장(州長)이었던 주덕해를 음해하기 위한 홍위병들의 문건[95]과, 문화혁명 직후 홍위병들의 박해로 사망한 주덕해의 무고를 판결한 중국공산당 연변조선족 자치주 위원회의 공식 문건[96]도 조중국경조약의 확정 경위를 보여 주는 자료들이다. 먼저 홍위병들이 만든 문건에는 주덕해가 조·중 국경 확정을 위한 실측탐사 당시 북한에 유리하게 국경선을 획정토록 '사주'했다는 것이 그의 중요한 '죄상'으로 나열되고 있다. 그리고 공산당 문건은 이 문제를 사실에 기초해서 반박하고 있는데 이 과정에서 국경선 획정의 경위가 서술되어 있다.[97] 특히 이 자료는 주덕해 복권과 관련된 문건이기 때문에 중국공산당이 사실관계에서 매우 신중을 기한 문건이므로 국경조약 체결과정은 충분히 신뢰할 수 있다는 것이 이종석의 분석이다.[98]

　셋째, 현재까지 확인된 백두산 천지 부근을 비롯한 조중국경선상에 설치된 경계푯말[99]의 존재이다. 이들 경계푯말의 형태와 위치가 조중국경조약 및 의정서에서 규정하고 있는 내용과 일치한다는 점 역시 위 조약 등에 대한 신뢰성을 보여 주는 것이다.

　넷째, 백두산 천지를 분할하게 된 경위에 관한 황장엽의 증언이다. 황장엽 전 북한최고인민회의 의장은 2006년 11월 23일 서울 종로구 한국교회100주년 기념관에서 열린 국회인권포럼 초청 강사로 나와 북한인권과 북핵문제를 이야기하던 도중에 조중국경조약에 관한 뒷이야기를 털어놨다. 자신이 김일성의 서기로 일하던 1958년 김일성과 중국을 방문했는데, 당시 벽에 걸린 지도에 백두산이 중국의 영토로 표시되어 있는 것을 보고 이 사실을 김일성에게 보고하자 김일성이 저우언라이를 만나 이 사실을 강하게 따졌다는 것이다. 이에 저우언라이는 "두만강도 한복판을 나눴고, 압록강도 한복판을 나눠서 국경을 정했으니, 천지도 반을 가르는 게 어떠냐"고 제안했고, 이를 김일성이 받아들여 조중국경조약을 체결하게 되었다고 한다.[100]

　다섯째, 북한 문헌에서도 위 조약 등에 대한 직접적인 언급은 없어도, 그 내용에 대한

---

94) 위의 책, 229쪽.
95) 《연변 당내의 자본주의 길로 나가는 가장 큰 집권파 주덕해의 매국 죄상》.
96) 《주덕해 동지에 들씌운 루명을 벗겨 주며 그의 명예를 회복시켜 줄 데 관한 중국공산당 연변조선족 자치주 위원회 결정》.
97) 이종석, 앞의 책, 230쪽.
98) 위의 책, 230쪽.
99) 조중국경조약 및 조중국경의정서에는 '경계푯말'을 "標椿"이라고 표기하고 있고, 실제 설치된 경계푯말에는 한글로 "국경지시표말"이라고 새겨져 있다. 이 책에서는 북한에서 사용하는 '표말'을 한글맞춤법에 '푯말'로 바꾸어, '경계푯말'이란 용어를 사용하기로 한다.
100) 인터넷신문 『고뉴스』(gonews.co.kr), 2006년 11월 23일.

일부 소개는 찾아볼 수 있다. 최금숙은 하천에 대한 법적 제도와 관련하여 강의 하구계선을 긋는 방법에 대해 설명하면서 "중국과 국경을 이루고 있는 압록강의 입구선(기산선)은 우리나라의 소다사도(小多獅島) 최남단점과 신도(薪島)의 최북단점 그리고 중국의 따뚱거우 이남 돌출부 최남단점을 련결한 선으로 규정하였다"고 기술하고 있는데,[101] 위 내용 역시 조중국경조약의 내용과 일치하고 있다.

4. 조중국경조약을 비밀조약으로 한 이유

중앙일보에서 조중국경조약 등이 수록된 조약집을 발견하고, 이 사실을 특종으로 보도할 당시의 보도 내용을 보면 북한과 중국이 위 조약을 비밀로 한 이유에 대하여 대체로 중국이 불리한 조약을 체결하였기 때문인 것으로 보고 있다.[102] 특히, 직접 당시 국경조약 체결과정에 참여했던 중국 측 인사의 증언을 통해 북한 측에서 남북이 분단되어 있는 상황에서 조약체결 사실을 공개하는 것은 곤란하다며 통일될 때까지 비공개로 할 것을 요구했다고 하면서도 중국 입장에서도 조중국경조약이 북한에 대한 배려로 중국 외교에서 좀처럼 보기 드문 양보를 했고, 중국이 지나치게 양보했다는 비판이 내부적으로 있었거나, 혹은 사후적으로라도 그런 비판의 가능성을 염두에 둔 정치적 고려로 보인다고 분석하는 견해가 있다.[103]

그러나 위 조약을 비밀로 한 이유는 중국이 불리한 조약을 체결했기 때문이라기보다는 오히려 당시 국경조약체결 과정에 참여했다는 중국 측 인사의 증언 내용처럼 북한이 먼저 "남북이 분단되어 있는 상황에서 조약체결 사실을 공개하는 것은 곤란하다며 통일될 때까지 비공개로 할 것을 요구"했다는 것이 더 설득력이 있어 보인다. 그 이유는 다음과 같다.

첫째, 위 조중국경조약으로 인해 북한이 간도영유권을 포기했다는 점에서 찾아볼 수 있다. 북한은 그 무엇보다도 대외적으로 자주권과 영토완정을 중시하고 있음을 표방하여 왔고, 일본의 독도에 대한 영유권 주장에 대하여 그 누구보다도 앞장서서 비난을 해 왔는데, 그외는 달리 자신들은 분단 이전까지 우리 민족이 주장해 온 간도영유권을 쉽게

---

101) 최금숙, "공화국국내수역의 중요제도", 『김일성종합대학학보: 력사법학』, 제50권 제4호(김일성종합대학출판사, 2004), 71쪽.
102) 『중앙일보』, 2000년 10월 16일.
103) 이종석, 앞의 책, 236쪽.

포기했다는 사실이 남한에 알려질 것을 무엇보다 염려했을 것으로 보이기 때문이다. 따라서 북한이 먼저 남북 분단 상황을 고려해 비공개로 해달라고 했다는 중국 측 인사의 증언은 매우 신빙성이 있는 증언으로 보인다. 박선영은 자신이 직접 대담했던 외교 관련 중국고위의 말에 따르면 조중국경조약을 비밀조약으로 한 이유는 북한 측의 요청이 있었기 때문이었다고 한다.[104]

둘째, 이 책 제4장에서 살펴보는 바와 같이 중국의 국경분쟁 해결 방식을 보면, 조중국경조약의 내용은 특별히 중국이 지나치게 양보를 한 것으로 볼 수 없다는 것이다. 조중국경조약이 간도협약과 비교하여 북한 측에 다소 유리하게 된 점은 사실이다.[105]

그러나 간도협약의 내용을 기준으로 하더라도 이 정도의 양보는 다른 국가와의 국경분쟁 해결과정과 비교해 보면 중국이 비슷한 정도의 양보를 한 것에 불과하지, 중국이 특별히 지나치게 양보를 한 것은 전혀 아니라는 것이다. 또한 백두산 천지를 5:5가 아니라 북한이 54.5퍼센트, 중국이 45.5퍼센트를 차지한 것도 중국이 다른 국가와의 분쟁대상지역을 분할함에 있어서 통상 자신들이 50퍼센트 미만을 차지하였다는 점에서 보면 결코 북한만 특별히 유리한 조약을 체결한 것도 아니다. 오히려 우리가 그동안 백두산정계비의 비문 내용에 근거하여 간도영유권을 주장해 온 사실에 비추어 보면, 북한이 전혀 터무니없는 조약을 체결하고 만 것으로 볼 수밖에 없다. 결과적으로는 북한이 아닌 중국이 훨씬 유리한 조약을 체결한 셈이다.

중국이 간도 문제를 얼마나 중시하고, 예민하게 반응하는지는 우리 정부의 공식적인 입장도 아닌, 단지 주로 학계를 중심으로 제기되고 있는 간도영유권 주장에 대해 동북공정 정책을 실시하여 적극적으로 대처하고 있는 점만 보아도 알 수 있다. 따라서 중국 입장에서도 위 조약체결 사실이 남한에 알려질 경우 자칫하면 남한 내에서의 간도영유권 문제 제기를 부추겨 국제적으로 위 지역이 영유권분쟁 지역으로 되는 것을 우려했을 가능성이 더 클 것이라고 본다. 또한 조중국경의정서를 보면 중국이 북한과의 국경조약 체결을 통해 간도영유권 문제를 종국적으로 해결하거나, 향후 남북한 통일에 대비하여 유리한 고지를 선점하고자 한 노력을 엿볼 수 있는데, 이 점에 대하여는 별도로 논하기로 한다.

셋째, 중국 측이 양보를 했다고 보는 근거 중의 하나로 홍위병들의 주덕해에 대한 비

---

104) 박선영, "한중 국경획정의 과거와 현재 -유조변, 간도협약, 북중비밀국경조약 분석을 중심으로-", 『北方史論叢』, 제4호(2004. 4.), 30쪽.
105) 백두산문화연구소 이형석 소장은 "이 조약 내용을 바탕으로 북한이 천지 등 백두산 일대를 되찾은 땅은 280제곱킬로미터로 서울시 면적의 45퍼센트에 해당하는 크기"라고 추정했다. 『중앙일보』, 2000년 10월 16일.

판 내용이 제시되고 있다. 그러나 홍위병들의 주장을 그대로 받아들이더라도 주덕해에 대한 죄상은 조중국경조약이나 의정서의 내용이 중국에게 불리하게 되었다는 것이 아니라, 위 조약과 의정서에 근거하여 국경획정을 하는 '실측탐사' 당시 북한에 유리하게 국경선을 획정토록 사주했다는 것이므로 이는 위 조약이 어느 측에 유리하게 체결되었느냐는 문제와는 관련이 없는 것이다.

5. 조중국경회담기요[106]

가. 체결 경위

조중국경회담기요는 그 전문에서 밝힌 바와 같이 중국은 외교부 부부장 지펑페이(姬鵬飛)를 단장으로, 외교부 제2 아주사(亞洲司) 사장(司長) 조우치우예(周秋野), 외교부 조약법률사(條約法律司) 부사장(副司長) 샤오티엔런(邵天任)을 단원으로 하는 정부대표단이, 북한은 외무성 부상 류장식(柳章植)을 단장으로, 외무성 3국 국장 허석신(許錫信), 외무성 조약법규국 부국장 백일곤(白日坤)을 단원으로 하는 정부 대표단이 양국 국경 문제에 대한 기본 협의를 바탕으로 1962년 9월 26일부터 10월 2일까지 평양에서 양국 국경 문제를 전면적으로 해결하기 위한 구체적인 문제와 기술적인 문제에 대하여 회담을 갖고 1962년 10월 3일 평양에서 중국대표 지펑페이(姬鵬飛)와 북한 대표 류장식이 서명을 하였으며, 같은 날 효력이 발생하였다. 한편, 회담기요 뒤에는 조중국경조약 초안을 첨부했다(제1조).

나. 주요 내용

첫째, 압록강 어귀 강과 바다의 분계선은 조선의 소다사도(小多獅島) 남쪽 맨 끝에서 시작하여, 신도(薪島) 북쪽 끝을 거쳐, 중국 대동구(大東溝) 남쪽 돌출한 부분의 가장 남쪽 끝을 이은 직선으로 하였다(제2조).

둘째, 압록강 어귀 밖의 조·중 두 나라의 해역에 대한 구분은 강과 바다 분계선상 동경 124도 10분 6초 지점에서 시작하여 대략 남쪽으로 곧게 가서 공해에 이르러 끝나는

---

106) 조약문은 이 책 부록 Ⅵ. 참조.

한 선을 두 나라의 해상 분계선으로 해서 서쪽 해역은 중국에 속하고 동쪽 해역은 조선에 속하도록 하는 한편, 위 해상 분계선의 구체적 위치는 향후 조중국경연합위원회에서 조사하여 확정하도록 하였다(제3조).

셋째, 압록강 어귀 강과 바다의 분계선 밖 동경 123도 59분에서 동경 124도 26분 사이의 해역은 군사용 잠수함을 포함한 양국의 모든 선박이 자유롭게 항행할 수 있도록 하였다.

넷째, 국경하천에 있는 섬과 모래섬(沙洲)의 귀속을 결정하는 방법을 정하였는데, 조중국경조약 체결 전에 이미 한쪽의 공민(公民)이 살고 있거나 농사를 짓고 있는 섬과 모래섬은 그 국가의 영토가 되며, 그 밖의 것은 중국 쪽 기슭에 가까운 곳은 중국에, 북한 쪽 기슭에 가까운 곳은 북한에 속하며, 양측 기슭의 한가운데 있는 것은 협상을 통해서 귀속을 정하기로 하였다. 다만 한쪽 강기슭과 소속된 섬 사이에 있는 섬과 모래섬은(앞으로 나타날 섬과 모래섬을 포함하여) 비록 다른 한쪽 강기슭이나 두 기슭의 한가운데 있다고 하더라도 해당국의 소유로 하기로 하였다.

다섯째, 압록강과 두만강 상의 국경 너비는 해당 국경 강의 수면 너비로 이해하여야 하고, 한 나라의 경내에서 발원하여 국경 강으로 흘러드는 지류는 포함하지 않으며, 한쪽이 국경강과 이어져 있지만 한 나라의 영토 안에 있는 호수 수역으로 흘러드는 것도 포함하지 않는다.

여섯째, 조중국경의정서가 효력을 발생한 뒤, 양국은 각자 출판한 지도의 작성 방법(제7조)과 조중국경연합위원회의 구성 및 임무에 대해 규정하고 있다(제8조).

6. 조중국경조약[107]

북한과 중국은 위 회담기요를 근거로 1962년 10월 12일 평양에서 조중국경조약을 체결하였다. 위 조약은 북한을 대표한 내각수상 김일성과 중국을 대표한 국무원 총리 저우언라이가 서명을 하였다. 조약 전문에서는 위 조약이 "두 나라 사이에 역사적으로 남아 있는 국경 문제를 전면적으로 해결하는 것이 두 나라 인민의 근본이익에 부합하고, 아울러 두 나라의 형제 같은 우애를 굳게 하며, 강화하는 데 도움이 된다는 것을 굳게 믿는다"고 밝히고 있다. 위 조약을 내용을 살펴보면 다음과 같다.

---

107) 조약문은 이 책 부록 Ⅶ. 참조.

가. 백두산 천지와 주변의 국경선 획정

백두산 천지의 국경선은 백두산 천지를 에워싼 산등성마루 서남단 2,520미터 고지와 2,664미터 고지 사이 안부(鞍部)의 대략적인 중심점에서 시작하여 천지를 가로질러 맞은 편 산등성마루 2,628미터 고지와 2,680미터 고지 사이 안부의 대략적인 중심점까지 동북쪽으로 곧게 선을 그어 그 서북 부분은 중국에 속하고 동남 부분은 북한에 속하도록 하였다(제1조 제1항).

나. 천지 이남에서 압록강에 이르는 국경선

천지 이남의 국경선은 위에서 말한 산등성마루 2,520미터 고지와 2,664미터 고지 사이 안부의 대략적인 중심점에서 시작하여, 그 산등성마루를 끼고 대략 동남 방향을 따라 산등성마루 최남단의 한 지점까지 이르며, 그 뒤 산등성마루를 떠나 직선으로 동남 방향으로 가다 2,469미터 고지를 지나 2,071미터 고지에 이르러, 동쪽 압록강 상류와 이 고지에서 가장 가까운 작은 지류상의 한 지점에 이른다. 이 국경선은 위 작은 지류의 물흐름의 중심선을 내려가다가 위 작은 지류가 압록강으로 흘러 들어가는 곳에 이른다(제1조 제2항). 압록강 하구는 북한의 소다사도(小多獅島)의 최남단에서 시작하여, 신도(薪島) 북단을 거쳐 중국 대동구(大東溝) 이남의 돌출부 최남단까지 이어지는 직선으로 이를 압록강과 횡해의 분계신으로 한다(제1조 제3항).

다. 두만강에 이르는 국경선

천지 동쪽의 국경선은 위에서 말한 산등성마루 2,628미터 고지와 2,680미터 고지 안부의 대략적인 중심점에서 시작하여 동쪽을 향해 직선으로 2,114미터 고지에 이르고, 다시 직선으로 1,992미터 고지에 이르며, 다시 직선으로 1,956미터고지를 거쳐 1,562미터 고지에 이르고, 다시 직선으로 1,332미터 고지에 이르며, 다시 직선으로 두만강(중국어 표기는 圖們江) 상류의 지류인 홍토수(紅土水)와 북면의 한 지류가 만나는 합수머리(1,283미터 고지 북쪽)에 이른다. 이로부터 국경선은 홍토수 물 흐름 중심선을 따라 내려가 홍토수와 약류하(弱流河)가 만나는 합수머리에 이른다(제1조 제4항). 홍토수와 약류하가 만나는 합수머리에서 시작하여 조·중 국경 동쪽 끝 마지막 점까지를 두만강(圖們

江)의 경계로 한다(제1조 제5항).

라. 국경하천의 섬과 모래섬에 대한 귀속

위 조약을 체결하기 전에 이미 한쪽의 공민(公民)이 살고 있거나 농사를 짓고 있는 섬과 모래섬은 그 국가의 영토가 되며, 다시 고쳐 바꾸지 않는다(제2조 제1항). 그 밖의 섬과 모래섬은 중국 쪽 기슭과 가까운 곳은 중국에 속하고 조선 쪽 기슭과 가까운 곳은 조선에 속하며, 두 기슭의 한가운데 있는 것은 두 나라가 협상을 통해서 그 귀속을 확정한다(제2조 제2항). 일방의 강기슭과 그에 속한 섬 사이에 있는 섬과 모래섬은 비록 타방의 강기슭에 가깝거나 두 기슭의 한가운데 있다고 하더라도 그 일방에 속하는 것으로 한다(제2조 제3항). 위 조약을 체결한 뒤 국경하천에 새로 나타난 섬과 모래섬은 위 제2항과 제3항의 규정에 따라 그 귀속을 확정한다(제2조 제4항).

마. 국경의 넓이와 해상분계선 및 자유항행구의 설정

압록강과 두만강 국경의 너비는 언제나 모두 수면의 너비를 기준으로 한다. 두 나라 국경하천은 두 나라가 공유하며, 두 나라가 공동으로 관리하고, 공동으로 사용하며, 항행(航行), 고기잡이, 강물의 사용 같은 것도 마찬가지다(제3조 제1항). 압록강 하구 바깥 두 나라 해역에 대한 구분은, 강과 바다 분계선상인 동경 124도 10분 6초의 한 지점에서 시작하여, 대략 남쪽으로 곧게 가서 공해에 이르러 끝나는 한 선을 두 나라의 해상분계선으로 해서 서쪽 해역은 중국에 속하고 동쪽 해역은 북한에 속한다(제3조 제2항). 압록강 하구 강과 바다의 분계선 밖 동경 123도 59분에서 동경 124도 26분 사이의 해역은 두 나라의 모든 선박이 자유롭게 항행할 수 있으며 제한을 받지 않는다(제3조 제3항).

바. 국경연합위원회의 구성 및 운영

조약체결 직후 양국 국경연합위원회(邊界聯合委員會)를 구성하여, 이 조약의 규정에 따라서 국경을 답사하며, 경계푯말을 세우고, 국경하천 내의 섬과 모래섬의 귀속을 확정한 뒤, 의정서 초안을 작성하고 국경지도를 그리는 임무를 부여했다(제4조 제1항).

사. 조약의 효력 등

위 조약은 반드시 비준을 거쳐야 하며, 비준서는 빠른 시일 안에 북경에서 교환하기로 하였으며, 비준서를 교환한 날부터 효력을 발생하도록 하였다. 또한 위 조약을 체결하기 전의 두 나라 국경에 관한 모든 문건은 양국 정부대표단이 1962년 10월 3일 조인한 조중국경회담기요를 빼놓고는 제4조에 말한 의정서가 효력을 발행한 날부터 모두 효력을 잃는다고 규정하였다(제5조).

7. 조중국경의정서

북한과 중국은 조중국경조약을 바탕으로 위 조약에 근거하여 구성된 조중국경연합위원회가 양국의 국경에 대한 실지조사, 경계푯말 설치, 국경 강에 있는 섬과 모래섬의 귀속 확정에 대한 임무를 원만하게 마침으로써, 양국 국경을 명확하게 하고 구체적인 위치를 조사하여 결정한 후 조중국경조약 제4조의 규정에 따라 1964년 3월 20일 조중국경의정서를 체결하였다. 위 의정서는 동일자로 발효되었고, 이로써 최종적으로 국경조약을 마무리하였다.[108]

8. 조중국경조약 체제의 특징

조중국경조약과 조중국경의정서에 의해 북한과 중국 간의 국경은 압록강-백두산천지-홍토수(두만강 최상류 지류)-두만강으로 확정되었다. 위 국경조약체제는 1972년의 백두산정계비, 1909년의 간도협약과 비교하여 다음과 같은 내용을 특징으로 한다.

가. 토문강에 대한 규정

간도영유권과 관련하여 백두산정계비상의 토문강에 대하여 우리는 위 토문강과 두만강이 다른 강이라는 일관된 입장이었으나, 중국은 이러한 주장이 조선과 일본의 날조된 주

---

108) 구체적인 내용은 논문 부록 Ⅷ. 조중국경조약의정서 참조.

장이며, 백두산정계비상의 토문은 도문강, 즉 두만강을 의미하는 것이라고 주장해 왔다.109) 조중국경조약에서도 '두만강'을 중국어본에는 '圖門江'으로 표기하고 있고, 토문강에 대한 언급은 전혀 없었다.

그런데 조중국경의정서에는 '흑석구(黑石溝: 土門江)'라는 표현이 두 번 나온다. 즉, 조중국경의정서 제7조에서 백두산 지역 국경선상에 설치된 각 경계푯말 구간의 국경선 방향에 대한 설명을 하면서 "국경선은 9호 큰 경계푯말로부터 흑석구[黑石溝(土門江)]를 가로질러 10호 작은 경계푯말에 이르고"라고 기재하고 있고, 각 경계푯말의 위치를 규정한 제8조에서는 10호 작은 경계푯말의 위치에 대하여 "9호 경계푯말에서 동쪽으로 1,229미터 떨어진 곳에 자리하고 있고, 서쪽 비탈을 따라 80미터쯤 가면 흑석구(黑石溝: 토문강)에 다다른다"고 명시하고 있다.110) 이로써 중국은 그동안의 입장과는 달리 두만강과는 다른 '土門江'의 존재를 인정한 것이다.

이 점에 대하여 박선영은 의정서에 의하면 토문강은 9호와 10호 경계비 사이에 있는 것이지만, '도문강(두만강)'은 21호 경계비에 있는 것으로 '도문강(두만강)'의 원류 위치가 토문강과 분명히 다르다는 사실을 자신의 현지답사를 통해서도 확인했다고 한다.111) 또한 박선영은 "조약 체결 당시 중국 정부는 국경획정과는 별개로, 역사적인 사실은 사실로 인정하자고 생각했을 수 있다"며 "중국이 토문강과 두만강이 다른 강임을 외교 문서에서 밝혔다는 것은 수백 년 지속된 간도 분쟁을 풀 수 있는 중요한 실마리"라고 평가했다.112) 그러나 다른 한편으로는 위 조약으로 중국과 북한은 토문강을 기준으로 국경으로 하지 않는다는 것을 분명히 한 것이 된다.113)

---

109) 국내 학자 중에도 백두산정계비상의 '土門江'이 두만강을 의미하는 것이라고 주장하는 학자도 있다. 이강원 전북대 교수(지리학)는 2007년 10월 23일 정신문화연구 가을호에 기고한 논문 "조선후기 국경인식에 있어 두만강, 토문강, 분계강 개념과 그에 대한 검토"에서 이는 지리적 사실과 역사적 상상을 혼돈한 오해의 산물이라며 두만강 대안(對岸)에 대한 영유권 주장의 근거에 대해 의문을 제기했다. 『한국일보』, 2007년 10월 23일.

110) 조선일보에서 확인한 바로는 흑석구는 현재 중국 측 지도에 "묵석구(墨石溝)"로 표기되어 있으며, 백두산 부근에서 시작돼 북한·중국 국경을 지나 송화강의 지류인 오도백하(五道白河)와 합류한다고 한다. 『조선일보』, 2005년 8월 25일.

111) 박선영, "1960년대 중국의 국경 인식과 조선과 중국의 국경조약", 『중국의 변강 인식과 갈등』(서울: 한신대학교출판부, 2007), 401쪽.

112) 『한국일보』, 2005년 8월 25일.

113) 서길수, 앞의 책, 302쪽.

나. 간도에 대한 규정

섬 등의 귀속과 관련하여 섬과 사주의 귀속 내용을 정리한 '섬과 사주의 귀속일람표'에 간도(間島)라는 섬이 명시된 점에 특별한 의미를 두는 견해가 있다. 위 일람표 제363번은 두만강에 중국령으로 포함된 간도라는 섬을 명시하고 있다. 한중 사이에 간도 문제가 첨예하게 대두되었을 때 중국은 간도라는 명칭 자체를 조선인과 일본인이 날조한 것이라고 하면서 간도 명칭이나 문제 자체를 부인하였고, 그러면서도 간도 범주를 최소화시켰을 때 두만강 내의 삼각주 정도라고 주장하기도 하였다. 그런데 위 일람표의 내용으로 간도의 위치와 범주 및 경지면적까지 분명하게 알게 된 것은 중국이 무조건 간도라는 명칭 자체를 날조된 것이라고 부인하는 내용과는 정면으로 배치되는 것이어서 의미 있는 자료라는 것이다.[114] 위 일람표의 내용에 따르면 위 간도는 경도 129도 46분 39초, 129도 46분 49초, 위도 42도 45분 40초, 42도 45분 49초에 위치하고 있으며, 총면적은 43,000제곱미터, 경지면적은 10,000제곱미터이고, 주민은 거주하고 있지 않다.

다. 백두산 천지의 분할

조중국경조약 제1조는 백두산 천지를 북한 54.5퍼센트, 중국 45.5퍼센트로 분할하고, 천지 서북부는 중국에, 동남부는 북한에 각 귀속하도록 하고 있다. 이 규정에 의하여 백두산 천지 일부와 백두산 최고봉인 해발 2,750미터의 백두봉(북측지명 장군봉)도 북한 영토 안쪽에 속하게 되었다. 조중국경조약은 1712년 백두산정계비에 규정된 토문강(土門江) 대신 백두산으로 뻗어 있는 도문강(두만강의 중국명칭)의 4개의 지류 중 최상류에 있는 홍토수(紅土水)를 조중국경으로 규정하고 있다. 이는 간도협약에서 국경으로 규정한 석을수보다 북쪽에 위치하고 있다. 결과적으로 양국 국경이 북쪽으로 상향조정된 것으로 홍토수와 석을수 사이에 있는 서울시 면적의 45퍼센트 정도인 280제곱킬로미터가 북한으로 귀속된 결과를 가져온 것이다.

라. 국경하천의 섬과 사주에 대한 귀속 결정

조중국경조약 제2조는 국경하천의 섬과 사주(沙州)의 귀속결정원칙으로 기득권존중의

---

114) 박선영, "북한과 중국의 비밀 국경조약", 『中國史研究』, 제34집(2005. 2.), 390쪽.

원칙과 지리적 인접성원칙을 명시하고 있다. 이 원칙에 기초하여 1964년의 의정서에는 국경공동위원회의 현지조사를 통해 압록강에 있는 205개의 섬과 사주 및 두만강에 있는 246개의 섬과 사주, 총 451개에 대한 귀속을 정하여 북한에 264개(압록강 127개, 두만강 137개), 중국에 187개(압록강 78개, 두만강 109개)가 속하는 것으로 하였다.

북한과 중국 두 나라는 5년마다 한 번씩 연합조사를 하기로 하였으나 1972년 이후 아직 진행이 되지 않고 있으며, 중국에서만 원칙적으로 매년 한 번씩 변경을 현지 조사한다고 한다. 또한 1963년 이후 1972년까지 10년 동안 섬이 무려 113개나 늘어났으며, 압록강에는 3개의 대형 댐이 만들어져 많은 섬이 물에 잠겼고, 1972년 이후 37년 동안 조사하지 않았기 때문에 지금 다시 조사하면 조약체결 당시에 비해 많은 차이가 날 것으로 보고 있다.[115)]

마. 국경하천의 공동이용

조중국경조약 제3조는 압록강과 두만강상의 국경획정기준으로 수면의 너비(폭)를 명시하고 국경하천의 공동소유, 공동이용 및 관리원칙, 해상분계선에 대해 규정하고 있다. 한편 북한은 위와 같은 국경하천의 공동이용에 대한 규정을 자신들에게 유리하도록 규정한 것이라고 다음과 같이 설명하고 있다.

하천에 대한 법적제도에서 기본은 또한 압록강과 두만강의 리용질서를 규제한 것이다. 압록강과 두만강의 리용질서를 규제한 것은 이 압록강과 두만강이 두 나라의 공동국경으로 되고 있는 강이기 때문이다. 국제적으로 볼 때 두 나라의 공동국경이 되고 있는 강들은 일반적으로 두 나라가 공동으로 개발리용하거나 강에 국경선을 정하고 그 선으로부터 자기측에 있는 수역만을 리용하는 경우들이 있다. 우리 공화국은 중화인민공화국과 공동국경으로 되고 있는 압록강과 두만강을 공동으로 관리리용하도록 규제하였다. 그것은 강을 순수 배길로가 아니라 어업이나 수력자원의 개발 등 종합적으로 리용하는 원칙에서 볼 때 공동으로 리용하는 것이 더 유리하기 때문이다. 그러므로 우리 공화국은 중화인민공화국과 《조중국경하천 운항협조에 관한 협정》과 《조중국경하천 공동리용관리분야에서 호상협조할 데 관한 협정》, 《목재운송에 관한 의정서》등을 체결하여 압록강과 두만강을 공동관리, 공동리용하고 있는 것이다.[116)]

---

115) 서길수, 앞의 책, 245쪽.
116) 최금숙, "공화국국내수역의 중요제도", 『김일성종합대학학보: 력사법학』, 제50권 제4호(김일성종합대학출판사, 2004), 71쪽.

9. 조중국경조약에 내재된 중국의 의도

조중국경조약을 비밀조약으로 한 이유에서 살펴본 바와 같이 북한이나 중국 모두 위 조약을 체결할 당시 간도영유권 문제와 관련하여 남북한의 분단 상황에 대한 의식을 상당히 한 것으로 보인다. 이러한 의식을 바탕으로 특히 조중국경의정서의 내용을 면밀히 검토해 보면, 중국 입장에서는 간도영유권과 관련하여 위 조약을 통해 그동안 조선과 청나라 시절부터 양국 사이에 문제가 되어 온 간도영유권 문제를 종식시키거나 최소한 상당히 유리한 고지를 선점하고자 한 노력을 엿볼 수 있다.

첫째, 조중국경체제가 '평등한 협상'에 의한 것임을 강조하였다는 점이다. 즉, 조중국경의정서를 보면 전문에서 북한과 중국 양국 정부는 "조중국경연합위원회가 1962년 10월 12일 체결한 조중국경조약의 규정을 바탕으로 평등한 협상과 우호적인 합작을 통해 두 나라 국경에 대한 실지조사, 푯말 설치, 국경 강에 있는 섬과 모래섬의 귀속 확정에 대한 임무를 원만하게 마쳤다"는 점을 명시하고 있다.

물론 '평등한 협상'이란 문구는 통상의 조약체결 시 사용할 수 있는 일반적인 문구로 볼 수도 있다. 하지만 뒤에서 보는 '간도(間島)'나 '흑석구(黑石溝: 土門江)'는 조중국경 회담기요나 조중국경조약문에서는 사용하지 않은 단어인데, 이러한 단어나 문구를 뒤늦게 조중국경의정서에서 명시한 점, 위 '간도(間島)'나 '흑석구(黑石溝: 土門江)'란 단어는 모두 간도영유권 문제와 관련이 있다는 점 등에 비추어 보면, '평등한 협상'이란 문구도 별다른 의미 없이 사용한 통상의 문구라기보다는 상당히 의도적인 문구로 보인다. 즉, 조약에 관한 사회주의국가의 특징 중 하나는 불평등조약을 무효로 본다는 점이다.

따라서 위와 같이 전문에서 국경확정 업무가 '평등한 협상'을 통해 이루어진 것이라는 점을 강조한 것은 간도영유권에 대한 분쟁이 있던 상황에서 훗날 통일한국이 조중국경조약은 중국의 한국전 참전 등에 대한 대가로 자신들에게 유리하게 체결한 불평등조약임을 주장할 가능성을 염두에 두고 이에 대한 대비책으로 의도적으로 기재한 것으로 볼 수 있다.

실제로 조약승계와 관련하여 영토조약의 승계원칙이 확립되어 있다고 하면서도, 다른 한편으로는 국경이 불법, 부당하게 획정되었거나 또는 국제법상 정당성을 인정받지 못하는 체제하에서 획정된 경우에 국가승계에 의하여 이를 당연히 승계한다는 것은, 불법행위는 법을 창설할 수 없다(*ex iniuria non ius oritur*)는 로마법 원칙을 부정하는 것이 될 수 있기 때문에 국경조약이나 속지적 조약의 승계문제는 통일을 전후하여 충분히 검토한 후 필요한 경우에 관련당사국과 협의를 거쳐 합의에 도달하여야 한다고 하는 견해117)가 있는 점을 보면 중국이 이러한 주장에 대비하였을 가능성은 상당히 높다고 본다.

둘째, 앞에서 언급한 조중국경의정서상의 '흑석구(黑石溝: 土門江)'에 대한 규정이다. 이 또한 중국 측에서 간도영유권 분쟁 시 백두산정계비상의 토문강이 두만강과 다르다는 점을 인정할 수밖에 없는 상황이 되더라도, 백두산정계비에서 말하는 토문강의 위치는 송화강 본류가 아니라 조중국경조약에서 획정한 국경선상의 흑석구(黑石溝: 土門江)의 지점을 의미하는 것으로 축소 해석할 여지를 둔 것으로 보인다.

셋째, 조중국경의정서 상의 '간도(間島)'에 대한 규정이다. 앞서 살펴본 바와 같이 중국은 그동안 '간도'라는 명칭 자체를 조선인과 일본인이 날조한 것이라고 하면서 간도 명칭이나 문제 자체를 부인하였고, 그러면서도 간도 범주를 최소화시켰을 때 두만강 내의 삼각주 정도라고 주장하기도 하였다. 따라서 위 의정서상의 간도에 관한 규정 역시 최악의 순간 간도를 두만강 내의 삼각주라고 주장하는 중국의 입장을 뒷받침하여 간도 문제를 축소시키기 위한 포석으로 분석할 수 있다.

아직까지 중국이 과연 위와 같은 의도를 가지고 있었는지 여부에 대한 분석을 시도한 학자는 없다. 따라서 과연 조중국경조약과 관련하여 중국이 실제로 위와 같은 의도를 가지고 있었던 것이 사실인지 여부는 좀 더 면밀한 자료 수집과 분석이 필요하다. 하지만 중국이 당초 그러한 의도를 가지고 있었던 것이 아니라 할지라도 향후 간도영유권 문제가 다시 쟁점화될 경우 중국 입장에서는 조중국경조약의 해석과 관련하여 얼마든지 위와 같은 해석과 주장이 가능할 것이므로 향후 이 점에 대비한 추가 연구도 필요하다고 본다.

10. 조중국경조약에 대한 평가

기존의 백두산정계비나 간도협약과 비교해 볼 때, 조중국경조약에 대하여는 이를 긍정적으로 평가하는 견해와 부정적으로 평가하는 견해로 나뉜다.

---

117) 이순천, 앞의 논문, 181쪽.

가. 긍정적 평가

긍정적인 평가를 하는 견해도 각자의 주장마다 차이가 있다. 첫 번째는, 우리 민족이 갖는 최초의 국경조약문인 셈이라고 보면서 백두산정계비 건립 당시보다 우리가 더 많은 부분을 확보하게 됐다는 견해이다.[118] 두 번째는, 청일 간 간도협정에 규정된 석을수보다 훨씬 북쪽이어서 상당한 면적의 영토가 중국에서 북한 쪽으로 넘어오는 효과를 냈다는 주장이다.[119] 세 번째는, 조중국경조약이 북한 측으로서도 결코 불리한 것이 아니라고 분석하면서 통일 이후에는 백두산 천지 일대의 국경선에 관해서는 별로 분쟁의 소지가 없을 것 같다고 보고 있다.[120] 그 밖에도 이를 정치적, 외교적 관점에서 긍정적으로 분석하는 견해가 있다. 즉, 당시 중국이 중·소 분쟁이 격화되는 가운데 친중국 노선을 걷고 있던 북한에 대한 배려로 중국 외교에서 좀처럼 보기 드문 양보를 했던 것으로 짐작된다면서, 중국의 자세에 비추어 볼 때 북한에 상당히 유리한 분할로 만약 정계비 기준이라면 천지는 완전하게 중국의 소유가 될 수밖에 없었지만, 북한은 나름대로 외교력을 발휘하여 천지를 중국과 유리하게 나눌 수 있었다는 것이다.[121]

나. 부정적 평가

위 긍정적 평가와는 반대로 주로 역사적 권원에 대한 연구를 통해 간도영유권을 주장해 온 대부분의 학자들은 간도영유권에 대한 영토회복을 주장하며, 위 조약은 조약체결권이 없는 북한이 체결한 것이라는 점, 혹은 비밀조약이라는 점 등을 이유로 무효라고 주장하며 상당히 부정적인 평가를 한다. 이에 대한 국내 학자들의 견해를 소개하면 다음과 같다.

첫 번째는, "압록강과 두만강을 연결하는 경계선을 북한과 중국의 국경선으로 한다는 내용의 「북중국 국경선 조약」(조·중 국경조약)을 체결했다. 이 조약에 따라 백두산 천지의 일부는 물론이고 간도도 중국 영토로 법적으로 확정되고 말았다"는 견해이다.[122]

두 번째는, 앞에서 살펴본 바와 같이 조중국경의정서에서 토문강과 간도의 실체를 인정한 점에 대하여 상당한 의미를 부여하면서도 "「간도협약」의 원천 무효와 관련하여 걸

---

118) "중앙일보 입수 '조중변계조약서'의 의미", 『중앙일보』, 2000년 10월 16일.
119) "조·중 백두산 일대 국경조약 첫 확인", 『한국일보』, 1999년 10월 21일.
120) 최창동, 『법학자가 본 통일문제 Ⅰ』(서울: 푸른세상, 2002), 76쪽.
121) 이종석, 앞의 책, 235-236쪽.
122) 윤종설, "간도와 북중 국경선 조약의 통일한국에 대한 효력", 『간도연구』(서울: 법서출판사, 1999), 259쪽.

림돌이 되는 것이 있다. 바로 북한과 중국 간의 비밀국경조약이다. 미국과 소련의 적극적인 개입으로 한반도가 분단된 이후 1962년 북한은 단독으로 중국과 비밀국경조약을 맺었다. 그 내용은 양국 간의 국경을 '압록강-천지양분-두만강'으로 결정한다는 것이었다. 그러나 이는 냉전체제의 산물이고 국제사회에 비공개된 조약이므로 한반도의 주권이 일정 정도 제약을 받는 것이므로 통일한국 차원에서 재론되어야 한다"는 견해이다.[123]

다. 결어

조중국경조약에 대한 평가문제는 그 기준을 어디에 두느냐에 따라 견해가 나뉠 수밖에 없다. 간도영유권을 주장하는 입장에서는 간도에 대한 영유권을 포기한 위 조약에 대해 부정적 평가를 할 수밖에 없을 것이다. 위 조약을 간도협약과 비교할 경우에는 간도협약에 비해 우리의 영토가 확장되었다는 측면에서 긍정적인 평가를 할 수도 있을 것이다. 긍정적인 평가의 이면에는 강대국인 중국과 우리의 입장에 대한 현실적인 고려도 큰 몫을 차지하고 있다고 본다. 그러나 간도영유권 주장에 대한 법적 당위성 문제는 차치하고, 정책적인 측면에서 보더라도 미리 강대국인 중국의 입장을 염두에 두고 간도영유권에 대해 소극적으로 대처하거나 영유권 주장을 포기할 필요는 없다고 본다.

오늘날의 세계는 초국가적이고 국제적인 영토화가 진행되면서 유럽연합(EU)과 같은 초국가적인 국가(supra nation)형태의 세계정부가 출현하였으며 이로 인하여 특정 국가에 대한 귀속감을 나타내는 국민적 정체성보다는 모든 지구촌 인류가 '세계시민'으로 통합되어 가는 현상이 나타나게 되었다. 개별국가의 국경과 영토의 절대성 그리고 주권의 배타성을 강조해 오던 민족국가의 개념을 대체할 새로운 세계정치지형이 요구되고 있는 것이다. 이와 같은 탈근대의 지정학적 양상은 민족국가들로 하여금 영토적 통합성과 국경안보를 유지하면서 동시에 접경지역 간의 상호작용을 관리하고 협력을 증진시켜 나갈 새로운 국경협력의 방안을 모색하게 만들고 있다.[124]

러시아는 소연방 해체 이후 독립 국가를 건설하는 과정에서 직면한 접경국과의 영토·국경갈등을 우호선린의 원칙에 입각하여 공존공영의 방향으로 해결해 나갔다. 예를 들면 소연방 시기부터 지속적으로 갈등을 빚어 왔던 중국과의 영토분쟁을 완전히 종결하였고, 일본과도 쿠릴 열도 북방 4개 섬에 대한 영유권 분쟁을 해결하기 위해 다각적인 노력을

---

123) 박선영, 『간도, 왜 논란인가?: 간도를 다시 본다』(포항: 아시아학회, 2006), 31쪽.
124) 우준모, "지정학적 탈근대성과 영토·국경갈등의 평화적 해결 -러시아-카자흐스탄의 국경 간 정책 사례 분석-", 『21세기정치학회보』, 제16집 제2호(21세기정치학회, 2006. 9.), 290쪽.

강구하고 있다. 특히 우크라이나와의 크리미아 영유권 분쟁이나 카자흐스탄과의 영토·국경갈등은 전폭적인 양보를 통해 평화공존을 모색하거나 공동의 국경수비대를 운영하면서 교류와 협력을 활성화하는 방식으로 타결하였다.[125]

러시아와 카자흐스탄은 근대적 문제인 영토·국경갈등에 대해 양국 공조를 통하여 국경 정책을 추진함으로써 탈근대적 방식으로 해결하였다. 이와 같은 러시아와 카자흐스탄의 협력적 영토·국경정책은 접경국 간의 우호선린과 공동번영의 제도화를 가늠해 볼 수 있는 모델인 것이다.[126] 탈근대의 지정학은 국경관념이 희석되고 국가주권의 개념이 유연화되면서 국내적으로는 정치적 자치의 요구가 증대하고 국제적으로는 초국경적 협력과 공동번영의 방안이 모색되는 것이다.[127]

따라서 현 시점에서는 우리의 영토범위와 관련된 현실적인 유불리의 평가보다는, 통일을 염두에 둘 경우 위 조약에 대한 법적 평가와 대처 방법을 찾는 일이 더 중요하다고 본다. 즉, 통일한국이 위 조약을 승계할 국제법적인 의무가 있느냐의 문제와 더불어 분단국의 한 구성체에 불과한 북한이 과연 전체로서의 한국을 대표하여 위 조약을 체결할 자격이 있는지, 위 조약을 조약법상 무효가 되는 불평등 조약으로는 볼 수 없는 것인지에 대해 더 많은 연구가 필요하다.

국제법적 연구는 아니지만, 안보와 자율성이 불균등한 상관관계의 특성을 나타내는 비대칭 동맹을 설명하는 안보-자주성 교환동맹 모델을 적용하여 위 조약을 평가한 연구결과가 있다. 즉, 비대칭 동맹에서 약소국은 동맹에서 나오는 안보이익을 획득하기 위해 동맹에 대한 기여라는 비용의 대가를 지불하게 되는데 약소국들은 그들 영토의 군사 전략적 특성을 이용하여 동맹상대국에 대한 정치·외교적 지원을 주는 대신, 동맹 상대국은 약소국에 대한 외부 위협으로부터 보호를 제공하는 교환관계를 보여 주며, 이러한 관계는 때로 안보적 수혜를 대가로 영토나 자원 이용에 대한 양보의 형태로까지 나타날 수 있다는 것이다.[128] 위 논문에서는 시기상으로 보았을 때 중국의 한국전 참전의 10주년에 즈음하여, 또 북·중간 우호조약을 맺은 직후부터 국경문제를 논의하였고, 중·소 분쟁이 심화되기 시작한 시점에서 1963년 소련은 북한에 대한 경제 원조를 일방적으로 중단하였고, 그로 인해 친중국적 노선을 보여 주던 북한 지도부의 행태로 보아 다분히 참전

---

125) 위의 논문, 290-291쪽.
126) 위의 논문, 292-293쪽.
127) David Newman, (ed), *Boundaries, Territory and Postmodernity*(London: Frank Cass, 1999) pp.1-8. 우준모, 위의 논문, 293쪽에서 재인용.
128) 안성수, 『북한의 대중국 동맹관리 -비대칭 동맹이론을 중심으로-』(한국외국어대학교 대학원 석사학위논문, 2007), 69쪽.

과 동맹조약 등의 안보적 수혜의 대가로 국경조약의 체결에서 양보적 상황이 발생하였을 것이라고 보고 있다.[129] 위와 같은 양보적 상황이 과연 불평등조약으로까지 주장할 수 있는 상황인지는 의문이나, 향후 위 조약의 구체적인 체결 배경에 대한 확인 노력은 반드시 필요하다 할 것이다.

Ⅳ. 러시아와의 국경 체제

1. 북한 정권 수립 이전의 상황

가. 연해주와 녹둔도

우리나라와 중국과의 국경 관계에서 주된 쟁점이 간도영유권이라면, 러시아와의 국경 관계에서 주된 쟁점은 연해주와 녹둔도(鹿屯島)의 문제이다. 하지만 간도 문제에 비하여 이에 대한 국내 연구는 상대적으로 매우 빈약하며, 그마저도 연구의 주된 대상은 연해주 전체가 아니라 주로 녹둔도 문제에 한정되어 있다.[130] 이처럼 연해주에 대한 영유권 관련 연구 자료가 빈약한 것은 러시아가 연해주를 취득하게 된 청·러 간 북경조약에 대해 조선의 적극적인 대응이 없었기 때문인 것으로 보인다.

이 점에 대하여 러시아역사연구소 연구원인 박명용은 "국내 학계에서 한국과 러시아 영토문제는 주로 북경조약과 함께 러시아 땅으로 귀속된 녹둔도로 한정된 연구가 진행되고 있다. 하지만 러시아 사람들이 남긴 사료들은 한·러 영토문제가 시기도 많이 거슬러 올라가고 또 지역도 훨씬 넓어질 수 있다는 가능성을 보여 주고 있다"면서 러시아 사람들이 조선 영토에 관심을 갖기 시작한 것은 17세기 중반부터인데, "당시 러시아인들은 조선 영토가 아무르강에서 시작하여 해안가를 따라 한반도 끝에까지 이른다고 생각했다. 다시 말하면, 연해주가 조선 땅이라는 관념을 가지고 있었다"고 주장한다.[131]

---

129) 위의 논문, 71쪽.
130) 러시아의 연해주 불법취득 문제에 대하여는 이일걸, "러시아의 沿海州 不法取得과 沿海州 韓人自治 州 設立 問題", 『國際政治論叢』제36집 제3호(1997. 8.) 참조.
131) 박명용, "연해주를 둘러싼 한국과 러시아 영토문제 -1650년에서 1900년까지-", 『北方史論叢』, 제4호 (2005. 4.).

역시 연해주와 녹둔도의 영유권과 관련한 대표적인 주장을 소개하면 다음과 같다.[132]

　　연해주는 1860년 북경조약으로 청이 제정러시아에 할양하였는데, 이것은 조선의 영
　토를 권원 없는 청이 러시아에 할양한 것이므로 무효인 것이다. 한편 현재 중국에서도
　북경조약은 강박에 의한 조약이며, 불평등조약이라고 하여 그 효력을 부인하고 있다.
　따라서 오늘날 러시아의 영토인 것처럼 되어 있는 연해주도 한국에 귀속되어져야 하는
　것이다. 다른 한편 녹둔도 영유권 문제가 있다. 녹둔도는 고래로 조선에 귀속되어 있었
　던 두만강 하구에 위치한 섬이었는데, 이것이 19세기 초반 무렵에 두만강의 북안으로
　붙어 버렸고, 청·러시아 간의 1860년 북경조약과 1861년의 흥개호조약을 위반하여 러
　시아가 임의로 자국령으로 편입시켰다.

　이처럼 연해주와 녹둔도 문제 역시 백두산정계비상의 토문강에 대한 해석과 관련이 있
다. 또한 연해주에 대한 영유권 주장에는 녹둔도에 대한 영유권 주장이 당연히 포함되는
것이다. 그러나 역사적으로 조선은 러시아와 직접 수교가 없는 상황에서 청과 러시아 간
의 북경조약으로 연해주가 러시아에 귀속되었을 당시 러시아와 직접 이 문제에 대한 교
섭이 없었다. 다만 다음에서 보는 바와 같이 녹둔도의 영유권에 대하여는 조선 나름대로
문제제기와 다툼이 있었기 때문에 러시아와의 영토문제에 대한 논문들이 녹둔도를 중심
으로 다루고 있는 원인이기도 하다.

　조선 세종 때 6진의 개척으로 조선에 편입된 녹둔도에 관한 최초의 기록은 『세종실록지
리지』에서 찾아볼 수 있는데 위 책에서 녹둔도는 여진의 언어를 음사하여 사차마도(莎次魔
島)로 소개되어 있으며, 기록상 녹둔도라는 명칭을 처음 사용한 것은 세조원년인 1445년인
것으로 나타난다.

　위치는 함경북도 두만강 하류의 하구 중심의 조산(造山) 부근으로 추정되며, 동쪽으로
는 두만강 건너 함경북도 경흥군이 바라보이며, 러시아 연해주 최남단 도시인 핫산
(Khasan) 시에서 남쪽으로 7킬로미터 지점에 있다.[133] 면적에 대하여는 관련 자료마다
차이가 나지만, 19세기 말 조선에서 편찬된 『我國輿地圖』에서는 남북 70리, 동서 30리
로 300제곱킬로미터 정도로 소개되어 있으며, 1901년에 발행된 일본의 『朝鮮開化史』에
는 4제곱킬로미터로 소개되어 있고,[134] 녹둔도를 5회나 현지 답사한 서울대 교수 이기석

---

132) 노영돈, "統一을 前後한 時期의 韓國領域 및 國境에 관한 硏究", 200-201쪽.
133) 유철종, 앞의 책, 220쪽.
134) 위의 책, 220쪽.

은 32제곱킬로미터 정도로 추정하고 있다.[135] 위 『我國輿地圖』에 의하면 녹둔도에 살고 있던 주민은 모두 조선인이었고, 113호에 822명이 거주하고 있었다. 러시아와 청나라가 이 지역의 분쟁을 일으킨 시점인 1860년대에도 조선인만 여기서 살고 있었다.[136]

녹둔도에 대한 대부분의 문헌에는 녹둔도는 러시아 영토에 연륙(連陸)된 것으로 설명하고 있으나, 이에 대한 이견이 있다. 즉 녹둔도는 현재도 물이 많은 여름철에는 두만강 물줄기가 러시아 쪽으로 치우쳐 흐르기 때문에 북한쪽 영토로 붙어 버리고, 반면에 물이 적은 겨울철이나 가뭄 때에는 두만강 하류 물길이 북한 쪽에 치우쳐 흐르기 때문에 녹둔도가 러시아 쪽 영토에 붙어 버려 지금도 매년 섬이었다가 육지로 되는 '이중적 지위'를 반복하고 있고, 따라서 녹둔도가 현재는 섬이 아니며, 러시아 측 영토에 붙어 있는 러시아 영토로 되었다는 주장은 부정확한 것이라고 한다.[137]

나. 연해주와 녹둔도의 러시아 영속 과정

원래 유럽국가인 러시아는 1581년 이후 동진정책을 추진하면서 1640년대에는 태평양 연안으로 진출했고, 1652년에는 바이칼호 지역을 합병하기도 하였다. 이런 과정에서 러시아는 청나라 영토인 아무르강(헤이룽강, 黑龍江) 일대를 자주 침범하면서 청과 영토분쟁을 일으키게 되었다. 이 무렵 조선은 청의 대러 원병 요청을 받고, 효종이 나선정벌이라는 명명 하에 신유장군으로 하여금 출병토록 하여 1654년 후통강(厚通江, 혼돈강)에서 러시아의 스테파노프 군단을 맞아 승리를 거두었다. 그러나 그 후로도 러시아군은 승복을 하지 않고 계속해서 아무르강 상류로 진격을 해 청은 알바진(Albazin) 성곽 쪽으로 재침입해 오는 러시아군과 공방전을 벌인 끝에 1689년(숙종 15년) 9월 7일 청·러 간에 「네르친스크(泥布楚)조약」을 체결하여 양국의 경계를 획정하였다.

위 조약은 전문 7개조에 한(漢), 만(滿), 아(俄), 몽(蒙), 나전어(羅典語) 등 5개 국어로 된 경계표를 작성했는데, 아무르강 남안은 아르큰하(河), 북안은 게르페지하(河)를 경계로 하고 이 가운데 가장 양측의 접촉이 빈번한 교통로는 계선형(界線形) 국경선을 획정하고 인적이 드문 동부국경지역은 막연히 외흥안령산맥을 경계로 한다고만 하였다.[138]

---

135) 『동아일보』, 2004년 6월 10일.
136) 노계현, 『조선의 영토』(서울: 한국방송대학교출판부, 1977), 97쪽.
137) 최창동, 앞의 책, 77, 81쪽.
138) 유철종, 앞의 책, 230-232쪽; 僧田忠雄, 『만주국경문제』(중앙공론사, 1927), 73-74쪽. 양태진, 『韓國의 領土管理政策에 관한 硏究 -주변국과의 영토문제를 중심으로-』(서울: 한국행정연구원, 1996), 191쪽에서 재인용.

위 조약으로 러시아는 아무르강 방면으로의 진출이 저지되었다.

그러나 그 후로도 외흥안령산맥 지역의 국경지대도 자연히 양측의 마찰을 초래하게 되자, 이 문제를 해결하기 위해 양국은 「캬흐타조약」을 맺고, 세렌가하(河)의 우안 지류인 캬흐타 하반(河畔)의 러시아 감시초소와 청측 국경초소인 오르고이고 산상에서 내려다보이는 평지를 통상로로 양분하였다.139)

1858년 러시아는 자국의 영토 확장을 위해 니콜라이 1세(Nikolai Ⅰ)가 무라비요프(Mikhail N. Muraviyov)를 동부시베리아 총독으로 임명하고 아무르강 진출을 명해 이 지역의 연안을 차지하도록 연해주 정부를 설치하여 아무르강 연안으로부터 캄차카 반도를 관할하게 하였다. 당시 청은 태평천국의 난으로 인해 내정이 혼미한 가운데 러시아의 이 같은 영토팽창정책을 저지할 수 없는 상태이기는 하나 이를 승인하지는 않았다. 그런데 엎친 데 덮친 격으로 애로(Arrow)호 사건으로 인해 영·불 양국이 청국을 공격하여 청과 조약을 맺고 외교사절을 파견한다고 할 즈음 러시아도 이를 계기로 1858년 4월 16일 청과 전문 5개조로 된 「아이훈조약(愛揮條約)」을 체결하였다. 위 조약은 아이훈에서 아무르강에 이르는 좌안은 러시아령으로, 우안 우수리강(烏蘇里江)에 이르기까지는 청국령으로 하고 있다. 위 조약으로 러시아는 아무르강 유역을 관리하게 되었고 우수리강 이동(以東) 하안(河岸)지역 일대는 청·러 공동관리지역으로 두었다.140)

그러다가 2년 후 영불연합군이 천진으로 침입, 계속해 북경으로 진격해 들어감에 청국 정부는 열하(熱河)로 피신하는 등, 청조의 운명이 그야말로 풍전등화 상태에 놓여 있었다. 이를 기화로 당시 러시아의 북경 주재 이그나타프 공사는 영불 연합군 측과 청의 화의를 주선하고 그 대가로 1860년 11월 14일 「북경조약」을 체결하였다.141)

전문 15개조로 된 「북경조약」을 체결한 러시아는 「아이훈조약」 제2조에서 청·러 공동관리지역으로 두었던 흑룡강 남쪽 우수리 강동(江東) 연해주 지방을 기어코 러시아령으로 확정시켰다. 즉, 우수리강과 송화강을 거쳐 흥개호를 지나 백릉천하구(白稜川河口)에서 남동으로 향하는 뽀구리치나야, 훈춘천(川), 하원산령을 넘어 두만강 강구에 달하는 국경선이 설정되었다.142)

그 결과 공동관리지역이던 연해주 일대가 러시아 영토로 되었으며, 당시 연해주에 육

---

139) 植田捷雄, 『東洋外交史(上)』(東京: 東京大學出版會, 1969), 40-41쪽. 유철종, 위의 책, 232쪽에서 재인용.
140) 유철종, 위의 책, 231쪽.
141) 坂野正高, 『近代政治外交史』(東京: 東京大學出版會, 1973), 255쪽. 유철종, 위의 책, 232쪽에서 재인용.
142) 유철종, 위의 책, 233쪽; 양태진, 앞의 책, 192쪽.

속되어 있는 것으로 추정되는 녹둔도의 러시아 영속 문제를 초래하게 되었고, 우리나라는 역사상 처음으로 러시아와 국경을 접하게 되었다.

청과 러시아는 북경조약의 조약문상에 나타난 미확정 경계구간, 즉 흥개호 동쪽에서 두만강에 이르기까지의 지역에 계표를 세워 국경 경계를 확정하도록 위원을 임명하여 그 임무를 수행하기 위한 협상을 시작하였다. 청의 대표 성기(成琦)와 러시아의 대표 까자게비치(연해주 군무지사)는 1861년 6월 28일 경계비를 설치하자는 「흥개협약」[143]을 맺어 우수리강에서 도문강(두만강) 하구까지 양국국경 구분 작업을 마친 후 조선을 포함한 삼국 간의 실질적인 경계와 점유범위를 설정하기로 합의하였다. 이들이 합의한 경계비는 러시아와 중국 글자로 계표 양면에 각각 붉게 새겨 넣은 목재 비문 8개[K(喀)字, И(亦)字, E(耶)字, Л(拉)字, H(那)字, O(倭)字, П(帕)字, T(土)字]로 준비되었다.[144]

이 경계표지 작업은 3개월간에 걸쳐 이루어졌는데 경계표 작업은 1861년(철종 12년) 9월 5일(음력 8월 1일)에 두만강 대안에 토자비(土字碑)를 세움으로써 끝났다. 이렇게 설정된 양국 국경선은 당사국인 우리나라에는 사전은 물론 사후에도 일체의 공식 통고 없이 이루어졌다.[145] 결국 러시아는 위 「흥개협약」에 따른 국경선 획정 작업으로 당시 연해주에 연륙된 녹둔도를 직접 점유하게 되었다.

다. 조선과 한국의 녹둔도 반환 노력

조선은 「북경조약」이 체결된 시기에 동지사가 북경을 다녀왔음에도 불구하고, 녹둔도의 러시아령 귀속 사실을 모르고 있었다. 그런데 러시아가 토자비 설치 작업 준비를 하는 역사적 순간을 경흥부(慶興府) 무이보(撫夷堡) 망덕산(望德山) 봉수대에서 김대흥이 목격, 경흥부사(慶興府使) 이석영에게 보고함에 부사가 강가로 나아가 필답을 통해 전후 사정을 알게 되었다. 부사는 그들이 갖고 있는 국경조약 관련 문건을 필사하여 북병사(北兵使) 윤수봉에게 보고함으로써 그 내용이 조정에 알려지게 되었다.[146] 그러나 조선 정부는 러시아의 위와 같은 조치에 대하여 즉각적이고, 실효적 조치를 취하지 않았다.

한편, 러시아는 1882년(고종 19년, 청 광서 8년) 5월 청국 주재 러시아 영사 뷰첼

---

143) 학자에 따라 '흥개호계약' 또는 '흥개호조약'이라고도 하나 정식 명칭은 '中俄勘分東界約記'이다. 노계현, 『조선의 영토』(서울: 한국방송대학교출판부, 1997), 98쪽.
144) 심헌용, "러시아의 극동진출 전략과 국경을 둘러싼 조·러 양국의 대응 -녹둔도를 중심으로-", 『軍史』, 제56호(국방부군사편찬연구소, 2005), 79쪽.
145) 양태진, 앞의 책, 193쪽.
146) 위의 책, 193쪽.

(Evgeni de Butzor)이 청의 직예총독 장수성(張樹聲)을 통해 조선에 통상문제를 중심으로 국경문제를 논의하자고 제의하였다. 이에 조선 정부는 양측이 통상을 하려면 러시아로서는 청국의 길림에 월입(越入)해야 하는데 현 상황으로 어렵지 않겠는가? 단지 아국과 우리나라가 두만강 한쪽에 접하고 있으니 후일 양국 간에 조약성립을 보아 양국이 파원(派員)하여 그곳 강구에 이르러 녹도 북쪽에 계패(界牌)를 세워 양국 월계인민(越界人民)이 발생하면 청아조약(淸俄條約) 조관에 따라 변리키로 하고 해상통상으로 해삼위와 원산항이 가까우니 각국의 수륙통상장정을 보아 처리함이 타당할 것으로 사료되니 그 뜻을 전해달라고 하고 수교제의를 거절하였다.147)

러시아가 위와 같이 청과의 조약과는 별도로 조선에 대하여 국경문제를 논의하자고 한 점에 비추어 볼 때, 러시아는 처음에는 녹둔도가 조선의 섬이었다가 육지에 연결되었다는 점, 거주민이 전부 조선인이라는 점을 뒤늦게 알고, 조선의 영토를 조선과 관계없는 청국과 조약을 체결하여 영토화하였다는 데서 석연치 않은 점이 있음을 깨닫고 후일 분쟁이 야기될 것을 우려하여 조선과 직접 국경문제를 논의하고자 하였을 가능성이 있다.148)

조선 정부가 녹둔도에 다시 관심을 갖기 시작한 것은 토자비 설치 후 거의 20년이 지나서였다. 이전의 조치라 할 수 있는 것은 1870년 1월 24일 조선의 경흥부사 리교봉(李敎鳳)과 러시아 연해주지역의 경비대 지휘관 디아첸코(Dyachenko) 대령 사이에 맺은 조선과 러시아 사이의 최초의 협상이 경흥협상이 있으나 이는 중앙 조정이 아닌 지방에서 맺은 협상이었다.149)

1883년(고종 20년) 어윤중이 서북경략사로 임명되어 이해 정월 28일 임금을 알현함에 고종이 말하기를 "녹둔도는 본시 우리나라 땅이라고 하는데 이번에 가서 귀정(歸正)지울 수 있겠는가?"라고 하자 어윤중이 답하기를 이 섬은 중국 훈춘계와 상접하고 두만강 사이에 있어 귀정지사(歸正之事)는 용이하지 않을 듯하다고 답하였다. 그리고 이해 10월 4일 어윤중이 서북변경지를 순방하고 돌아와 고종에게 복명함에 왕은 이번에도 녹둔도 사정에 대해 물음에 "녹둔도는 본래 우리나라 땅으로서 신이 조산에 도착하여 지형을 살펴보니 섬 동쪽에 모래가 쌓여 저쪽 땅과 연접되어 있고 섬에 살고 있는 사람들은 모두가 우리나라 사람들이고 다른 나라 사람들은 하나도 없습니다"라고 하였다.150)

---

147) 유영박, "對淸關係에서 본 鹿屯島의 歸屬問題", 『領土問題硏究』, 제2집(1985), 16-17쪽.
148) 최창동, 앞의 책, 78쪽 참조.
149) 경흥협상에 대하여는 따지아나 씸비르쩨바(Tatiana M. Simbirtseva), "1869~1870년간에 진행된 러시아와 조선 간의 경흥협상과 그 역사적 의의", 『한국민족운동사연구』, 제32집(2002. 9.) 참조.

1885년 11월 러시아 웨벨(Wäber) 공사가 김윤식에게 조로육로통상조약을 언제 체결함이 좋겠느냐고 함에 청아감계 시 우리나라에서도 파원해 회감 연후에 논의함이 좋겠다고 함으로써 한로국경 감계에 동참할 뜻을 분명히 하였다. 위의 회감이란 훈춘계약에 따른 감계를 말하는 것으로 여기에서 녹둔도 귀속문제를 제기하고자 하였던 것이다. 그러나 당시 청 측 대표인 오대징의 무성의로 이 뜻을 이루지 못하였다. 이러한 일련의 과정에서 위안스카이의 다음과 같은 유감의 뜻을 알게 되었다. 즉 청국 관리의 지리적 미숙으로 불합리한 약서를 만들어 조선에 탄식을 끼치게 하였다는 발언과 함께 이 땅이 아라사에 점유된 지가 오래되어 쇄환하지 못하고 있는바 언제 복취(復取)할 수 있을는지 모르겠다는[151] 염려를 함께 하게 되었다.[152]

1886년 11월 15일자 일본외교문서 중 녹둔도 지역 정탐보고서에는 조로통상 수교 후 조선정부가 러시아에 녹둔도 반환요청을 하였다고 하고 1890년 6월 20일자 타테다 카쿠(立田革)의 보고에도 녹둔도 반환 요구설이 기록되어 있다. 또한 위의 정탐자들과 동일한 임무를 수행하고 있던 후타하시 켄(二橋謙)도 조선정부가 웨벨 공사에게 녹둔도 반환 요청 사실을 본국정부에 보고하였다고 하고, 히사미즈 사부로(久水三郎)도 당시 경흥감리 사무 김우현으로부터의 전문(傳聞)이라고 하면서 녹둔도 반환요청 사실을 기술하고 있다. 이상과 같은 제반 사실은 당시 조선정부가 청·러 간의 잘못 획정된 국경으로 말미암아 우리나라 고유의 녹둔도를 불법 부당하게 점유한 데 대한 반환노력임과 동시에 분명한 입장 표명으로 보아야 하겠다.[153]

국방부 군사편찬연구소의 심헌용 연구원은 "일반적으로 학계에서는 어윤중의 접촉시도가 청 측 관리를 통하여 러시아에 제기되기를 희망했으나 청 측이 이를 묵살하자 조선정부는 이 문제에 대해 더 이상의 아무런 조치를 취하지 않았다고 보는데, 러시아 측 자료를 살펴보면 조선 측의 노력이 결코 헛되지는 않았음을 알 수 있다. 1883년 10월 13일자 연해주 군무지사는 경흥부사가 국경수비대장 마쮸닌을 통하여 전달한 서한을 동시베리아 총독에게 보고한다. 편지에는 러시아 측에서 볼 때 논쟁의 여지가 없이 러시아에 속하는 지역, 즉 녹둔도에 대한 경흥 부사의 수복되어야 할 녹둔도 반환 요청서의 요약문이 첨부되어 있었다"고 한다.[154]

---

150) 어윤중, 종정년표(從政年表). 김경춘, "豆滿江下流의 KOREA IRREDENTA에 對한 一考", 『백산학보』, 제30·31합호(백산학회, 1985), 192-193쪽; 양태진, 앞의 책, 202쪽.
151) 일본외무성, 『녹둔도관계잡철』(自明治 19년11월 至明治 23년9월) 참조.
152) 양태진, 앞의 책, 202쪽.
153) 위의 책, 202-203쪽.
154) 심헌용, 앞의 논문, 298쪽.

물론 위 요청서에 대하여 러시아의 회신은 없었다고 하나, 조선이 자국의 북방 국경문제에 대해서 잘 인지하지 못했으며 대외적인 조치를 취하는 데에도 소극적이었다는 주장에 전적으로 동의하기에는 무리가 있다는 것이다.[155]

나아가 조선의 국경 영토에 대한 적극적인 자세는 1884년 러시아와 수교를 맺은 이후에도 계속 견지되었다. 갑신정변을 겪으면서 조선 정부는 청과 일본의 간섭을 배제하기 위해서 러시아와 밀약을 체결하면서 왕권 보호와 청, 일 견제를 보장받으려 하였다. 이 와중에서 조선은 한규직 수하인 김용원, 김동수 일행을 블라디보스토크로 파견하여 러시아와 밀약을 시도하면서도 녹둔도를 포함한 두만강에서 하바로프스크에 이르는 러시아 연해주 지역에 대한 지형 정보, 국경방비, 정세 등을 파악하여 지도를 작성하기도 하였다.[156]

라. 연해주와 녹둔도에 대한 국제법적 쟁점

연해주의 영유권을 주장하는 국내 학자로는 이일걸, 노계현, 이선근, 노영돈이 대표적이다. 이들에 따르면 우리 선조들은 연해주를 우리 영토로 간주하였는데, 청과 러시아 사이에 체결된 북경조약에 의해 러시아가 이를 불법으로 취득하였다는 것이다. 따라서 연해주의 영유권 주장은 위 북경조약의 무효화 주장에서 출발한다. 위 북경조약은 러시아 공사 이그나티에프(N. P. Ignatiev)가 러시아 병력과 러시아 함대를 배경으로 청이 조정을 위협·강박하여 체결한 조약이며, 보충조약인 훙개협약노 강박에 의해 체결되었고, 법적 권원이 없는 청에 의해 체결된 것이므로 무효라는 것이다. 나아가 청이 러시아에 연해주를 할양한 것은 1627년 조선과 금(金) 사이에 체결된 강도회맹(江都會盟)에 대한 위반이며, 백두산정계비의 내용에 의거하여도 불법적인 행위라고 주장하면서, 우리가 러시아에 연해주 영유권 주장을 당연히 제기해야 한다고 주장한다.[157]

다만, 이일걸은 연해주 영유권에 대한 당위성을 주장하면서도 조선이 위 북경조약 체결 다음 해에 위 조약체결 사실을 알면서도 적극적인 이의제기를 하지 않았고, 북경조약이 체결된 지 130여 년이 지난 지금에 와서 연해주 영유권을 주장하는 것은 국제법상 문제가 없을 수 없다고 한다. 즉, 러시아의 취득시효 문제, 결정적 시점(critical date)의 문제, 금반언 원칙의 문제가 있다는 것이다. 그러나 취득시효의 문제는 러시아의 연해주

---

155) 위의 논문, 299쪽.
156) 秋月望, "朝露國境の成立と朝鮮の對應", 『國際學研究』, 第8號(1991), 29-30쪽.
157) 이일걸, 앞의 논문, 306-309쪽.

취득이 무효인 북경조약에 의한 것이기 때문에 취득시효를 인정할 수 없고, 결정적 시점은 1860년 북경조약 체결 시로 보면 연해주가 조선의 영토이며, 다만 러시아의 연해주 점유에 대하여 침묵으로 일관한 점에 대한 금반언 원칙이 문제인데, 연해주 문제는 법률적 성격의 분쟁에 정치적 분쟁이 내포된 분쟁이므로 점진적인 정치적 해결을 시도할 필요성이 있다고 주장한다.158)

녹둔도의 영유권 문제는 연해주 전체의 영유권 문제와는 다소 차이가 있다. 즉 앞에서 살펴본 바와 같이 녹둔도 문제에 대하여는 조선 정부의 이의 제기 및 반환 노력이 일부 인정된다고 볼 수 있다. 녹둔도와 관련된 국제법상의 또 다른 문제는 녹둔도가 언제 연륙되었는지가 불분명하여 1860년 북경조약 체결당시 녹둔도가 섬이었는지, 아니면 이미 연륙이 된 상태였는지에 대한 규명도 필요하다.

2. 북한과 러시아 간의 국경 체제

가. 국경 관련 조약 등의 체결

북한은 러시아(구소련)와 1985년 4월 17일 모스크바에서 조소국경조약을 체결하였다.159) 위 조약에는 조소국경선명세서와 국경선을 표시한 축척 5만분의 1 지도가 첨부되어 있다.160) 조소국경조약 제3조는 보다 구체적인 국경선 획정을 위해 조소공동경계획정위원회를 설치하도록 하고 있다. 또한 이듬해인 1986년 1월 22일에는 평양에서 조소 경제수역·대륙붕 경계획정협정을 체결하였다.161)

이후 양국은 추가 협상을 통하여 1990년 9월 3일 평양에서, 조소국경질서협정을 체결하였다.162) 위 협정은 1991년 11월 27일 비준서가 교환됨에 따라 발효되었다. 위 협정

---

158) 위의 논문, 330쪽.
159) 조약문은 이 책 부록 Ⅰ. 참조. 한편 국토통일원에서 발간된 『북괴조약집』에 의하면 북한은 1957년 10월 14일 평양에서 소련과 「국경문제 조정에 관한 협약」을 체결하였으며, 위 협약은 같은 해 12월 14일 발효된 바 있다. 그러나 위 협약은 국경획정에 대한 것이 아니라 북한과 소련 간의 국경문제 처리절차에 관한 협약이다. 위 협약 전문은 『북괴조약집』 제1권(서울: 국토통일원, 1971), 11-119쪽 참조.
160) 조소국경선명세서는 이 책 부록 Ⅱ. 참조.
161) 조소 경제수역·대륙붕 경계획정의 구체적인 내용은 이석용, "북한과 소련(러시아) 간 경제수역과 대륙붕 경계획정", 『국제해양분쟁사례연구Ⅳ』(서울: 해양수산부, 2006), 75-80쪽, 조약문은 이 책 부록 Ⅲ. 참조.
162) 조약문은 이 책 부록 Ⅴ. 참조.

은 제1장에서 국경선과 국경표지 및 방향표지에 관한 내용을, 제2장에서는 국경표지와 방향표지의 유지, 관리 및 복구에 관한 내용을 규정하고 있는 외에 국경통과 규칙(제3장), 국경의 불법통과 방지(제4장), 국경위원의 권리와 의무 및 활동규칙(제6장) 등을 상세히 규정하고 있다. 이로써 북한과 러시아의 국경은 16.93킬로미터의 육상 두만강 국경과 22.2킬로미터의 영해경계로 이루어지게 되었다. 이를 보다 구체적으로 살펴보면 다음과 같다.

나. 두만강 국경

조소국경조약에 따르면 북한과 러시아 간 약 16.93킬로미터의 육상 국경은 전체가 국경하천인 두만강으로 이루어진다. 두만강은 백두산 동쪽으로 북한과 중국 간의 국경을 이루다가 북한, 중국, 러시아 3국 교차점을 지나면서 북한과 러시아의 국경을 형성한다.

조소국경조약 제1조는 두만강 주수로 중간선을 양국 사이의 국경으로 규정하고 있다. 따라서 러시아 측에 연륙된 녹둔도는 러시아의 영토가 되었다고 보아야 할 것이다. 위 국경선에 관한 조약에 첨부된 국경선에 관한 명세서는 북한과 러시아 두만강 국경의 출발점부터 두만강 하구 영해 경계점까지 모두 6개 지점을 지정하고 있으며, 이들 지점을 연결하는 주수로의 중간선을 양국 사이의 국경으로 하고 있다. 다만 조약 속에서 이 지점들은 개략적 위치로만 제시되고 경위도를 통한 좌표로 공개되지는 않았다.

조소국경조약 제3조는 보다 구체적인 국경선 획성을 위해 조소공동경계획정위원회를 설치하도록 하고 있다. 이에 양측은 추가 협상을 통하여 위와 같이 조소국경질서협정을 체결하였는데, 위 협정은 1985년 조약에서 좌표로 제시되지는 않았던 두만강 하구 양국 경계의 종점을 북위 42도 17분 34.34초, 동경 130도 41분 49.16초로 하고 있다(협정 제1조 제1항). 또한 두만강의 하중도(河中島) 중에서 16개는 북한에, 1개는 러시아에 귀속됨을 규정하고(협정 제2조 제5항), 두만강 철교에 관해서도 주수로 중간점을 기준으로 그 수직 상공 지점, 즉 소련 측 철근콘크리트 지주의 기점으로부터 89.1미터, 북한 측 금속제 지주의 기점으로부터 491.5미터 지점을 국경선으로 합의하였다(협정 제1조 제1항). 또한 두만강의 주수로 또는 그 일부에 자연적 변화가 생길지라도 양국이 별도로 합의하지 않는 한 국경선은 변하지 않는 것으로 하였으며(협정 제3조 제1항), 양국은 공동위원회를 설립하여 10년마다 국경선을 공동으로 검증하고 주수로 등에 변경이 인정되는 경우 국경선 조정을 협의하도록 하고 있다(협정 제3조 제2항).

양국은 두만강 주수로의 위치와 방향을 가능한 한 변경하지 않고 보전하여야 하며, 강물의 흐름에 영향을 미칠 수 있는 수리시설 등을 건설함으로써 주수로 및 증수 시 침수되는 지역의 자연유수량을 변경시키지 말아야 하며(협정 제26조 제1항), 두만강 위에 새로운 다리, 제방, 댐 등의 수리시설의 건설과 이용은 양국 합의하에만 건설할 수 있도록 하였다(협정 제26조 제3항). 타방 당사국의 하안의 수위 변화에 영향을 줄 수 있는 시설의 개조나 철거 역시 타방 당사국의 동의하에 진행하기로 하였다(협정 제26조 제4항). 위 협정 제45조에 의하면 위 협정은 발효일로부터 10년간 유효하며, 일방 당사국이 기한만료 6개월 전에 종료를 통지하지 않는 한 매번 다음 10년간 효력이 연장된다.

이러한 북한과 러시아 간 두만강 국경은 가항하천의 경계는 중심수류의 중간선을 기준으로 한다는 이른바 탈베크(Talweg)의 규칙[163]에 입각하여 합의한 것이다. 따라서 두만강이 가항 국경하천을 이루는 한 양국 간 국경협정이 체결되지 않았을지라도 국제관습법에 의하여 동일한 경계선이 적용되었을 것이다. 다만 위와 같은 국경조약이 체결되지 않았다면 두만강 수류의 완만한 변화로 인하여 중심 수류선이 조금씩 이동하는 경우 국경선도 그에 따라 이동되는 반면, 북한과 러시아의 경우 당사국이 별도로 합의를 하지 않는 한 중심수류의 변화에도 불구하고 기존 국경선은 변화하지 않는 것으로 합의하였다는 점에 차이가 있다.[164]

한편 두만강은 백두산 지역에서 발원하여 북한과 중국 간의 국경하천을 이루다가 북한러시아의 국경하천을 이룬다. 따라서 북한과 러시아 간 두만강 국경은 필연적으로 북한, 중국, 러시아 3국 접경점으로부터 시작하게 되어 있다. 이에 북한, 중국, 러시아는 1998년 11월 3일 두만강 국경수역 경계선 설정에 대한 3국간 협정을 체결하였다.[165] 위 협정 제1조 제1항 및 제2항에 따르면 북한 등 3국은 기존의 중러 국경표지 제423호로부터 두만강 주류의 중심선이 만나는 점을 3국 국경 접경점으로 합의하였는데 이 지점은 북한과 러시아 간 국경의 기점이기도 하다.

위 협정 제2조는 두만강 수류의 자연적인 변화 등으로 국경수역의 경계선이나 접경점

---

163) 탈베크는 하천의 횡단면 중 가장 깊은 곳을 하천이 흐르는 방향으로 연결한 선으로 최심하상선(最深河床線)이라고도 하며, 선박의 항행에 이용되는 하천의 수로를 뜻한다. 이는 국경하천의 국경을 획정하는데 이용되어 왔는데, 하천상의 국경선 획정에 관한 양국 간의 특별합의나 관습이 없는 경우에 그 하천이 항행이 가능한 것이면 탈베크의 중앙선을, 항행이 불가능한 경우에는 하천의 중심선을 국경선으로 하는 것이 일반국제법상의 규칙으로 인정되어 왔으며, 이러한 규칙을 '탈베크의 규칙'이라고 한다. 이 규칙은 평등한 항행권을 보장한다는 장점이 있는 반면 그 위치가 인공적·자연적으로 변화할 수 있기 때문에 국경선으로서는 불안정하고 국경분쟁을 일으킬 수 있다는 점이 단점으로 지적된다.
164) 정인섭, "統一後 한러 국경의 획정", 『서울국제법연구』, 제14권 1호(2007), 64쪽.
165) 조약문은 이 책 부록 Ⅳ. 참조.

(국경선 교차점)에 실질적인 변화가 발생하여도 3국이 별도로 합의하지 않는 한 이 점과 선은 변경되지 않는 것으로 규정하고 있다. 위 1998년 협정은 이상과 같이 접경점과 경계선의 획정방법만을 규정하였을 뿐, 접경점의 구체적인 위치를 좌표로 제시하지는 않았고, 추후 3국 정부대표가 모여 접경점을 표시하는 지도를 제작하기로 합의하였다(제5조).

다. 영해 경계

위에서 본 바와 같이 1985년의 조소국경조약 제1조는 두만강의 주수로 중간을 따라 하구까지, 그리고 그곳으로부터 동해상 러시아와 북한의 영해 외측 경계선과 상호 교차하는 지점까지를 북한과 러시아 간 국경선으로 규정하여 영해 경계도 포함하고 있다.

위 협정과 동시에 체결된 국경선에 관한 명세서는 두만강 주수로의 종점을 출발점으로 하여 북위 42도 9분, 동경 130도 53분 지점에 이르는 22.2킬로미터의 직선을 영해 경계선으로 규정하고 있다. 이는 12해리 영해에 입각한 경계획정으로 소련은 1927년 6월 15일 12해리 영해를 선포한 바 있고, 북한도 1955년 12해리 영해를 설정하였다고 한다.[166]

그런데 1990년 체결된 양국 간 국경체제에 관한 협정 제1조 제1항에서 두만강 주수로 종점의 좌표가 북위 42도 17분 34.34초, 동경 130도 41분 49.16초로 발표되었다. 이 지점은 1984년 러시아가 국내법으로 자국 측 직선기선의 출발점으로 발표한 지점인 북위 42도 17분 29.03초, 동경 130도 41분 30.52초보다 약간 러시아 쪽으로 이동된 것이었다.[167]

이와 같은 북한과 러시아 간 영해경계의 기준이 되는 원칙에 대하여는 공식적으로 발표된 내용이 없어 명확하지가 않다. 이 점에 대하여는 현 영해 경계선의 방향을 분석하여 보면 양국이 선포한 직선기선을 기준으로 등거리 선을 그은 경우와 양국의 연안선을 기준으로 등거리 선을 그은 경우의 중간선 정도에 해당하므로 직선기선을 기준으로 하였을 경우와 통상 연안선을 기준으로 하였을 경우에 관하여 각각 50퍼센트의 효과를 인정한 결과가 되고 있다는 견해가 있다.[168] 그 외에도 북한의 직선기선과 구소련이 피터대제만(灣)에서 획정한 직선기선의 각도가 142도인데, 양자 간의 영해 경계선은 그 각도가 약 4도 정도 구소련 측에 유리하게 설정되었다는 견해,[169] 영해 경계선의 길이가 정확하

166) 박춘호, "北韓 · 蘇聯間의 河川 · 領海境界協定 分析", 『法學論集』, 제29호(1993. 12.), 92쪽.
167) 정인섭, 앞의 논문, 66쪽.
168) Daniel J. Dzurek, "Deciphering the North Korean-Soviet(Russian) Maritime Boundary Agreements," *Ocean Development and International Law*, Vol. 23(1992), p.39.
169) J. I. Charney & L. M. Alexander, *International Maritime Boundaries*, Vol. 1(1993), p.1137.

게 12해리에 달하는 점에 비추어 양국은 단순히 두만강하구 연안의 수직선이나 두만강 하구를 폐쇄하는 선의 수직선을 영해의 경계선으로 확정한 것으로 보는 견해도 있다.[170]

북한과 러시아 간의 이와 같은 영해경계에 대한 평가도 엇갈리고 있다. 대체로 국가관례를 무시하고 북한에게 불리하게 설정된 것이라는 견해가 우세한 것으로 보인다.[171] 반대로 북한이 유리하다고 보는 견해도 있는데 대표적인 견해를 소개하면 다음과 같다.

첫 번째 견해는 양국의 해양경계선이 결과적으로 소련 측에 유리하게 되었다고 보면서도,[172] 북한과 러시아는 모두 동해에서 국제사회가 수락을 거부하고 있는 과도한 직선기선을 선포하고 이를 기준으로 12해리 영해를 주장하고 있었는데, 그 내용을 살펴보면 북한의 직선기선이 한층 더 무리한 방법으로 광범위한 수역을 내수로 편입하고 있으므로, 혹시라도 향후 양국이 국제사회의 비판을 수용하여 동해 연안에서의 직선기선을 포기하고 통상기선을 채택하여 등거리선을 경계로 삼는다면 북한은 현재보다 약 30제곱킬로미터 면적의 수역을 러시아로 넘겨주게 되므로 오히려 북한이 양보한 것보다 더 많은 것을 얻었다고 할 수 있다는 것이다.[173]

두 번째 견해는 양국이 합의한 경계선은 등거리선으로부터 4도 정도 북한 쪽으로 기울어져 있으나 만일 위와 같은 북한의 양보가 소련이 북한의 과도한 직선기선을 승인해 주는 대가로 이루어진 것이라면, 북한으로서는 소련에 양보한 것보다 훨씬 많은 것을 얻은 것이라고 보는 견해이다.[174]

3. 구소련 분열 이후의 상황

구소련 분열 후 러시아는 구소련의 조약, 특히 양자 조약과 관련하여 구소련의 조약 상대국과 조약관계의 조정 · 정리를 위한 협상을 전개하였으며 이 과정에서 사정변경의 원칙을 주된 법원칙으로 활용하였다. 이와 관련하여 앞에서 살펴본 조중국경조약 등에

---

170) 신창훈, 앞의 논문, 146쪽.
171) 박기갑, "남북한의 국제법상 관행연구", 『벽파 김정건 박사 화갑논문집-변화하는 세계와 국제법』(서울: 박영사, 1993), 250쪽; 박기갑, "일반국제법 이론에 비추어 본 남북한 간 가능한 국가승계 형태론", 『한림법학 Forum』, 제5권 제1호(한림대학교법학연구소, 1996), 112쪽; 이장희, "남북한 통일 이후 국가승계의 국제법적 과제", 『한국법학 50년 과거 현재 미래(Ⅰ)』(한국법학교수회, 1998), 405쪽.
172) 박춘호, 앞의 논문, 88쪽.
173) 위의 논문, 90쪽.
174) 이석용, "북한과 소련(러시아)간 영해경계획정", 『국제해양분쟁사례연구Ⅳ』(서울: 해양수산부, 2006), 72쪽.

대한 러시아의 입장이 무엇인지, 위 원칙에 따라 러시아가 구소련이 북한과 체결한 국경조약에 대해서도 북한과 새로운 협상을 진행하였는지 여부를 확인해 볼 필요가 있다. 그러나 아직 이와 관련된 양국의 공식문서는 확인되고 있지 않다. 다만 이 점과 관련된 몇 차례의 국내 언론 보도를 통해 추론을 해 볼 수밖에 없는 상황이다.

한편 러시아 연해주정부 자료에 따르면 러시아는 2004년 11월 '러시아-북한 국경 강화를 위한 두만강 하상(河床) 안정 프로젝트'에 착수한 뒤 지난해 7월 러시아 쪽의 지대가 낮은 강변을 따라 길이 12.995킬로미터의 제방 축조공사를 완공했으며 현재 강물로 침식된 9.45킬로미터 구간에 돌멩이를 쌓아올리는 보강공사를 진행한 것으로 알려지고 있다. 위 프로젝트의 총구간은 '우정의 다리'(나진~하산 연결 철로 교각)에서 강 하구까지 17.58킬로미터에 이른다. 이 구간에는 북한이 1990년 구소련과 국경조약을 체결할 당시 북한의 양해에 따라 러시아 영토로 인정된 녹둔도 강변도 포함된 것으로 확인됐으며, 위 섬에는 러시아 군사기지가 자리 잡고 있다고 한다.[175] 따라서 러시아는 실제로 자신들이 점유하고 있는 녹둔도에 대해 두만강 수로의 변경 등에 따른 영유권 분쟁 시비를 사전에 예방하기 위한 실효적인 조치를 취하고 있음을 알 수 있다.

이에 대한 북한의 입장은 명확하지 않지만, 일부 언론보도 내용을 보면 아직도 북한과 러시아 사이에는 위 녹둔도를 비롯한 국경에 관한 분쟁이 계속되고 있는 것으로 보인다.

북한과 러시아는 1999년 3월 20일부터 25일까지 평양에서 양국 간 경제협력 확대문제를 논의하면서 '국경선' 문제에 관해서도 협의했다고 평양방송과 모스크바방송이 보도해 국경선에 관해 논의해야 할 문제가 있음을 분명히 했다. 양국 방송 보도는 회담을 마친 후 합작기업, 공동 국경선, 수산자원 등 문제를 주요 내용으로 한 일부 조약들이 체결됐다고 전했으나, 특히 국경선 문제에 어떤 합의가 있었는지 일절 언급하지 않았다. 이와 관련하여 외무부의 한 당국자는 같은 달 29일 북한과 러시아 사이에는 두만강에 대한 외국 선박의 항해권 문제와 러시아 영토로 돼 있는 두만강 하구 녹둔도에 관한 영토문제가 존재하고 있다면서 북·러 회담에서 이들 문제가 논의된 것으로 본다고 말했다.[176]

2007년 말에도 북한과 러시아가 국경과 관련한 새로운 조약을 체결하기로 합의하였다는 내용의 연합뉴스 보도가 있었는데, 그 내용은 다음과 같다.[177]

두만강(17.5km)을 사이에 두고 국경을 맞대고 있는 러시아와 북한이 국경선 재획정

175) 『동아일보』, 2006년 11월 22일.
176) 『연합뉴스』, 1999년 3월 29일.
177) 『연합뉴스』, 2008년 8월 7일.

작업에 들어간 것으로 알려졌다. 6일 러시아 외교부에 따르면 지난해 말 러시아와 북한이 국경 질서에 관한 새 조약안을 마련하기 위해 양국 실무자 회의를 열기로 합의했다. 양국이 국경선 재획정 작업에 착수하는 것은 지난 2000년 평양에서 두만강 하류 국경획정을 위한 협상을 벌인 이후 8년 만이다. 러시아는 옛 소련 시절인 1985년 북한과 조(朝)-소(蘇) 국경조약을 체결했고 1990년 국경 설정 의정서에 서명했다. 두만강 하구는 여름철 수위가 높을 때는 하상이 이동, 물에 잠겨 보이지 않다가 겨울철 수위가 낮을 때는 새로운 모래밭이 드러나면서 북·러 양측이 국경의 기산점을 마련하는 데 어려움을 겪어 왔다. 이에 따라 양국은 2000~2003년 국경 공동점검위원회를 구성해 두만강 국경표지 유지 실태와 지형 변경에 대한 실사를 벌여 수로가 바뀌고 1990년 세워 놓았던 국경표지도 상당수 유실된 것을 확인했다. 러시아 정부는 두만강 수로가 바뀌면서 자국 영토를 침식하고 있기 때문에 국경선 재협상이 필요하다는 입장이다. 러시아는 2003년 침식을 막기 위해 강변에 버드나무를 심는가 하면 2005년부터 110억여 원을 들여 국경 강화와 홍수 방지를 위해 녹둔도(鹿屯島) 바깥을 포함한 러시아 쪽 강변에 길이 13km의 둑을 쌓고 있다.

위 보도내용에 따르면, 어떤 면에서는 북한과 러시아는 1985년의 조소국경조약의 내용을 변경하려는 것이 아니라, 오히려 위 조약에 근거하여 국경선 획정 작업을 다시 하여 1990년의 조소국경질서협정을 대체할 조약을 새로 체결하기로 합의한 것으로 볼 수도 있다. 하지만 위 보도내용만으로는 역시 러시아가 구소련 당시의 조소국경조약 등을 승계한 것인지, 혹은 그 내용을 그대로 인정한 새로운 국경조약을 체결하였는지 등에 대하여는 알 수가 없다.

다만, 2010년 11월 13일 요코하마(橫浜)에서 열린 러일 외상회담에서 북방영토(러시아 명칭 남쿠릴열도) 문제와 관련하여 세르게이 라브로프 러시아 외무장관은 평화조약 체결 후 북방영토 4개 섬 가운데 시고탄(色丹)과 하보마이(齒舞) 등 2개 섬의 일본 반환을 명기한 1956년 일소공동선언에 대해 러시아는 구소련의 의무를 승계할 용의가 있지만 이는 어디까지나 선의의 행위라면서 구소련이 왜 이런 공동성명을 체결했는지 모르겠다고 밝힌 바 있다. 또한 세르게이 외무장관은 이어 일본이 구소련과 맺은 모든 조약을 러시아가 승계하기로 한 '1993년 도쿄선언'에 대해서도 도쿄선언에서의 북방영토 4개 섬에 관한 언급은 이들 섬이 러시아에 귀속된다는 것을 확인한 것이라고 주장했다.[178] 따라서 러시아는 1956년의 일소공동선언을 승계하지 않았음을 분명히 한 것으로 해석

---

178) 『세계일보』, 2010년 11월 19일; 『아주경제』, 2010년 11월 16일.

된다.

이상의 내용을 종합해 보면 러시아는 조소국경조약 역시 그대로 승계를 하지 않고, 북한과 별도의 협상을 진행하였을 것으로 보인다. 다만 그 협상 과정에서 1985년의 조소국경조약은 그대로 인정을 하고, 두만강 수로의 극심한 변화를 고려하여 1990년의 조소국경질서협정에 대해서만 국경선에 대한 재획정을 통해 새로운 조약을 체결하기로 한 것인지, 아니면 1985년의 조소국경조약을 포함하여 모든 국경 관련 조약을 새로 체결하기로 하였는지는 명확하지가 않다. 이 점에 대해서는 향후 북한이나 러시아 측의 공식 문건을 통해 확인하는 수밖에 없을 것이다.

제3장 영토조약 승계에 관한 사례 및 판례

제1절 조약승계 및 영토조약 계속성의 원칙

Ⅰ. 조약승계의 개념과 일반원리

1. 조약승계의 개념

가. 국가승계

조약승계를 다루기 위해서는 먼저 국가승계의 개념부터 명확하게 해야 한다. 국가승계라 함은 한 국가의 영토의 일부 또는 전부가 다른 국가로 이전될 때, 그 영토를 상실하는 국가인 선행국이 그 영토와 관련하여 가지고 있던 제반 권리와 의무가 당해 영토를 새로 취득하는 국가인 승계국으로 이전되는 것을 말한다. 조약승계협약 제2조 제1항 (b)와 1983년 4월 8일 채택된 「국가재산·국가문서 및 국가부채에 대한 국가승계에 관한 비엔나 협약」(Vienna Convention on Succession of States in Respect of State Property, Archives and Debts, 이하 "국가재산·국가문서·국가부채 승계협약"이라 한다)[179] 제2조 제1항 (b)는 국가승계를 "어느 한 국가가 다른 국가의 영토상의 국제관계에 대한 책임을 대체하는 것(the replacement of one state by another in the responsibility for international relations of territory)"이라고 정의하고 있다.

선행국에서 승계국으로 이전되는 권리와 의무로는 조약, 국유재산, 국가문서, 국가채무, 국민의 국적, 개인의 권리 또는 기득권, 국제기구의 회원국 지위, 국제적 불법행위에 대한 국가 책임 등 다양하다.

한편, 국제연합 국제법위원회(ILC)에 의하여 조약에 관한 국가승계의 특별보고자로 선임되어 조약승계협약의 초안을 담당하였던 발독(H. Waldock)의 1차 보고서상에는 국가승계를 "한 국가의 일정한 지역에 대한 주권 또는 그 영역에 관한 조약체결권이 그 지역을 통치하는 국가의 변경으로 다른 국가에 승계되는 현상"을 말한다고 한다.[180] '주권'

---

179) 본 협약은 2009년 12월 현재 당사국이 7개국으로 아직 발효되지 못하고 있다.
180) H. Waldock, Doc. A/CN. 4/202, *Annuaire de la Commission du Droit International,* Vol. 11(1968), pp.91-93.

이외에도 '조약체결권'이란 단어를 같이 사용하는 이유는 위임통치지역, 신탁통치지역 그리고 보호령과 같은 특수한 상황까지도 포함할 수 있기 때문이다.

국가승계의 개념은 일찍이 영토는 국가의 재산이라는 견해로부터 기인하며, 로마법에서 사법(私法)상의 상속개념을 국제관계에 유추한 것이다. 그러나 국제관계에서는 선행국이 반드시 소멸한다고 볼 수는 없기 때문에 사법상의 상속과는 그 성질이 다르다.[181] 또한 상속은 피상속인과 상속인 사이의 법적 계속성을 당연한 전제로 하여 권리와 의무의 포괄승계를 원칙으로 함에 반해, 국가승계에서는 국가의 주권평등원칙 때문에 선행국과 승계국 사이의 법적 연속성과 포괄승계가 부인되며, 승계국은 이전 영토에 대한 새로운 주권자이다.[182]

국가승계와 구별해야 하는 개념으로는 정부승계(succession of government)가 있다. 정부승계는 합법적 또는 비합법적인 방법을 통한 단순한 정부의 교체에 지나지 않아 한 국가 내에서 통치 권력의 변화가 있을 뿐이라는 점에서 영역에 대한 주권변동으로 야기되는 국가승계와 구별된다.

나. 국가승계의 유형

국가승계의 유형은 발생원인, 승계범위 및 승계대상에 따라 구분할 수 있다. 국가승계의 발생원인은 영토주권의 변동이다. 조약승계협약은 영토주권의 변동의 형태를 영토 일부의 이전(succession in respect of part of territory), 신생독립국(newly independent state), 국가통합(합병과 병합, uniting of states), 국가분리(separation of a part or parts of a state)의 네 가지로 분류하고 있다. 여기서 국가분리는 분리독립(secession)과 분열(dissolution, disintegration)을 모두 포함하는 개념이다. 그러나 국가재산·국가문서·국가부채 승계협약에서는 분리독립과 분열을 별개의 상황으로 구분하여 다섯 가지로 분류하고 있다.

한편, 조약승계협약 제2조 제1항 (f)와 국가재산·국가문서·국가부채 승계협약 제2조 제1항 (e)는 신생독립국을 "국가승계일자 직전에 그 국제관계에 대하여 전임국가가 책임을 지고 있던 종속영토(dependent territory)의 승계국"이라고 정의하여, 식민지 상태에서 독립한 국가만을 의미함으로써 분리독립과는 별도로 분류하고 있는 것이 특징이다.

---

181) 윤명선·이영준, 『法學大意』(서울: 법문사, 2005), 697쪽.
182) Malcolm N. Shaw, *International Law,* 4th ed.(Cambridge: Cambridge University Press, 1997), pp.674-675.

이 책에서는 국가승계가 발생할 수 있는 상황을 그 성격에 따라 합병, 병합, 할양, 분리, 분열로 구분하기로 한다. 이러한 구분은 그 형태에 따라 승계국이 선행국과는 완전히 구별되는 별도의 새로운 국가인지 아닌지에 차이가 있으며, 그 차이에 따라 승계의 효과를 달리 취급하는 데서 그 중요성을 찾아볼 수 있다.

합병(fusion, corporation, merger)은 여러 국가가 대등한 지위에서 합쳐져서 하나의 새로운 국가로 되는 경우로 가장 일반적인 합병은 연방국가의 형성(entry into a federal union)이다. 합병의 대표적인 사례로는 1958년 이집트와 시리아가 합병하여 통일아랍공화국(UAR)이 된 경우, 1964년 탕가니카와 잔지바르가 합병하여 탄자니아공화국을 형성한 경우가 있고, 분단국의 합병 사례로는 남북예멘의 통일의 경우를 그 예로 들 수 있다.

병합(annexation)은 한 국가가 다른 국가로 흡수 통합되는 경우로 국제법상 병합되는 국가는 소멸되고, 병합하는 국가는 동일한 법인격을 유지하게 된다. 이에 해당하는 사례로는 이견이 있기는 하나 동서독 통일의 경우를 들 수 있다. 또한 1901년에 영국이 행한 남아프리카공화국과 오렌지(Orange)자유국의 병합이나 1939년에 이탈리아가 취한 에티오피아 병합처럼 강제적 정복으로 되는 경우와, 1910년에 행하여진 일본의 한국 병합이나 1908년에 행하여진 벨기에의 콩고(Congo)자유국 병합처럼 가식적 합의로 되는 경우의 두 유형으로 분류하는 견해도 있다.[183] 기존의 복수인격이 단일법인격으로 변하는 점에 있어서는 병합과 합병이 같으나 전자는 강자에 의한 약자의 흡수이고, 후자는 참여국들이 대등한 통합을 통한 법적 지위의 변경인 점에서 차이가 있다.

할양(cession)은 자국의 영역 일부를 타국에게 이전하는 경우로 러시아가 미국으로 알래스카를 양도한 것이나 프랑스가 루이지애나를 미국으로 양도한 경우를 들 수 있다.[184] 할양을 국가 간의 합의(평화조약상의 포기·매매·교환)에 의해 지역적 영토권이 타국에 이전되는 것을 말한다고 정의하기도 한다.[185]

분리(secession)는 한 국가의 영역의 일부가 분리하여 별도의 독립국이 되는 경우를 말한다.

분열(dissolution)은 한 국가가 붕괴되어 여러 개의 다른 국가로 독립하는 경우로 대체로 구소련의 분열이 이에 해당하는 것으로 본다. 분열은 일국이 2개 이상의 국가로 완전

---

183) 김정균·성재호, 『國際法』, 제5개정판(서울: 박영사, 2008), 219쪽.
184) 병합과 할양의 개념과 관련하여 "할양은 어느 국가가 자국 영토의 전부나 또는 일부에 대한 주권을 다른 국가에 이전하는 것이며, 병합은 다른 국가의 영토의 일부나 또는 전부를 자국의 영토로 취득하는 것이다"라고 다르게 정의하는 견해도 있다. 이순천, 『條約에 對한 國家承繼: 最近의 國際實行과 南北統一時 適用問題를 中心으로』(고려대학교 대학원 박사학위논문, 1996), 21쪽.
185) D. P. O'Connell, *International Law*(Lodon: Stevens, 1965), pp.502-503.

히 분리·독립하고 구(舊)본국이 국가로서의 존립을 상실하는 경우이고, 분리는 일국의 일부가 탈퇴하여 신생 독립하되 구본국의 국가로서의 존립은 그대로 남는다는 점에서 차이가 있다.

그 밖에도 영토주권의 변동의 유형으로 분할(dismemberment)이 있다. 분할이란 일국의 영역이 2개 이상의 국가에 의해서 탈취되어 소멸하는 것이라고 정의한다. 일국이 타국에 흡수되고 국가로서의 존립을 상실한다는 점에서 병합과 분할(지역적 할양이 아님)은 그 결과를 같이하나 병합은 단일국이 행하는 것이고, 분할은 2개 이상의 국가가 행한다는 점에서 차이고 있다. 이러한 분할의 대표적인 예는 3차에 걸친 폴란드 분할이 있다고 한다.[186]

한편, 국가승계는 승계의 범위에 따라 포괄적 승계와 부분적 승계로 구별할 수 있다. 포괄적 승계(universal succession)는 선행국의 국제법상 법인격이 완전히 소멸하고, 승계국이 이를 모두 흡수하는 국가승계로 병합, 합병, 분열의 경우에 발생한다. 부분적 승계(partial succession)는 선행국의 법인격이 소멸하지 않고 선행국의 영역의 일부만 승계국으로 귀속되는 경우로 할양과 분리의 경우에 발생한다.

국가승계는 승계의 대상이 무엇이냐에 따라 구별할 수도 있는데, 국가승계의 대상이 되는 권리와 의무로는 조약 외에도 국유재산, 국가문서, 국가채무, 국민의 국적, 개인의 권리 또는 기득권, 국제기구의 회원국 지위, 국제적 불법행위에 대한 국가 책임 등이 있다.

다. 국가승계에 관한 법원

국가승계에 관한 성문 법원(法源)으로는 앞에서 언급한 조약승계협약과 국가재산·국가문서·국가부채 승계협약 외에도 2000년에 국제연합 총회에서 채택한 「자연인의 국적에 관한 결의」(Nationality of Natural Persons in relation to the Succession of States)[187]가 있다.

그러나 조약승계협약과 국가재산·국가문서·국가채무 승계협약의 당사국이 각기 22개국과 7개국에 불과하고, 그나마도 당사국 대부분이 동구권과 아프리카 국가에 불과하며 대부분의 강대국이 이에 가입하지 않고 있다. 이러한 점에 비추어 볼 때 일각에서 주

---

186) 김정균·성재호, 앞의 책, 221쪽.
187) 국제연합 총회 결의 제55/153호(2000).

장하는 바와 같이 위 조약들이 국제관습법의 반영이라고 평가할 수 있는지는 의문이다. 그렇다고 위 조약 외에 국가승계에 관한 국제관습법이 명확한 것도 아니다. 이런 이유로 국가승계의 문제는 그 중요성에도 불구하고 이에 관한 국제법원칙이 확립되어 있지 못하여 여전히 논란의 여지가 많이 남아 있는 분야이다.

라. 조약승계의 개념

조약승계란 국가승계 중 그 승계의 대상이 조약인 경우로서 선행국이 체결한 조약 또는 조약상의 권리와 의무가 승계국으로 승계되는 것을 말한다. 조약승계는 조약의 유효기간이 만료될 때 이를 대신하는 신조약을 체결하는 조약의 갱신이나 유효하게 체결된 조약의 내용 또는 당사자를 변경시키는 조약의 변경과 구별된다.

주의할 것은 조약의 승계와 국가계속성 개념은 구분되어야 한다는 것이다. 조약의 승계란 국가계속성의 반대 측면, 즉 국가계속성의 상실에서 오는 문제를 다루기 때문이다. 동일성이 보장되지 않고서는 계속성이라는 것이 있을 수 없는 것이고, 국가의 동일성과 계속성은 밀접·불가분의 관계에 있기 때문에 계속성이 유지되면 국가의 권리·의무에는 아무런 변동도 일어나지 않기 때문이다.[188]

조약 승계의 문제는 국제법 분야 중에서도 가장 복잡하고 어려운 문제의 하나로 인식되고 있다. 이는 국가승계의 형태가 여러 가지 형태로 나타날 뿐 아니라 그 대상이 되는 조약의 형태와 내용도 나양하고, 기본석으로는 이를 유리하게 적용하려는 승계국의 이해관계와 이해당사자인 제3국의 이해관계를 조화롭게 해결하여야 하기 때문일 것이다. 이러한 복잡한 문제를 해결하기 위한 국제사회의 노력으로 탄생하게 된 것이 조약승계협약이다.

2. 조약승계의 일반원리

가. 승계의 범위에 관한 학설

국가승계에 있어서 포괄적 승계(universal succession)란 선행국의 국제법상 법인격은

---

188) Ian Brownlie, *Principles of Public International Law*(Oxford: Clarendon Press, 1976), p.85.

완전히 소멸하고, 1개 또는 수개의 승계국이 이를 흡수하는 국가승계를 말한다. 부분적 승계(partial succession)란 선행국의 국제법상 법인격은 소멸하지 않고 선행국 영역의 일부가 기존의 다른 국가 또는 신생국에게 귀속되는 국가승계를 말한다.[189] 국가승계에 관한 이러한 구분에 입각하여 포괄적 국가승계의 경우에는 선행국이 체결한 모든 조약이 실효하며, 부분적 국가승계의 경우에는 당해 조약이 실지된 영토에 대해서만 실효하게 된다는 견해가 바로 포괄적·부분적 승계 구분설이다.[190]

나. 승계의 대상에 관한 학설

조약은 성질에 따라 통상 인적 조약(personal treaty)과 물적 조약(territorial treaty)으로 구분한다. 인적 조약은 국가의 계약적 권리·의무 관계를 규율하는 조약 또는 정치적 행위의 권리·의무를 규정한 조약을 말하며, 상호방위조약과 같은 것이 이에 해당한다. 물적 조약은 영토에 종속된 권리·의무 관계를 규율하는 '속지적(territorial)' 성격의 조약을 말하며 통상 '처분적 조약(dispositive treaty)'이라고도 한다. 이처럼 조약을 인적 조약과 물적 조약으로 구분하여 인적조약은 승계가 불가능하지만 물적 조약은 가능하다고 보는 학설을 인적·물적 조약 구분설이라 한다.[191]

그러나 처분적 조약의 개념이 반드시 명확한 것만은 아니다. 예를 들어 우도킹(O. Udokang)은 처분적 조약을 '국경조약(boundary treaties)'과 '굴복체제조약(capitulation treaties)' 및 '국제지역을 설정하는 조약(treaties establishing international servitude)'으로 구분한다.[192]

이 중 '굴복체제'는 서구열강이 과거 식민지 지배 시 터키 및 아시아 국가에서 자국민에 대한 '치외법권적 관할권(extra-territorial jurisdiction)'을 행사하기 위하여 강요한 체제로서, 동 체제가 승계국에 계속 유효하고 구속력이 있는지 여부에 대하여 일관된 국제관행을 찾을 수 없기 때문에 처분적 조약이라고 보기에는 문제가 있다. 굴복체제는 엄격한 의미에서 누구에게나 유효한 물적, 속지적 권리라고 하기보다는 2개 이상의 국가 사이에서 당사국들의 정치체제 및 사법제도의 차이 때문에 체결되는 일종의 불평등조약으

---

189) Gerhard von Glahn, *Law among Nations*, 4th ed.(New York: Macmillan, 1981), pp.119-123.
190) D. P. O'Connell, *States Succession in Municipal Law and International Law*(Cambridge: Cambridge University Press, 1967), p.25.
191) *Ibid.*, pp.12-13.
192) Okon Udokang, *Succession of New States to International Treaties*(Dobbs Ferry: Oceana Publications, 1972), p.336.

로서 당사국의 국내 사법제도가 변경될 경우 개정하도록 되어 있으므로 단순히 '인적 의무관계(personal obligatory relations)'를 설정하는 것으로 볼 수 있다.[193]

'국제지역을 설정하는 조약'과 관련하여서도 먼저 '국제지역' 또는 '지역권'의 개념을 검토할 필요가 있는데, 지역권의 설정은 주로 영토주권에 관련된 것으로서 전통적으로 이에 대한 학계의 견해가 대립되어 왔으며, 국제사법재판소(International Court of Justice: ICJ) 등의 사법적 판결에서도 지역권에 대한 개념이 원칙적으로 인정되어 오긴 하였으나, 지역권의 원칙에 긍정적인 판결 또는 선언을 회피하여 왔다는 비판이 있다.[194]

다. 승계원칙에 관한 이론

(1) 보편적 승계이론

보편적 승계이론(universal succession theory)은 그로티우스(H. Grotius)에 의해 처음 주창되었다. 그로티우스는 상속에 의하여 재산권에 관한 법인격이 계속된다는 로마법의 개념을 국제법에 도입하여 정치적 변화의 문제를 해결하고자 하였다. 즉, 이 이론은 "상속에 의해 부동산의 법인격이 이전되고 이 법인격에 부수되는 권리와 의무는 승계국에 당연히 이전된다"는 로마법 개념에 기초하고 있다. 즉, 선행국의 법인격의 계속으로 인해 승계국은 선행국의 채무, 계약뿐만 아니라 동맹조약이나 통상조약 등 모든 조약을 승계하게 되는 것이다.[195] 19세기 중반까지 주종을 이룬 이 이론은 기존의 권리와 의무 관계를 그대로 유지시키므로 제3국의 신뢰보호에 유리한 이론이라 할 수 있다. 또한 국가 간 영토의 일부에 대한 승계만 이루어지는 경우에도 적절한 입장이라 할 것이다.

그러나 19세기 중반 이후에는 국가 및 지역 간 의사전달이 크게 개선되고 국제적 조약 및 의무의 수가 급격하게 증대되면서, 국가들은 이 이론이 지나치게 단순하고 따라서 근대의 복잡하게 얽힌 승계문제를 해결하기에는 충분하지 못하다고 보았다.[196]

---

193) 이순천, 앞의 논문, 45쪽.
194) 위의 논문, 45-46쪽.
195) Rosalie Schaffer, "Succession to Treaties: South African Practice in the light of Current Developments in International Law", *ICLQ*, Vol. 30(1981), p.594.
196) 구희권, 『國家統合時의 國家承繼에 관한 硏究 -統一韓國을 中心으로-』(중앙대학교대학원 박사학위논문, 1993), 43-44쪽.

(2) 백지출발주의

백지출발주의(clean slate rule)란 승계국은 선행국이 체결한 조약에 대하여 제3자이므로 이를 승계하지 않으며, 아무런 구속도 받지 않고 국제법 주체로서 새로이 출발한다는 원칙을 말한다.[197] 특히 선행국과 승계국 사이에 아무런 정치적 동일성이 없는 경우에는 선행국 지역에 적용되고 있던 인적 조약, 예를 들면 동맹조약·집단안전보장조약·통상조약·범죄인인도조약·국제조직기본조약 등은 원칙적으로 승계되지 않는다는 것이 국제관행이라고 본다.

백지출발주의는 보편적 승계이론에 대한 반발에서 출발하였다. 이 이론의 논거는 국가주권론과 법의 일반원칙인 '계약은 제3자를 이롭게도 해롭게도 하지 않는다(*pacta tertiis nec prosunt nec nocent*)'는 원칙이다.[198]

백지출발주의는 국제법학자들에 의해 폭넓게 지지되고 있으며, 제2차 세계대전 이전까지는 국가관행의 주류를 이루어 왔다. 그러나 제2차 세계대전 이후 실제로 이러한 원칙이 적용된 사례는 거의 없었고, 승계협정의 체결이나 일방적 선언 등을 통해 조약승계 문제를 해결해 왔다.

(3) 현대의 조약승계이론

전통적인 보편적 승계이론이나 백지출발주의는 선행국의 권리와 의무를 일괄하여 승계국이 승계를 해야 하는 것인지 여부가 주된 쟁점이었다. 그러나 위 각 이론은 논리의 일관성은 유지할 수 있으나 현실 문제를 해결하기에는 적합하지 않았고, 실제로도 위 학설에 따라 국가승계가 이루어진 경우를 찾아보기도 어렵다. 이러한 문제를 해결하기 위해 계속주의, 조약경계이동의 원칙, 양립성의 원칙과 같은 새로운 주장들이 제기되었다.

계속주의(continuity rule)란 백지출발주의에 기초하되 예외적으로 선행국이 체결한 특정조약의 경우에는 승계국이 이를 승계하여야 한다는 이론이다. 승계국이 승계하여야 할 특정조약으로는 통상 국제관습법과 국제강행규범을 내용으로 하는 조약, 국경조약 기타 영토제도에 관한 조약 등을 들 수 있다.

조약경계이동의 원칙(moving treaty-frontiers rule)[199]이란 영토의 일부에 대한 주권

---

197) 백지출발주의는 '승계부정론'이라고도 한다. 구희권, 위의 논문, 44쪽.
198) 신용호, "조약의 국가승계와 국가관행", 『國際法學會論叢』, 제48권 제3호(2003. 12.), 146쪽.
199) 이를 '조약국경이동의 원칙'이라고도 한다.

의 변경이 발생한 경우에, 적극적으로는 승계국의 조약이 승계되는 영토에 자동적으로 적용되며, 소극적으로는 선행국의 조약이 승계되는 영토에 자동적으로 적용되지 않음을 의미한다.200)

양립성의 원칙(rule of compatibility)이란 조약을 승계 이후의 법질서와 양립할 수 있는 조약과 양립할 수 없는 조약으로 구분하여 전자에 해당하는 조약의 승계만을 인정하고 후자에 해당하는 조약의 승계를 부정하는 입장을 말한다. 이는 인적 조약과 물적 조약의 구분의 원칙을 보완하기 위한 부차적인 원칙이다.201)

(4) 결어

보편적 승계의 원칙은 사법(私法)과 국제법 사이의 선험적 유추에서 출발한다. 백지출발의 원칙은 오로지 정책만을 중시하는 것으로 보이며, 승계를 받아들이지 않는다. 계속주의는 승계국의 의지만을 독단적으로 강조한다. 이처럼 조약승계에 관한 어떤 이론도 융통성 없는 기준이 되는 경향이 있다.202) 따라서 다른 원칙을 배제하고 한 가지 원칙만을 채택하는 것에 의한 단순한 해결책을 찾는 것은 정치적, 사법적 현실과 부합하지 않는다. 조약승계의 문제는 기능의 문제이지 논리나 철학의 문제가 아닌 것이다. 1968년 부에노스아이레스에서 개최된 국제법협회 총회 때 오코넬(O'Connell) 교수 역시 자신의 보고서에서 국가승계의 문제는 법적인 것이기보다는 정치적인 것이라고 한 바 있다.203)

결국 이러한 조약승계의 여러 이론들은 각 나라의 편의성을 위해 형성되어 온 것이다. 각 나라마다 그들의 필요에 부합하는 하나 또는 모든 이론의 적용을 주장할 수 있지만 일반적으로 받아들여질 수 있는 어떤 기준도 제공하지 못한다. 세계 각국의 관행은 이론적 원칙이나 논리적 추론보다는 정치적, 경제적 고려를 우선시하고 있으며, 법적 원칙보다는 국가정책에 의해 결정되어 왔다. 따라서 조약승계의 법적 효과에 대한 올바른 접근은 국가승계의 유형과 개별 조약의 성격에 따라 검토되어야 한다고 본다.204)

오늘날 국제법상 논의가 되고 있는 조약승계의 문제는 제2차 세계대전 후 과거 식민

---

200) 박문숙, 『국제법상의 조약승계 -남북통일에의 적용문제를 중심으로-』(중앙대학교대학원 석사학위논문, 2009), 13쪽.
201) 위의 논문, 14쪽.
202) Lung-Fung Chen, *State Succession relating to Unequal Treaties*(Hamden: Shoe Sting Press, 1974), p.18.
203) 김찬규, "新生國과 條約의 承繼", 『法學』, 제37권(서울대학교 법학연구소, 1977), 334쪽.
204) Lung-Fung Chen, *op. cit.*, p.19.

통치하에 있던 아시아와 아프리카의 신생독립국들이 출현하면서 해결해야 할 중요 과제로 떠오른 것이다. 이러한 역사적 배경에 기초하여 뒤에서 보는 바와 같이 조약승계협약에서는 신생독립국에 대하여 백지출발주의란 특별한 대우를 하게 된 것으로 분석된다.

그러나 이후의 학설을 살펴보면 대체로 선행국과 정치적 연속성이 없는 신국가의 경우에는 조약상의 의무에 관해 백지상태에서 출발하는 것을 일반원칙으로 하면서도 일정한 조약의 경우에는 예외적으로 승계의무가 있는 것으로 보았다. 이러한 예외가 인정되는 조약을 오코넬은 처분적 조약이라고 표현하였고, 맥네어(McNair)는 속지적 의무(local obligation) 또는 물권적인 의무라고 하였다. 한때 이러한 견해가 일반적인 것으로 받아들여졌으며, 오늘날에도 이러한 견해를 일반적인 견해로 보는 학자들도 적지 않다.

하지만 이러한 의견에 대한 반대이론들이 등장하게 된다. 대표적으로 케이스(Artuur B. Keith)는 신국가에 대해 조약은 어디까지나 '타인 간의 행위사항(res inter alios acta)'에 불과하며 조약이 승계된 것처럼 보이는 때라 할지라도 그것은 '암묵의 또는 비공식적 갱신이론(doctrine of tacit or informal renewal)'에 의해서만 해결될 수 있는 것이라고 했다.205) 핀란드 출신의 국제법학자 카스트렌(Eric Castren)도 "한 국가가 여러 새로운 독립국으로 분열할 때 그 조약은 보통 신국가에 계승됨이 없이 무효로 된다. 조약은 그것이 영역에 더하여 영역에 대한 일정한 주권자의 존재를 전제로 하고 있는 한 일반적으로 인격적(personal)인 것이다. 계승하는 국가에 대해서는 전(前)국가에 의해 체결된 조약은 타자 간의 행위 사항이다"라고 말하고 있다.206) 소련의 국제법 학자 루카슈크(I. I. Lukashuk) 교수도 "권리의무는 국가의 의사를 구체화하는 합의의 결과로서 발생하는 것이기 때문에 그리고 주권국가에 대해 의무를 부과할 수 있는 여하한 초국가권력도 없기 때문에 선행자의 조약은 새로이 창설된 국가에 대해 아무런 구속력도 갖지 못한다"고 했다.207) 그 밖에도 주권국가는 그 동의 없이는 여하한 국제적 행위에 의해서도 구속될 수 없다는 체코슬로바키아의 주우레크(Jaroslav Žourek) 등의 견해도 있다.

또한 이 문제를 민족자결권의 문제와 결부시켜 검토하려는 학자들도 있다. 헝가리 출신의 여류 국제법학자인 한나 제고보커(Hanna Szegö-Boker)는 신국가의 독립에 따른 국가승계에 관한 원칙은 아직 성립되지 않았으며, 민족자결권의 원칙에 반하는 승계는 있을

---

205) Arthur B. Keith, *The Theory of State Succession: With Special Reference to English and Colonial Law*(1907), pp.19-26. 김찬규, 앞의 논문, 324쪽에서 재인용.
206) Eric Castren "Obligation of States Arising from the Dismemberment of Another State," 13 *Zeitschrift für ausländisches öffentliches Recht und Völkerrecht*(1951), p.754. 김찬규, 위의 논문, 324쪽에서 재인용.
207) The International Law Association, *Report of the Fifty-Second Conference held at Helsinki from August 14th to August 20th*, 1966(1967), pp.562-563. 김찬규, 위의 논문, 324쪽에서 재인용.

수 없다는 원칙이 성립되고 있다고 주장하였고, 유고슬라비아의 바르토스(Milan Bartoš)도 조약의 승계를 민족의 해방과 주권적 의사를 저해하는 것이어서는 안 된다고 하였다.[208]

이처럼 조약승계의 문제는 주로 속지적 또는 처분적 조약의 승계원칙이 받아들여져야 하는지를 중심으로 논의되어 오고 있으며, 주로 서구의 학자들을 중심으로 이를 인정하는 학설이 일반적인 견해인 것처럼 주장되기도 하였지만, 위에서 살펴본 바와 같이 이에 대한 반론도 적지 않다.

라. 조약승계 방식

조약의 승계방식은 크게 선행국과 승계국 간의 승계협정 체결에 의한 방식과 승계국의 일방적인 선언에 의한 방식으로 구분된다.

(1) 승계협정 체결에 의한 방식

승계협정(devolution agreement)을 체결하는 방식은 승계국과 선행국이 상호합의에 따라 별도의 조약을 체결하여 선행국에게 적용되었던 조약상의 권리·의무를 승계국으로 이전하는 방식이다. 이 방식을 택할 경우에도 다자조약의 경우 승계의 효과가 발생하기 위하여서는 선행국 이외에 다른 당사국의 동의가 필요하다.[209]

이 방식에 대하여는 첫째, 승계협정이 단순히 승계의 일반원칙을 정한 것인가 또는 구체적인 조약의 승계를 정한 것인가 하는 문제를 제기하기도 하는데, 그것은 개별 조약의 내용에 따라 구체적으로 판단할 문제라고 본다. 둘째, 협정이 적용 가능한 조약을 일반적으로 승계하도록 규정한 경우에도 무엇이 적용 가능한 조약인가의 문제점이 남는다는 지적도 있다.[210]

신생독립국가가 독립할 때 선행국과 승계협정을 체결한 예로는 1932년 이라크가 영국의 위임통치에서 독립했을 때의 것이 최초인데, 1946년 트란스요르단이 독립했을 때에도 같은 방식이 취해졌으며, 1947년 미얀마가 독립했을 때에도 동일한 승계협정이 체결되었다. 그 후 영국의 지배하에 있던 식민지가 독립할 때에도 약간의 예외가 있기는 하나 일

---

208) 김찬규, 위의 논문, 327-328쪽 참조.
209) 박용현, "條約의 承繼에 관한 硏究", 『한국동북아논총』, 제3집(1996. 12.), 5쪽.
210) 이병조·이중범, 『國際法新講』(서울: 일조각, 1996), 335-336쪽.

반적으로 이 방식이 채택되었는데 지금까지의 독립국 중에서 이 방식을 취한 나라로는 스리랑카, 말라야, 가나, 키프로스, 나이지리아, 시에라리온, 자메이카, 트리니다드 토바고, 몰타, 감비아, 소말리아, 서사모아, 인도네시아, 모로코, 라오스, 캄보디아, 베트남, 싱가포르가 있다.[211] 승계협정의 표준문안으로는 영국과 가나의 각서교환을 들 수 있다.[212]

(2) 일방적 선언에 의한 방식

일방적 선언(unilateral declaration)에 의한 방식은 승계협정을 체결하지 아니하고 승계국이 일방적으로 선행국이 체결한 조약 중 어느 조약을 계속 적용하고 어느 조약의 효력을 배제할 것인지를 선언하는 방식이며, 선택적 승계 방식이라고도 한다. 이 방식은 다시 통상 기존 조약의 효력지속 여부와 적용방식에 따라 조약의 종료를 선언하는 방식과 조약의 계속적용을 선언하는 방식으로 구별된다.

조약의 종료 선언 방식(Opting-in Formula)은 승계국이 일정한 유예기간 내에 조약의 승계에 대한 합의를 도출하지 못할 경우에 관습법에 관한 사항을 제외하고는 원칙적으로 소멸하는 것으로 간주하는 방식이다. 1961년 탕가니카가 영국으로부터 독립하면서 영국과 승계협정을 체결하지 아니하고 택한 방식으로 당시의 탕가니카 대통령의 이름을 따서 일명 '니에레레 원칙(Nyerere Doctrine)'이라고도 불린다.

이 방식은 신생국에게 자주적인 선택권을 인정한다는 점에서는 가치가 있으나, 반면 국제사회의 법적 안정성을 저해할 우려가 높다는 비판을 받는다. 우간다, 케냐, 말라위, 보츠와나, 레소토, 나우르, 스와질랜드 등이 독립 당시 이 방식을 선택하였다.[213]

오코넬은 잠정기간 동안의 조약의 계속적용은 승계국이 국제법상 동 조약을 승계하였거나 또는 조약의 타방 당사국이 명시적 또는 묵시적으로 그 계속적용에 동의할 때만 가능하다고 본다. 그런데 승계가 이루어진 경우 조약은 2년 후에 모든 당사국의 동의에 의해서만 종료될 수 있는 것이지 일방적 선언에 의하여 종료될 수 없기 때문에 이는 결국 법적 논리의 비약이라고 본다.[214] 그러나 승계국의 입장에서는 선행국이 체결한 조약을

---

211) 김찬규, 앞의 논문, 335쪽.
212) 위 각서교환에서는 "(ⅰ) 어떠한 국제조약으로부터 발생하는 영국정부의 모든 의무와 책임은 그러한 조약이 가나에 적용될 수 있는 한 이제부터 가나정부에 승계된다. (ⅱ) 어떠한 국제조약의 가나(Gold Coast)에 대한 적용에 의하여 영국이 현재까지 향유하여 온 권리와 이익은 이제부터 가나정부에 의하여 향유된다"고 규정하고 있다. Karl Zemanek, "State Succession after Decolonization," *Hague Recueil*, Vol. 116(1965), p.213. 이순천, 앞의 논문, 29-30쪽에서 재인용.
213) 김찬규, 앞의 논문, 337쪽 참조.
214) D. P. O'Connell, "Recent Problems of State Succession in Relation to New States," *Hague Recueil*,

사전에 개별적으로 충분히 검토하여 승계 여부를 결정할 시간적 여유가 없을 경우에 원칙적으로는 모든 조약이 종료되었음을 선언함으로써 상대국으로부터의 조약승계에 따른 의무 이행으로부터 벗어나는 한편, 시간적 여유를 갖고 개별 조약의 승계 여부를 충분히 검토하여 조치를 취할 수 있는 장점도 있다고 본다.

조약의 계속적용 선언 방식(Opting-out Formula)은 1965년 잠비아가 독립할 당시 처음 사용하여 통상 잠비아 방식(Zambia Formula)으로 불리며, 조약승계 여부의 심사기준을 국제관습법에 두고 심사하며, 명시적인 소멸의 의사를 통고하지 않는 한 선행국의 조약은 승계되는 것으로 간주하는 방식이다.

잠비아 정부는 1964년 9월 일방적 선언을 국제연합 사무총장에게 공한으로 발송하고, 이를 회원국에게 회람하여 줄 것을 요청하였다. 동 선언은 북로디지아(Northern Rhodesia, 잠비아 독립 전 국명)에 관한 영국 정부의 많은 조약상의 권리와 의무가 관습법에 의하여 잠비아 독립 당시 잠비아에 승계되었음을 인정하였으며, 일부 조약은 관습법에 따라 소멸되었을 가능성을 우려하면서, 이들 개별 조약에 대한 법적 검토가 필요하다고 하였다.215) 잠비아 선언은 니에레레 원칙과는 달리 법적 검토를 위한 구체적 기간을 명시하지 않고, 단지 검토 과정이 종료된 후 관습법에 따라 소멸된 조약이 있다면 잠비아 정부가 그중에 어느 조약을 소멸된 것으로 간주하는지를 관계 당사국에 알리겠다고 하였다. 잠비아 선언은 일방적 선언이 아닌 관습법에 계속성의 근거를 두고 있으며, 이에 대한 타방 당사국의 동의를 얻고자 하는 데 그 특징이 있다.216)

이 방식은 신국가의 독립으로 야기될 법적 진공상태를 방지할 수 있다는 점에서는 그 가치를 높게 평가할 수 있으나, 승계 여부 심사의 기준 그 자체가 불명확한 관습법에 의존되어 있다는 점에서 심사가 다분히 주관적으로 흐를 가능성이 얼마든지 있다는 점이 그 취약점으로 지적될 수 있다.217) 가이아나, 바베이도스, 피지, 모리셔스, 바하마, 통가 등이 이 방식을 채택하였다.

Vol. 130(1970), p.173.
215) Rosalie Schaffer, *op. cit.*, p.604.
216) D. P. O'Connell, *op. cit.*, p.174.
217) 박용현, 앞의 논문, 7쪽.

II. 조약승계협약과 영토조약 계속성의 원칙

1. 조약승계협약의 성립

국제법상 국가승계문제에 대한 확립된 원칙이 없는 가운데 1950년대부터 식민지해방 운동이 확산되면서 수많은 신생독립국이 등장하게 되자 이 분야에 대한 성문법전화 작업의 필요성이 절실해졌다.

국제연합 국제법위원회는 1949년 제1기 회의에서 법전화계획사업 14개 항목 중에 '국가 및 정부의 승계'에 관한 사항을 포함시켰으나 한동안 별다른 진전이 없었다. 그러다가 1969년 조약법에 관한 비엔나협약이 완성되어가자 국가승계를 우선적 과제로 취급하였고, 특별보고자 라흐(Lachs) 대신 조약에 관한 국가승계에 관하여는 발독(H. Waldock), 조약 이외의 원인에 의한 권리·의무에 관하여는 베드야오이(M. Bedjaoui)를 각각 특별보고자로 새로 선임하게 되었다.[218] 국제법위원회는 새로운 특별보고자 발독의 5차에 걸친 보고를 기초로 1972년에 임시초안을 작성하기에 이르렀으나 발독이 국제사법재판소(ICJ)의 판사로 피선됨에 따라 발라트(F. Vallat)를 새로운 특별보고자로 선임하게 되었다. 이와 같은 우여곡절 끝에 국제법위원회는 1974년 회원국 정부의 서면의견과 총회에서의 구두발언을 고려하여 임시초안에 수정을 가한 발라트의 1차 보고서를 심사한 결과 39개 조문으로 된 최종협약 초안을 작성하게 된 것이다.[219]

이에 따라 국제법위원회의 작업내용을 법전화하기 위한 국제회의가 국제연합 총회 결의 제3496호에 의하여 1977년 4월 4일부터 5월 6일까지 비엔나에서 개최되었다. 그러나 동 회의는 회기 내에 협약채택을 위한 작업을 종결하지 못하였다. 그 후 1978년 7월 31일부터 8월 23일까지 제2회기를 비엔나에서 개최하여 찬성 78, 반대 0, 기권 2로 전문과 7부로 나누어진 56개 조문 및 조정절차에 관한 부속서로 구성된 협약을 채택하였던 것이다.[220]

---

218) *Yearbook of the International Law Commission*, Vol. II (1968), pp.223-224.
219) *Yearbook of the International Law Commission*, Vol. II (1974), p.157.
220) 이상의 법전화 작업과정에 대해서는 박용현, 앞의 논문, 7-8쪽 참조.

2. 적용범위

가. 인적·물적 적용범위

조약승계협약은 '국가들 간의' '서면으로 체결된' 조약에 관한 국가승계에만 효과가 미친다.[221] 따라서 동 협약은 정부의 승계 및 국가 외의 다른 주체, 특히 국제조직 간의 승계와 구두로 체결된 조약에 대해서는 적용되지 않는다. 더 나아가 동 협약은 국가승계를 '영토의 국제관계에 관한 일국의 책임의 타국에 의한 대체'라고 규정함으로써[222] 인적 적용범위를 보다 상세히 규정하고 있는바, 유럽공동체(EC)와 같이 국제기능의 일부 이전에 의해 이루어지는 경제적·정치적 결합은 국가승계에 해당하지 않는다는 것을 명백히 한 것으로 본다. 왜냐하면 책임의 대체란 완전한 대체를 의미하며 부분적 대체는 해당하지 않기 때문이다.[223] 그러나 구두에 의한 합의와 국가와 다른 국제법 주체가 체결한 합의에는 적용되지 않는다는 사실은 이들에 대한 다른 국제법관계마저도 부인하는 것은 아니며, 이 경우 위 협약상의 규칙들은 국제관습법의 자격으로 적용될 수 있다.[224] 또한 국가와 다른 국제법 주체가 함께 참여하여 만든 조약의 경우에도 문제된 조약의 '국가' 당사자들 상호 간에는 위 협약이 적용된다.[225]

나. 시간적 범위

조약승계협약 제7조 제1항은 달리 합의되지 않는 한 협약 발효 후에 발생한 국가승계에만 적용된다고 규정하고 있다. 여기서 말하는 협약의 발효란 개별국가에 대한 협약 발효가 아니라 협약의 일반적 효력발생을 의미한다.

그러나 위 협약은 당사국의 합의에 의한 선택적 소급효를 인정하고 있다. 즉 위 협약 제7조 제2항은 "승계국은 이 협약에 대한 기속적 동의 표시 시에 또는 그 이후 언제라도, 승계국의 선언을 수락하는 선언을 한 다른 체약국 또는 당사국에 대해 협약발효 이전에 발생한 스스로의 국가승계에 관해 이 협약의 규정을 적용하는 선언을 할 수 있다.

---

221) 조약승계협약 제1조, 제2조 제1항 (a).
222) 조약승계협약 제2조 제1항 (b).
223) 신각수, "條約에 관한 國家承繼 -1977년 Vienna협약의 법적 검토-", 『國際法學會論叢』, 제51호 (1982. 9.), 172쪽.
224) 조약승계협약 제3조 (a).
225) 조약승계협약 제3조 (b).

선언을 한 국가들 간에는 협약의 발효 시 또는 수락선언 시, 어느 것이 나중에 행해지든, 이 협약의 규정들이 국가승계일자로부터 국가승계 효과에 대해 적용된다"고 규정하고 있다. 또한 위 같은 조 제3항은 "승계국은 이 협약에 대한 기속적 동의의 표시 또는 서명 시에 승계국의 선언을 수락하는 선언을 한 다른 서명국 또는 체약국과 관련하여 이 협약 발효 이전에 발생한 그 자신의 승계에 대해 이 협약을 일시적으로 적용하겠다는 선언을 할 수 있다"고 규정하고 있다.

3. 영토조약 계속성의 원칙

가. 영토조약과 인적 조약의 이원화

조약승계협약은 조약을 속지적 성격의 유무에 따라 영토조약과 인적 조약으로 이원화 하여 각기 다른 원칙을 적용하였다. 즉, 인적 조약의 경우에는 승계의 유형에 따라서 영토 일부의 이전의 경우에는 조약경계이동의 원칙을, 신생독립국의 경우에는 백지출발주의를, 국가통합(합병과 병합)과 국가분리(분리독립과 분열)의 경우에는 계속주의를 각 채택하였다. 반면에 영토조약에 대해서는 원칙적으로 승계를 인정하여 계속주의를 채택하였다.

또한 이와 같은 선험적 기준에 의한 영토적·인적 조약 분류의 문제점을 보완하기 위하여 승계대상 조약을 승계 이후의 법질서와 양립할 수 있는 조약과 양립할 수 없는 조약으로 구분하여 전자에 해당하는 조약은 승계를 인정하고, 후자에 해당하는 조약은 승계를 부정하는 소위 양립성의 원칙을 부차적으로 채택하고 있는 것으로 설명된다.

나. 영토조약 계속성의 원칙

영토조약 계속성의 원칙이란 영토조약은 영토주권의 변경에 의하여 영향을 받지 않으므로 이러한 조약상의 권리와 의무는 영토주권의 변경 유형과 관계없이 자동적으로 승계된다는 원칙을 말한다. 즉, 영토에 관련된 조약은 영토(자체)에 부착된 것으로서 이것은 일단 유효하게 성립되면 그것을 만든 국가와 운명을 같이하지 않는다는 점에서 일정의 '객관적 체제(objective regime)'를 창설한다는 것이다.226) 조약승계협약은 제11조에서는 국경조약에 의한 국경체제에 대하여, 제12조에서는 기타 영토적 체제에 대하여 규정하고 있다.

한편, 국제법위원회는 협약안 초안 작성과정에서 이와 같은 영토적 조약에 관한 국제 법학자들의 다양한 견해가 있음을 인정하면서도 계속성의 원칙에 관한 근거를 국제판결 및 국제관행에서 찾았다. 당시 국제법위원회가 인용하고 있는 판결로 상부 사보이 및 젝스 지방의 관세자유지역(Free Zone of Upper Savoy and the District of Gex) 사건에 관한 상설국제사법재판소(Permanent Court of International Justice: PCIJ)의 판결, 올란드 제도(Åland 諸島) 사건에 대한 법률위원회의 결정, 프레어 비헤어(Preah Vihear) 사원 사건 및 인도 영토의 통행권 사건에 대한 국제사법재판소의 판결 등이 있다.[227]

(1) 국경조약

조약승계협약 제11조는 조약에 의하여 수립된 국경선, 그리고 국경선체제와 관련된 조약상의 권리·의무는 영토주권의 변경으로부터 영향을 받지 않는다고 규정하고 있다.[228] 이를 인정하는 이유는 대체로 국제사회의 법적 안정성에서 찾는다.

이 규정의 근거는 사정변경원칙의 예외에 관해 규정한 조약법에 관한 비엔나협약 제62조 제2항 (a)에서 찾아볼 수 있다. 위 조항은 초안 작성 시에는 '조약이 국경을 고정하는 경우'를 사정변경원칙의 예외로 하였는데, 이를 문구대로 해석하면 국경획정조약만을 의미하는 것으로 볼 우려가 있으므로 영토할양조약도 포함되는 개념으로 하기 위해 '그 조약이 경계선을 확정하는 경우'라고 변경한 것이다.[229]

(2) 기타 영토적 조약

조약승계협약 제12조 제1항은 영토의 이용 또는 영토 이용의 제한에 관한 권리와 의무로서 조약에 의하여 확립되고 영토에 부속된 것으로 간주되는 권리와 의무는 승계에 의하여 영향을 받지 않는다고 규정하고 있다.

---

226) 김대순, 『國際法論』, 제14판(서울: 삼영사, 2009), 894쪽.
227) *Yearbook of the International Law Commission,* Vol. Ⅱ(1974), pp.197-199, paras. 2-8.
228) 원문은 다음과 같다. "Article 11 Boundary regimes, A succession of States does not as such affect: (a) a boundary established by a treaty; or (b) obligations and rights established by a treaty and relating to the regime of a boundary."
229) *Ibid.,* p.119, para. 10.

이에 해당하는 조약은 특정국가의 이익을 위한 제도와 다수국가의 이익을 위한 제도로 구분할 수 있는데, 전자에는 하천의 항행·수자원 이용권, 내륙국의 인접국항구사용권, 내륙국의 인접연안국 통과권 등이 해당되고,230) 후자에는 특정영토의 중립화·비무장화, 국제수로·하천의 자유항행, 수자원공동이용, 국제운하통과권 등이 해당된다.231) 그러나 외국군대기지설정조약은 승계되지 않는다.232)

조약승계협약의 이러한 입장은 오코넬(O'Connell)과 맥네어(McNair) 등 다수의 학자들에 의해 지지를 받고 있다. 그러나 이러한 입장에 대하여 브라운리(Brownlie)는 위와 같이 예외를 입증해 주는 증거가 원칙상으로나 관행상으로 불충분하다고 반대하면서 그 이유를 첫째, 다수의 관행이 모호할 뿐만 아니라 묵인에 근거하고 있고, 둘째, 이 범주는 정의를 내리기가 무척 어려우며, 왜 유독 이러한 조약들만 특별한 대접을 받아야 하는지 명확하지 않다고 주장한다.233) 그 밖에 처분적 조약의 승계를 반대하는 외국 학자로는 카스트렌(Castren), 예닝스(Jennings) 등이 있다.

(3) 적용 대상

영토조약에 대한 국가승계에서 승계 대상이 해당 조약 자체인지, 아니면 그 조약에 의해 창출된 상황인지에 관해서는 국제법학자들 간에 의견이 일치하지 않으며, 영토조약의 계속성의 원칙을 인정하는 학자들도 그 승계의 대상이 조약 그 자체인지, 조약 이행의 결과에 의한 상황인지가 명확하지 않음을 인정하고 있다.234)

국제법위원회에서 그 선례로 다루고 있는 상부 사보이 및 젝스 지방의 관세자유지역 사건에 대한 상설국제사법재판소의 판결문에서는 승계의 대상을 조약규정이라고 보았으나,235) 올란드 제도 비무장화와 관련된 법률위원회의 결정에서는 핀란드가 승계해야 할 대상을 1856년의 평화조약이 아니라 위 조약에 의해 확립된 제도·상황으로 보았다.

국경제도를 백지출발주의의 예외로 인정하는 것은 조약의 지위에 기인하는 것은 아니다. 즉, 조약에 의하여 형성된 제도, 상황의 특별한 지위, 즉 영토주권의 논리적 귀결로써

---

230) 조약승계협약 제12조 제1항.
231) 조약승계협약 제12조 제2항.
232) 조약승계협약 제12조 제3항.
233) 이안 브라운리, 『국제법』, 정영진·황준식 번역(서울: 현암사, 2004), 629-630쪽; Ian Brownlie, *Principles of Public International Law*, 4th ed.(1994), p.669.
234) Longman, *Oppenheim's International Law*. v. 1., edited by Robert Jennings and Arthur Watts, 9th ed.(London: Longman, 1996), p.213.
235) PCIJ, *Series A/B*, No. 46, p.145.

국경의 안정성과 최종성에 기인하는 만큼 계속성의 대상은 조약이 아닌 형성된 제도 상황으로 보는 것이 적절한 것이다. 또한 국경제도에 대한 계속성 원칙의 적용에 있어서 유의해야 할 점은 이 원칙이 가지는 제도적 성격이다. 환언하면, 계속성 원칙은 국가승계와 관련된 제도에 관한 것이지, 조약자체의 효력문제와는 별개로 다루어진다는 것이다.[236]

조약승계협약 제11조와 제12조도 국가승계는 그 자체로서(as such) 국경제도(Boundary regimes)와 기타 영토제도(Other territorial regimes)에 영향을 미치지 않는다고 규정하고 있으므로 계속성 원칙의 적용대상이 조약이 아닌 제도·상황임을 명확히 하고 있다.

이와 관련하여 국경제도 및 기타 영토제도의 대세적 효력은 상대적 합의에 불과한 조약 자체가 아니라 조약 이외의 요소인 관계국 간의 승인·묵인·금반언의 상호작용에 의해 형성되므로 이를 조약승계에 관한 협약 내에서 다루어야 할 필요성에 관한 의문을 제기하는 견해도 있다.[237]

(4) 적용의 제한

조약승계협약 제11조와 제12조의 국경조약 및 기타 처분적 조약의 계속성의 원칙은 법적 안정성의 추구에 그 목적이 있다. 그러나 위 두 규정이 모든 경우의 국가승계에 아무런 제한 없이 적용되는 것은 아니다. 조약승계협약 사체에서도 적용에 한계가 있는 규정이다.

첫째, 조약승계협약 제6조는 "이 협약은 국제법 및 특히 국제연합 헌장에 구현된 국제법의 원칙에 의거하여 발생하는 국가승계의 효과에만 적용된다"고 규정하고 있다. 즉, 위 협약은 합법적인 국가승계의 효과에만 적용된다. 따라서 불법적인 국가승계의 경우에는 위 계속성의 원칙도 적용되지 않는다.

둘째, 조약승계협약 제13조는 "이 협약의 어느 조항도 천연의 부와 자원에 대한 인민과 국가의 항구적인 주권을 확인하는 국제법 원칙에 영향을 미치지 아니한다"고 규정하고 있다. 따라서 위 제13조에 의해서도 천연의 부와 자원에 대한 주권의 완전한 행사를 방해하는 조약에 대해서는 계속성의 원칙이 배제된다. 위 조항은 신생독립국의 '자결권'과 이에 근거하여 제3세계 국가들이 주장하는 '신국제경제질서'를 반영한 것으로 평가된다.[238]

---

236) 최태현, 앞의 논문, 48쪽.
237) 신각수, 앞의 논문, 186쪽.
238) Wilfred Fiedler, "State Succession," *Encyclopedia of Public International Law*, Instalment 10

셋째, 조약승계협약 제14조는 "이 협약의 어떤 조항도 조약의 유효성에 관련되는 어떠한 문제에 관해 어떠한 면에 있어서도 침해하는 것으로 간주되지 아니한다"고 규정하고 있다. 즉, 영토적 조약에 따라 형성된 제도인 국경은 국가승계의 영향을 받는 것이 아니나, 조약의 무효·취소사유의 경우 등은 직접적인 규율대상이 된다는 것이다.[239]

제2절 각국의 영토조약 승계 사례

Ⅰ. 서설

1996년 11월 6일 발효된 조약승계협약상의 규정들이 과연 각국의 국가승계의 실행에 있어서 제대로 적용이 되었는지를 검토해 보고자 한다. 이는 남북한 모두가 조약승계협약에 가입을 하지 않은 상태에서 위 협약상의 규정들이 국제관습법의 지위를 확보하였는지를 살펴보기 위한 것이다. 조약승계협약은 제정 과정에서 기존의 관행을 검토하여 규정을 만든 것이기 때문에 위 규정들이 기존의 관행을 제대로 반영하였는지 여부와 위 협약 제정 또는 발효 이후에 각국의 조약승계 실행을 모두 살펴볼 필요가 있다.

만일 위 협약 작성 이전의 각국의 실행이 위 협약의 내용과 일치한다면 위 협약은 기존의 관행을 제대로 반영한 것이 될 것이다. 또한 위 협약 작성 이후의 각국의 실행이 위 협약의 내용을 준수하였다면 위 협약의 내용이 국제관행이 될 것이며, 나아가 그러한 관행이 법적 확신을 얻는 단계에 이르렀다면 국제관습법으로서의 지위를 확보했다고 보아야 할 것이다. 이 경우 통일한국도 그 적용을 받을 수밖에 없을 것이다.

(1987), p.450.
239) 최태현, 앞의 논문, 48쪽.

Ⅱ. 국경조약 승계와 현상유지(*uti possidetis*) 원칙

국경조약의 승계에 관한 사례는 적지 않다. 제2차 세계대전 이후 탈식민지화 과정에서 수많은 남미, 아시아, 아프리카 국가들이 탄생하면서 분리 독립 이전에 확정된 국경을 대부분 승계하였다.

특히, 19세기 초반에 남미에서 스페인의 식민지들이 독립할 때 식민통치 당시의 행정 경계선을 국경선으로 그대로 유지하는 원칙을 채택하였는데, 이 원칙을 '*uti possidetis*' 원칙이라고 한다. '*uti possidetis*'란 'as you possess'를 뜻하는 라틴어로, 우리말로는 학자에 따라 다소 그 표현이 다르기는 하나 통상 현상유지 또는 현상승인원칙이라고 번역된다. 이후 아프리카 국가들이 독립할 당시에 아프리카단결기구(OAU)가 1964년에 "모든 회원국은 독립을 달성할 당시의 국경선을 존중할 것을 약속한다"는 결의를 채택함으로써 위 원칙이 아프리카 대륙에도 변형된 형태로 적용되게 되었다.

미국은 독립 후 영국의 조약에 대한 승계를 부인하면서도 이전에 확립된 국경의 효력을 인정하였다. 1856년 미국의 마시(William L. Marcy) 국무장관이 중미에서의 영국의 행위에 대하여 "미국은 미주 내 유럽식민지가 독립하였을 때에는 식민지의 영토적 경계를 그대로 승계한다는 공법과 국제적 권리의 확립된 원칙으로 간주한다. 이는 영국과 미국이 독립전쟁을 종결한 파리협상에서 채택하기로 합의한 것이다"라고 선언하였나.[240] 이와 같은 미국의 입장은 1819년 멕시코 독립과 1840년 텍사스 독립 시에 그대로 적용되었다.

1830년 벨기에 독립 시에도 벨기에는 1815년에 체결된 프랑스와 네덜란드 간 국경조약의 효력을 인정하였다.[241] 1866년 프러시아가 하노버를 합병할 당시 하노버·네덜란드 국경조약을 승계한 바 있다.[242] 영국도 1867년 러시아의 알래스카 할양 시 1825년에 영국과 러시아 간에 체결한 국경협약상 국경에 관한 조항이 영국과 미국 간에도 그대로 적용된다고 보았으며, 프랑스도 벨기에와 룩셈부르크에 대하여 1820년 프랑스와 네덜란드 간 쿠르트레(Courtrai)조약의 계속성을 인정하고 이를 조약집에 등재해 놓았다.[243]

---

240) A. O. Cukwurah, *The Settlement of Boundary Disputes in International Law* (Manchester: Manchester University Press, 1967), p.106.

241) Lord A. McNair, *The Law of Treaties* (Oxford: Clarendon Press, 1961), p.603.

242) D. P. O'Connell, *State Succession in Municipal Law and International Law*, p.273.

243) 신각수, 앞의 논문, 189쪽.

uti possidetis 원칙은 남미의 스페인 식민지와 유럽제국의 아프리카 식민지가 독립할 때 적용되었던 *uti possidetis juris(de jure)* 원칙('법적 현재 상태' 유지의 원칙)을 염두에 둔 것인데, 이것의 한 변형으로서 *uti possidetis de facto* 원칙('사실상의 현재상태' 유지의 원칙)이 언급되기도 한다. 즉 전자의 *uti possidetis juris* 원칙이 식민지 독립 당시 구식민국가의 (조약을 포함한) 법률문서를 기초로 법적 권리에 따라 경계선을 정하는 것이라면, 후자는 구식민지 경계선의 법적 정의에 관계없이 독립 혹은 조약체결 당시의 각 당사국이 실제로 점유하고 통치하던 영토에 기초하여 경계선을 정하는 것이다.[244] *uti possidetis de facto* 원칙은 브라질 독립 당시 브라질 측에서 자신들의 실효적 점유하에 있던 영토는 구식민국가들이 체결한 조약의 내용과 다르더라도 브라질의 영토로 남아야 한다며 주장한 원칙으로 브라질의 국경선은 위 원칙에 기초하게 되었다.

이상에서 살펴본 바와 같이 제2차 세계대전 이전의 각국의 관행은 대부분 국경조약의 승계를 인정하였던 것으로 평가된다. 또한 제2차 세계대전 이후의 아시아·아프리카 대부분의 신생독립국들도 위 아프리카단결기구의 결의에 나타난 바와 같이 국경에 대한 승계를 받아들였다. 즉, 대부분의 신생독립국이 독립 당시 자국의 영토가 식민모국이 가지고 있던 영토와 동일하다는 데 의문을 제기하지 않았다고 볼 수 있다.[245]

그런데 제2차 세계대전 후의 사례를 보면 구식민지 경계획정에 대한 반발에서 계속성을 부인하는 사례가 적지 않다. 이에 대한 사례로는 1954년 영국과 에티오피아 간 소말리아 보호령과 에티오피아의 국경조약에 관한 소말리아공화국의 승계부인, 1921년 듀란드선(Durand Line)을 아프가니스탄과 영국령인도의 국경으로 하는 조약의 파키스탄 승계에 대한 아프가니스탄의 거부, 탕헤르(Tangier)국제제도의 알제리승계에 대한 모로코의 법적 효력부인, 탕가니카의 말라위와의 국경승계거부 및 영국령 인도가 체결한 여러 국경조약의 인도승계에 대한 중국의 거부 사례가 있으며,[246] 기타 영토적 조약의 승계에 관해서도 수단과 탕가니카의 1929년 영국·이집트 간 나일(Nile)강 용수협정에 대한 승계부인 등을 들 수 있다.

이하에서 분단국가였던 예멘과 독일의 국경조약 승계 문제를 비롯하여 지금까지 국경조약 및 기타 영토적 조약의 승계와 관련하여 논의되어 온 대표적인 각국의 사례와 국제판례를 좀 더 구체적으로 살펴보되, 중국의 국경분쟁 관련 사례는 다음 장에서 별도로 살펴보고자 한다.

---

244) 김대순, 앞의 책, 898쪽.
245) A. O. Cukwurah, *op. cit.*, p.108.
246) 신각수, 앞의 논문, 189쪽.

Ⅲ. 국경조약 승계 관련 사례

1. 소말리아의 국경분쟁

가. 소말리아의 통합 과정

소말리랜드와 소말리아의 통합에 대한 합의는 1960년 4월 16일부터 24일까지 모가디슈에서 열린 양측 대표단 사이의 협상에 의해 이루어졌다. 이후 1960년 6월 26일 소말리랜드가 영국의 보호로부터 독립하였고, 5일 후인 7월 1일 종전의 신탁통치령이었던 소말리아와 통합하여 소말리아공화국을 결성한 것이다. 독립직후인 6월 27일 소말리랜드는 의회에서 소말리랜드와 소말리아 통합법(Union of Somaliland and Somalia Law)을 통과시켰다. 위 법 제1조 제1항은 "소말리랜드와 소말리아는 통합하여 영원히 새로운 민주·독립·단일국가로 존속할 것이며, 그 명칭을 소말리아공화국으로 한다"고 규정하고 있다.

한편 소말리아는 같은 해 6월 21일 제헌국회를 소집하여 소말리아공화국 헌법을 채택하였고, 위 헌법은 7월 1일자로 효력을 발생하였다. 같은 해 7월 1일 소말리랜드와 소말리아 의원들은 새로운 공화국의 제1차 국회를 합동으로 개최하여 임시대통령을 선출하고 의장이 소말리랜드와 소말리아의 통합을 선포하였다.247) 1961년 1월 18일 소말리아 국회는 '통합법(Act of Union)'을 제정하여 헌법 제10조에 따라 1960년 7월 1일자로 소급하여 발효시켜 헌법을 보완하여 국가통합에 따른 법제를 완비하였다. 이러한 과정을 거쳐 탄생한 소말리아공화국은 헌법 제1조 제1항과 위 통합법 제1조 제1항 모두 소말리아공화국이 단일국가임을 확인하고 있다.248)

나. 일반적 조약 승계

소말리아공화국의 국가승계는 영국정부가 소말리보호령을 대신해 체결한 권리·의무관계의 소말리랜드 독립정부로의 승계, 이딸리아 정부가 소말리아신탁통치령을 대신해

---

247) Eugene Cortran, "Legal Problems arising out of the Formation of the Somali Republic," *International and Comparative Law Quarterly,* Vol. 12(London: the British Institute of International and Comparative Law, 1963), p.1011.

248) *Ibid.*

체결한 권리·의무관계의 소말리아공화국으로의 승계, 소말리랜드 독립정부의 권리·의무관계의 소말리아공화국으로의 승계로 이루어졌다.

영국의 권리·의무관계의 소말리랜드로의 승계에 있어서는 소말리랜드 독립정부가 국제협정이나 조약을 기초로 영국이 체결한 권리·의무관계의 승계에 대해서 양자가 합의한 바 없다. 따라서 국가승계에 관한 국제관습법에 의해 승계문제를 해결해야 할 것이나 국가나 국제기구가 아닌 제3자에 대해 영국이 맺고 있던 권리·의무관계는 소말리랜드 헌법 제57조와 제58조에서 이를 승계하도록 하고 있다.[249]

이탈리아 정부의 권리·의무관계의 소말리아공화국으로의 승계에 관해서는 양자 간에 1960년 7월 1일 우호조약을 체결하였다. 위 조약에 포함된 합의문안에 따르면 1960년 6월 30일 이전에 이탈리아 정부가 체결한 국제협정에 따른 권리·의무는 소말리아공화국 정부가 승계하고, 이탈리아 정부가 인도적, 사회적, 위생적, 사법적, 기술적 및 행정적 문제에 관한 국제협약을 체결하고 그 효력을 소말리아신탁통치령에 확장한 다자조약에 따른 모든 의무와 책임은 독립일로부터 정지되도록 하고, 관련 조약과 협정의 목록들을 위 합의문안에 첨부하였다.[250]

소말리랜드의 권리·의무에 대한 소말리아공화국의 승계는 통합법과 소말리아공화국 헌법에 의해 해결되었다. 통합법 제4조 제1항은 "소말리랜드 및 소말리아의 합법적 권리·의무는 국가통합 시 소말리아공화국으로 양도되는 것으로 간주된다"고 규정하고, 제2항은 "구체적 협정에 기초하는 권리·의무의 소말리아공화국으로의 승계는 헌법 제67조의 규정에 따른다"고 규정하고 있다. 따라서 소말리아공화국은 국회에 의해 승인된 국제협정에만 구속된다.[251]

다. 국경조약 승계 거부

소말리아공화국은 에티오피아와 구영국령 소말리랜드 지역에서 1곳, 구이탈리아령 소말리랜드에서 1곳의 국경분쟁지역이 있으며, 케냐와도 북부 국경지대에서 분쟁지역이 있다.

---

249) *Ibid.*, p.1015.
250) *Ibid.*
251) *Ibid.*, p.1016.

(1) 에티오피아와 구영국령 소말리랜드 국경분쟁

1897년에 영국과 에티오피아 간 체결된 조약은 영국이 2만 5천 제곱킬로미터의 영지를 에티오피아에 할양하면서 에티오피아와 영국령 소말리랜드 간의 국경선을 획정하였다. 그런데 그 국경선이 소말리족의 오랜 관습적 방목지대를 분단하였으므로 국경선 양측 부족의 월경방목권을 인정하는 교환공문을 조약에 부속시켰다. 그리하여 소말리족의 방목지대인 호드 지구와 그 북서변은 에티오피아의 관할권하에 두기로 하였다. 1935년에 이탈리아가 에티오피아를 침략한 뒤에도 베르베라(Berbera)항의 이용대가로 그 지대에서의 방목권과 용수권이 인정되었다. 제2차 세계대전으로 에티오피아는 이탈리아로부터 실지를 회복했고, 1944년에 그 방목지대가 영국군정하에 들면서도 그 방목지대에서의 주권은 여전히 에티오피아에 귀속되었다. 위 1897년 협정에 기초하여 새로 체결된 1954년의 협정에서도 제1조에서는 국경을, 제2조에서는 방목권을 각각 재확인하였으며, 제3조의 특별협정에 의하여 소말리족의 방목권은 에티오피아 정부의 관할권 및 행정권에 의해 규율받도록 하였다. 그러나 1960년에 영국령 소말리랜드와 이탈리아의 신탁통치구역인 소말리가 합병해서 소말리아 공화국을 이룰 조짐이 보이자, 에티오피아는 같은 해 6월 5일 방목권에 관한 규정을 무효화시키는 취지의 선언을 하였으며, 이에 대항하여 소말리아는 1897년 조약에 의한 국경선을 인정할 수 없다고 선언하자, 에티오피아와 소말리아 간의 국경분쟁이 일어나게 되었다.[252]

(2) 에티오피아와 구이탈리아령 소말리랜드의 국경분쟁

영국은 1894년의 조약으로 자신의 보호령의 남쪽과 서쪽에 위치한 소말리족의 거주지역이 이탈리아의 보호령임을 인정하였고, 이러한 분리는 이탈리아와 에티오피아의 협상에 따르도록 하였다. 그 후 1986년 아두와(Aduwa) 전투에서 패배한 이탈리아는 1986년 10월 26일 협정을 체결하여 위 지역의 대부분을 에티오피아에 넘겼으며, 1908년 양국은 국경 설정에 관한 조약을 체결하면서 구체적 국경설정을 위해 국경설정위원회가 구성되었다. 그러나 국경설정 작업은 진행되지 않았고, 1941년 이탈리아 축출 후 영국은 위 지역에서 군정을 실시하면서 행정적 편의를 위한 국경을 임시로 설정하였고, 그것이 이탈리아의 전후 신탁통치기간 동안 사실상의 국경으로 고정화되었다. 이를 근거로 소말리아

---

252) *Yearbook of International Law Commission*, Vol. Ⅱ(1974), pp.52-53; 김정균·서재호, 앞의 책, 228쪽.

가 독립하기 전인 1957년 국제연합은 이탈리아와 에티오피아로 하여금 국경선을 결정하도록 조치하였으나 실행이 되지 않았고, 1960년 소말리아가 독립하면서 에티오피아와 소말리아 간의 국경분쟁으로 이어지게 되었다.[253]

(3) 소말리아와 케냐의 국경분쟁

소말리아와 케냐는 두 국가 모두 영국의 식민지로 있었기 때문에 국경이 제대로 획정이 되어 있지 않았다. 다만 1914년의 포고로 투르카나(Turkana)와 삼브라(Sambura) 지방의 국경이 획정되어 있었을 뿐이며, 타마랜드(Tamaland)의 해안지대는 그대로 남겨져 있었다. 그 후 영국은 1924년에 영국령 케냐의 북부지방에 통치권을 행사하고 있던 이탈리아와 조약을 체결하면서 현재의 국경을 획정하였으며 이것이 행정적 필요에 의하여 고정되게 되었다.

(4) 소말리아의 국경조약 승계 거부

소말리아는 위의 3개의 국경분쟁지역과 관련하여 국경의 승계를 모두 거부하였다. 먼저 1987년의 영국과 에티오피아 간에 체결된 조약에 대하여 에티오피아는 위 조약에 의한 국경제도에 관하여는 승계를 주장하면서도 방목권에 관하여는 그것이 가령 국경제도의 설정과 불가분의 관계에 있다 하더라도 승계할 수 없다고 주장하였다. 이에 반하여 소말리아는 민족적 및 자결적 고려에 기초하여 위 조약의 유효성을 부인하였다. 특히 국제법위원회의 보고서에 대하여 소말리아 대표는 국제연합 총회에서 "소말리아 공화국은 자국민의 동의 없이 자국민의 이익에 반하여 다른 당사국 간에 체결된 조약의 법적 유효성을 인정하지 않는다. 그러한 조약은 소말리아 인민의 최고의사에 반하는 것이며 소말리아 인민의 인지조차 없이 식민세력 간에 규정된 것이므로 합법성을 결한 것이다"라고 주장하였다.[254]

소말리아는 1908년의 이탈리아와 에티오피아 간의 조약 및 1924년의 영국과 이탈리아 간의 조약에 대해서도 위와 같이 민족자결주의 원칙에 기초하여 위 각 조약의 승계를 거부하였다.

---

253) D. P. O'Connell, *op. cit.*, pp.282-284.
254) *Yearbook of International Law Commission*, Vol. II (1974), pp.52-53, 77.

2. 파키스탄과 아프가니스탄의 국경분쟁

가. 사실 관계

영국은 1893년 11월 영국령 인도와 아프가니스탄 사이에 통상 '듀란드선'으로 불리는 국경선을 설정하였다.[255] 이후 영국과 아프가니스탄은 1921년에 통상 '카불(Kabul)조약'으로 불리는 우호통상조약을 체결하였다. 위 조약은 아프가니스탄의 독립이 정식으로 승인된 1919년의 라발핀디(Rawalpindi)조약에 기초한 것으로 위 듀란드선에 대한 인정과 카이베르령(Khyber嶺) 서쪽의 국경선을 획정하기 위한 위원회를 구성할 것을 내용으로 하고 있다.

그런데 1947년 영국령 인도가 인도와 파키스탄으로 분리되면서 독립하자 아프가니스탄은 '상황의 중대한 변화의 원칙(doctrine of fundamental change of circumstances)'에 근거하여 위 국경에 대한 이의를 제기하였다.[256]

나. 당사국 주장

영국은 카불조약의 내용을 성격에 따라 양분하여 외교사절의 교환에 관한 정치적 조항에 대하여는 승계되지 않고 실효되지만, 듀란드선을 인정하는 국경 설정 조항에 대하여는 계속 승계되는 조항임을 주장하고, 아울러 조약 규정 그 자체와 그 조약의 이행에 의해 설정된 국경을 구별하여 국경조약 그 자체는 승계가 되지 않거나 폐기되더라도 그 국경조약 이행의 결과에 의해 설정된 국경 승계 문제는 별도로 취급될 문제라고 주장하였다. 이에 대하여 아프가니스탄은 파키스탄의 분리독립 후 상황의 중대한 변화가 발생하였다는 주장 및 불평등조약론을 비롯한 다양한 근거를 제시하며 승계를 거부하였다. 특히 파키스탄이 1947년 독립한 신생독립국으로서 조약승계와 관련하여 백지출발의 원칙을 따라야 하므로 1921년의 카불조약에 의한 영국의 권리를 자동적으로 승계하였다고 주장할 수 없다고 하였다. 즉, 아프가니스탄은 승계국이 신생국(new state)일 경우에는

---

255) 듀란드선을 중심으로 아프가니스탄과 파키스탄의 접경 지역에는 파슈툰족이 조상 대대로 살아왔다. 파슈툰족은 현재 아프가니스탄에서 가장 인구가 많은 종족으로, 전체 인구의 42퍼센트인 1,400만 명이나 된다. 파키스탄의 파슈툰족은 아프가니스탄보다 훨씬 많은 2,800만 명으로 전체 인구의 15퍼센트나 된다. 『국방일보』, 2009년 2월 23일.

256) *Yearbook of International Law Commission*, Vol. Ⅱ(1974), p.53.

백지출발의 원칙이 적용되고, 국경조약이라고 해서 위 원칙에 대한 예외가 될 수는 없다고 주장한 것이다.257)

3. 예멘의 통일과 국경조약 승계 문제

가. 통일 과정

예멘은 기원전 1000년 쉬바 왕국으로부터 기원하여 약 3000년의 역사를 갖고 있으나 세 번에 걸쳐 약 270년간 통일된 바가 있을 뿐 수개의 부족국가 및 왕조로 분열되어 진행되어 온 역사를 가지고 있다.258)

예멘인민민주공화국(남예멘)과 예멘아랍공화국(북예멘)은 상호 합의에 의한 수많은 합의서와 의사록, 결의안 등의 입법화 과정을 통해 1990년 5월 22일 예멘공화국으로 통일되었다. 예멘의 통일은 결과적으로 남북예멘의 오랜 시간의 협상의 결과와 아랍연맹 및 국제연합의 정치적인 지원에 힘입어 이룩된 것이라는 점에서 독일의 통일과는 다른 과정을 거쳤다. 예멘통일의 법적 과정을 보면 크게 1972년 10월 28일의 카이로 통일협상과 1972년 11월 28일의 트리폴리 통일선언, 1979년 3월 30일의 쿠웨이트 예멘 통일협정, 1989년 11월 30일 아덴협정과 예멘 통일의 완성으로 나누어 볼 수 있다.

남북예멘 정상은 1990년 5월 22일 정오, 남예멘 최고인민회의장에서 역사적인 남북예멘통합을 선포하였다. 단, 과도중앙정부가 통치하는 30개월의 과도기간을 설정하였는데 이 과도기간 중 통치기관으로서 5인의 대통령위원회를 구성하고 그 의장에 북예멘의 살레(Ali Abdullah Saleh) 대통령을, 부의장에 남예멘의 알베드(Ali Salim Al-Beedh) 서기장을 각 선출하고 북예멘 국민회의 의원 159명, 남예멘 최고회의 대의원 111명, 그리고 양측 비정당 인사 31명, 총 301명으로 통일의회를 구성·발족하였다. 한편 남북예멘이 각기 회원국으로 되어 있는 국제연합 의석을 단일회원국으로 하여 즉각 국제연합에 통보하였다. 이로써 남북예멘은 260년 만에 3000년의 역사상 네 번째 재통일을 이룩하였다.259)

남북예멘의 통일은 형식상으로는 국가권력이 철저하게 안배된 국가 대 국가의 균등통합

---

257) *Ibid.*
258) 이규일, "남북예멘 통일과 교훈", 『외교』(한국외교협회, 1990), 71쪽.
259) 위의 논문, 73쪽.

을 지향하고 있으나, 실제로는 인구와 경제력의 우위에 있던 북예멘의 흡수통합으로 보는 견해가 있다. 이러한 점은 통일 이후 최고의사결정기관인 5인으로 구성되는 대통령위원회 중 3인은 북예멘이 차지하고 있고, 또 대통령을 북예멘의 대통령이 그대로 승계하고 있으며, 통일 이후 남예멘이 시장경제체제를 수용한 데서 읽을 수 있다는 것이다.260)

나. 일반적 조약 승계

1990년 5월 19일자로 남북예멘 외무장관들이 공동으로 국제연합 사무총장에게 보낸 서한을 보면 "예멘인민민주공화국과 예멘아랍공화국은 1990년 5월 22일 선포될 사나에 수도를 두는 단일 주권국가인 예멘공화국으로 합쳐진다. 예멘공화국은 국제연합에서 단일 회원국을 이루며 국제연합헌장을 준수할 것이다. 1990년 5월 22일을 시점으로 기존의 두 예멘공화국과 외국 또는 국제기구 간에 체결되었던 국제법에 따른 모든 국제조약과 협정은 계속 효력을 유지하며, 두 예멘공화국과 외국 간의 국제관계 역시 계속된다"고 되어 있다.261) 통일헌법 제5조도 "일반국제법에서 인정된 원칙들을 준수할 것을 선언한다"고 규정하였다.

통일예멘은 과거에 남북예멘이 체결한 조약의 효력을 그대로 존중하고, 다자조약의 경우에는 남북 예멘 중 먼저 가입한 날짜를 다자조약 당사국으로서의 기산일로 정하기로 하였고, 국제연합도 이러한 입장을 수용하였다.

그러나 합의에 의한 분단국의 평화적 통일이라는 모범적 사례를 보여 주었던 예멘은 체제로 인한 갈등을 극복하지 못하고 내전이 발생하였으며, 1994년 5월 다시 분단되어 전쟁을 치룬 끝에 그해 10월 북예멘이 남예멘을 진압함으로써 다시 통일을 이루었다. 하지만 대외조약에 대한 과거의 입장은 변경된 바 없었으며, 국제연합 사무총장이 수탁자인 다자조약은 여전히 통일예멘의 1990년 5월 22자 선언에 의하여 처리되고 있다.262)

다. 국경조약 승계 문제

국경조약에 대해 살펴보면 후일의 북예멘에 상당하는 예멘왕국과 사우디아라비아는 역

---

260) 김성수, 『국제법상 남북한 통일이후의 국가승계문제에 관한 연구』(한국외국어대학교 석사학위논문, 1993), 30쪽.
261) United Nations, *op. cit.*, p.27.
262) 정인섭, 앞의 논문, 222쪽.

사적으로 이드리시(Idrisi) 지역에 대한 영유권분쟁이 있어 왔는데 1934년 타이프(Taif) 협정을 체결하여 위 지역이 사우디아라비아령임을 확인한 바 있다. 이후 1962년 북예멘에서 혁명이 발발하고 공화국이 출범하자 새로 출범한 정권에서는 위 협정이 강박조약이라며 무효를 주장하며 위 지역의 반환을 주장하였으나 협상 끝에 1973년 3월 양국 간에 타이프 협정상의 국경이 최종적이며 영구적인 국경이라는 공동성명을 발표하였다. 후일 북예멘은 위 공동성명이 법적 구속력이 있는 문서가 아니라고 주장하였다. 한편 1967년 독립한 남예멘 역시 타이프 협정을 인정하지 않고 사우디아라비아와의 사이에 영토분쟁이 있다는 주장을 해 왔다.

남북예멘의 이와 같은 입장은 양국 통합을 위한 1988년 공동합의서에도 반영이 되었고, 1990년 5월 남북예멘이 통일되자 위 문제가 다시 불거졌다. 통일 예멘은 위 타이프 협정을 전제로 하지 않는 양국 간 포괄적인 새로운 국경협상을 요구하였고, 사우디아라비아는 위 협정의 유효를 전제로 기타 지역의 국경만을 협의하자고 주장한 가운데, 1995년 2월 26일 양국은 예멘이 타이프 협정을 유효하고 구속력 있는 협정으로 수락하는 대신, 사우디아라비아는 양국 간 육상 및 해상에서의 포괄적인 경계획정에 동의하였다. 1997년 예멘은 자신들의 역사적, 법적 권리를 더 이상 주장하지 않기로 하였고, 사우디아라비아는 타이프 협정상의 경계를 제외한 나머지 지역에서의 국경획정에서는 예멘 측의 주장을 대폭 수용한다는 원칙에 합의하였다. 다만 타이프 협정상의 국경을 전제로 하더라도 구체적인 경계는 현지사정에 맞게 재조사하기로 하였다. 1998년에는 무력충돌까지 겪으며 집중적인 협상을 진행한 결과 2000년 6월 12일 양국 외무장관은 해상을 포함한 양국 전 국경을 대상으로 하는 새로운 국경협정인 제다(Jeddah)협정에 서명하였고, 이는 2000년 7월 4일 발효하였다.[263]

4. 독일의 통일과 국경조약 승계 문제

가. 통일 과정

독일 통일의 직접적인 전환점은 1990년 3월 18일에 실시된 동독(독일인민공화국, DDR)의 선거라 할 수 있다. 이 선거에서 동독이 서독(독일연방공화국, BRD)에 흡수되

---

263) 구체적인 내용은 정인섭, "統一後 한러 국경의 획정", 76-77쪽 참조.

는 조기 통일을 주장하는 독일연합과 동서독의 대표에 의한 제헌의회가 통일헌법을 제정하여 대등한 통일을 하자고 주장하는 사회민주당이 대립하였는데 예상외로 독일연합이 승리하여 독일통일이 실현되게 되었다. 그 후 5월 18일 동서독 양 정부 간에 「통화 경제 사회동맹 창설에 관한 조약」(제1국가조약)이 체결되고 7월 10일 발효되어 통화통일이 이루어졌다. 8월 23일 동독인민회의는 10월 21일에 서독에 편입 통일할 것을 결정하였다. 그래서 동서독은 8월 31일 「동서독 통일 조약」(제2국가조약, 이하 "통일조약"이라 한다)을 체결하였다. 위 조약은 9월 20일부터 21일 사이에 동서독의회에서 비준되었으며, 10월 3일 오전 0시를 기하여 독일은 통일되고 새로이 독일연방공화국이 탄생되었다. 대외적으로도 같은 해 5월 6개국 외무장관회의의 합의에 따라 9월 「독일문제의 최종해결에 관한 조약」이 조인되고 10월 1일에 1945년 8월 포츠담협정을 비롯한 독일분할에 관한 국제적 합의를 실효시켰다.264)

나. 국가승계의 유형

동서독 통일이 국가승계유형 중 어디에 해당하는지에 대하여는 통일 협상 당시부터 견해가 일치하지 않았다.

첫째, 조약승계협약 제31조의 국가통합(uniting of states)의 유형에 속한다는 견해가 있다. 주로 구동독의 학자들과 폴란드 학자들이 주장하였으며, 통일 협상이 진행될 당시 동독 정부의 공식적인 입장이었다. 1990년 5월 구 동독 정부는 이러한 입장에 입각하여 당시 동독 정부와 양자조약을 체결한 80여 개 국가에 공문을 보내 독일 통일에 따른 조약 승계 문제는 조약승계협약 제31조에 규정된 바와 같이 조약의 계속 적용의 원칙에 따를 것이라고 밝혔으나 통일조약 체결과정에서 입장이 변경되었다.

둘째, 독일 통일이 할양(cession)에 해당한다는 견해가 있는데, 이는 영토의 전부가 이전되는 경우에도 할양의 유형이 성립할 수 있다는 전제하에 주장된 견해라 할 수 있다.

셋째, 일반적 견해로 독일 통일이 전형적인 흡수통일(absorption)에 해당한다는 것이다. 국제연합 국제법위원회의 해설에 따르면 조약승계협약 제31조의 규정이 흡수통일의 경우도 포함한다고 되어 있다. 하지만 독일 통일을 흡수통일로 보는 학자들은 위 협약 제31조의 규정은 국가통일의 두 가지 유형인 흡수통합과 국가융합을 구분을 하지 않고 있다고 주장한다. 따라서 이들은 흡수통일의 경우에는 위 협약 제31조가 규정하고 있는 계속

---

264) 정용태, "國際法과 國家承繼 問題", 『法學論集』(청주대학교 법학연구소, 1994), 161쪽.

주의원칙이 적용되지 않는다는 것이다.

한편, 위와 같은 국가승계 유형의 문제에 앞서 이와는 별도로 통일 전 분단국인 독일의 법적 지위와 관련하여 살펴볼 때 동서독의 통일을 국가승계의 문제로 볼 수 있는지가 문제된다. 이는 동서독이 분단국으로서 동서독 통일을 국가 대 국가의 통합으로 볼 수 있는가 하는 문제이다. 분단국인 남북한의 통일과 관련해서도 이와 같은 문제가 발생한다. 통일 전 서독의 기본법 제23조는 서독의 11개주 지역에만 적용된다고 선언하였지만 동시에 독일의 다른 지역이 기본법 적용지역에 가입하여 기본법의 효력범위를 전체 독일에 확장하는 가능성을 인정하고 있었기 때문에 서독은 동독을 국가로 보지 않았다. 한편, 동독은 1949년 제정한 동독헌법 제1조에서 "독일은 하나의 불가분의 민주공화국이다"라고 규정하여 서독을 국가로 보지 않았으나, 1968년 개정된 동독헌법은 독일민주공화국의 국민이 헌법제정권자라고 표시하여 간접적으로 서독을 국가로 볼 수 있는 여지를 남겨두었다. 그 후 1972년 동서독 기본조약을 체결한 이후에는 서독은 동독을 국가로 보지 않았으나 동독은 서독을 별개의 국가로 보아 왔고, 1973년에 동서독은 각기 국제연합에 가입하여 국제사회에서는 별개의 국가로 인정되었다.

다. 조약 승계

동서독 통일과 조약승계의 관계에 있어서 발생하는 현실적인 문제는 조약승계에 관한 국제법의 법원이 무엇인가 하는 것이었다. 조약승계와 관련된 국제법의 법원으로는 국제관습법과 조약승계협약인데 동서독이 통일된 1990년 당시에는 위 조약승계협약은 발효되기 이전이었으며, 동서독 모두 위 협약의 당사자가 아니었다. 따라서 위 조약승계협약은 동서독 통일에 있어서 적용되어야 할 법원이 아니며, 조약승계에 관한 국제관습법 또한 확정되었다고 볼 수 없는 상황이었다.

동서독은 조약 승계와 관련된 위와 같은 문제점을 해결하기 위하여 통일조약에 동서독이 통일되기 이전에 각기 타국과 체결한 조약의 승계방식을 명문으로 규정하고 있었다. 통일조약 제11조는 서독의 조약에 관한 규정인데 서독이 통일 이전에 체결한 조약은 약간의 예외조약을 제외하고는 구동독 지역까지 그 효력을 확장하는 것으로 되어 있으며 이는 전통적인 조약경계이동의 원칙에 따른 것이다. 이 원칙을 채택한 것은 독일의 통일에 의해 구동독은 국제법상의 주체로서 소멸된 것이고, 서독은 통일 이후에도 국가적 동일성 및 계속성을 유지했다는 사실을 보여 주는 것이라 할 수 있다. 이론상 위 원칙을 준수하게 되면 동독이 체결한 조약은 자동적으로 그 효력을 상실한다고 해야 일관성이 있게 된다.

그런데 통일조약 제12조는 다음과 같이 규정하고 있다. ① 체약당사국(구서독과 구동독)은 독일 통일의 달성과 관련하여 동독이 체결한 국제조약들의 계속적 적용, 개정 또는 종료를 규율 또는 확인하기 위한 목적으로 신뢰보호, 관련당사국의 이익, 법의 지배의 원칙에 규율되는 자유민주주의적 기본질서, 서독의 조약관계를 고려하고, 유럽공동체(EC)의 권한을 존중하면서 관련 당사국과 협의를 행하여야 한다. ② 통일 독일은 동독 측이 체결한 국제조약 이행에 대한 입장을 조약당사자들 및 유럽공동체 측과 협의한 후 결정한다. ③ 서독은 가입되어 있지 않고 동독만 가입되어 있는 국제기구나 다자간 조약에 통일 독일이 가입하려고 할 경우에 독일은 모든 당사국과 유럽공동체의 권한이 관련되는 경우 유럽공동체와 협의한 후 결정한다. 위와 같은 통일조약 제11조와 제12조는 구서독과 외교관계를 유지하였던 모든 국가와 국제기구에 통보되었고, 이들로부터 아무런 이의 제기도 없었다. 위 제12조를 분석해 보면 제1항은 기 이행된 양자조약에 관한 규정이고, 제2항은 장차 이행될 양자조약에 관한 규정이며, 제3항은 국제기구와 다자조약에 관한 규정이다.

라. 오더·나이세 국경선에 대한 승계 문제

(1) 오더·나이세 국경선의 설정 과정

역사적으로 폴란드는 프로이센, 오스트리아, 소련의 3대국 사이에서 잦은 침략을 당해 왔고, 1772년, 1793년, 1795년에 3회에 걸쳐 분할을 당한 경험이 있다. 제2차 세계대전 당시에도 폴란드는 1939년 9월 1일에 독일의 침략을, 같은 해 9월 17일에는 소련의 침략을 받아, 독일과 소련 간의 격전지가 되었으며, 독일의 패망에 따른 전후 처리 과정에서 또다시 문제가 되었다.

결과적으로 제2차 세계대전에서 패배한 독일의 국토는 미국, 소련, 영국, 프랑스에 의하여 각각 분할·점령되면서 소련군이 구동독 지역 및 동프로이센의 북부 지역을 차지하게 되었다. 그러나 전후 처리 과정에서 독일 동부 지역을 점령했던 소련은 폴란드와의 국경선을 소련과 접경한 폴란드의 동부 지역인 커즌 선(Curzon Line)까지 가져가는 대신, 그에 대한 보상 차원에서 독일 동부의 오더·나이세(Oder-Neisse)강 동부 지역을 폴란드가 가져가도록 하였다. 결국 폴란드는 동부 지역을 소련에 빼앗기는 대신 서쪽으로 오더·나이세선(線)까지 진출하게 된 것이다.

그 이후 폴란드는 오더·나이세 선 동부 지역에 대한 영토 귀속을 기정사실화하기 위한 작업에 착수하여 포츠담 회담에서 오더·나이세선 동쪽 지역에 대한 행정관할권의 확인을 받고, 1945년 5월 8일 독일 항복 후에는 위 지역에 있는 독일인들을 본격적으로 추방하는 등의 조치를 취하였다. 그러나 폴란드는 소련과 연합군으로부터 위 지역에 대한 관할권을 인정받았으나, 직접적인 이해당사국인 독일 당국과는 명확한 국경의 획정에 대한 합의를 이루지 못한 상태였다.265)

(2) 오더·나이세 국경선에 대한 동독의 입장

제2차 세계대전 후 폴란드는 오더·나이세선을 공식적인 국경선으로 확립하고자 우선 오더·나이세선을 직접 접하고 있는 동독과 협상을 추진하였다.

한편, 동독도 폴란드와의 관계에 있어서 오더·나이세 국경선의 승인을 통한 동독과 폴란드 간의 우호실현을 기본방침으로 정했다. 이에 따라 피크(Wilhelm Pieck) 대통령의 1949년 10월 11일의 취임연설 및 오토 그로테볼(Otto Grotewohl) 수상의 같은 해 10월 12일의 시정연설에서도 오더·나이세 국경선은 평화의 국경이라고 표명하였고, 이에 호응하여 폴란드도 1949년 10월 18일 동독 정권을 승인하였다.266)

이런 과정에서 1950년 6월 동독과 폴란드는 바르샤바에서 "확립된, 양국 간에 존속하는 불가침의 평화, 선린 국경선을 오더강과 나이세 강에 획정한다"는 원칙에 합의하기에 이르렀고, 같은 해 7월 6일 양국 수상은 통상 '괴를리츠(Görlitz)협정'으로 불리는 「확정된 현존의 독일과 폴란드 간의 국경에 관한 협정」을 체결하였다. 폴란드는 위 협정에서 '국경'이라는 표현과 더불어 동독이 아닌 '전체로서의 독일'이라는 표현을 사용함으로써 위 협정의 체결로 인하여 오더·나이세선은 잠정적인 선이 아니라 항구적인 국경임을 강조하였고, 위 국경문제가 '전체독일'과의 사이에서도 해결된 것임을 강조하였다. 이후 위 협정을 뒷받침하기 위하여 1951년 1월에 오더·나이세선의 국경선 설정 실행에 관한 외교 각서에 양국대표가 서명함으로써 동독과 폴란드 사이에서는 오더·나이세선이 법적으로 공식적인 국경으로 되었다.

---

265) 서병한, "Oder-Neisse 국경선", 『大韓國際法學會論叢』, 제21권 제1·2호(대한국제법학회, 1976. 12.), 93-105쪽 참조.
266) 위의 논문, 105쪽.

(3) 오더·나이세 선에 대한 서독 정부의 입장

빌리 브란트(Willy Brandt) 수상의 신동방정책 이전까지 서독은 동독을 국가로서 인정치 않고, 독일단독대표권을 주장하였다. 그리하여 독일과 폴란드 국경의 조정은 장래의 대독평화회담까지 보류한다고 해석하며, 오더·나이세 동부지역은 폴란드 행정 하에 있을 뿐 폴란드 영토로는 인정하지 않았다.267) 서독은 자신들이 독일제국을 계승하여 그 동일성이 유지되고 있기 때문에 서독만이 전체 독일을 대표할 수 있고, 동독은 전체 독일의 영토와 관계되는 조약을 체결할 권리가 없다는 것이 기본입장이었으며, 이 입장은 브란트 수상의 신동방정책이 추진되기 전까지 유지되었다.

그러나 1969년 사민당-자민당 연립내각이 출범하고, 브란트 수상이 신동방정책을 제창함에 따라 상황이 변했다. 브란트 수상은 동독을 포함한 동구권에 대하여 조약의 체결을 통한 관계정상화를 모색하였고, 오더·나이세선에 대해서도 이를 수용하는 입장으로 선회하였다. 이에 따라 1970년 4월 서독과 폴란드 관계정상화를 위한 실무자 간 제3차 예비회담에서 서독은 오더·나이세선의 수용의사를 정식으로 표명하였다.

서독은 1970년 8월 12일 소련과 이른바 독소평화조약(모스크바조약)을 체결하였다. 위 조약 제3조는 "상기 목적과 원칙에 따라 독일연방공화국과 소비에트사회주의공화국연방은 유럽평화가 현 국경에 대해 어떤 변경의 시도도 하지 않는다는 조건하에 유지된다는 데 합의했다. 양측은 그들이 전쪽석으로 모든 유럽제국의 현 국경선 테두리 안에서 영토권을 존중하는 데 합의했다. 양측은 그들이 어떤 국가에 대해서도 아무런 영토권 주장을 내세우지 않았으며 장래에도 그런 요구를 하지 않을 것을 선언했다. 조인 당일이나 장래에 있어서 양측은 폴란드 서부 국경선인 오더·나이세선 및 동독과 서독 간 국경선을 포함하여 모든 유럽 국가의 국경선이 당 조약 조인 당일에 규정된 대로 불가침의 것으로 간주한다"고 규정하고 있다.268)

위 조약 체결 직후인 1970년 12월 7일 서독과 폴란드는 전문 5개조로 구성된 「서독과 폴란드 간 상호관계 정상화의 기초에 관한 조약」, 즉 바르샤바조약 체결하기에 이른다. 위 조약 제1조는 "(1) 독일연방공화국과 폴란드인민공화국은 1945년 8월 2일의 포츠담협정 제Ⅳ장에서 정한 오더·나이세 국경선이 항구적이 폴란드 서부 국경이라는 것을 동의한다. (2) 조약 당사국은 현재나 장래에 있어서 현 국경선의 불가침을 선언하며, 영

---

267) 위의 논문.
268) 조약 전문은 법제처, 『독일통일관계법연구』(서울: 법제처, 1991), 250-251쪽; 디터 블루멘비츠, 『분단 국가의 법적 지위』, 최창동 편저(서울: 법률행정연구원, 1996), 79-80쪽 각 참조.

토보전은 무제한 존중되어야 할 것임을 선언한다. (3) 조약 당사국은 상호 영토요구를 하지 않을 것이며, 장래에도 이러한 요구를 제기하지 않을 것을 선언한다"고 규정하고 있다.269) 위 조약으로 서독은 폴란드를 상대로 오더·나이세선의 실체를 공식적으로 인정한 것이다. 다만 당시 서독 정부가 동독에 대한 승인을 부여하지 않고 있던 점을 감안하여 폴란드의 서부국경인 오더·나이세선 서부의 실체, 즉 동독에 대한 언급은 하지 않았다. 즉 바르샤바 조약은 서독만을 구속할 뿐 '전체 독일'을 구속하는 것은 아니고, 통일 후 '전체 독일'과의 관계에서 재차 국경을 획정할 여지를 남겨둔 것이다.

1990년 2월 13일 캐나다 오타와에서 개최된 바르샤바 조약기구와 NATO의 외무장관 회의에서 동서독 및 제2차 세계대전의 4대 승전국인 미국, 소련, 영국, 프랑스의 외무장관들은 포츠담 협정에 예정되어 있는 평화조약 대신에 소위 '2+4 회의'의 개최에 합의하게 된다. 이 회의에서 독일의 국경선 획정 문제로서 오더·나이세선이 다시 쟁점이 되었다.

'2+4 회의'는 1990년 5월 5일에는 서독의 본에서, 같은 해 6월 22일에는 베를린에서, 같은 해 7월 17일에는 파리에서 각 개최되었고, 이어서 1990년 9월 9일 모스크바 회의에서 동서독과 4대 승전국의 외무장관들이 독일관련 사안을 최종적으로 마무리 짓고, 같은 달 12일 「독일문제의 최종 종결에 관한 조약」, 즉 '2+4 조약'에 각국 대표들이 서명하게 되었다.270) 위 조약은 제8조에 따라 서독 연방의회와 동독 최고인민회의가 아니라 통합된 독일의 의회에 의해 비준되었다. 또한 조약 제9조에 따라 이 조약은 4개 국가(프랑스, 소련, 영국, 미국)에 의해서도 추가적으로 비준되었는데 미국은 1990년 10월 12일, 영국은 1990년 11월 16일, 프랑스는 1990년 12월 13일, 소련은 1991년 3월 3일에 각각 조약을 비준하였다. 조약 제9조에 의하여 비준서의 마지막 기탁일인 1991년 3월 15일부터 효력이 발생하였다.271)

위 조약 제1조는 동서독의 현존하는 외부 국경선을 추인하는 것이 유럽에 있어서의 평화질서의 본질적 요소이며, 오더·나이세선을 경계로 하는 현존 국경선을 통일독일의 국경선으로 하고, 통일독일은 다른 국가에 대해 결코 영토의 요구를 하지 않는다고 명시적으로 규정하고 있다.

그리고 1990년 10월 3일 동서독의 국가통일이 달성되자 '2+4 조약'의 제1조 제1항에서 예정된 「쌍방 간 현존하는 국경선에 관한 독일연방공화국과 폴란드 공화국 간의 조약」

---

269) 조약 전문은 법제처, 위의 책, 252-253쪽 참조.
270) 조약 전문은 법제처, 위의 책, 256-261쪽; 디터 블리멘비츠, 앞의 책, 83-87쪽.
271) 디터 블리멘비츠, 앞의 책, 18쪽.

이 최종적으로 협의되었으며, 1990년 11월 14일 「독일과 폴란드 간 국경선확정에 관한 조약」을 체결하여 오더·나이세선이 공식적인 통일독일과 폴란드 간의 국경선으로 추인되었다.272)

(4) 오더·나이세선의 처리에 대한 평가

독일통일과정에서 서독정부는 동독을 외국으로 보지 않는다는 동독에 대한 법적 지위에 관한 일관성을 유지하면서도 통일정책에 대한 입장 변화에 따라 오더·나이세선에 대한 입장도 변화하였다. 특히 신동방정책을 추진하면서 서독은 통일을 위한 폴란드와의 관계 개선 차원에서 오더·나이세선을 수용하는 방향을 택하게 되었다. 이는 통일을 위해서는 인접국, 특히 세계대전의 4대 승전국인 미국, 소련, 영국, 프랑스와의 관계개선과 협력 확보에 대한 현실적인 여건을 충분히 고려한 정책이라 할 것이다. 다만 서독은 구체적인 방법론에 있어 동독의 실체에 대해서는 처음부터 끝까지 국가성을 인정하지 않는 일관성을 유지하기 위해 노력하였다. 그러면서도 특히 서독과 직접 국경을 맞대고 있지 않은 폴란드와 바르샤바조약을 체결하고 이를 차후 통일조약에서 재확인하는 방법을 택하였다. 결론적으로 서독이 독일통일의 최대의 걸림돌 중 하나였던 오더·나이세선을 수용한 것이 독일통일을 가능하게 한 가장 큰 발판이 되었다는 점은 부정할 수 없을 것이다.

이러한 점은 현재 서독의 동독에 대한 입장과 마찬가지로 북한의 국가성을 인정하지 않고 있고, 또한 중국 및 러시아와 직접 국경을 접하고 있지 않은 우리에게 시사하는 바가 매우 크다 할 것이다.

이러한 독일의 사례에 대하여 일반국제법(국제관습법)상 또는 조약승계협약상 인정되어 있는 국경·영토 등에 관한 조약승계의 원칙인 계속주의 원칙을 배제하고 백지출발주의를 채택했다고 평가하는 견해가 있다.273) 그러나 이 견해는 통일독일과 폴란드 간에

---

272) 조약 전문은 법제처, 앞의 책, 262-263쪽 참조. 위 국경조약의 주요 내용은 다음과 같다. 제1조: 조약 당사국은 양국의 현존하는 국경선을 확정한다. 국경선은 서독과 폴란드 간 1970년 12월 7일 체결한 상호관계정상화에 관한 조약뿐만 아니라 1950년 7월 6일 동독과 폴란드 간 양국 국경선 확정에 관한 협정과 위 협정의 이행과 실현에 관한 협정[1951년 1월 27일 체결된 독일과 폴란드의 경계선 표시의 이행에 관한 협정, 1989년 5월 22일 체결된 동독과 폴란드 간의 오더(Oder)만의 해변지역의 경계선 확정에 관한 협정]에 의해 결정된다. 제2조: 조약 당사국은 양국 간 현존하는 국경선이 현재 및 미래에도 불가침의 것임을 천명하고, 주권과 영토보전을 상호 존중한다. 제3조: 조약 당사국은 서로 상대방에게 영토에 대한 요구를 하지 않으며, 향후에도 더 이상의 요구가 없을 것임을 약속한다.
273) 김명기, "통일한국의 북중국경선조약의 승계에 관한 고찰", 『국제법 동향과 실무』, Vol. 4, 통권 제13

새로운 조약이 체결되었다는 형식적인 측면만을 강조하고, 실제로는 기존의 국경체제를 그대로 인정하였다는 내용적 측면을 경시한 견해인 것으로 보인다. 통일독일이 기존의 국경체제를 그대로 인정할 수밖에 없었던 큰 이유 중 하나는 위에서 살펴본 바와 같이 서독이 이미 통일 이전인 1970년에 모스크바 조약과 바르샤바 조약을 통해 오더·나이세 국경선을 인정하였기 때문이라는 점을 주목할 필요가 있다. 또한 위 사례가 국제사법재판소의 판결과 같이 사법적 판단을 통해 이루어진 것이 아니라 당사국 간의 협의에 의해 이루어진 것이므로 이를 일반화하는 데도 한계가 있다.

그렇다고 해서 조중국경조약의 승계 문제와 관련하여 동서독과 유사한 입장에 처한 우리로서는 위와 같은 내용적 측면만 중시하고, 서독이 동독과 폴란드 간의 국경조약이나 서독과 폴란드 간의 국경조약을 그대로 승계한 것이 아니라 통일독일과 새로운 조약을 체결하였다는 형식적·법률적인 측면을 전혀 무시할 이유는 없을 것이다. 최소한 법적인 측면에서 볼 때는 통일독일이 기존의 국경조약을 승계하지 않은 점만은 분명하다는 점도 간과해서는 안 될 것이다. 따라서 독일의 사례를 국경·영토 등에 관한 조약승계의 원칙인 계속주의 원칙을 배제하고 백지출발주의를 채택한 대표적인 사례로 평가하기는 어렵다 하더라도 최소한 영토조약의 계속성 원칙이 국가 간 실행에서 반드시 지켜지고 있는 것은 아니라는 점을 확인해 준 사례로 볼 수 있을 것이다.

한편 1952년 동독과 폴란드 간에 체결된 오더(Oder)강 운항에 관한 조약과 같은 처분적 조약도 독일 연방공화국에 의해 승계되었다.

IV. 기타 영토적 조약 승계 관련 사례

1. 나일강 용수권 사건

용수권(water rights)에 관한 주요한 사례로는 영국과 이집트 사이에 체결된 1929년의 나일용수협정(the Nile Waters Agreement)을 들 수 있다. 위 협정은 "이집트정부와 사전 합의 없이는 나일강 또는 그 지류 또는 나일강의 원천이 되는 호수에서 그것이 수단

호(외교통상부, 2005), 39쪽.

(Sudan) 또는 영국의 통치하에 있는 국가에 위치하는 한, 수량을 줄이거나 이집트에의 도착일을 변경시키거나 또는 수위를 낮추는 등 이집트의 이익을 해하는 방법에 의해, 어떠한 관개(灌漑, irrigation) 또는 발전사업이나 조치가 건설되거나 시행될 수 없다"고 규정하고 있다.

위 규정은 당시 나일강의 사용에 있어서 이집트에 위 협정 전부터 존재하던 우선권을 제공한 것으로 나일강 상류 지역의 국가로 영국의 지배하에 있던 수단, 탕가니카, 케냐, 우간다에 일종의 영토적 제한인 국제지역을 설정한 것이다. 그 후 수단은 독립 후, 나일강 물의 사용에 관한 이집트의 기득권을 부인하지 않았으나 나일강의 장래의 개발에 있어서는 1929년의 협정의 승계를 거부하였다. 탕가니카도 나일강의 원천이 되는 빅토리아 호(湖)의 개발에 있어 항상 이집트의 사전 동의를 받도록 한 위 협정은 독립주권국으로서의 탕가니카의 지위와 모순된다며, 나일강 용수권의 적절한 분배 및 규제에 관하여 관계국과 협의할 용의가 있다고 밝혔다. 한편 이집트는 1929년의 협정이 나일강의 사용을 규율하여 온 영토적 성격의 조약임을 이유로 위 협정의 유효성과 적용가능성을 주장하였다.[274]

2. 요르단강 용수권 사건

제1차 세계대전 후 요르단과 팔레스타인에 대한 위임통지가 실시되사 영국과 프랑스는 요르단(Jordan) 강의 용수 문제를 포함한 위임통치령의 국경제도에 관한 일련의 협정을 체결하였다. 1923년의 협정에서는 항해와 어업에 있어서의 동등권을 규정하였고, 1926년의 협정에서는 용수에 관한 속지적 법률과 관습으로부터 유래된 모든 권리를 인정하였다. 제2차 대전 후 상기 지역에서 이스라엘과 시리아가 독립하게 되자 이스라엘은 수력발전사업에 착수하였고, 시리아는 위 사업이 위 협정에 의해 확립된 체제에 부합하지 않는다고 보았다. 즉, 시리아는 위 영·불 협정에 의해 요르단강의 용수에 관한 권리가 확립되었다고 주장하였으나 이스라엘은 과거 선행국인 영국이 체결한 어떤 조약에 의해서도 구속되지 않는다고 주장하였다. 이스라엘은 사실적으로나 법률적으로 승계국임을 완전히 부인한 것이다.[275]

---

274) *Yearbook of International Law Commission*, Vol. Ⅱ(1974), pp.56-57.
275) *Ibid.*, p.57.

제3절 영토조약 승계 관련 판례

Ⅰ. 국경분쟁 관련 판례

1. 영국령 가이아나와 브라질 간 국경분쟁 사건

1904년 영국령 가이아나(Guiana)와 브라질 국경분쟁 사건에 관해 상설중재재판소(The Permanent Court of Arbitration: PCA)의 판결은 영국과 브라질은 각각 네덜란드와 포르투갈의 승계국으로서 후자의 모든 관할권행사를 승계하는 것으로 간주하여 실효적 점유 여부를 평가하였다.[276)]

2. 코스타리카와 파나마 간 국경분쟁 사건

1914년 코스타리카와 파나마 간 국경분쟁에 관한 중재판결에서는 "중재와 관련된 권리의 목적상 코스타리카는 자국의 이름으로 향유한 권리뿐만 아니라 선행국인 중미공화국의 승계국으로서 소유하고 있는 분쟁사안에 관한 모든 것을 대표하는 것으로 간주된다. 마찬가지로 파나마도 자국의 권리뿐만 아니라 선행국인 콜롬비아공화국, 뉴그라나다공화국, 콜롬비아합중국의 권리를 대표하는 것으로 간주된다"고 보다 명확하게 양국의 선행국에 대한 권리의 승계를 지적하고 있다.[277)]

3. 미국과 네덜란드 간 팔마스섬 중재 사건

선행국의 권리에 대한 승계와 관련된 또 다른 중재판결로는 1928년 미국과 네덜란드

---

276) *RIAA(Reports of International Arbitral Awards)*, Vol. 11(UN, 2006), p.22.
277) 신각수, 앞의 논문, 190쪽.

간 팔마스(Palmas)섬 중재판결이 있다. 팔마스섬 사건은 미국과 네덜란드 사이의 필리핀 군도에 있는 팔마스섬의 영유권에 관한 분쟁이다. 1898년 4월 시작된 미국과 스페인 전쟁이 미국의 승리로 끝나면서 1898년 12월 10일 미국은 파리조약을 통해 스페인의 대부분의 해외 식민지를 할양받았다. 그중에는 필리핀 군도도 포함되어 있었으며, 팔마스섬은 이 조약에서 표시한 필리핀 군도의 경계선 내 약 20해리 지점에 위치하였으므로 당연히 이 섬도 미국에 할양된 것으로 간주하고 있었다. 그런데 1906년 1월 21일 당시 미국의 통치하에 있던 필리핀 군도의 모로(Moro) 주지사인 우드(Leonard Wood) 장군이 관내 순시 도중 팔마스섬에 네덜란드 국기가 게양되어 있는 것을 발견하고는 이 사실을 미국 정부에 보고하여 양국 간 분쟁이 시작되었다. 그 후 약 20년간 외교적인 논쟁이 계속되다가 1925년 1월 23일 양측 정부는 상설중재재판소의 중재재판에 제소하기로 중재약정을 체결하였고, 양측이 합의하에 선정한 막스 후버(Max Huber) 중재재판관이 이 사건을 심리하였다.

사건 심리 결과 후버는 1928년 4월 위 섬이 네덜란드의 영토임을 판결하였다. 판결에서 후버 재판관은 선행국인 스페인이 발견에 의하여 취득한 권원에 대한 미국의 승계를 인정하였으나, 네덜란드의 실효적 지배에 따른 권원에는 미치지 못한다고 판시하였다.[278] 즉 후버 중재재판관은 미국이 주장하는 그 직접적 기초가 되는 권원은 스페인과의 파리조약에 의한 할양인데, 이 조약은 팔마스섬에 관하여 스페인이 갖고 있던 모든 주권을 양도한 것이라고 보았다. 다만 스페인이 자국의 수유 이상의 권리를 양도할 수 없었던 것은 명백하므로, 기본적인 문제점은 파리조약의 체결과 발효 시에 팔마스섬이 스페인과 네덜란드 중 어느 국가의 영토로 볼 것인지가 사건의 주된 쟁점이 되었다.

4. 부르키나파소와 말리 간 국경분쟁 사건

국경분쟁과 관련된 대표적인 판례중 하나는 국제사법재판소의 부르키나파소(Burkina Faso)와 말리(Republic of Mali) 간의 국경분쟁(Frontier Dispute) 사건이다.[279]

과거 프랑스 식민지였던 부르키나파소와 말리는 1960년 각각 독립을 하였다. 식민지 시절 이 두 국가가 속하였던 프랑스령 서아프리카는 여러 개의 식민구역으로 구분을 거

---

278) *AJIL*, Vol. 22(1928), pp.873-874.
279) 분쟁 당시 부르키나 파소의 국명은 우퍼 볼타(Upper Volta)이었다.

듭하며 행정체계가 여러 차례 변경되었기 때문에 약 1,300킬로미터에 달하는 양국 국경 중 일부 국경선은 명확하지 않았다. 그로 인해 독립 이후 양국 간에는 국경분쟁이 벌어 졌고, 1974년에는 무력충돌까지 발생하였다. 이를 계기로 양국의 국경분쟁은 아프리카단 결기구의 중재위원회에서 심의되었지만 해결을 보지 못하고, 1983년 9월 위 분쟁을 국제 사법재판소의 5명에 의한 특별재판부에 제소하기로 협정을 체결하였다.[280]

위 사건에서 국제사법재판소는 "이 규칙이 *uti possidetis*의 공식으로 표현되건 아니건 간에, 국가승계 시에 국가 간의 기존경계선을 존중할 의무가 일반국제법규로부터 도출된 다는 것은 의심의 여지가 없다"고 하였다.[281] 또한 위 원칙과 민족자결원칙의 관계에 대 하여 위 두 원칙이 일견 정면으로 충돌한다는 점을 인정하면서도 아프리카 국가들은 투 쟁을 통해 얻은 것을 보존하기 위해 식민지 경계선을 존중하는 데 동의하였으며 이를 사 려 깊은 행동이었다고 평가하고 있다.[282]

그러나 위 사건은 제소협정 전문에서 양국은 재판부에 의한 분쟁 해결이 "특히 식민지 시대부터 계속되어 온 국경선의 불가변성이라는 원칙의 존중에 기초하여" 이루어져야 한 다고 규정하고 있었다.[283] 따라서 재판부로서는 *uti possidetis*의 원칙을 무시할 수 없었 다는 한계가 있는 사례이다.

5. 리비아와 차드 간 국경분쟁 사건

리비아(Libya)와 차드(Chad)간의 국경분쟁은 차드 북부 북경지대인 아오즈우(Aouzou) 에 대한 분쟁으로, 1951년 리비아가 1935년에 체결된 프랑스와 이탈리아 간의 협정을 근거로 위 지역에 대한 영유권을 주장하면서 시작되었다.

1954년부터 리비아는 위 지역을 공격하였고, 이후 차드의 내전과 연계되어 분쟁이 계 속되면서 1972년 11월 친리비아계인 차드의 톰발바예(Tombalbaye) 대통령이 위 지역을 리비아에 이양하기도 하였다. 그러나 1982년 차드에 반리비아계인 하브레(Habré) 정권이 집권한 뒤 1983년부터 1987년 사이에 차드 정부는 프랑스군 및 아프리카단결기구군과

---

280) 정인섭·정서용·이재민,『국제법 판례 100선』(서울: 박영사, 2008), 236쪽; 장신 편저,『국제법 판례 요약집』(광주: 전남대학교 출판부, 2004), 175쪽; 이상구 편저,『국제법 판례특강』(서울: 도서출판 인 해, 2010), 185쪽.
281) *ICJ Reports*(1986), p.554.
282) *Ibid.*, pp.566-567.
283) 장신 편저, 앞의 책, 175쪽; 이상구 편저, 앞의 책, 186쪽.

연합군을 형성하여 리비아를 격퇴하였다. 결국 양국은 1989년 평화협정을 체결하였고, 위 지역에 대한 분쟁 사건을 국제사법재판소에 제소하였다.

양국의 경계획정문제는 1955년 8월 10일 당시 차드를 식민지로 지배하던 프랑스와 독립직후의 리비아 간에 20년을 유효기간으로 하는 선린우호관계조약이 체결되었는데, 재판과정에서 위 조약이 리비아와 차드 간의 경계를 획정한 조약으로 볼 것인지가 중요 쟁점 중의 하나였다. 즉, 구 식민지 지배국인 프랑스가 체결한 국경조약이 독립 이후의 차드에도 유효한 것인지가 하나의 쟁점이 된 것이다. 리비아는 위 조약이 경계선을 설정하지 않았고, 위 지역의 원주민들이 리비아인임을 주장한 반면, 1960년 프랑스로부터 독립한 차드는 동 조약이 위 분쟁지역을 차드영토로 인정한 것이라고 주장하였다.

이에 대하여 국제사법재판소는 1994년 2월 3일 선고에서 리비아와 차드 간의 국경은 위 프랑스와 리비아 간의 선린우호관계조약에 정해진 것이라며, 구 식민지의 지배국이 체결한 국경조약은 이후 독립국에도 승계된다고 판시하였다.[284] 1994년 5월 30일 리비아는 국제사법재판소의 판결과 프랑스의 조정에 따라 위 지역을 차드에 반환함으로써 분쟁이 종결되었다.

6. 캄보디아와 태국 간 프레어 비헤어 사원 사건

프레어 비헤어 사원(The Temple of Preah Vihear)은 태국과 캄보디아 국경지대에 위치하고 있다. 1904년과 1907년 태국(구 샴)과 프랑스(당시 캄보디아의 보호국)는 분수령에 따라 이 일대의 양국 국경을 정하기로 하는 조약을 체결하고, 구체적인 경계는 양국 혼성위원회에서 획정하기로 합의하였다. 후일 태국은 프랑스 측에 자세한 국경지도의 제작을 의뢰하기로 하여, 프랑스 측이 제작한 지도가 1908년 태국에게 교부되었다. 프레어 비헤어 지역은 실제 분수령을 기준으로 할 때는 태국 측에 속하나, 이 지도상에는 캄보디아령으로 표기되었다. 당시 태국은 별다른 이의 없이 지도를 수령하고 국내적으로 활용하였다. 한편 혼성위원회는 이 지도를 최종적으로 승인하는 절차는 취하지 못한 상태에서 활동을 종료하였다. 1934년 이 지역을 탐사한 태국은 문제의 지역에 일방적으로 경비병을 파견, 주둔시키었다. 1953년 독립한 캄보디아는 태국군의 철수와 이 지역이 자국령임을 확인하여 달라는 소송을 국제사법재판소에 제기하였다.[285]

---

284) 구체적인 내용은 *ICJ Reports*(1994), pp.6-41.

이에 대하여 국제사법재판소는 국경의 안정원칙(doctrine of stability of territorial frontiers), 즉 국경선 획정시 안정성과 최종성을 강조하고, 캄보디아와 태국 간의 국경을 획정한 1904년 프랑스와 태국 간의 조약이 캄보디아와 태국 간에 계속 적용됨을 확인하였다.[286] 즉, 국제사법재판소는 "본 사건이 프랑스와 태국(Siam) 간에 1904년부터 1908년 사이에 이루어진 국경해결에서 비롯되고 있으며, 특히 프레아 비헤어 사원에 대한 주권은 1904년 국경조약 및 그 후의 사건에 의존한다는 점은 당사국 간의 공동기반이다. 따라서 재판소는 1904년 조약 이전에 당사국 간에 존재하였던 상황을 다룰 필요가 없다"고 판시하였다.[287]

다만 위 사건에 대하여는 국제사법재판소가 국경에 대한 국가승계가 분쟁사안이 아닌 관계로 이를 직접 다루지 않았으며, 국경조약의 승계보다는 당사국의 사후행위에 주로 의존하였다는 점에서 제한이 있으며,[288] 오히려 레스터(A. P. Lester)는 위 판결이 국경조약에 대한 자동적 승계원칙에 반하는 것이라고 보았다.[289]

7. 기타

구 유고연방의 해체 후 세르비아와 크로아티아·보스니아·헤르체고비나 간의 경계획정문제를 다룬 중재위원회에서도 달리 합의된 바 없으면 종전의 국경을 존중한다고 판정한 바 있다.[290]

---

285) 정인섭·정서용·이재민, 앞의 책, 152쪽.
286) *ICJ Reports*(1962), p.14.
287) *Ibid.*, p.16. 이 사안에서는 분수령을 기준으로 하기로 한 합의 내용에 불일치하는 지도 및 그 국경선을 국경획정 작업의 결과로 당사국이 이를 수락하고 그 구속력을 인정하였는지 여부가 주된 쟁점이었으나, 이에 대해 태국은 자신들의 일련의 행동이 지도의 수락을 의미하지는 않는다고 주장하였다. 그러나 국제사법재판소는 태국의 이러한 주장을 받아들이지 않고, 오히려 태국이 지도상의 국경선을 수락한 것으로 보고 태국은 위 사원과 그 주변지역에서 철수해야 한다고 판결하였다.
288) 신각수, 앞의 논문, 191쪽.; 최태현, 앞의 논문, 47쪽.
289) A. P. Lester, *op. cit.*, pp.502-503.
290) 김정균·성재호, 앞의 책, 227쪽.

Ⅱ. 기타 영토적 조약 관련 판례

1. 가브치코보-나지마로슈 사건

가. 사건개요

국가승계 문제가 직접적인 쟁점이 된 최근의 국제사법재판소의 판결로는 헝가리와 슬로바키아 간의 가브치코보-나지마로슈(Gabčíkovo-Nagymaros) 사건에 대한 1997년 9월 25일자 판결이 있다.[291]

헝가리와 체코슬로바키아는 중공업의 진흥을 위해 값싼 에너지를 필요로 하였다. 이를 위해 양국은 값싼 갈탄에 의존하는 한편 대체에너지 확보차원에서 1951년 다뉴브강에 수력발전소를 건설하기 위한 협상을 시작하였고 1977년 9월 16일 가브치코보-나지마로슈 갑문시스템 건설 및 운영에 관한 조약(Treaty concerning the Construction and Operation of the Gabčíkovo-Nagymaros System of Locks, 이하 '1977년 조약'이라 한다)을 체결하였다. 위 조약은 '합작투자'로서의 갑문시스템 건설 및 운영에 대해 규정하고 있다.[292]

위 조약에서 양국은 양국 사이를 흐르는 다뉴브강에 공동으로 수문장치를 건설, 운영할 것을 규정하고 있었다. 그러나 1989년 헝가리는 여러 환경적, 경제적 이유를 내세워 이 프로젝트의 이행을 포기하고, 결국은 1992년 5월 19일 조약의 종료를 체코슬로바키아에 통고하였다. 그런데 그 직후인 1993년 1월 1일 체코슬로바키아가 체크공화국과 슬로바키아공화국로 분열되었고, 이에 따라 헝가리에 의해 포기된 위 프로젝트는 슬로바키아의 영토 내에 위치하게 되었다. 그리고 이 프로젝트의 이행과 관련한 헝가리와 슬로바키아 간의 분쟁해결을 위해 양국은 1993년 4월 7일 브뤼셀에서 특별협정을 체결하고, 위 문제를 국제사법재판소에 제기하게 된 것이다.

---

291) Gabčíkovo-Nagymaros Project(Hungary/Slovakia), Judgment, *ICJ Reports(1997)*, p.7.
292) 정진석, "Gabčíkovo-Nagymaros Project 사건과 조약법", 『서울국제법연구』 제10권 제2호 통권 제19호(서울국제법연구원, 2003. 12.), 25쪽.

나. 헝가리의 주장

헝가리는 비록 1977년 조약이 1992년 5월 자신의 종료 통지 후에도 존속한다고 해도, 이 조약의 당사자 중 일방인 체코슬로바키아가 소멸하였기 때문에 해당 조약은 1992년 12월 31일자로 효력을 상실하였다고 주장하였다. 즉, 양자조약의 일방 당사자가 소멸하면 해당 양자조약은 일방적으로 승계되지 않고, 이 조약을 승계하려는 국가와 원래 당사국으로 남아 있는 국가 사이에 체결되는 명시적인 협정에서 승계가 있어야만 존속하게 된다는 것이다.[293]

다음으로 헝가리는 특별협정 서문에서 슬로바키아공화국이 가브치코보-나지마로슈 사업과 관련한 권리 및 의무에 대한 유일한 승계국이라고 규정하고 있지만, 1977년 조약에 따른 '계속적인 재산권'과 같은 권리 및 의무와 조약 자체는 구분된다고 주장하였다. 즉, 헝가리는 위 특별협정을 서명하게 된 협상에서 슬로바키아가 1977년 조약과 관련해서 '체코슬로바키아연방공화국 정부의 승계국'이라는 점을 명확히 승인하는 문안을 제안하였지만, 공식적으로 이를 거부하였다는 것이며, 헝가리는 한 번도 슬로바키아를 1977년 조약의 승계국으로 인정한다고 합의해 본 적이 없다고 하였다. 양 당사국이 각기 상대방에 대해서 개별적으로 계속해서 효력이 있는 양자조약의 목록을 협상용으로 제출한 외교각서에서 헝가리는 1977년 조약과 관련해서는 아무런 합의도 하지 않았다는 점을 강조하였다.[294]

또한 조약승계협약 중 계속성의 원칙에 기초하여 국가 분열 시 계속성을 규정하고 있는 제34조에 대해서 헝가리는 자국이 이 조약을 비준한 적이 없다고 주장하였다. 그리고 위 조문의 자동승계 개념은 일반 국제법을 선언한 것이 아니라고 주장하였다. 나아가 헝가리는 위 1977년 조약은 단순한 합작투자조약이므로 조약승계협약 제11조 및 제12조상의 영토적 조약 또는 지역적 조약도 아니며 따라서 영토주권이 변경되어도 승계되는 조약이 아니라고 주장하였다.[295]

---

293) Gabčíkovo-Nagymaros Project(Hungary/Slovakia), Judgment, *ICJ Reports(1997)*, p.61, para. 117; 강병근, "ICJ의 1977년 Gabčíkovo-Nagymaros Project 사건: 국제 판례 소개", 『한림법학 FORUM』, 제7권(한림대학교법학연구소, 1998. 11.), 268쪽.
294) Gabčíkovo-Nagymaros Project(Hungary-Slovakia), Judgment, *ICJ Reports(1997)*, p.61, para. 118.
295) *Ibid.*, para. 119.

다. 슬로바키아의 주장

슬로바키아는 우선 1977년 조약이 1992년 5월 헝가리의 통지에 따라서 합법적으로 종료되지 않았다고 주장하였다. 비록 자신과 헝가리 간에는 1977년 조약의 승계에 관해서 아무런 합의를 하지 않았어도, 국가분열의 경우 적용되는 계속성에 관한 일반규칙에 따라, 그리고 1978년의 조약승계협약 제12조에서 규정하고 있는 '영토에 부종하는' 국경체제 조약으로서, 체코슬로바키아의 승계국인 자신과 헝가리 사이에 여전히 효력이 있다는 것이다. 즉, 조약승계협약 제12조에서는 영토적 혹은 지역적 성격을 지닌 조약은 법적으로(*ipso jure*) 계속된다는 원칙을 구체화하고 있는데, 이 조문은 국제관습법을 성문화한 조문이고, 조약승계협약 제34조 규정은 선임국가가 소멸한 경우로서 국가가 분열한 경우에 적용되는 계속성의 원칙을 규정하고 있다고 하였다. 그리고 이 규정 역시 국제관습법을 선언한 것으로 구 체코슬로바키아의 영토의 일부를 승계한 슬로바키아에 적용된다고 주장하였다.296)

라. 국제사법재판소의 판결

국제사법재판소는 조약승계협약 제34조가 관습법을 나타내는 것인지 여부에 대한 판단은 불필요하다고 보았다. 그 대신 국제사법재판소는 위 조약의 성격 및 특징에 주목하였다. 판결에 따르면, 위 조약은 불본 합작투자조약이지만 다뉴브강을 따라서 헝가리와 체코슬로바키아 각각의 영토 내에 통합적이고 불가분의 대규모 구조물과 시설을 건설하고 공동운영하는 것도 또한 이 조약의 주요 요소인 것이다. 또한 위 조약은 항행제도도 수립하였으며 그렇게 함에 있어서 필연적으로 다뉴브강의 다른 사용국들도 영향을 받는 상황을 만들었다. 그리고 국제사법재판소는 조약승계협약의 입법역사를 살펴보면 수자원에 대한 권리 또는 하천항행에 관한 조약은 대표적인 속지적 조약의 예에 해당함을 지적하였다. 나아가 국제사법재판소는 조약승계협약 제12조는 국제관습법을 반영한다고 보았다. 따라서 국제사법재판소는 위 조약이 조약승계협약 제12조의 영토제도를 설정하는 조약, 즉 다뉴브강의 관련 지역에 '부속하는' 권리와 의무를 창설한 조약이라고 판단하고, 따라서 위 조약은 국가승계에 의해 영향을 받지 않는다고 보았다. 결국 1977년 조약은 1993년 1월 1일부터 슬로바키아에 적용된다고 결론지었다.297)

---

296) *Ibid.*, pp.61-62, paras. 120-122.

2. 올란드 제도 사건

국경조약에 대한 것은 아니지만 핀란드의 올란드 제도(Åland Islands)[298]의 비무장을 규정한 1856년의 영국, 프랑스, 러시아 간에 체결된 평화조약과 관련한 국제연맹 법률가 위원회의 보고가 있다. 올란드 제도는 1809년까지는 스웨덴·핀란드 왕국의 영토로 핀란드의 행정구역 내에 있었으나 1809년 핀란드와 함께 러시아로 할양되었다. 그 후 크림전쟁의 강화회담인 1856년 파리회담에서 위 제도를 비무장지대로 하기로 영국·프랑스·러시아 사이에 평화조약이 체결되었다. 그 후 1917년 12월 핀란드가 러시아로부터 독립을 선언하고 위 제도도 핀란드에 포함되었다. 그러나 위 제도의 주민 대부분은 스웨덴계였기 때문에 주민들은 핀란드로부터 독립하여 스웨덴으로 통합하고자 폭동을 일으키는 등의 문제가 발생하였다. 그러자 영국이 1920년 6월 국제연맹규약 제15조에 기초하여 위 문제를 국제연맹 이사회에 부탁하였고, 핀란드와 스웨덴 양국도 연맹의 결정을 수용하기로 합의하였다.

위 분쟁의 주된 쟁점은 올란드 제도의 부속 문제에 대한 해결이었으나, 이와 더불어 위 제도를 비무장화하기 위한 위 평화조약을 러시아로부터 독립한 핀란드가 승계할 의무가 있는가 하는 것도 법률적 쟁점이 되었다.

이 점에 대하여 스웨덴은 위 평화조약이 러시아의 승계국인 핀란드에 설정된 '물적 지역권(物的地役權, real servitude)'이라는 주장을 하였다. 그러나 국제연맹이사회가 설립한 국제법률가위원회는 유럽의 일반적 이익을 위하여 올란드 제도의 비무장에 관한 합의는 러시아의 승계국인 핀란드는 물론 올란드 제도에 주권을 행사하는 어떠한 국가에도 구속력이 있다고 판시하였다.[299] 위원회가 위 판결의 근거로 원용한 것은 '지역권'이 아니라 '유럽의 일반적 이익'이라는 개념이었다. 오히려 위 위원회는 '국제지역(國際地役)'은 일반적으로 인정되지 않는다고 보았다.[300]

---

297) *Ibid.*, para. 123.
298) 올란드 제도는 핀란드와 스웨덴 사이의 보스니아(Bothnia)만 입구인 발트 해 북부에 위치하고 있으며, 500여 개의 섬과 암초로 구성된 군도이다.
299) 신용호, "독일 통일과 조약의 국가승계", 『比較法學』, 제8집(전주대학교 비교법학연구소, 2008), 38-39쪽.; 이순천, 앞의 논문, 46쪽; 장신 편저, 앞의 책, 145쪽.
300) D. J. Harris, *Cases and Materials on International Law*, 4th ed.(London: Sweet & Maxwell, 1991), p.234.

3. 북대서양 어업 사건

1910년의 '북대서양 어업사건(The North Atlantic Fisheries Case)'에서 미국은 1818년 미·영 간의 조약에 따라 영국이 미국에 부여한 어업권이 지역권에 해당한다고 주장하였으나 상설중재재판소는 로마법상 '토지권(praedial rights)'과 동일한 권리를 현대 국제법상 인정하지 아니하였으며, '주권의 배분(apportionment of sovereignty)'은 국가의 관행상 인정할 수 없다고 판결하였다.301) 국제재판소 및 국제기구의 이와 같은 태도는 일부 국가들에 의한 지역권의 남용 가능성 및 지역권이 궁극적으로 다른 국가들의 독립과 영토보전을 위태롭게 할 수 있다는 우려에 기인한 것으로 보인다.302)

4. 인도 영토의 통행권 사건

1779년 포르투갈은 현재 인도의 선행국인 마라타스(Msratas)와 협정을 체결하고 그 위요지(圍繞地)를 위한 통행권을 확보하였고, 인도의 독립 직전까지 민간인에 의한 통행권을 향유하였다.

국제사법재판소는 1960년 포르투갈의 '인도 영토의 통행권 사건'에서 속지적 조약의 물적 및 지속적 성격의 처분적 조약의 영토 승계국으로의 승계에 대해 판시하였다. 즉, 포르투갈이 인도 영토에서 향유하던 통행권이 영국이 인도를 지배하던 당시 계속적으로 시행된 관행이었고, 인도가 독립한 이후에도 이러한 관행은 변화되지 않았음을 이유로 포르투갈의 인도 영역에서의 통행권을 인정하였다.303)

그러나 이에 대하여 슈타르케(Starke)는 포르투갈의 인도 영토에 대한 통행권은 처분적 조약에 의하여 설정된 권리가 아니라 영토에 관한 '관습법적 권리'이며, 이러한 권리가 승계국에 승계되는 것을 인정하고는 있으나, 인도 영토의 통행권은 인도가 영국을 승계한 이후에도 관행으로 계속되어 왔기 때문에 인도와 포르투갈의 관행이 되었으며, 따라서 영국과 포르투갈의 관습법적인 권리를 인도가 승계한 사례라고 보기에는 의문이 있다고 한다.304)

---

301) Okon Udokang, *op. cit.*, pp.344-345.
302) 이순천, 앞의 논문, 47쪽.
303) *ICJ Reports*(1960), p.37.
304) I. A. Shearer, *op. cit.*, p.305.

5. 상부 사보이 및 젝스 지방 관세자유지역 사건

1815년 조약에 의하여 상부 사보이(Upper Savoy)와 프랑스령 젝스(Gex) 지방에 관세자유지역이 설정되었다. 그러나 1919년 베르사유 평화조약은 사정변경원칙에 따라 위 1815년의 조약이 무효이므로 프랑스와 스위스 양 당사국은 적당한 조건으로 관세자유지역의 지위에 대한 새로운 협정을 맺으라고 규정했다. 이에 따라 프랑스는 관세자유지역 철폐법안을 채택하여 이를 스위스에 통보하였으나 스위스는 국민투표에서 동 철폐법안이 부결되어 양국 간의 교섭이 실패하였다. 그러자 프랑스는 위 관세자유지역철폐법을 1923년 11월 10일부터 실시한다는 의사를 스위스에 통보하였다.

위 사건에 대해 상설국제재판소는 프랑스에 의한 사정변경원칙의 적용을 배척하였다. 즉, 프랑스는 사르디니아(Sardinia)로부터 취득한 영역에서 이전에 사르디니아가 행한 관세자유지역을 유지한다는 약속을 이행할 의무를 지며, 승계국은 선행국이 진 의무에 구속된다고 판시하였다.[305] 그러나 위 판결에 대해서는 프랑스가 국가승계로 인하여 구속받게 되는 조약규정의 성격에 관하여 침묵함으로써 계속성이 조약의 영토적 성격에 기인하는가 여부를 명백히 밝히지 않았으며, 이에 관한 재판소의 견해는 판결이유가 아닌 부수적 의견(*obiter dicta*)에서 다루어졌다는 점에서 법적 확신의 증거로서의 가치가 의문시된다는 비판이 있다.[306]

6. 기타

1815년 파리조약에 의해 프랑스는 휘닝겐(Hüningen)의 비무장화의 의무를 부담했으나 알사스(Alsace)가 독일로부터 반환된 후 1927년 프랑스가 마지노선을 건설할 즈음, 휘닝겐의 법적 지위가 문제되었을 때 프랑스는 1815년 파리조약의 관련 규정은 이미 소멸했다고 주장한 바 있다. 또한 위에서 소개한 바와 같이 1960년 영국령 소말리랜드와 이탈리아의 신탁통치구역인 소말리가 합병해서 소말리아(Somalia)공화국을 이루자, 영국도 에티오피아와 영국령 소말리랜드 사이의 국경선을 획정한 1897년의 조약은 계속 유효하지만 방목권의 실시에 대해 규정한 1954년의 조약 제3조는 소멸한다는 견해를 표명했다.

---

305) PCIJ, *Series A/B*, No. 46, pp.156-158.
306) 신각수, "條約에 관한 國家承繼 -1977년 Vienna協約의 法的 檢討-", 184쪽.

또한 모로코도 독립에 즈음하여 프랑스가 조약상 인정하고 있던 미군기지의 승계를 거부한 바 있다.307)

제4절 영토조약 계속성의 원칙에 대한 평가

Ⅰ. 조약승계협약에 대한 평가

조약승계협약 자체의 평가에 대해서는 부정적 견해와 긍정적 견해가 있다. 먼저 이를 긍정적으로 평가하는 견해를 살펴보면 다음과 같다.

첫째, 조약승계협약은 국가승계에 관한 방대한 자료를 수집하고 토의하는 과정을 통하여 국가승계에 관한 오래된 여러 가지 쟁점을 명확히 하였을 뿐만 아니라, 국가승계라는 고전적인 분야에 국제법의 새로운 경향이 소개되었다는 점에 그 의의가 있다.308)

둘째, 협약 채택 당시 일부 국제법위원회 위원들은 국가승계원칙이 현재 확립된 강행법규원칙에 일치되어야 함을 지적하였는데,309) 이는 결국 현대 국제법의 새로운 현상인 '자결권', '문화적 유산', '신국제경제질서' 등의 개념이 국가승계 분야에서도 합리적으로 수락될 수 있는가 하는 문제로서,310) 이 문제는 협약의 발효 여부와 함께 앞으로 그 귀추를 두고 보아야 할 것이다.311)

셋째, 국제법의 성문법전화 작업을 어느 특정 국제법 분야에서 국가들 간에 대립되는 법적 이해관계에 대한 공통분모를 찾는 것이라고 간주한다면,312) 조약승계협약이 아직 발효되지는 않았으나, 국가승계분야에 관한 공통분모로서 동 협약이 채택되었다는 사실 자체가 국가승계 시 상당한 영향을 미칠 것으로 보이며, 동 협약은 최소한 국가관행에

---

307) 김찬규, "新生國과 條約의 承繼", 333쪽.
308) Wilfred Fiedler, *op cit.*, p.455; 이순천, 앞의 논문, 88쪽.
309) Ian Brownlie, *op. cit.,* p.673.
310) Wilfred Fiedler, *op cit.*, p.455.
311) 이순천, 앞의 논문, 88쪽.
312) Emmanuel G. Bello, "Reflection on Succession of States in the Light of the Vienna Convention on Succession of States in Respect of Treaties 1978," 23 *GYIL*(1980), p.299.

의하여 입증된 기존 관습법의 선언으로 인정된다.313) 이와 관련하여 미국 국무부 법률고문은 1980년에 이미 미국은 조약승계협약이 일반적으로 기존 관습법을 선언하는 것으로 간주한다는 의견을 표명하였으며,314) 1992년 7월에 개최된 유고슬라비아에 관한 중재위원회도 조약에 관한 국가승계는 조약승계협약에 의하여 규율된다고 확인하였다.315)

넷째, 신생독립국의 출현에 의한 1950~1960년대의 국가승계 사례 이후에 1990년대에 들어와 소련, 유고슬라비아, 체코슬로바키아의 분리·분열에 따른 신국가의 형성 시까지 국가승계 사례는 거의 없었기 때문에 국가승계문제는 그동안 크게 주목을 받지 못하였다. 그러나 최근의 기존 국가의 분리·분열에 의한 신국가의 형성은 국가승계문제를 새로운 관점에서 조명하게 한 계기가 되었으며, 소련 등 동구국가들의 승계사례는 현재와 같이 끊임없이 변화하는 다원화된 국제관계에서 신국가들이 법적 안정성에 더 큰 중요성을 부여하고, 조약관계의 단절을 회피하고자 하는 경향이 있음을 보여 주고 있다.316)

다섯째, 조약승계협약은 현재 및 미래에 신생독립국은 거의 없을 것이기 때문에 국가결합, 분리, 분열 등의 경우에 주로 적용될 것으로 보이며, 이와 같은 국가승계 시 승계원칙으로 채택된 '법적 안정성의 원칙'은 소련 등 동구국가들의 승계 사례를 거쳐 점차 유효한 국제법 원칙으로 확립되어 나갈 것으로 보인다.317)

그러나 이와 같은 긍정적 평가와는 달리 부정적인 평가 또한 적지 않다. 조약승계협약에 대한 부정적 평가 내지 비판으로 제기되는 사항은 매우 여러 가지이다. 그중 가장 핵심이 되는 것은 우선 위 협약이 국가승계에 관한 관습법 규칙의 성문법전화를 시도한 것이나 그 내용을 살펴보면 관습법의 선언이 아닌 내용이 많이 포함되어 있다는 것이다. 부정적 평가를 한 학자들의 의견을 살펴보면 다음과 같은 것들이 있다.

첫째, 협약의 많은 규정은 엄격한 의미에서 법의 적용에 의한 승계와 관련이 없으며, 협약은 법의 적용에 의한 권리·의무의 승계와 '양도(assignment)' 또는 '갱개(novation)'에 의한 권리·의무의 승계를 명확히 구분하고 있지 않다.318)

둘째, 신생독립국에 대하여는 고전적 '백지위임의 원칙'에 따라 선임국의 조약승계 시 선택의 자유(freedom of choice)를 부여하면서 국가의 결합, 분리 등에 따라 형성된 신

---

313) Sir Ian Sinclair, "Some Reflections on the Vienna Convention on Succession of States in Respect of Treaties," *Essays in honour of Eric Castern*(Helsinki, 1979), pp.182-183.
314) Oscar Schachter, "State Succession: The Once and Future Law," *Virginia J. of I. L,* Vol. 33(1993), p.257.
315) 이순천, 앞의 논문, 89쪽.
316) Oscar Schachter, *op. cit.*, p.259.
317) 이순천, 앞의 논문, 89쪽.
318) I. A. Shearer, *Starke's International Law*, 11th ed.(London: Butterworths, 1994), pp.294-295.

국가들의 승계의 경우에는 '법적 계속성의 원칙'을 규정하는 이원적인 접근방법을 택하고 있다.319)

셋째, 국가승계분야에서 국제법은 국제연합헌장에 규정되어 있는 바와 같이 국가의 평등이라는 전제에서 출발하여야 하나 협약은 신생독립국에 대하여 특별대우를 함으로써 이들을 보호하고 있다.320) 신생독립국에 대한 이러한 특별규정은 제2차 세계대전 이후의 탈식민운동에 따른 아시아・아프리카 대다수 국가의 독립으로 국가승계문제가 서구국가와 제3세계국가 사이에 법적・이념적인 대결의 문제가 되었다는 데 기인하는 것이며, 신생독립국에 대하여 '특별한 대우(preferential treatment)'를 부여하는 것은 국가승계에 관한 콘센서스의 형성 및 일관된 국제관행의 발전을 방해하는 것으로 보인다.321) 조약승계협약 제3부(제16조 내지 제30조)에 규정된 신생독립국에 대한 특별규정은 엄격히 말한다면 승계의 원칙이 아니라 '비승계의 원칙(rule of non-succession)'이라고 할 수 있으며, 승계통보(notification of succession) 방식에 의한 다자조약의 승계는 권리・의무를 승계하는 승계국 측에서 볼 때 '합의에 의한 조치(consensual measure)'라고 할 수 있기 때문에 법의 적용에 의한 승계원칙은 아니다.322)

넷째, 국제법위원회에 의한 협약 초안 작성 및 협약의 채택 시 서구국가들은 원칙적으로 '조약의 계속성의 원칙'을 주장하고 있다는 인식과 제3세계국가들은 이에 반대하여 '백지위임의 원칙'을 주장하고 있다는 잘못된 선입견이 작용하였고, 결국 이러한 상반되는 입장은 국가승계에 관한 잘못된 '통념(myth)'과 '감정(emotion)'을 초래하여 보다 객관적이고 보편적으로 적용될 수 있는 협약이 채택되지 못하도록 하였다.323)

다섯째, 국가승계의 문제는 '입법적으로 개입(legislative intervention)'할 수 있는 문제가 아니라 관습법 규칙에 따라야 할 '사법적 기능(juristic function)'의 문제이기 때문에 성문법전화에 적합한 주제는 아닌 것으로 보인다.324)

여섯째, 새로운 상황에 처한 '조약의 생존 가능성(viability of treaties)'이라는 조약 해석의 측면에서 볼 때 협약의 채택은 법의 역사적 발전을 저해하고, 법을 특수한 시대와 특수한 이념적 환경 속으로 '축약(encapsulate)'하여 버리는 것이다.325)

---

319) Hans Treviranus, "Die Konvention der Vereinten über Stattensukzession bei Vertragen," 39 *ZaoRV*(1979), p.278. 이순천, 앞의 논문, 86쪽에서 재인용.
320) Wilfred Fiedler, *op. cit.*, p.449.
321) *Ibid.*, p.455.
322) I. A. Shearer, *op cit.*, p.229.
323) D. P. O'Connell, "Reflection on the State Succession Convention," 39 *ZaoRV*(1979), pp.725-726.
324) *Ibid.*, p.729.
325) *Ibid.*, pp.738-739.

일곱째, 국가의 형성, 분열, 분리, 독립 등의 현상은 각자 특별한 상황하에서 발생하는 정치적인 사건으로서 국가승계의 모든 상황에 적용될 수 있는 일반적인 법의 제정은 불가능하다.326)

그런데 조약승계협약에 대한 긍정적인 평가를 한다고 해서 위 협약에 국가승계 시 반드시 적용되어야 할 국제법규로서의 위치를 확고히 하였다거나, 적어도 그 내용이 국가승계 시 반드시 적용되어야 할 관습법을 반영한 것이라고 보는 것은 아니라는 점에 유의할 필요가 있다.

국내의 국제법 개설서를 보면 대체로 국가승계 관련 부분을 다루지 않거나 이를 다루더라도 깊이 있는 내용을 다루지 못하고 있으며, 국가승계의 개념과 조약승계협약 등의 내용을 소개하는 정도에 그치거나 혹은 조약승계협약의 내용이 마치 일반적인 국제법상의 원칙인 것처럼 소개하는 경우도 있다. 그러나 통일한국과 관련된 국가승계 문제를 다룬 논문을 살펴보면 대부분 조약승계협약에 대한 여러 가지 문제점들을 지적하고 있다.

이처럼 조약승계협약은 국제사회로부터 지지를 받지 못하고 오히려 많은 문제점들이 지적되어 왔다. 그 결과 최근의 국가승계 사례인 구소련의 해체나 독일 통일 과정에서도 별다른 영향력을 발휘하지 못하였다. 위 협약에 대하여 국내 학자들의 견해를 중심으로 그동안 지적된 문제점을 요약해 보면 다음과 같다.

첫째, 조약승계협약은 신생독립국에 대하여 백지출발주의를 채택하여 신생독립국만 특별대우를 통해 보호함으로써 국가승계에 관한 일관된 국제관행의 발전을 방해하였다.

둘째, 국가통합에 관한 조항은 통합 이후에도 과거의 영역별로 별개의 조약 내용이 계속 유지되어 통합을 방해하며, 경우에 따라서는 한 국가 내에 서로 모순되는 내용의 조약이 동시에 적용되어 국내적으로도 문제를 야기할 수 있다. 또한 국가통합이라도 합병과 병합의 경우는 성격상 큰 차이가 있고, 특히 병합의 경우 선행국의 조약은 국경조약 또는 영토적 조약 외에는 소멸한다고 보는 것이 국제적 관행이었음에도 불구하고 이와 완전히 다른 내용을 채택하였다.327)

셋째, 조약승계협약은 분리 독립과 분열을 구분하지 않고 국가분리로 포괄하여 규정하고 있으며, 오히려 분리 독립을 식민지역에서의 분리 독립과 기타 지역에서의 분리 독립으로 구별하고 있는데, 동 협약의 이러한 규정들은 국가의 관행과 상충된다.328)

넷째, 독일이나 남북한과 같이 이미 하나의 국가로서 있다가 분리되어 두 국가로 존재

---

326) Hans Treviranus, *op cit.*, p.278.
327) 정인섭, "통일과 조약승계", 『경희법학』, 제34권 제2호(1999), 215쪽 참조.
328) 신용호, 앞의 논문, 154쪽.

하던 국가들이 다시 합쳐질 경우, 특히 남북한과 같이 상호 간에 국가승인이 없는 상태에서 과연 위 조약의 규정들이 그대로 적용될 수 있을지는 의문이다.[329] 즉, 조약승계협약이 주로 규율대상으로 했던 것은 국가 간의 결합(Fusion)에서 발생하는 국가승계문제이며, 바로 동서독 통일이 좋은 예인 국가흡수(Inkorporation)에 대해서는 명시적인 규율을 하지 않고 있다.[330] 따라서 우리의 입장에서 볼 때는 분단국가의 특수한 사정은 전혀 반영이 되지 않았다는 점을 지적할 수 있다.

이상에서 살펴본 바와 같이 조약승계협약은 기존의 관행을 법전화하고자 오랜 기간 노력을 한 결과이기는 하나, 기존의 관행을 충실히 반영했다고 보기 어렵다. 그중 가장 큰 이유는 조약승계협약 채택 이전의 국가승계의 유형은 대부분 신생독립국들이었고, 그 밖의 다른 국가승계의 유형이 관행화되었다고 할 만큼 일반적인 현상이 아니었기 때문일 것이다. 또한 조약승계협약은 국가승계의 유형도 세분화되지 못하였고, 뒤에서 살펴보는 바와 같이 위 협약 채택 혹은 발효 이후의 국가관행도 위 협약에 따르고 있지 않다. 더군다나 현재까지 조약승계협약 가입국의 수가 22개국에 불과하며, 향후 상당수 국가가 이에 가입할 가능성도 없어 보인다.

결론적으로 조약승계협약은 실제 국가승계 발생 시 하나의 참고사항이 될 수는 있을지언정 이를 일반 국제법규로 받아들이거나, 혹은 그 내용이 국제관습법을 충분히 반영한 것이라고 보기 어렵다 할 것이다. 따라서 국내 국제법 개설서들이 조약승계협약의 내용을 마치 일반적으로 승인된 국제법규이거나 국제관습법화된 것인 양 소개하고 있는 태도는 재고되어야 할 것으로 본다.

Ⅱ. 영토조약 계속성의 원칙에 대한 평가

조약승계협약의 가장 큰 특징은 영토적 조약을 다른 일반 조약과 구별하여 계속성의 원칙이 적용되는 것으로 취급하고 있다는 것이다. 조약승계협약 중 가장 논란이 되고 있

---

329) 박기갑, "남북한의 국제법상 관행 연구", 한림과학원 편, 『남북한 통합 그 접근방법과 영역(하)』(서울: 도서출판 소화, 1998), 148쪽.
330) 전광석·박기갑, "東西獨 統一條約에 나타난 國家承繼條項 分析에 비추어 본 南北韓간 可能한 國家承繼形態와 그 體制에 관한 硏究", 『'93 北韓·統一硏究 論文集(Ⅰ), 統一政策 分野』(서울: 통일원, 1993), 364쪽, 각주 13.

는 부분이 바로 국경조약과 기타 영토적 조약의 승계에 관한 문제이다. 조약승계협약에서는 조약 그 자체의 승계문제를 직접 규정하지 않고, 제11조와 제12조에서 조약 그 자체가 아니라 국경 또는 기타 영토적 조약에 의해 설정된 국경이나 영토적 제도의 승계만을 규정하고 있다.

상당수 학자들은 국경조약과 국경조약에 의해 설정된 국경체제의 계속성의 문제를 명확하게 구별하고 있지는 않지만, 유효하게 성립되고 이의 없이 장기간 지속된 국경획정조약은 존중되어야 하는 것이 국제법상의 일반원칙인 것으로 보고 있다.331)

그러나 이와 같이 영토적 성격의 조약에 대하여 다른 일반 조약과 다른 법적 효과를 부여하려는 시도는 논리적으로도 비난을 면하기 어렵다.

무엇보다도 브라운리가 지적한 바와 같이 영토적 성격의 조약과 일반 조약을 구별하는 기준이 명확하지 않으므로 승계국에게 일반 조약에 대해서는 완전한 행동의 자유를 부여하면서 영토적 성격의 조약에 대해서만 승계국의 이해에 관계없이 승계의무가 부과될 이유가 없다는 것이다. 또한 영토적 성격의 조약으로 분류되는 조약 가운데에는 계속적 이행을 필요로 하는 조약이 상당수 존재하는바 이러한 조약은 조약 당사국 법인격의 동일성이 계속적 이행의 전제가 되므로 일반 조약과 달리 취급해야 할 이유가 없다. 그리고 승계국이 이러한 조약을 계속 적용하는 국제관행이 다수 존재하는 것은 사실이지만 그것이 법적 확신에 의한 것인지 정치적 편의에 의한 것인지 분명하지 않으며, 대부분이 묵인에 의존하고 있다.332)

한편, 국제법위원회는 계속성 원칙의 대상은 조약에 의해 창출된 상황·제도라는 이유로 협약에서 제11조와 제12조의 규정을 삭제하자는 이집트와 아프가니스탄 등 일부 국가의 주장에 대해서, 이를 삭제할 경우 국경 및 기타 영토적 권리·의무의 일방적 폐기권을 부인한다는 이유로 인정하지 않았다. 이 점에 대해서는 조약과 이에 의해 창출된 제도·상황을 동일시한 견해로서 논리적 설득력이 결여되고 있다는 비판이 있다.333) 즉, 국제법위원회가 영토적 성격의 조약에 관하여 특별한 지위를 부여하려는 기도는 그 대상의 혼동에 기인한다. 이 경우 국가승계의 대상은 조약이 아니라 조약의 이행으로 창출된 법적 제도·상황이라고 보아야 하기 때문이다. 계속성의 근거가 국경의 경우에는 안정성과 최종성이며, 기타 영토적 체제의 경우에는 국제관습의 조약에의 이식 또는 지역관습의 형성에 있으므로, 조약보다는 조약에 의해 창출된 제도·상황을 대상으로 하는 것이

---

331) 김정균·서재호, 앞의 책, 228쪽.
332) Ian Brownlie, *op. cit.,* p.669.
333) *Yearbook of International Law Commission,* Vol. Ⅱ(1974), p.83; 신각수, 앞의 논문, 86쪽.

타당하다.334)

그럼에도 불구하고, 대부분의 학자들은 국경조약 자체의 승계문제와 국경조약에 의해 설정된 제도 자체의 승계문제를 명확하게 구별하여 논의하고 있지 않다. 오히려 상당수 학자들은 국경조약에 의해 설정된 국경체제의 계속성의 원칙을 정한 조약승계협약의 내용을 국경조약 자체의 계속성의 원칙을 정한 것처럼 설명하기도 한다.

한편, 국가의 관행을 살펴보더라도 제2차 세계대전 이전에는 대체로 기존의 국경조약이나 국경체제를 인정하는 것이 일반적이었다고 할 수 있다. 특히 *uti possidetis* 원칙은 남미나 아프리카 국가들의 국경 문제 해결에는 상당히 현실적인 해결책이었다는 평가를 받고 있다. 그러나 남미와 아프리카의 경우에는 대체로 식민 지배 이전에 국가 간의 명확한 국경선이 없었고, 구식민국가들이 체결한 국경조약 이전의 다른 국경조약이 없었던 특수한 역사적 배경이 고려된 것이라는 점에서 국제법의 일반원칙으로 받아들이기는 근본적인 한계성을 지니고 있다고 본다.

국경조약이나 기타 영토적 조약의 승계에 대한 국가실행 및 판례에 대한 평가는 같은 현상을 놓고서도 학자들 간에 전혀 상반된 견해가 대립하고 있다.

우선 각국의 실행 및 판례의 입장이 일관되게 국경조약의 승계를 확인해 왔다고 보는 입장이 있다. 즉, 국가관행 및 사법적 결정이 일관되게 국경조약의 승계를 확인하여 왔다면서 대표적인 사례로 프레어 비헤어 사원 사건 및 부르키나파소와 말리 간의 국경분쟁 사건을 대표석인 사례로 들고 있는 입장이다.335) 위 입장은 조약승계협약에 대한 국제법위원회의 견해와 같은 견해라 할 수 있다.

그러나 같은 관행과 사법적 결정에 대하여 이를 전혀 다르게 평가하는 견해도 있다. 대표적인 주장을 살펴보면 다음과 같다.336)

> 국경에 대한 국가승계는 제2차 세계대전을 기준으로 구분하여 접근해야 한다. 2차 세계대전 이전의 국가관행은 대부분 국경조약의 계속성을 인정하는 것이다.
>
> 1830년 백지출발의 원칙에 따라 출발한 벨기에의 독립 시에도 벨기에는 1815년 프랑스-네덜란드 국경조약의 효력을 인정하였으며337), 1866년 하노버를 병합한 프러시아의 경우에도 하노버-네덜란드 국경을 그대로 수락하였다.338) 영국과 프랑스도 계속성의

---

334) *Yearbook of International Law Commission*, Vol. Ⅱ (1974), p.48; 신각수, 위의 논문, 185쪽.
335) 이순천, 앞의 논문, 51쪽.
336) 최태현, 앞의 논문, 45-46쪽.
337) Lord A. McNair, *op. cit.,* p.603.
338) D. P. O'Connell, *op. cit.,* p.273.

원칙을 지지한 바 있다.[339] 제2차 세계대전 이후 아시아, 아프리카의 식민지독립과정에 있어서도 1964년 아프리카단결기구(OAU)의 결의에 나타난 바와 같이 국경에 대한 승계정책이 주류를 이루고 있다. 즉, 조약의 국경승계와 관련한 아시아·아프리카 신생독립국의 태도가 매우 다양함에도 불구하고, 대부분의 신생독립국이 독립 당시 자국의 영토가 식민모국이 가지고 있던 영토와 동일한 점에 대하여 이의를 제기하지 않았다.[340] 그러나 제2차 세계대전 후의 관행은 구식민지 경계획정에 대한 반발에서 계속성을 부인하는 관행이 적지 않게 발견된다는 점에서, 제2차 세계대전 이전의 관행에 비해서 일관성이 결여되고 있다. 이러한 맥락에서 국가승계에 관한 아시아·아프리카제국의 관행은 극단적인 승계주장과 비승계주장이 대립되는 가운데 이론적 요청보다는 현실적 실리에 따라 탄력적으로 해결되는 경향을 보이고 있다.[341]

즉, 위 견해는 제2차 세계대전 이전의 국가관행은 국경조약의 계속성을 인정하였으나, 제2차 세계대전 이후의 관행은 그 이전에 비하여 계속성 인정 측면에서 일관성이 떨어진다고 보고 있는 것이다.

위와 같은 주장을 한 최태현은 사법적 결정에 대하여도 국경과 국가승계에 대하여 중요한 시사점을 제시한 판례가 프레어 비헤어 사원 사건인데, 동사건의 경우에도 국제사법재판소는 국경에 대한 국가승계가 분쟁사안이 아닌 관계로 이를 직접 다루지 않았으며, 국경조약의 승계보다는 당사국의 사후행위에 주로 의존하였다는 점에서는 비판의 여지가 있다면서 국가승계와 국경분쟁을 본안(本案)으로 다룬 국제 판례는 매우 드문 것이며, 이러한 이유로 실제 국가관행과 국제 판례에서 이에 대한 확립된 법리가 존재한다고 보기에는 어렵다고 주장한다.[342] 결국 제2차 세계대전 이후의 국경조약의 계속성의 원칙에 대한 일관성이 부족하고, 사법적 결정 역시 국경조약의 계속성을 인정하기에는 그 사례가 부족하다고 보고 있다.

이 점에 있어서는 신각수 역시 국경조약의 계속성을 인정한 국제 판례는 매우 제한되어 있으며, 이를 통하여 법적 확신의 존재를 인정하기에는 미흡하다고 생각된다며 위와 같은 입장을 보이고 있다. 즉, 앞에서 살펴본 가이아나와 브라질 간 국경사건, 코스타리카와 파나마 간 국경분쟁 사건, 미국과 네덜란드 간 팔마스섬 사건은 국경에 대한 승계

---

339) *Ibid.*, p.274.
340) T. Minh, "Remarques sur le Principe del'intangibilité des Frontières," *Peupeles et Etats du Tiers Monde Face à l'Ordre International*(1978), pp.62-67.
341) Karl Zemanek, *op. cit.*, p.242.
342) 최태현, 앞의 논문, 46-47쪽.

문제라기보다는, 선행국의 국가행위, 관할권 행사에 대한 승계와 관련된다는 점에서 국가 승계 시 발생하는 국경조약 승계에 대한 판례로서의 가치는 제한적이라고 보고 있다.[343] 또한 국가관행의 평가에 있어서도 동질적 사회기반을 근거로 하는 법적 안정성에 치중하여 형성된 구주제국 간의 관행은 다원적 세계로 변모한 현대 국제사회에서의 법적 문제에 그대로 적용될 수 없다는 점도 고려되어야 한다. 또한 계속성 원칙이 아직까지도 평화적 변경이 확립되지 않은 국제사회에서 영토적 일체성 보존이라는 보호이익의 우선에서 오는 불가피한 귀결이라 할지라도, 식민열강이 자국의 이익을 충족시키기 위해서 행한 부당행위의 결과를 신생독립국이 그대로 부담해야 한다는 사실은 명백한 모순이라고 주장한다.[344]

그 밖에도 국경조약 및 특정지역에 관련된 속지적 조약(처분적 조약)은 영토승계 유형에 상관없이 영토 승계국으로 승계된다는 관행이 인정되지만, 그러한 관행이 충분히 확립되었다고 보기는 어렵다며 관행의 일관성의 문제보다는 관행의 불충분성에 대한 문제를 제기하는 견해도 있다.[345]

이상에서 살펴본 바와 같이 각국의 국가승계에 관한 실행은 일관성이 결여되었다고 보거나 관행이 충분히 확립되었다고 볼 수 없다는 견해는 제2차 세계대전 이후의 각국의 관행을 보다 구체적으로 검토한 결과에 따른 견해들로 매우 설득력이 있다고 본다.

또한 국제 판례의 경우는 아직까지는 그 사례가 충분하다고 볼 수 없을 뿐 아니라 각 사례에 있어서 국경조약의 승계 문제 자체가 직접적인 쟁점이 된 경우는 더욱 드물다. 따라서 아직까지는 그간의 판례를 통해 국경조약 계속성의 원칙에 대한 법적 확신의 존재를 인정하기는 어렵다고 본다. 그러나 국제판례가 전반적으로 국경선 안정의 원칙을 중시하는 입장에서 위 원칙을 인정하는 경향을 보이고 있음을 부인하기는 어렵다. 따라서 만일 조중국경조약의 승계문제가 국제사법재판소에 제소된다면 승계가 되는 것으로 볼 소지가 적지 않은 것은 사실이다.

한편, 국경의 최종성과 안정성의 이론(doctrine of continuity and finality of boundaries)은 법적으로 논란이 있거나 불확실한 상황에서 국경의 계속성에 대한 추정을 통하여 기존 국경의 효력을 입증하는 데 원용된다. 그리고 다수의 판례도 국제분쟁의 최종적 해결이라는 관점에서 이 이론에 의존하여 적용법규를 완화하거나 오랜 기간에 걸쳐 확립된 국경의 원초적 흠결의 치유를 인정하고 있다.[346] 그러나 이 이론의 법적 성격과 관련하

---

343) 신각수, 『國際紛爭의 國際法的 解決에 관한 研究』, 191쪽.
344) 위의 논문, 190쪽.
345) 신용호, 앞의 논문, 39쪽.

여 중요한 사실은 이 이론이 국경과 관련된 다양한 국제법원칙의 근거를 제공하고 있으나, 그 자체로 독자적 법규성을 가지고 있는 것은 아니라는 점이다.346) 물론 이 이론을 어느 정도에 있어서는 국제법의 일반원칙의 하나로까지 보는 견해348)도 있지만 이를 독자적인 법원칙으로 보는 데는 한계가 있다고 생각한다.349) 그리고 이 이론은 당사국간에 자유로운 의사에 의하여 새로운 합의를 한 경우와 국경 자체에 불법적 요소, 예컨대 국경에 관한 조약 또는 판결에 무효원인이 있을 경우에는 국경의 최종성이 부인되며, 따라서 안정성도 인정될 수 없다는 점을 유의하여야 한다.350) 따라서 조약승계협약 제11조의 "조약에 의해 확립된"이란 구절은 "유효한 조약에 의하여 유효하게 확립된"을 의미하는 것으로 보아야 하며, 적법하고 유효하게 창출된 상황만을 대상으로 하는 것으로 제한적인 의미로 해석해야 할 것이다.351)

국가승계가 불법적으로 논란이 있는 상태에서 획정된 국경의 유효성 내지 완결성을 획득하는 합법화의 과정으로 간주되어서는 안 된다. 오늘날 국경제도의 계속성의 원칙은 국제사회의 현실에서는 오히려 소수견해로서 별로 지지를 받지 못하고 있다. 즉 오늘날의 국경 또는 영토분쟁의 다수는 과거의 제국주의를 청산하는 과정에서 발생된 것이다. 식민지침탈과정에서 제국주의국가들 간의 정치적 편의에 의해서 현지 인민들의 '자결의 원칙(principle of self-determination)'이 희생되었는데, 오늘날 식민지에서 독립한 신생국들은 그러한 국경 또는 영토조약의 계속성을 부인하고 있기 때문이다.352)

결론적으로 국경조약 승계에 관한 오늘날의 경향은 아직도 소위 자발적 상속(voluntary succession), 즉 관련 국가들 간에 조약을 체결함으로써 모든 예상되는 경우를 개별적이고 명시적으로 처리하는 것이라고 보아야 할 것이다.353) 이 점에 관하여 국경조약의 문제뿐만 아니라 승계국에 의한 선행국의 권리·의무의 승계에 대하여는 일반 국제법상으로도 확립된 원칙이 있다고 말하기 어렵다면서 여기에 통일헌법에 통일한국에 의한 남북한의 권리·의무의 승계에 관한 조항을 삽입해야 할 필요성이 제기된다는 주장이 있다.354)

---

346) 신각수, 앞의 논문, 37쪽.
347) 위의 논문, 37-38쪽; 노영돈, "통일을 전후한 시기의 한국영역 및 국경에 관한 연구", 『'95 북한 및 통일연구 논문집(Ⅴ), 통일대비 관련 분야』(서울: 통일원, 1995), 260쪽.
348) K. H. Kaikobad, "Some Observations on the Doctrine of Continuity and Finality of Boundaries," British Yearbook of International Law, Vol. 54(1983), p.120.
349) 노영돈, 앞의 논문, 260쪽.
350) 신각수, 앞의 논문, 38쪽.
351) Yearbook of International Law Commission, Vol. Ⅰ(1974), p.204.
352) Lung-Fung Chen, op. cit., pp.176-177.
353) J. G. Starke, Introduction to International Law, 9th ed.(London: Butterworth, 1984), p.313; 노영돈, "간도영유권을 둘러싼 법적 제문제", 79쪽.

실제로 조약승계의 문제가 발생하였을 경우 어떤 원칙과 방법에 의해 이를 해결할 것인지에 대한 일관된 국제법원은 존재하지 않는다고 할 수 있다. 특히 분단국의 경우에는 각 분단국의 분단 경위 및 분단국의 법적 지위에 대한 입장 차이로 인해 더욱 어려운 문제로 나타난다. 이런 복잡한 문제 때문에 조약승계협약에서도 분단국의 문제에 대하여는 별도의 규정을 두지 못하였다. 따라서 남북한 통일의 경우에 대비한 조약 승계의 문제는 조약 승계에 관한 기존의 학설과 관행, 특히 예멘이나 독일과 같은 분단국의 선례에 대한 분석과 연구를 통해 우리 나름대로 방안을 미리 준비함으로써 통일에 따른 혼란을 예방하여야 할 필요가 있다.

---

354) 장효상, "통일과 국가상속",『韓國國際法學의 諸問題 : 箕堂李漢基博士古稀紀念』(서울: 박영사, 1987), 115-116쪽.

제4장 중국의 영토분쟁
해결 사례

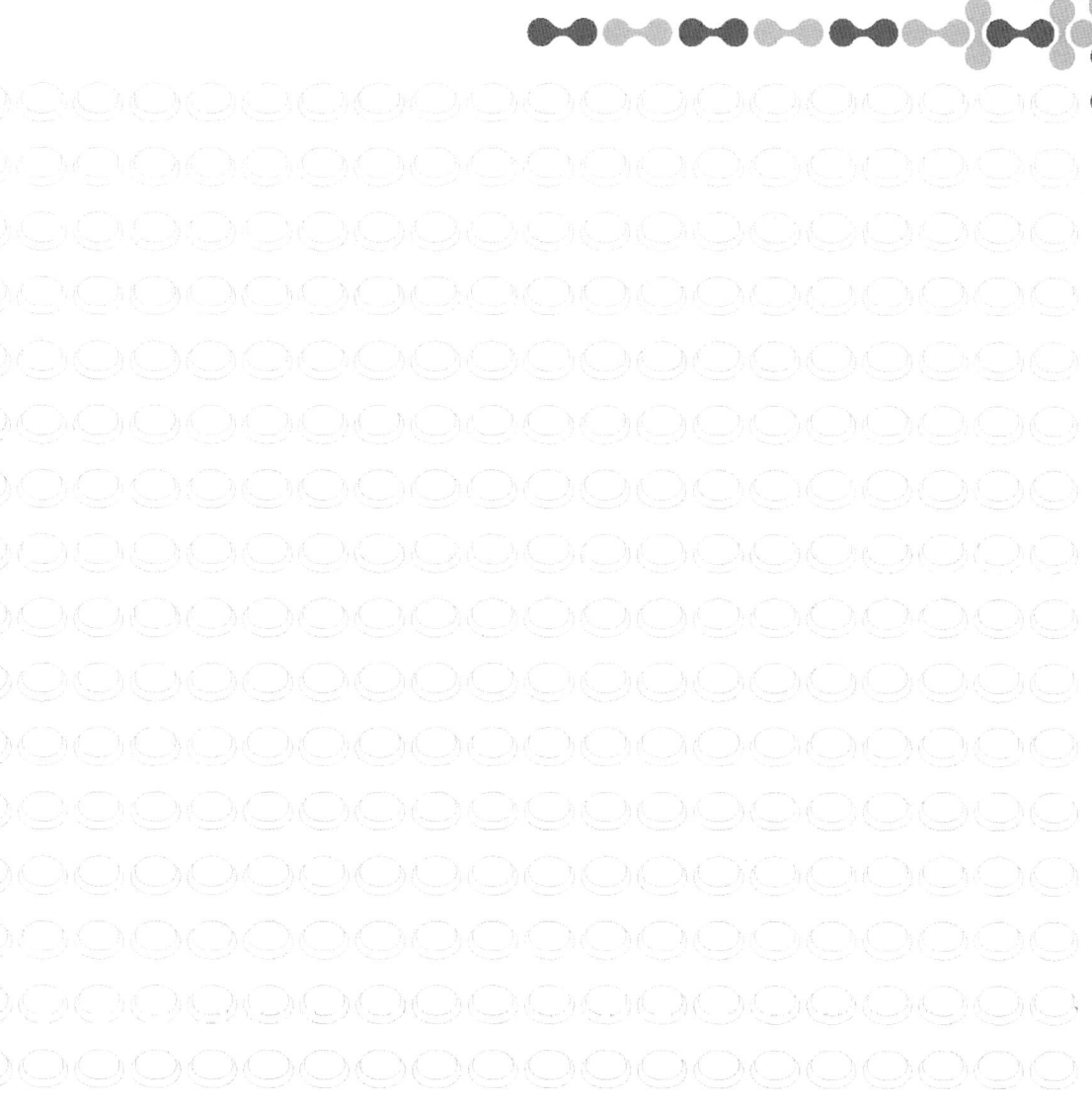

제1절 연구의 필요성

조중국경조약의 승계 여부를 논하는 것은 결국 간도영유권 회복을 주장하기 위한 선결과제를 해결하기 위한 것이라 할 수 있다. 결과적으로 중국과의 영토문제인 것이다.

일반적으로 영토문제는 국제분쟁의 일부를 구성하는 문제로, 국가 간에 일정 영토에 대한 주장이나 반대 주장 또는 국경선을 정하는 데에 따른 국가 간의 대립을 말한다.[355] 영토문제는 서로 공유하거나 쪼갤 수 없는 영토주권의 절대성이 가지는 특성 때문에 양보와 타협을 통한 문제해결의 가능성이 대단히 적다. 즉 정당한 권원(權原)을 갖고 있다고 생각하는 일방의 입장에서 보면 상대방의 주장은 불법적인 것이 되는 것이고, 불법적 주장을 하는 상대방에 대해 양보와 타협을 고려한다는 것은 수용하기 힘든 일이 될 것이기 때문이다.[356] 영토문제의 또 다른 특성은 법률적 분쟁과 정치적 분쟁의 성격을 모두 갖는다는 것이다. 영토주장이 현재 누가 권원을 가지느냐는 문제와 관련된 경우에는 법률적 분쟁으로서 법적 해결을 필요로 하지만, 기존의 권원이 어떤 이유로 다른 나라에 이전되어야 한다는 문제와 관련 된 경우에는 정치적 분쟁으로 보고 있다.[357]

영토문제는 국내분쟁과는 달리 결과를 예측할 만한 분쟁해결 절차나 확고한 국제법적 규칙이 존재하지 않는다. 무정부성을 핵심적 특징으로 하는 현 국제사회에서 국제법은 개개 주권국가 산에 합의가 성립되고 합의한 국가만을 구속하기 때문이다. 따라서 국제사회에서 발생하는 영토문제는 특성상 많은 유사성을 띠고 있음에도 불구하고 국제법상 본질적으로 독립적인 사건으로 취급된다. 이러한 이유로 국제정치 무대에서 과거의 영토문제 해결 사례는 새로 발생한 영토문제 해결에 관한 절대적인 지침이 될 수 없게 된다. 그럼에도 과거의 분쟁해결 원칙과 방법에 대한 분석 및 연구는 새롭게 제기되는 영토문제의 해결에 대비한 이론적 준비의 기초가 될 수 있을 것이다.[358]

이 점은 통일한국과 중국과의 관계에 있어서도 마찬가지라 할 수 있다. 따라서 분쟁 상대국인 중국의 영토 취득에 대한 기본원칙과 관행을 분석하는 것은 간도영유권 분쟁

---

355) 유철종, 앞의 책, 59쪽.; 김학린, 『유엔에시의 영토문제 논의현황과 사례분석』(서울: 농북이역시재단, 2009), 22쪽.
356) 김학린, 위의 책, 26-27쪽.
357) R. Y. Jennings, *The Acquisition of Territory in International Law*(Manchester: Manchester University Press, 1963), p.71.
358) 김학린, 앞의 책, 31쪽.

해결 방안을 모색하는 데 있어서 반드시 필요한 과정이라 할 것이다.

또한 국제법이라고 할 때 그것은 국제사회에서 적용되는 법으로 일견 하나로 존재한다고 이해될 수도 있으나, 실제로는 국제사회의 현실에서는 몇 개의 국제법관이 존재하며, 어떠한 국제법관을 가지고 있는가에 의하여 해당 사항에서 여러 가지의 견해가 주장되고 있다. 특히 과거 제국주의를 정당화 또는 합법화하는 도구로 국제법을 활용하였던 구미의 소위 전통국제법의 입장, 또 국제법에 있어서 자주의 원칙을 최고의 원칙으로 하고 있는 공산주의 국제법의 입장, 또 과거 구미제국의 식민지에서 독립을 이뤄 낸 경험을 가진 제3세계의 국제법에 대한 입장이 서로 다르다.359) 따라서 우리와는 다른 국제법관을 가진 중국의 입장을 살펴보는 것은 그 의미가 적지 않다 할 것이다.

제2절 영토분쟁의 배경과 해결

Ⅰ. 영토분쟁의 배경

오늘날 중국은 건국과 함께 역사상 가장 광활한 영토를 점유하고 있다. 중국은 최근까지 60여 년간 영토분쟁과 해결 과정을 거쳐 왔으나, 인도, 부탄과의 영토문제는 여전히 미완의 문제로 남아 있다. 최근에는 해양 자원 경쟁으로 역내 도서(島嶼) 영유권 문제마저 새로운 쟁점으로 부각되고 있다.

중국은 그 어느 나라보다도 영토분쟁의 경험이 다양한 국가이다. 그 배경으로는 첫째, 중국 영토의 지리적·물리적 특성이 있다. 중국은 2만 2천 킬로미터의 육로와 1만 8천 킬로미터의 해안 국경을 통해 각각 14개국, 6개국과 접경하고 있으며 사실상 이들 국가의 대부분과 지난 반세기 동안 영토분쟁을 경험했거나 하고 있다. 둘째, 중국은 19세기 제국주의의 침략으로 국가주권과 영토의 일부를 유린당했던 역사적 경험으로 인해 다른 어느 국가보다도 주권과 영토에 대한 강한 집착을 가지고 있다. 뿐만 아니라 대부분의

---

359) 노영돈, "간도영유권을 둘러싼 법적 제문제", 77-78쪽.

소수민족이 국경 지역에 집거해 있는 다민족 국가로서 민족 통합과 영토 보전에 대해 취약성을 안고 있어 영토 및 국경문제에 민감하다. 셋째, 중국은 건국과 함께 국가 권력의 기초가 되는 영토 획정에 복잡한 현실적 문제를 잉태하고 있었다. 중국은 제2차 세계대전 이후 건국된 여타의 신생 독립국과 마찬가지로 과거의 '불평등조약'에 의해 확정된 국경선이 존재하고 있고, 이와 함께 건국 후 현실적 주권의 영향력의 지배하에 있게 된 실질 관할선, 그리고 오랜 역사를 통해 형성된 전통적 관습선이 혼재하는 복잡하면서도 불명확한 국경선 획정의 문제를 안고 있었다.360)

Ⅱ. 영토분쟁 해결의 역사

중국은 건국 초기 국내외의 불안정한 환경의 영향으로 국경문제에 대해 잠정적으로 '불평등조약의 불계승과 현상유지'라는 원칙론만을 제시했을 뿐 본격적인 국경획정에 착수할 수 없었다. 불평등조약의 불계승을 선언한 중국의 입장에서 볼 때 거의 모든 인접 국가들과 새롭게 국경협상을 진행해야 하는 과제를 안고 있었다. 즉 남쪽에서부터 베트남, 미얀마, 부탄, 인도, 파키스탄, 아프가니스탄, 소련, 몽골, 북한과 국경획정 문제를 해결하지 못하고 있었다. 그런데 1955년 11월 미얀마와 국경 지역에서 무력 충돌이 계기가 되어 국경 협상이 시작되었고, 1960년에 마침내 국경 협상이 체결되면서 국경문제 해결의 첫발을 디뎠다. 이후 중국은 네팔(1961), 북한(1962), 몽골(1962), 파키스탄(1963), 그리고 아프가니스탄(1963)과 각각 국경조약 또는 협정을 체결하였다.361)

1960년대 대대적인 영토문제의 해결 노력에도 불구하고 소련, 인도, 베트남, 부탄, 라오스와의 국경획정은 마무리되지 못했고 특히, 인도(1962), 소련(1969), 베트남(1979)과의 국경 지역에서의 무력 충돌까지 발생하는 등 영토분쟁의 진통을 거듭해 왔다. 무력 충돌이 발생한 국가와 그렇지 않은 국가의 차이는 일차적으로 중국이 제시한 '불평등조약' 불계승 원칙의 인정 여부에서 출발하고 있다. 중국의 원칙을 수용한 국가들과는 기본적으로 현상 유지 원칙하에 기존의 국경선을 순조롭게 획정한 반면에 불평등조약을 고

---

360) 이동률, "중국의 영토분쟁과 해결-쟁점과 요인", 이동율 외 8, 『중국의 영토분쟁』(서울: 동북아역사재단, 2008), 17쪽.
361) 위의 논문, 25쪽.

수해 온 인도, 소련과는 충돌로까지 발전하였다.362)

　　1980년대부터는 중국의 영토분쟁에 대한 기존의 태도에 주목할 만한 변화가 나타났다. 소위 원칙론에 입각한 위협과 대결적 영토 주장은 크게 줄어든 반면에 국경 지역의 신뢰 구축과 비군사화와 관련된 협상에 참여하는 등 현실적이고 실리적인 태도로 변화하였다. 그리고 특히 탈냉전 시기에 들어와 중국은 경제 발전을 위한 평화적 안보 환경의 확보라는 전략적 고려하에 국경문제 해결에 적극성을 보이기 시작하여, 라오스(1991), 러시아와의 서부국경(1994), 카자흐스탄(1994), 타지키스탄(1999), 베트남(1999), 그리고 러시아와의 동부국경(2004) 문제를 연이어 해결하였다. 그 결과 중국은 인도, 부탄과의 내륙 영토분쟁 그리고 해양 영토분쟁(서사군도, 남사군도, 조어도)을 제외한 나머지 분쟁은 모두 해결하였다.363)

　　1990년대 이후 주목되는 현상으로는 내륙 영토분쟁이 대부분 해결되어 가는 추세인 반면에 해양 영토에 대한 중국의 관심과 주장이 크게 증대하는 양상을 보이고 있다는 것이다. 1990년대 이후 중국이 과거 무력 충돌을 경험한 러시아, 베트남 그리고 인도와 연이어 적극적인 국경획정 문제 해결을 위한 외교적 교섭에 나서고 있을 뿐만 아니라, 남사군도, 조어도 등 해양 영토분쟁 문제에서도 자원 공동 개발 우선의 긴장 완화 정책을 견지하고 있는 배경에는 중국의 총체적 국가전략 변화가 자리 잡고 있음을 주목할 필요가 있다.364)

Ⅲ. 영토분쟁 해결의 특징과 쟁점

　　첫째, 중국은 홍콩, 마카오, 대만을 제외하고는 실제 많은 영토 협상에서 상대국이 제국주의 시기에 체결된 기존 원칙을 소위 불평등조약으로 동의할 경우, 현상 유지의 원칙에 따라 일반적 경계를 수용하고, 상당수 분쟁 지역에서의 정치적 타결을 시도했다. 예컨대 중국은 1949년 이후 23회의 영토분쟁 가운데 17곳을 평화적으로 해결하였을 뿐만 아니라 일반적으로 분쟁지역 영토의 50퍼센트 미만을 획득하는 등 타협적인 태도를 취했

---

362) 위의 논문, 25-26쪽.
363) 위의 논문, 26쪽.
364) 위의 논문, 26-27쪽.

다.[365] 특히 국력이 급속히 증강한 1990년대 이후에도 8개의 국경 분쟁을 평화적이고 타협적으로 해결했다. 요컨대 중국은 기존의 시각과 달리 주변 약소국과의 영토분쟁에서 자신의 힘의 우위를 직접적으로 동원하는 행태를 보이지 않았다는 것이다.[366]

둘째, 중국은 1949년 이후 크게 두 시기, 1960년대 초와 1990년 초중반에 영토분쟁 해결에 적극적이고 전향적인 자세를 취했고 실질적인 외교적 성과를 이루어 냈다.[367]

셋째, 중국은 대부분의 영토분쟁에서 평화적이고 타협적인 방식으로 해결한 반면에 미얀마, 소련, 인도, 베트남과는 무력 충돌을 강행했다.[368]

중국의 영토 및 국경분쟁에 대한 태도는 일반적으로 상정하고 있는 것보다는 현실적이고 실리 지향적이다. 중국은 비록 건국 초기에는 정권의 정당성의 근간인 영토의 보전과 확장을 지향하며 역사적 연고권을 주장했지만 그 이후 구체적인 협상 과정에서는 그 주장을 고수하지 않았다. 그리고 군사적 수단의 사용을 상정하지만 실제로는 외교적 협상을 통해 합법적 국경을 획정했으며, 어떤 경우에 일정 정도 양보하기도 했다. 요컨대 중국은 역사적 연고권을 근거로 확장된 영토를 주장하지만 실제 협상에서는 보다 현실적 이익, 즉 정권 안정, 국가 안보, 그리고 경제적 이익에 대한 고려를 우선하고 이를 바탕으로 영토문제에 접근하고 있다.[369]

Ⅳ. 영토분쟁 해결의 원칙

중국의 영토분쟁 문제를 해결할 때 고수하는 법리적 원칙에 대하여는 중국 요녕대학 역사계 교수인 초윤명(焦潤明)이 비교적 간명하게 설명을 하고 있다.

초윤명이 밝힌 법리적인 관점에서의 중국의 국경 분쟁 해결에 대한 원칙은 중국, 즉 중화인민공화국 성립 후 주변국가인 인도, 북한, 베트남과의 국경 문제를 처리하는 데 있어서 적용된 다섯 가지 원칙과 입장을 말한다. 첫째, 양국이 예부터 관할하는 과정에서

---

365) M. Taylor Fravel, "Regime Insecurity and International Cooperation: Explaining China's Compormises in Territorial Disputes," *International Security*, Vol. 30, No. 2(2005), p.46. 이동률, 앞의 논문, 28쪽에서 재인용.
366) 이동률, 위의 논문 28쪽.
367) 위의 논문, 28쪽.
368) 위의 논문.
369) 위의 논문, 42쪽.

전통적인 관습선에 근거하고 존중한다는 원칙, 둘째, 강압적, 불법적, 비밀적인 국경선은 승인하지 않는다는 원칙, 셋째, 일방적으로 주장한 국경선은 승인하지 않는다는 원칙, 넷째, 중앙정부로부터 권한을 위임받지 않은 상황에 있는 지방 당국이 체결한 모든 국경 조약은 승인하지 않는다는 원칙, 다섯째, 역사가 남겨 놓은 국경 문제는 쌍방 협상을 통해 해결한다는 원칙을 말한다.370)

초윤명은 위와 같이 국경 분쟁 해결에 대해 중국이 적용해 온 다섯 가지 원칙 외에 현대 국제법이 각국의 영토 및 국경 분쟁을 판결하는 원칙으로 세 가지 원칙을 추가로 제시하고 있다. 이 세 가지 원칙은 첫째, 국제법 원칙 선언이 발의한 7개 원칙371), 둘째 현상 승인의 원칙 또는 점유 유지의 원칙, 셋째, 불평등조약에 의해 점유한 지역은 무효하다는 원칙을 말한다.372)

V. 우리의 역사강역이론에 대한 중국의 인식과 동북공정

1. 역사강역이론에 대한 중국의 인식

초윤명에 따르면 중조 양국 사이에는 확실히 역사적으로 남아 있는 여러 국경 분쟁 문제가 존재하는데, 이것이 바로 역사강역 문제로, 역사상 민족의 이동과 변화 및 중조 역사상 각 봉건 왕조 국경의 변경과 조성에 대한 것이라고 지적하면서 이는 본래 전근대 문제에 속하므로 현대 중조에 존재하는 국경 분쟁의 이유가 되지 않아야 한다고 주장한다. 그는 거의 몇 십 년 동안 조선(북한)과 한국(남한)의 일부 사학자들은 편협한 민족 이기주의적 입장에서, 저마다 자국의 정치적 요구에 영합하여, 일련의 역사강역이론을 내놓았으며, 그중 조선 학자 박시형이 조선의 『력사과학』 잡지 1962년 1기에 발표한 '발

---

370) 구체적인 내용은 초윤명, "국경 분쟁을 해결하는 법리원칙", 馬大正 주편, 이영옥 옮김, 『중국의 동북 변강 연구』(서울: 동북아역사재단, 2007), 41-45쪽 참조.
371) 국제연합은 1970년 만장일치로 「국제연합 헌장에 따른 각국의 우호 관계 수리 및 국제법 원칙 합작에 관한 선언」을 통과시켰으며, 7개의 기본 원칙을 선포하였는데, 7개의 기본원칙이란 ① 비합법적인 위협 또는 무력 사용 금지의 원칙, ② 국제 분쟁의 평화적 해결 원칙, ③ 내정 불간섭 원칙, ④ 국제 협력의 원칙, ⑤ 모든 민족은 평등한 권리와 자결권을 가진다는 원칙, ⑥ 각국 주권 평등의 원칙, ⑦ 헌장에 따라 맡은 의무 이행의 원칙을 말한다.
372) 구체적인 내용은 초윤명, 앞의 논문, 45-48쪽 참조.

해사 연구를 위하여'라는 긴 글이 가장 대표적이라고 한다. 초윤명은 중국 동북 지역을 한국 역사의 무대 범위로 포함시킬 것을 주장하는 한국 학술계의 대표적인 저서로 유정갑의 『북방영토론』, 노계현의 『고려영토사』, 신기석의 『간도 영속권에 관한 연구』, 김득환의 『백두산과 북방강계』, 양태진의 『한국국경사연구』등을 거론하고 있다.373) 초윤명은 남북한 학자들이 주장하는 역사강역귀속이론은 역사 과학의 기본 원칙을 엄중히 위배한 것이며, 옳고 그름을 뒤섞은 것이며, 역사 과학과 동북아 지역 고대사 연구에 혼란을 일으켰다고 비난한다.374)

위 초윤명의 글에서 중국과의 국경 문제에 대해서 남한 학자들뿐만 아니라 북한 학자들도 글을 발표하고 있다는 것을 간접적으로 알 수 있다. 국내에 이와 관련된 북한 학자들의 글이 발표되지 않아 그 구체적인 내용을 알 수는 없으나, 초윤명의 글을 보면 북한 학자들의 주장 역시 남한 학자들의 주장과 크게 다르지 않다는 것을 짐작할 수 있게 한다. 이는 북한이 이미 중국과 조중국경조약을 체결하여 북한에서는 공식적으로 중국과의 국경분쟁이 종료된 것으로 보아야 할 것인데도 비록 학술계의 주장이라고는 하나 위와 같은 글이 발표되고 있다는 것은 조중국경조약 체결과정에 우리가 아직 파악하고 있지 못한 또 다른 문제점이 있을 수도 있다고 본다. 이처럼 중국은 남북한 학자들의 주장을 단순히 일부 학술계의 주장으로 가볍게 보지 않고 정치적인 관점으로 확대될 가능성을 매우 경계하고 있다는 점에 주목할 필요가 있다.

2. 동북공정

중국사회과학원은 2001년 6월 장춘에서 '동북변경의 역사와 현상계열 연구 좌담회'를 주최한 이후, 많은 준비 작업을 통해 동북 3성과 연합하여 2002년 2월 '동북변강의 역사와 현상계열 연구 공정(東北邊疆歷史與現狀系列研究工程)', 이른바 '동북공정'을 정식으로 시작하였다. 동북공정 사업은 국가통일, 민족단결, 변강안정을 목표로 하고 있으며, 5년간의 연구를 시행한 후 공식적으로는 2007년 1월 종결되었다. 중국의 동북공정 착수에 대한 소식은 2003년 7월 『중앙일보』의 보도를 통해서 처음 국내에 알려졌다.375)

---

373) 위의 논문, 49쪽.
374) 구체적인 내용은 위의 논문, 50-51쪽 참조.
375) 동북공정의 구체적인 연구 성과에 대하여는 서길수, "중화인민공화국 동북공정 5년의 성과와 전망", (사)고구려연구회 엮음, 『동북공정과 한국학계의 대응논리』(서울: 여유당출판사, 2008), 15-74쪽 참조.

동북공정의 배경에 대하여 서울대학교 국사학과 교수인 송기호는 첫째, 소수민족정책, 둘째, 만주 영유권 주장에 대한 대응과 조선족에 대한 단속으로 보고 있다.[376] 그러나 동북공정의 총책임자로 알려진 중국사회과학원의 부원장 왕락림(王洛林)은 아래와 같이 그 주된 배경을 한국의 소수 연구기구와 학자들의 고구려, 발해사 왜곡과 간도 영유권 요구에 있다고 설명하고 있다.

> 최근에 조선과 한국의 소수 연구 기구와 학자들이 중국과 조선 관계사 '연구'에서 사실을 왜곡하고 혼란을 조장하고, 소수의 정객들은 정치적 목적에서 공개적으로 여러 잘못된 논의들을 선전하여 이미 우리에게 일종의 도전이 되고 있다. 그것은 아래의 몇 가지 측면에서 더욱 두드러진다. 첫째, 딴마음을 품고서 고구려, 발해 등 고대 중국 동북 지방의 속국 정권이 고대 조선족의 독립 국가라고 '논증'하고, 오늘날 중국 동북변강은 역사적으로 고대 조선의 영토라고 호언한다. 둘째, 역사상의 민족 분포와 천도 문제에서 사실을 왜곡하고 혼란을 조장하여 청동 단검이 출토된 지역은 모두 고대 조선의 영역이라고 호언한다. 그리고 심지어 부여 등 고대 중국 동북변강의 원주민족이 고조선으로부터 갈라져 나온 侯國이고 고조선의 일부분이라고 '논증'하면서, 그것을 근거로 중국 동북을 고조선의 범위로 편입시키기까지 한다. 셋째, 이른바 '간도 문제'로 우리나라 吉林과 延邊 지역의 근대 조선의 이민문제를 '邊界問題'로 제기하고, 그것을 근거로 영토를 요구한다. 현재 조선과 한국 양국은 여전히 계속하여 상술한 중조 관계사 연구의 왜곡에 대대적으로 힘을 기울이고 신판 교과서와 매스컴을 통해 각종 기이한 논의들을 선전한다.[377]

왕락림(王洛林)은 동북공정을 "중앙의 지도자들이 동북변강의 연혁사 연구에 대해 지시한 정신을 완성하기 위한 것이다. 이것은 중요한 학술적 가치가 있을 뿐만 아니라, 특히 우리의 국가 안전과 국가 주권에도 중요한 정치적 의의를 갖고 있다"라고 그 중요성을 설명하고 있다.[378]

길림성의 부성장이면서 동북공정의 영도소조 부조장인 전철수(全哲洙)도 동북변강 문제의 중요성과 긴박함에 대하여 "동북변강의 문제는 학술 문제일 뿐만 아니라 국가의 영토, 강역, 주권 등에 관련된 중대한 정치 문제이다. 지역적 문제일 뿐만 아니라 국가의

---

376) 송기호, 『동아시아의 역사분쟁』(서울: 솔출판사, 2007), 151-161쪽.
377) 王洛林, "동북변강 연구의 강화, 학과 건설의 촉진", 馬大正 주편, 이영옥 옮김, 『중국의 동북변강 연구』(서울: 동북아역사재단, 2007), 18-19쪽.
378) 위의 논문, 17쪽.

안전이나 평온과 관계된 전면적인 문제이다. 우리들은 단지 학술적 측면뿐만 아니라 정치적으로 국가 영토 주권의 보전, 국가의 안전, 변강의 평온, 민족 단결 등의 측면에서도 이 문제의 연구가 중요하고 긴박함을 충분히 인식해야 한다"고 강조하고 있다.379)

이와 같이 우리나라의 경우 간도 문제가 아직은 학술적 논의 단계를 크게 벗어나지 못하고 있는 반면에 중국은 이미 이 문제의 심각성을 깨닫고, 이를 중국의 영토와 주권 등에 관련된 중요한 정치적인 문제로 이해하면서 적극적으로 대처하고 있다는 점을 깊이 인식할 필요가 있다.

제3절 영토분쟁 해결 사례 및 시사점

Ⅰ. 주변 국가와의 영토분쟁 해결 사례

1. 소련과의 분쟁

가. 분쟁의 배경과 과정

중국은 러시아와 총 길이 약 4,354킬로미터에 달하는 가장 긴 국경선을 접하고 있다. 이 국경선은 1689년 중국 최초의 근대적 국경 조약인 네르친스크조약 체결 이후 양국 간 국경 문제가 해결된 것으로 보는 2004년까지 300여 년의 역사적인 분쟁 과정을 통해 형성된 것이다. 위 국경선의 대부분은 동쪽 지역이 차지하고 있고, 서쪽 지역은 약 54킬로미터에 불과한데, 이는 1991년 소련 연방이 해체되면서 기존의 서쪽 국경선 대부분이 중국과 중앙아시아 4개국의 국경선으로 변했기 때문이다.

역사적으로 중국과 러시아 사이에 근대적 의미의 국경선이 형성되기 시작한 것은 17

---

379) 全哲洙, "동북변강 문제에 대한 연구 진행의 몇 가지 문제", 馬大正 주편, 이영옥 옮김, 『중국의 동북변강 연구』(서울: 동북아역사재단, 2007), 22-23쪽.

세기 말로 거슬러 올라갈 수 있다. 16세기 말부터 17세기 초에 만주족이 동북 지역에서 발흥하여 명(明)조의 권위에 도전하기 시작하면서, 중앙정부의 동북 지역에 대한 통제는 심각하게 약화되었다. 1644년 만주족이 세운 청(淸)조가 명나라를 대체한 후에도, 동북 지역은 만주족의 발원지였음에도 불구하고, 여전히 청조의 중요한 관할지역이 아니었다. 따라서 이 시기 제정러시아와 동북 변방 지역에서 여러 차례 무장 충돌이 있었지만, 청조는 최소한의 대응만 취할 뿐 그다지 강력한 조치를 취하지 않았다. 1685년 청조의 정권기반이 공고화된 후에야 마침내 이 지역을 주목하게 되었고, 러시아와 국경문제에 대한 진지한 협의를 진행하였다. 그 결과 1689년 중국 최초의 근대적인 의미의 국경 조약인 네르친스크조약을 체결하였다.[380)

그러나 청조는 1840년 아편전쟁에서 패하면서 각종 이권을 러시아를 비롯한 제국주의 국가들에게 강탈당하였다. 특히 청은 1858년 제2차 아편전쟁을 겪었고, 1860년 영·프 연합군으로부터 베이징 침공을 받았으며, 이 시기에 국내적으로는 태평천국의 난이 일어났다. 러시아는 이 기회를 이용하여 청으로부터 영토를 가장 많이 할양받은 아이훈조약(愛琿條約)과 베이징조약(北京條約) 등을 강제로 체결한 것이다. 즉 1858년에 체결된 아이훈 조약에서는 헤이룽강(黑龍江) 북쪽과 와이싱안링(外興安嶺) 남쪽의 60만 제곱킬로미터의 땅을 할양받았으며, 우수리강 동쪽의 중국영토를 공동관할하게 되었다. 1860년에 체결된 베이징조약에서는 우수리강 동쪽 공동관리지역 40만 제곱킬로미터를 할양받았다. 1864년에 체결된 감분서북계약기(勘分西北界約記)에서는 중국 서부의 44만여 제곱킬로미터를 차지하였다. 1881년 체결된 이리조약(伊犁條約)에서는 7만여 제곱킬로미터를 차지하였고, 1884년에는 파미르고원 지역의 2만여 제곱킬로미터의 영토도 확보하였다.

나. 분쟁의 해결

1919년 7월 소비에트 정권은 제1차 '대중선언(對華宣言)'을 통하여 일본, 중국, 영국·프랑스 등 '협상국'들과 체결한 모든 비밀협약을 폐기하고, 중국 인민들에게서 제정러시아가 갈취해 간 혹은 일본 및 영국·프랑스 등 '협상국'들과 공동으로 뺏어간 모든 것을 중국 인민들에게 돌려줄 것임을 선언하였다. 또한 1920년 9월 제2차 '대중선언'에

---

380) 이정남, "중국과 러시아 간의 영토분쟁과 해결방식", 이동율 외 8, 『중국의 영토분쟁』(서울: 동북아역사재단, 2008), 54-55쪽.

162 남북통일과 북한이 체결한 국경조약의 승계

서는 제정러시아가 중국과 맺은 일체의 불평등조약을 폐지하고, 과거 중국에서 뺏어간 영토와 조계 등 모든 것을 무상으로 돌려줄 것을 선언하였다. 1924년 5월 중·소 국교 정상화 당시, 중·소 사이에 체결된 '중소현안해결대강협정(中蘇解決懸案大綱協定)'은 중국과 러시아 정부가 체결한 일체의 공약과 조약, 협정, 의정서 및 계약서는 제1, 2차 '대중선언'의 정신에 입각하여 다시 협약, 조약, 그리고 협정을 체결한다고 규정하고 있다. 또한 양국의 변계는 다시 획정을 하며, 획정이 이루어지기 전까지 현재의 변계를 유지한다고 규정하고 있다. 그러나 당시 중국이 남북 정부로 분열되어 있고, 레닌이 사망하면서 소련의 중국 정책은 더 이상 실현되지 못하였다. 그 후 약 20년간 중·소간 국경문제를 둘러싼 모든 진행 과정은 중단되었다.[381]

1960년에 들어서면서 중국의 적극적인 회담 요청에 의하여 양국은 1964년 2월 제1차 국경담판을 시작으로 6개월간 회담을 진행하였다. 그러나 위 국경회담은 불평등조약에 기한 영토반환을 주장하는 중국의 입장과 합법적인 국제조약론에 근거한 소련의 입장이 맞서 아무런 성과도 얻지 못하였다.

그 이후 양국의 정치적인 갈등과 더불어 국경 지역의 긴장관계가 더욱 고조되면서 소련군이 중국 어선을 공격하여 어민들을 강제로 구금하고, 중국의 변방 수비대를 공격하여 사상을 입히고 무기를 빼앗는 사건이 종종 발생하였다. 1968년 1월 5일에는 소련 군대가 우수리강에 있는 중국의 치리친(七里沁)섬에 장갑차를 끌고 침입하여 중국 어민 4명을 죽이는 등의 사건이 발생하였고, 1969년 3월에는 전바오다오(珍寶島)에서 양국 국경 수비대 간 충돌이 발생하여 수많은 사상자가 생기기노 하였다. 이후에도 양국 관계는 더욱 악화되어 국경지역에서의 무력 분쟁이 끊이질 않았다. 이에 양국은 1969년 9월 제2차 국경회담을 재개하였다. 그러나 제2차 회담에서는 19세기 이후 양국 간 영토 관련 협정들이 평등하다는 것을 인정하라는 소련의 강력한 주장으로 역시 별다른 성과를 얻지 못하였다.[382] 그 후로도 양국은 1978년까지 15차례에 걸친 회담을 진행하였으나 협의점을 찾지 못하였다.

이후 1985년 소련 공산당 총서기로 취임한 고르바초프는 '신사고' 외교정책 노선에 기초하여, 중국과의 관계 개선을 희망하였다. 그리고 1986년 7월 28일 그는 블라디보스토크 연설에서 처음으로 중·소 국경문제의 해결에 대하여 이전과는 다른 입장을 취하였다.

중국 역시 1978년 이래 추진된 성공적인 개혁 개방정책의 추진을 위하여 소련과의 관

---

381) 위의 논문, 57쪽 참조.
382) 제2차 회담의 구체적인 내용은 최덕규, "중소관계와 국경분쟁-전바오다오(珍寶島) 사건(1969)을 중심으로", 안병우외 12, 『중국의 변강 인식과 갈등』(서울: 한신대학교출판부, 2007), 276-287쪽 참조.

계 개선이 현실적으로 필요한 상황이었다. 이에 1986년 9월 2일 덩샤오핑은 고르바초프의 블라디보스토크 선언에 대하여 적극적인 지지를 보내면서, 영토문제에 있어서 명분론보다는 실용주의적인 태도를 취할 것임을 천명하였다. 즉, 그는 역사와 현실적인 상황을 고려하여 과거의 '불평등' 조약들을 인정하고 이 조약에 기초하여 영토문제를 합리적으로 해결해야 한다고 주장하였다.[383]

이 같은 상황에서 1987년 2월 9일에서 23일 사이에 모스크바에서 제3차 담판이 진행되었다. 이 회담에서 양국은 현재의 중·소 변계 조약을 기초로 하고, 공인된 국제법 준칙에 근거하여 평화적 협상과 상호 간 양해와 양보의 정신에 기반하여 공정하고 합리적으로 역사적 유제인 변계 문제를 해결한다는 원칙에 동의하였고, 구체적으로 동쪽 지역 변계에 대한 협상부터 출발하기로 합의하였다. 그리고 쌍방은 현재 중·소 변계 조약을 기초로 하고, 배가 다니는 하천의 경우는 주항도 중심선을, 배가 다니지 않는 하천은 하천의 중심선을 경계로 하여 동쪽 지역의 국경을 구획할 것을 합의하였다. 이 같은 쌍방 간의 합의에 기초하여, '중소공동국경탐사위원회(中蘇聯合勘界委員會)'가 구성되면서, 국경문제의 해결은 본궤도에 진입하게 되었다.[384]

약 4년간의 협상을 통하여, 1991년 '중·소동단국경협정(中蘇國界東段協定)'이 체결되었고, 이 협정은 동쪽 지역 국경문제의 해결을 위한 원칙적인 합의를 도출해 내었다.[385]

그러나 1991년 동쪽 지역의 협정 체결 당시 서쪽 지역의 국경 구획에 대해서는 합의를 하지 못하였다. 그러던 중 1991년 말 소련이 해체됨으로써, 중국의 서쪽 국경 지역은 러시아, 카자흐스탄, 키르기스스탄 및 타지키스탄 등 4개 국가와 접하는 상황으로 전환되었다. 이 같은 상황의 전환으로, 원래 중·러 간 분쟁 지역이 중국과 중앙아시아 국가들과의 문제가 됨으로써, 서쪽 지역 중·러 양국 국경에 대한 문제의 해결은 비교적 빠르게 진행되었다. 구체적으로 1994년 9월 중국과 러시아 쌍방은 모스크바에서 서단 국경 약 54킬로미터에 대하여 서명하였고, 다음 해 10월 양국 최고입법기관이 이를 비준하였다.

1992년부터 1998년까지, 양국 '공동국경탐사위원회'는 동쪽 국경 지역을 측량하여 동

---

383) 이정남, 앞의 논문, 69쪽.
384) 위의 논문, 69-70쪽.
385) 이 협정으로 중국은 첫째, 동쪽 지역 헤이룽강과 우수리강 주항도 중심선 중국 측에 있는 섬들(전바오섬 포함)을 중국 측으로 귀속시키는 성과를 거두었고, 둘째, 쌍방의 각종 선박이 우수리강에서 헤이룽강까지 자유롭게 항해할 수 있게 되었으며, 셋째, 중국 측 선박이 투먼강 하류를 따라 태평양 해역으로 자유로운 왕래가 가능하게 되었다.

쪽 국경을 확정하였다.386)

이처럼 서쪽 지역과 동쪽 지역의 국경선 문제가 기본적으로 해결되었지만, 내몽고의 어얼구나(額爾古納) 하천상의 아바가이투(阿巴盖圖洲渚: 러시아명 볼쇼이 섬) 모래섬과 러시아 극동 지역 하바로프스크 부근의 헤이샤쯔섬 및 원룽섬 등 세 개의 섬에 대해서는 여전히 의견일치가 되지 않아 쟁점으로 남아 있게 되었다.

그러나 이들 세 개 섬에 대한 문제에 대해서도, 2004년 영토 회담에서 합의가 이루어졌다. 구체적으로 원룽섬은 중국 영토로 하고, 헤이샤쯔섬과 아바가이투섬을 분할 지배하는 방식으로 최종 합의하였다. 그리하여 2004년 10월 14일 푸틴의 방문 기간 동안 중·러 쌍방은 중국과 러시아의 국경 동쪽 지역에 대한 보충협정을 체결하였다. 그리고 2005년 4월 27일 중국의 인민대표회의가 협정의 결과를 비준하였고, 5월 20일부터 5월 25일 사이에 러시아 상하원 역시 이 협정 결과를 비준하였다. 이는 300년 동안 이어져 온 영토문제가 모두 해결되었음을 의미한다.387)

상술한 내용을 조합해 볼 때 중러 양국 간의 국경문제의 최종적인 해결은 정치적인 신뢰 관계의 회복을 기초로 한 쌍방 간의 양보를 통하여 이루어졌다고 볼 수 있다. 러시아 입장에서는 과거 제정러시아 시기의 중·러 간 '불평등' 조약에 기초한 국경선의 구획이 사실상 정당한 것으로 인정받았지만, 동시에 중국이 지속적으로 주장해 온 국제법 준칙에 근거하여 하천의 중심선을 중심으로 하여 새로운 국경선을 획정하는 양보를 하였다. 중국 역시 하천의 중심선을 중심으로 한 국경선의 새로운 획정이라는 주장을 관철시켰지만, 다른 한편 과거 청조 시기 제정러시아의 '불평등' 조약에 기초한 국경선을 현실적으로 인정하고 받아들였다는 점에서 일정한 양보라고 볼 수 있다.388)

국경 문제는 역사 문제에서 비롯되지만 최종적으로 정치 문제로 전화되는 특징이 있다. 중·러 국경 문제 해결 과정은 국경 분쟁이 영토의 침탈과 반환이라는 영토문제 자체의 쟁점보다는 오히려 중·러 양국의 정치역학 관계뿐만 아니라 국제관계와 보다 긴밀하게 맞물려 있음을 보여 준다. 이는 중국 지도부가 제기한 '불평등 조약론'과 '영토 청구론'이 소련으로부터 탈취당한 영토를 반환받기보다는 이를 명분으로 소련과 합리적인 새로운 국경 조약 체결을 기대한다는 저우언라이의 대소 협상 3대 지침을 통해서도 재확

---

386) 구체적으로 육지와 하천에 2~3킬로미터마다 경계를 표시하는 1,183개의 표지판을 설치하였고, 바이칼 호수 위에 24개의 표지판을 설치하였다. 또한 국경의 구분 기준으로 주항도선을 인정하고 주항도 중심선을 함께 측정하여, 강 가운데 있는 섬 중 1,163개의 섬을 러시아로 귀속시키고, 1,281개 섬을 중국으로 귀속시켰다.
387) 이정남, 앞의 논문, 71-72쪽.
388) 위의 논문, 72-73쪽.

인된다.[389] 이러한 중국의 국경 문제 해결에 대한 인식은 간도 문제와 관련하여 우리가 취해야 할 태도에 대해 적지 않은 시사점을 제공하고 있다.

2. 중앙아시아와의 분쟁

가. 분쟁의 배경과 과정

중국과 중앙아시아 지역의 국경 분쟁은 원래 중국과 소련 간의 문제였으나 1991년 12월 소련이 해체되면서 이 지역의 국경 분쟁은 중국을 포함하여 러시아 및 중앙아시아 3개국인 카자흐스탄, 키르기스스탄, 타지키스탄 등 5개국의 문제로 전환되었다.

소련 해체 이후 7,000여 킬로미터에 달하던 중·소 국경선은 다양하게 분할되었다. 러시아는 중국과 4,370킬로미터의 국경선을 마주하고 있는데, 그중 동쪽 경계선이 4,320킬로미터로 대부분을 차지하고 중앙아시아 지역에 해당하는 서쪽 경계선은 50킬로미터만 남았다. 반면 신생독립국인 중앙아시아 3개국은 중국과 3,000여 킬로미터의 국경선을 대부분 공유하였다. 구체적으로 카자흐스탄, 키르기스스탄, 타지키스탄은 중국과 각각 1,700킬로미터, 1,100킬로미터, 500킬로미터의 국경선을 나누고 있다.[390]

이 지역의 국경 분쟁이 야기된 직간접적인 역사적 배경은 다른 지역의 경우와 크게 다르지 않다.

첫째, 근대 이전 중국은 주변국에 대한 간접 통치 위주 및 조공관계로 이루어진 중화질서를 구축하였기 때문에 변경 지역 경계를 명확히 구분하지 않았다. 둘째, 이 지역 국경분쟁의 직접적 유래는 제정러시아의 영토 확장에 따른 불평등조약 체결에서 기인한다. 셋째, 이 지역 국경분쟁의 직접적인 역사 배경은 중·소 국경분쟁에서 찾을 수 있다.[391]

이 지역에 대해 중국은 당사국과의 직접적인 외교교섭 방식을 택하였고, 특히 양자 및 다자간 접근방식을 동시에 사용하였다. 즉, 당사국인 러시아 및 중앙아시아 3개국과 개별적인 양자협상을 진행하는 한편 소련을 대표로 하는 4개국 연합대표단과 1 대 4 형태의

---

389) 최덕규, "중국 역사 교과서의 중·러 국경 문제 서술", 『중국 역사 교과서의 민족·국가·영토문제』 (서울: 동북아역사재단, 2006), 235-236쪽.
390) 张小明, 『中国周边安全环境分析』(北京: 中国国际广播出版社, 2003), 136쪽.
391) 전병곤, "중국과 중앙아시아 간의 영토분쟁과 해결방식", 이동율 외 8, 『중국의 영토분쟁』(서울: 동북아역사재단, 2008), 146-147쪽.

양자 협상을 진행한 것이다.

나. 분쟁의 해결

중국의 분쟁 해결 과정은 3단계, 즉 중·소 협상 단계, 중국 대 4국 협상단계, 상하이 5국하의 양자 협상단계로 구분할 수 있다.

첫 번째 단계인 중·소 협상단계는 1989년 5월 고르바초프의 방중을 통해 중·소 양국 관계가 정상화된 이후 1991년 12월 소련이 해체될 때까지의 시기로서 중·소의 일대일 협상을 특징으로 한다. 양국은 1991년 5월 '중·소동단국경협정'을 체결하면서 양국 간의 오랜 국경분쟁을 해결하기 시작했다. 그러나 1991년 12월 소련이 해체되고 중앙아시아 국가들이 잇달아 독립함에 따라 이 지역의 국경분쟁 대상국과 내용도 변화하였다.[392]

두 번째 단계인 중국 대 4국 협상 단계는 1991년 12월 소련 해체 이후 1996년 4월 상하이5국회의 성립 이전까지의 시기다. 이 단계에서는 중국을 일방으로 하고 러시아 및 중앙아시아 3국을 일방으로 하는 1 대 4 협상을 특징으로 한다.[393] 1992년 11월 9일 중국은 러시아, 카자흐스탄, 키르기스스탄, 타지키스탄 등 4국 연합대표단과 변경 지역 상호 감군과 군사영역의 신뢰 강화문제에 대한 회담을 진행하였다. 1995년 11월 중국과 러시아를 대표로 하는 4개국 연합대표단은 '변경 지역 군사영역 신뢰 강화에 관한 협정'을 채택하고, 다음 해인 1996년 4월에 상하이에서 정식으로 서명하였다.[394] 이로써 중국은 이 지역 국가들과 국경 지역의 안정에 관한 큰 틀에서 합의를 이끌어 낼 수 있었다. 이러한 1 대 4의 틀과 함께 개별적인 양자 협상도 진행하여 1994년 4월 카자흐스탄과 '국경협정'을, 9월 러시아와 '국경선서단협정'을 체결하는 성과를 거두기도 하였다.

세 번째 단계인 상하이5국하의 양자 협상단계는 1996년 4월 상하이5국회의가 성립된 이후의 시기다. 이 단계에서는 이 지역 국경분쟁 해결에 가장 결정적인 5개국 간 개별 협상을 특징으로 한다. 중국을 비롯한 5개국은 상호신뢰와 국경 지역 철군, 지역안정 강화, 민족분리주의·이슬람원리주의·국제테러리즘의 3대 문제에 대하여 공동으로 대응할 것을 합의하였다. 그리고 상호관계를 규율하는 원칙으로 이른바 '상하이 정신'을 표방하

---

392) 위의 논문, 151쪽.
393) 위의 논문, 151쪽.
394) 杨成绪 主编, 『中国周边安全环境透视』(北京: 中国青年出版社, 2003), 123쪽. 전병곤, 위의 논문, 153쪽에서 재인용.

였는데, 상하이정신이란 상호신뢰, 상호이익 추구, 평등한 관계, 협상을 통한 문제 해결, 다양한 문화의 존중, 공동발전의 추구를 말한다.395) 이러한 '상하이 정신'과 '상하이 5국' 회의는 중앙아시아 국경분쟁을 해결하는 데 중요한 기초가 되었다.396)

1996년 4월 26일 중국, 러시아, 카자흐스탄, 키르기스스탄, 타지키스탄 등 5개국 정상은 상하이에서 '국경 지역의 군사영역 신뢰강화에 관한 협정'을 체결하고 매년 한 차례 회의를 개최할 것에도 합의했다.397) 이후에도 위 5개국은 1997년 4월 24일 모스크바에서 진행된 2차 회의에서는 '국경지역 상호 철군 및 감축에 관한 협정'을, 1998년 7월 3일 알마티에서 개최된 3차 회의에서는 '알타이성명'을 채택하는 등 다자협정을 통해 국경 지역에 완충지대를 설정하고, 군사적 충돌을 방지하는 협정을 체결함으로써 상호 신뢰를 구축했으며, 이러한 노력이 향후 국경문제 해결의 기초가 되었다.

중국은 카자흐스탄과는 1997년 9월에 '국경보충협정'을 체결하고, 이듬해인 1998년에 두 번째 '국경보충협정'을 체결함으로써 양국 간 국경문제를 해결하였다.

키르기스스탄과는 1996년 7월 '국경협정'을 체결하였으며, 1999년 8월 상하이5국 정상회담 기간 중 '국경보충협정'을 체결하여 국경문제를 해결하였고, 타지키스탄과도 '국경협정'을 체결하였다. 타지키스탄과 키르기스스탄 3국의 국경 교차 지역에 관해서도 2000년 7월 제5차 상하이5국 정상회담 기간 중 '3국 국경 교차점에 관한 협정'을 체결하였고, 2002년 5월 타지키스탄과의 '국경보충협정'을 체결함으로써 중앙아시아 3국과의 국경 문제를 모두 해결하였다.

위 국경협정 체결 과정에서 중국은 상대국에 적지 않은 양보를 하였으며, 이러한 중국의 태도가 국경 문제 해결을 가능하게 하였다고 할 것이다.

대표적으로 카자흐스탄의 경우 중국은 분쟁지역의 22퍼센트만을 수용하였고, 키르기스스탄의 경우 분쟁 지역의 32퍼센트만을 수용하였다.398)

타지키스탄의 경우 중국은 타지키스탄 영토의 20퍼센트에 달하는 파미르 고원지대 2만 8,000제곱킬로미터의 영토에 대한 영유권 주장을 해 오다가 결국은 타지키스탄으로부터 1,000제곱킬로미터만을 넘겨받기로 하고 국경협상을 마무리하였고, 타지키스탄 하원은 2011년 1월 12일 위 국경협상에 대한 비준을 하였다.399)

---

395) 李钢 主编, 『上海合作组织』(上海: 上海海关出版社, 2004), 12-13쪽. 전병곤, 위의 논문, 154쪽에서 재인용.
396) 전병곤, 위의 논문, 154쪽.
397) 위의 논문, 154쪽.
398) M. Taylor Fravel, op. cit., p.79. 전병곤, 위의 논문, 158쪽에서 재인용.
399) 『조선일보』, 2011년 1월 14일.

이처럼 중국은 중앙아시아 3개국과는 직접적인 분쟁 없이 협상을 통해 원만히 국경문제를 해결하였다. 중앙아시아와의 국경 문제 해결은 다음과 같은 특징을 갖는다.

첫째, 이 지역의 국경분쟁은 중국과 러시아 및 중앙아시아 3개국 간의 개별적인 국경분쟁의 성격을 가지고 있으면서 동시에 소련을 계승한 러시아를 포함한 다자간 국경분쟁의 성격을 내포한다. 이 지역의 국경분쟁이 소련의 해체 과정에서 새롭게 등장한 것이 아니라, 중·소 간의 국경분쟁에서 기인했기 때문이다.[400]

둘째, 그러한 연유로 중국은 분쟁의 해결을 위해 양자 및 다자간 협상을 동시에 사용하였다는 점을 들 수 있다. 이 과정에서 주목되는 것은 중국 및 러시아, 카자흐스탄, 키르기스스탄, 타지키스탄 등 5개국이 국경 문제의 해결을 통한 지역안정 유지를 위해 협상을 시작했으나, 이후 협상 내용이 확대되어 5개국 간 국경 지역의 군사문제만이 아니라 지역 및 세계 차원의 정치, 외교, 군사, 안보, 경제 등의 문제에 관해 광범위한 의견 교환과 전면적 협력을 강화하였다는 점이다.[401]

마지막으로 중국의 영토에 대한 상당한 양보를 들 수 있다. 중국은 다른 국가와의 새로운 국경 협상 체결 시에도 대체로 종래 자신들이 주장하던 면적에 비해 어느 정도 양보를 해 왔다. 그러나 중앙아시아 3개국과의 협상에서는 다른 국가와 비교해 보더라도 훨씬 더 많은 영토를 양보한 것이다. 이를 보면 중앙아시아 3개국과의 국경 문제 해결 역시 영토의 확보 자체보다는 정치적인 요인이 더 크게 작용하였음을 알 수 있다.

3. 베트남과의 분쟁

가. 분쟁의 배경과 과정

중국과 베트남 간의 영토분쟁은 내륙에서의 국경분쟁뿐 아니라 통킹만(北部灣, Gulf of Tonkin) 일대 북부 해양 경계선 획정 문제와 남사군도(南沙群島, Spratly Islands) 및 부근 해역에 대한 영유권 문제 등 3개로 나누어 볼 수 있다. 이 중 내륙 국경 문제는 1999년 국경 조약을 통해서 해결이 되었고, 2000년에는 통킹만의 영해와 대륙붕 구획 협정이 확정되어 현재는 남사군도 문제 해결을 위한 협상만이 진행되고 있는 상황이다.

---

400) 전병곤, 앞의 논문, 165쪽.
401) 위의 논문, 165-166쪽.

중국과 베트남의 영토분쟁 역시 서구 제국주의와의 불평등 조약에서 비롯된 것이다. 1885년 청·프전쟁 이후, 청 정부는 프랑스와 텐진(天津)조약을 체결하였고, 이 조약에서 청 정부는 프랑스를 베트남의 보호국으로 승인하였다. 또한 6개월 이내에 청과 베트남 간의 국경 지역을 공동 조사해서, 국경선을 획정해야 한다는 것을 주요 내용으로 하고 있다. 청과 베트남 간의 국경선 획정 작업은 1885년 11월부터 1900년 7월 17일 사이에 이루어졌고, 위 국경획정 작업을 통해, 광서대신현하뢰(廣西大新縣下雷) 동남쪽의 이판삼촌과, 지금의 운남성 마관(馬關)과 마률파(麻栗坡) 두 개 현의 남부 일부 지역이 베트남에 귀속되었다. 또한 대도주하(大賭咒河) 부근의 황수피(黃樹皮), 정문(箐門), 맹강(勐康) 등 지역이 베트남에 귀속되었다. 아울러 본래 베트남에 속했던 빈척산구룡담(貧瘠山區龍潭, 지금의 운남 마률파현) 천보(天保) 동부 남동소하(南洞小河)의 편마(偏馬) 일대와 본래 청조에 속했던 노채(老寨, 지금의 베트남 하뚜엔(河宣)성 황수비현 동북)가 청에 귀속되었다. 본래 청과 베트남 간에 걸쳐 있던 지역인 맹뢰(勐賴), 맹사(勐梭), 맹방(勐蚌) 등은 '부록(附章)'에 근거해 베트남에 귀속되었다.402)

나. 분쟁의 해결

이렇게 제국주의의 불평등한 조약에 의해 국경선이 획정된 이후, 청 정부는 비로소 변방의 중요성을 인식하기 시작했고, 양광총독(兩廣總督) 장즈동(張之洞), 광서제독(廣西提督) 수위앤춘(蘇元春) 등에 의해 청과 베트남 국경선 중의 광서단(廣西段)에 165개 포대 및 군영과 보루(營壘)가 구축되었다. 이는 중국의 국경사에서 최초의 일이었다. 지금까지 양국 간의 경계선은 산과 강으로 이루어져 명확하지 않은 점이 많았다. 당시 300여 개의 표지석이 세워졌음에도 불구하고, 현재는 여러 표지석이 파손 혹은 유실되었고, 100여 년간 양국의 정치, 사회적인 변화로 인해 중국과 베트남의 국경은 분쟁지역이 되어 왔다. 그렇지만 1970년대 말 국경전쟁이 발발하기 이전까지, 양국은 영토문제로 인한 불협화음 없이 비교적 평화적인 관계를 유지해 왔다.403)

1945년 베트남민주공화국이 성립되었고, 1950년 1월 중국과 베트남이 국교를 수립하면서, 양국은 국경 지역의 관리와 국경선에 대한 문제를 협의하기 시작했다. 당시 중국은

---

402) 李国强, "中国陆路边界源流沐略", 『中国边疆史地研究导报』第4辑(1989), 13-14쪽. 김예경, "중국과 베트남 간의 영토분쟁과 해결방식", 이동율 외 8, 『중국의 영토분쟁』(서울: 동북아역사재단, 2008), 119-120쪽에서 재인용.

403) 김예경, 앞의 논문, 120-121쪽.

베트남에 경제적·군사적 지원을 통한 강대국–양소국의 비대칭 관계를 형성하고 있었고, 양국 간의 체제 및 이데올로기의 유사성은 중국이 베트남과의 국경문제를 해결하는 데 상호 존중과 협력을 기반으로 한 평화적인 해결을 가능하게 한 요인이 되었다. 양국의 국경 담판은 국경을 인접하고 있는 지역 당국 간 협상에서 시작되었다. 1956년 11월, 중국 광동성, 광서자치구와 베트남의 하이닝, 랑선, 까오핑(현재 합병된 까오량) 3개 성의 지역 대표들이 관할 지역에 대한 국경 관리와 국경선 문제를 논의하였다. 양측 지역 대표들은, 지역 당국은 영토의 귀속문제를 결정할 권한이 없으며, 국경문제에 대한 최종 결정권은 중앙정부에 있음을 결의하였다.

1957년 11월에서 1958년 4월까지 중국과 베트남 간의 당(黨) 대표가 국경 문제를 협의하였고, 상호 문건을 교환하는 방식으로 타협을 보았다. 문건에는 쌍방은 본래의 국경선을 존중하며, 역사상 남아 있는 몇 가지 쟁점에 대해, 쌍방 정부가 협상을 통해 해결하기 전까지는 엄격하게 현상을 유지하는 것을 원칙으로 한다는 것이 명시되어 있었다. 양당 간의 이러한 문건의 상호교환은 양국이 국경문제를 해결하기 전에 쌍방의 국경 사무를 처리하는 공동원칙이 되었으며, 중국과 베트남 간의 국경문제에서 상호 존중하고 협력한 결과라는 것이 천명되었다.404)

이러한 평화적인 해결의 과정은 장기간 유지되었으나 1975년 4월 30일 베트남 통일을 전후하여 양국 관계가 악화되면서 강제적 해결 양상을 보이기 시작했다. 1974년경부터 국경에서 잦은 무력 충돌이 일어났는데, 이러한 분쟁은 베트남 측에서 1954년에 설치된 양국 간의 철로의 접점이 베트남 영토 안쪽으로 300미터가량 더 들어왔다고 주장한 데서 비롯되었다. 이를 해결하기 위해 양국 간에 수 회 협상이 진행되었으나 별다른 성과를 보이지 못하고, 결국은 1979년 2월 17일 중국이 베트남을 침략하는 국경전쟁이 발발하였다. 전쟁은 중국의 일방적인 승리였고, 베트남은 중국이 제시한 외무차관급회의를 수락함으로써 전쟁은 16일 만에 종료되었다.

그러나 위 전쟁으로 양국의 국경분쟁이 해결된 것이 아니라 오히려 더 가중되어 국경지대에서 더 많은 무력충돌이 발생하였다. 이러한 강제적 해결 방식의 전환점이 된 것은 1989년 천안문 사건이었다. 천안문 사건을 계기로 중국은 국제적인 고립상황을 모면하기 위해 주변 국가들과의 관계 정상화를 추진하였으며, 베트남과도 1991년 관계 정상화를 이루었다. 이후 양국은 국경 및 영토문제에 관한 실질적인 담판을 재개하게 된 것이다.

1991년 12월 양국은 '국경문제 처리에 관한 임시협정(關于處理兩國邊境事務的臨時

---

404) 위의 논문, 121-122쪽.

協定)'에 서명하였다. 1992년 베트남과 중국 전문가 간의 담판이 진행되었고, 1993년 10월 '국경 영토문제에 관한 기본 원칙(關于解決邊界領土問題的基本原則)'이 체결되었다. 이 원칙에 의하면, 쌍방은 국경문제를 해결하는 데 있어 1887년과 1895년의 청·프 조약 및 국경획정과 표지석에 관한 문건, 지도의 부속 문건(附件), 그리고 그 규정에 따라 세워진 표지석에 따라 내륙 국경선을 획정할 것을 합의하였다.

1994년에서 1999년까지 중·베트남연합공작조는 하노이와 베이징에서 16차례 담판을 진행했다. 전체 국경선 중에서 약 900킬로미터는 쌍방 간에 합의가 이루어졌다. 그러나 나머지 450킬로미터, 총면적 227제곱킬로미터에 대해서는 약 164개 항목에서 입장차이가 있었기 때문에 쉽게 합의에 도달하지 못했다. 결국 이러한 견해 차이는 1999년에 와서야 대부분 해결되었다. 1,350킬로미터 국경선을 놓고, 1979년에 전쟁까지 치른 양국은 1999년 12월 30일 하노이에서 '중국·베트남 내륙 국경 조약(中越陸地邊界條約)'을 체결하였다.[405]

이 조약을 통해 미합의 상태에 있던 위 227제곱킬로미터 가운데 약 113제곱킬로미터는 베트남으로, 114제곱킬로미터는 중국으로 각 귀속되었다. 이후 위 1999년 국경 조약에 따라 양국은 국경 지역에 표지석 설치와 지뢰제거 작업을 하고, 2000년 7월 6일 상호 간 비준서를 교환하여 위 조약이 정식으로 발효되었다. 그 후 양국은 2000년 12월 25일에는 '통킹만에서의 영해, 배타적 경제수역과 대륙붕의 경계획정에 관한 협정'과 '통킹만 어업협정'을 체결하였다.

통킹만 수역경계선의 점유율을 살펴보면 베트남 측이 53.23퍼센트, 중국 측이 46.77퍼센트로 대략 5퍼센트(약 8,000제곱킬로미터) 정도 베트남 측의 점유율이 높다.[406] 또한 2001년 12월 27일 양국 내륙 국경의 동쪽 끝인 중국 광서장족자치구 방청강시(方城港市)의 동흥(東興) 지역과 베트남 몽카이 지역 국경 초소에 처음으로 국경 표지석을 세운데 이어, 2002년 7월 15일 양국 간의 주요 관문인 라오카이 국경검문소에 표지석을 세우면서, 국경 표지판 설치 작업을 본격화하였고, 3년간 약 1,500개의 표지석을 설치하여 국경획정 작업을 완성하기로 합의하였다.[407]

위와 같은 과정을 거쳐 중국과 베트남 간의 내륙 국경 문제는 완전하지는 않으나 어느 정도 기본적인 해결을 한 것으로 볼 수 있다. 그러나 양국 간에는 아직도 해저자원이 풍

---

405) 위의 논문, 127-128쪽.
406) 신성원, 『베트남-중국 영토분쟁 해결요인 연구: 베트남의 편승외교정책을 중심으로』(서강대학교 대학원 석사학위논문, 2006. 8.), 43쪽.
407) 위의 논문, 129-130쪽.

부한 남중국해의 남사군도를 비롯한 일부 도서에 대한영유권 분쟁이 계속되고 있다.

이상에서 본 바와 같이 중국과 베트남 간의 영토분쟁은 협상을 통한 평화적인 해결 방법과 무력을 통한 강제적 해결 방법이 모두 사용된 사례에 속한다. 그러나 중국이 베트남과의 국경문제 해결에 있어 평화적인 해결이나 강제적인 해결 정책의 어떠한 방식을 추구하더라도 그 주된 요인이 영토회복주의라는 영토적 야망에 근간한 것은 아니었음을 지적할 수 있다. 중국의 내륙 국경문제 해결은 주로 지정학적 세력균형 요인과 경제·안보상의 이익, 체제 및 이데올로기의 유사성 요인 등이 주요하게 작용한 결과였다고 할 수 있다. 한편 베트남의 입장에서는 개혁·개방정책 시행 이후 전환된 베트남의 경제안보주의 실리외교정책이 베트남으로 하여금 영토분쟁 해결과정에서 대중국 편승외교정책을 구사하게끔 하였으며, 이러한 편승정책은 영토분쟁의 원만한 해결에 있어서 주된 원인으로 작용했다는 분석이 있다.[408]

4. 인도와의 분쟁

가. 분쟁의 배경과 과정

중국은 인도와 약 2,000킬로미터의 국경선을 마주하고 있으며, 중·인 간의 영토문제는 1962년에 무력 충돌까지 있었음에도 불구하고 오늘날까지 미해결 상태로 남아 있다. 다만 최근 들어 양국의 관계가 회복되면서 중국이 인도 서부 국경 지역인 악사이 친(Aksai Chin)을 인도에 양보할 의사를 보이면서 영토문제 해결에 대한 적극적인 노력이 시도되고 있다.

중·인 간의 영토분쟁 역시 역사적인 문제를 시발점으로 하여 문화적 요인, 민족주의적 요인, 국제정치적 요인이 복합적으로 작용하고 있다.

첫째, 중·인 간의 영토분쟁은 인도를 지배 통치하던 시기에 영국 총독부의 외무장관인 맥마흔(A. H. MacMahon)의 주도로 심라(Simla) 협정에서 체결된 '맥마흔선(MacMahon Line)'의 인정 여부에서 시작된다. 당시 심라 협정에는 중국 정부의 대표들도 참석을 하였으나 이들은 티베트가 중국의 속국이라는 이유로 합의안에 서명을 하지 않았으며, 따라서 위 협정은 영국의 제국주의적 발상에서 체결된 불평등 협정일 뿐만 아니라 영국과 티베트

---

408) 신성원, 앞의 논문, 79쪽.

사이에 체결된 것이어서 중국에 대해서는 효력이 없다는 것이다. 반면 인도는 위 협정이 체결된 1914년에는 티베트가 중국의 종속국이 아니었으며, 중국이 그동안 맥마흔 선을 묵시적으로 인정해 왔기 때문에 심라협정이 유효하며 따라서 맥마흔선도 존중되어야 한다고 주장하고 있다.[409]

둘째, 중국과 인도의 영토분쟁이 발생한 배경에는 티베트에 대한 양국 간 지배권의 문제가 직접적이고 근본적인 또 하나의 요인으로 자리 잡고 있다. 이 점은 마오쩌둥이 1964년 네팔 대표단을 접견한 자리에서 중·인 전쟁에 대해 언급하면서 "중·인 간에 가장 큰 문제는 맥마흔선이 아니라 티베트 문제였다"고 회고한 사실에서 여실히 드러난다.[410] 중화민국 시기에 중국과 인도는 현실적으로 직접 국경선을 맞대지 않았고 티베트라는 정치적 실체를 사이에 두고 대치하고 있었다. 한편 티베트인들에게 티베트는 '완충국'도 '중국의 일부'도 아닌 독자적인 체제의 '불교국가'였을 따름이다. 그러나 국가 간 세력관계가 작용하는 냉엄한 국제정치 상황 속에서 당시 티베트가 지니는 실질적 의미는 일종의 '완충지대(buffer zone)'였다고 볼 수 있다.[411] 그러나 이러한 티베트의 완충지대 역할은 1947년 인도가 영국에서 독립하고 1949년 중국이 새로운 국가의 성립을 선포하면서 흔들리기 시작했다. 왜냐하면 중국이 청 제국과 중화민국의 유산을 물려받았다면 인도는 영국 식민지 시절의 유산을 물려받았기 때문이다. 다시 말해 인도 식민통치 시절의 영국은 티베트를 자신의 세력권으로 간주하고 있었으며 영국에서 독립한 인도 역시 티베트는 마땅히 인도의 세력범위라고 인식했다. 반면 신중국을 건립한 중국 지도부는 역사적으로 티베트는 자국의 영토이며 전통적으로 종주권을 행사해 왔다고 보았다. 때문에 인도는 독립 후에도 티베트에서 영국 식민지 시기의 지위를 유지하려 노력했던 반면 중국은 티베트에 대한 영토적 점유와 주권을 행사를 확실히 하고자 했다.[412]

세 번째로 중국과 인도의 영토분쟁 배경에는 두 나라 모두에게서 발견되는 '대국주의' 관념 및 특유의 '민족주의' 정서가 작용하기 때문이라는 의견이 있다. 즉 중국과 인도는 오랫동안 동아시아와 남아시아에서 패권국가로 군림하는 가운데 각기 자민족 우월주의 정서를 바탕으로 하는 '대중화(大中華)' 개념과 '대인도(大印度)' 개념이라고 지칭할 만

---

409) 티베트는 청의 종속하에 있다가 1911년 신해혁명으로 그 종속적 지위를 탈피하였으나 중국의 1950년 침공으로 다시 그 지배를 받게 되었다.
410) John W. Garver, *Protracted Contest: Sino-Indian Rivalry in the Twentieth Century*(Seattle: University of Washington Press, 2001), p.59.
411) 박장배, "중국의 티베트 인식과 1962년 중국과 인도의 국경분쟁", 안병우 외 12, 『중국의 변강 인식과 갈등』, 344쪽.
412) 박병광, 앞의 논문, 93쪽.

한 관념을 갖고 있었고, 이러한 관념이 상대방에 대한 양보와 타협을 더욱 어렵게 하였다는 것이다.413) 이와 더불어 중국과 인도의 민족주의 역시 중·인 국경분쟁의 또 다른 요인으로 작용하였으며, 이러한 양국의 민족주의 정서는 독립 초기 국내 정치 지형의 불안정 속에서 중국과 인도의 지도자들로 하여금 영토문제와 관련된 융통성을 발휘할 수 있는 여지를 크게 줄인 것으로 보고 있다.414)

나. 분쟁의 해결

중·인 간의 영토분쟁의 해결 방식은 1962년의 무력분쟁을 중심으로 크게 3단계로 나누어 볼 수 있다. 영토분쟁이 불거진 초기에는 중국은 대화와 타협을 통한 해결 방식을 택하였다. 인도의 네루 정권은 국경 지역에 초소를 증설하는 등 강력한 '전진정책'을 택하였고, 중국 역시 악사이 친 도로 건설과 티베트 반란 진압 등으로 중·인 간의 긴장이 고조되는 가운데 1959년 8월 인도군이 맥마흔선을 넘어 미기툰(Migyitun) 부근 롱쥐에 초소를 세워 양국군 사이에 총격전이 발생하는 이른 바 '롱쥐 사건'이 발생하였다. 그러나 이에 대해 중국은 양국 간 국경선이 확정된 바가 없음을 주장하면서 양국 군대를 동부의 맥마흔선과 서부의 점령지로부터 각각 20킬로미터 후방으로 물러나도록 하자는 제안을 하였다. 1960년 4월에는 서부 악사이 친 지역에 대한 중국의 주권을 인정하면 중국 역시 동부의 맥마흔선을 수용하겠다는 의사를 밝히기도 하였다. 그러나 중국의 이러한 제안은 역사적 권원과 국민감정을 내세운 인도로부터 모두 거설당하였다.

중국은 위와 같은 협상을 통한 외교적 해결 노력이 성과를 보이지 않자 무력을 통한 해결 방식을 택하였다. 중국은 1962년 10월과 11월 대규모 전투를 통해 불과 일주일 만에 인도 영토 내 160킬로미터 지역까지 진격하는 이른바 중·인 전쟁을 일으켰다. 위 전쟁에서 맥마흔선을 비롯한 양국 접경 지역의 인도 측 군사시설은 거의 파괴되었고, 수천 명의 인도군이 생포되었다.

그러나 중국은 위 전쟁의 승리를 통해 영토분쟁을 종결시킨 것이 아니라 중국이 당초 인도에 요구한 실질 통제선에서 20킬로미터 이외의 지역으로 철수를 하고, 전쟁 포로도 모두 되돌려 보냈다.

중국 측의 이러한 소치들은 당시 인도에 대한 무력행사가 영토 점령을 주목적으로 하

---

413) 위의 논문, 94쪽.
414) 위의 논문, 95쪽.

였다기보다는 인도의 도발행위에 대한 징벌을 가하고 국경문제를 원만하게 해결하기 원했다는 점을 보이는 것으로 평가할 수 있다.[415] 그러나 위 국경분쟁 이후 양국은 1976년 4월 양국 관계가 복교될 때까지 약 15년간이나 외교관계가 단절되었다.

중국은 1976년 복교 이후 1980년에도 덩샤오핑이 인도 측에 대해 양국이 관할하고 있는 동부 변경과 서부 변경 지역에 대한 교환을 직접 제의한 바 있다. 또한 양국 고위급 회담 시마다 중국은 주도적으로 영토문제 해결에 대한 의지를 표명하며 국경 회담을 제안하여 왔다. 이의 연장선상에서 지난 2005년 4월에는 원자바오(溫家寶) 총리의 인도 방문 시 국경분쟁을 종식시키기 위한 기본 원칙으로 "역사적 요인과 지리적 특성, 거주민, 국경선 획정 순간 해당 지역이 현실적으로 어느 나라에 속해 있는가 등의 요소를 고려하자"는 제안을 하여 양국이 합의에 이르기도 하였다.[416] 그러나 오늘날까지도 인도는 자국 영토인 카슈미르 지역 등 3만 8천 제곱킬로미터를 중국이 불법 점령했다고 주장하고 중국은 인도의 아루나찰 프라데시(Arunachal Pradesh) 주 9만 제곱킬로미터가 자국 영토라고 반박하며 양국이 접경 지역에 군사력을 증강하는 등 중·인 간의 국경 분쟁은 계속되고 있다.

그 가운데서도 2010년 11월 1일 저우융캉(周永康) 중국 공산당 정치국 상무위원은 뉴델리에서 만모한 싱(Manmohan Singh) 인도 총리에게 "중국과 인도의 국경문제는 역사가 남긴 문제로 이를 잘 해결하는 것은 중국과 인도 국민의 세대를 잇는 우호를 증진시키는 데 매우 중요한 의의를 갖는다"며 중국과 인도가 모두 빠른 경제 발전의 호기를 만난 만큼 양국이 노력해 국경 문제를 타당한 방식으로 처리해 나가자고 강조했다. 이에 만모한 싱 총리는 여러 주제에서 의견의 일치를 본 것을 기쁘게 생각한다며 중국과 더불어 국경 문제 해결에 노력을 기울이겠다고 약속하고, 티베트는 중국 영토의 일부분이며 인도 정부는 티베트인들이 자국에서 중국 반대 활동을 벌이는 것을 허용하지 않겠다고 말하는 등 양국의 국경문제 해결을 위한 협상이 계속 진행되고 있다.[417]

---

415) 위의 논문, 106쪽.
416) 위의 논문, 109쪽.
417) 『연합뉴스』, 2010년 11월 2일.

5. 몽골과의 분쟁

가. 분쟁의 배경과 과정

몽골(蒙固人民共和國)은 중앙아시아 고원지대 북방에 위치한 내륙국가로 북쪽으로 러시아와, 동·서·남의 3면은 중국과 접경하고 있으며 중국과의 국경선 길이는 4,676 킬로미터에 달한다. 몽골은 그 지정학적 위치로 인하여 중국과 러시아의 완충지대 역할을 하였다.

몽골(Mongol)이란 용어는 원래 "용감함"이란 뜻을 지닌 부족명이었으나 1206년 칭기즈 칸이 몽골부족을 통일함으로써 민족명(Mongol)으로 변화되었다. 칭기즈 칸이 1215년 북경을 점령하고, 1271년 대원(大元)으로 국호를 정하고 중국 전역을 통일하였으나 1637년 명(明)의 주원장에게 밀려 몽골 본토로 물러났다. 그 무렵부터 만주족이 내몽고 지역을 통치하였고, 1717년에는 청왕조가 몽골 전역을 장악하여 이후 몽골 지역은 중국의 영토로 간주되었다.

중국 학자들에 의하면 1911년 신해혁명으로 청왕조가 붕괴되면서 중국의 몇몇 성들은 청왕조로부터 독립을 선포하였는데, 러시아는 이 기회를 이용하여 외몽고(Khalkas, 喀爾喀)의 독립을 종용하였다. 같은 해 12월 1일 외몽고는 독립을 선언하였고, 이어 '대몽골국' 건국을 선포하였으며, 1924년 몽골인민당은 군주제를 폐지하고 몽골인민공화국을 건국하고 헌법을 제정함으로써 독립국가의 면모를 갖추었다.[418]

그러나 외몽고 독립선언 당시 중화민국은 외몽고의 독립을 인정하지 않고 오히려 몽골은 중국의 영토임을 주장하였으며, 1912년 8월에는 중국 정부 승인 없이 만주국이나 몽골과 체결한 모든 조약이 불법임을 선언하였다.

반면 소련은 몽골을 소련의 세력 범위 내로 끌어들이기 위해 부단한 노력을 하였으며, 1941년에는 일본과 '소일중립조약(蘇日中立條約)'을 체결하여 양국의 중립을 약속하는 한편, 만주국 영토에 대한 일본의 권한을 인정하고, 그 대신 일본이 몽골을 침략하지 않는다는 약속을 하도록 하여 몽골을 세력 범위 내에 두게 되었다. 1945년 2월 11일 소련은 태평양 전쟁에 합류하는 조건 중 하나로 연합국 지도자들을 상대로 '외몽고의 현상유지'라는 조건을 제시하여 연합국들과 위 내용이 포함된 얄타비밀협정을 체결하였다.

---

418) 김애경, "중국·몽골 간의 영토분쟁과 해결방식", 이동율 외 8, 『중국의 영토분쟁』(서울: 동북아역사재단, 2008), 174-175쪽.

알타비밀협정 체결 후 협정문 내용을 한동안 중국 국민당 정부에 공개하지 않았으나 후에 미국 정부에 의해 국민당 정부에 협정문이 전달되었다. 협정문을 받은 장제스(蔣介石)는 결국 몽골 문제를 양보함으로써 1945년 8월 14일 '중소우호동맹조약(中蘇友好同盟條約)'에 조인하였다. 이 조약은 소련이 중국의 내정에 간섭하지 않을 것과 중국의 동북 지역에 대한 주권을 인정한다는 내용을 담고 있다. 또한 군사 장비 및 기타 물질적인 원조를 중국 중앙정부인 국민당에게만 지원할 것을 약속하였다. 이에 국민당정부 대표단은 소련이 중국공산당을 단독 지원하는 정책을 포기했다고 여기고 몽골이 국가 차원에서 분리할 권리를 인정하며 "중국과 몽골 양국 간 국경은 현재의 국경선을 기준으로 한다"는 입장을 표명하였다.[419] 그러나 국민당 정부는 단지 몽골과의 현재의 국경선을 인정한다고만 한 것이지, 구체적인 국경선 획정에 대한 합의를 한 것은 아니므로 결과적으로 중국과 몽골의 국경선 획정 문제는 중국 공산당 정권의 과제로 넘어가게 된다. 그러나 신중국의 공산당 정부 역시 건국 초기에는 몽골의 독립은 인정하였으나 국경선에 대한 논의를 할 만한 상황이 아니었고, 단지 관습적 국경선만이 존재하는 상황이었다.

나. 분쟁의 해결

중국과 몽골은 1962년 10월과 12월에 이르러서야 울란바토르와 베이징에서 협의를 거쳐 1962년 12월 26일 '중몽국경조약(中蒙邊境條約)'을 체결하였고, 이어서 1964년 6월 30일 '중몽국경의정서(中蒙邊境議定書)'를 체결하여 국경조약을 마무리하였다.[420] 주목할 것은 조약이 완벽하게 몽골에 유리하게 맺어졌다는 점이다. 다시 말하면 중국은 몽골이 주장해 왔던 중국 측 국경선 안쪽 땅을 모두 몽골에게 양보하였으며, 프라벨(M. Taylor Fravel)에 따르면 중국이 주동적으로 약 1만 2천 제곱킬로미터를 몽골에 양보했다고 한다.[421]

이처럼 중국과 몽골의 국경 분쟁은 인도와의 경우와는 정반대로 아무런 무력 충돌 없이 평화적인 외교적 협상을 통해 중국의 양보하에 수월하게 해결되었다. 중국이 이와 같은 해결 방식을 택한 데에는 무엇보다도 몽골이 중국과 소련의 사이에 위치한 지정학적 요인으로 인해 소련과의 정치적 상황 등을 고려하여 몽골을 자신들의 영향력하에 두어

---

419) 謝益顯 主編, 『中国当代外交史(1949~2001)』(北京: 中国青年出版社, 2004), 157쪽. 김애경, 위의 논문, 177-178쪽에서 재인용.
420) 조약체결 후 중국이 차지한 면적은 분쟁지역의 29퍼센트 정도에 불과하다. 국경조약과 의정서의 조약문은 吉林省革命委员会外事办公室 編, 앞의 책, 367-416쪽에 수록되어 있다.
421) M. Taylor Fravel, *op. cit.*, p.72.

세력균형을 유지하고자 했다는 점이 가장 크게 작용한 것으로 보인다.

6. 미얀마와의 분쟁

중국과 미얀마[422] 간의 국경분쟁 지역은 남만(南灣, Namwan) 지방과 동부의 3개 마을(Hpimaw, Gawlum, Kangfang)의 지역으로 나뉘는데, 남만 지방은 이라와디 강의 상류에 위치하며 동부 3개 마을은 맥마흔선의 연장선상에 위치하고 있다. 남만 지방은 1894년 및 1897년의 영국과 중국 간의 조약에 의하여 영국에 영구차지(永久借地)된 것이며 결코 미얀마의 영토가 아님을 중국이 주장하고 있는바, 이는 미얀마의 수상 우누(U Nu)에 의하여 인정되었다. 즉 우누는 동 분쟁의 역사를 추적하면서, 1894년 및 1897년의 협정은 남만 지방이 중국의 영토이며 1년에 1천 루피의 차지료를 무는 조건으로 영국에 영구차지된 것임을 인정하고 있음을 확인하였다.[423]

또한 상기 3개 마을에 대해서도 중국의 주장을 정당한 것으로 받아들였는데, 우누는 의회에서 "미얀마는 도덕적 이성에 따라 행동할 것이다. 자신의 것이 아닌 것을 결코 가져서는 안 된다(Burma must act on moral reasons. We must not retain what she does not own)"고 선언하였다. 그리하여 1960년 10월 1일 중국과 미얀마는 국경조약을 맺어 153제곱킬로미터에 달하는 상기 3개 마을을 중국 측에 반환하고 또한 남만 지방의 영구차지를 폐지함과 동시에 중국은 220제곱킬로미터에 달하는 동 지역을 미얀마 측의 필요성을 고려하여 미얀마에 양도하였다.[424] 그에 대한 대가로 미얀마는 189제곱킬로미터에 달하는 미얀마 영토를 중국에 양도하였다. 특히 동 사건에서 중국 측은 '전통적 관습선'이라는 새로운 표준을 들고 나오면서 "과거에 제국주의·식민지주의가 약소국에 대하여 일방적으로 강요한 국경은 승인할 수 없다. 이러한 비합리는 일찍이 제국주의·식민주의 때문에 고생한 국민이라면 용이하게 이해할 수 있을 것이다"라고 하면서 국경획정에 있어서는 국경조약 이외에 모든 사적 자료를 토대로 또는 실지조사를 행한 후에 전통적 관습선에 따라서 획정되어야 한다고 주장하였던 것이다.[425] 미얀마는 이러한 중국의 주장을 받아들여 위와 같은 최종 국경조약을 체결하게 된 것으로 중국의 전통적 관습선 존중

---

422) 1989년 이전까지는 '버마'로 불렸으며, 정식 국가명은 '미얀마연방공화국'이다.
423) D. P. O'Connell, *op. cit.,* p.281.
424) 조약체결 후 중국이 차지한 면적은 분쟁지역의 18퍼센트 정도에 불과하다.
425) 이한기, 『한국의 영토』, 139쪽.

의 원칙을 관철시킨 최초의 사례에 해당한다.

7. 파키스탄과의 분쟁

1963년 3월 2일 중국과 파키스탄은 국경조약을 체결하여 신장(新疆)과 그 접속지역의 국경을 설정하였다. 파키스탄은 카슈미르 지역에서만 중국과 접경하고 있었다. 카슈미르 지역은 인도와 분쟁 중에 있어 그 귀속이 결정되지 않은 상태이나 방위(防衛)에 있어 실제로 지배하고 있는 지역에 한하여 중국과 국경을 설정하였고, 카슈미르 지역의 귀속이 결정되면 동 지역의 권한 있는 국가와 다시 교섭하여 새로운 협정으로써 국경을 설정할 것을 규정하였다. 위 1963년의 국경조약 체결 당시 국경획정의 기초로는 전통적, 관습적 경계선(traditional customary boundary line)이 채용되었는바, 이는 중국과 미얀마 국경 분쟁 해결 시 채택되었던 기준이다.426)

Ⅱ. 중국의 영토분쟁 해결 정책과 사례가 주는 시사점

프라벨에 따르면 1945년 이후 2005년까지 중국의 영토분쟁 사례는 23가지에 이른다. 이 중 앞에서 살펴본 중국의 내륙에서의 영토분쟁 해결 과정이 주는 시사점은 다음과 같이 정리할 수 있다.

첫째, 중국의 영토분쟁 과정에서 가장 눈에 띄는 것은 중국은 지금까지 영토 획득 그 자체를 목적으로 한 사례는 없었다는 것이다. 심지어는 전쟁을 통해 영토를 취득할 수 있는 기회가 있더라도 협상에서의 유리한 지위만 확보한 이후 다시 상대국과의 협상을 통해 분쟁 해결을 하려고 하였음을 알 수 있다. 중국의 영토분쟁은 이처럼 영토 획득을 목적으로 한 것이 아니라 오히려 대부분 국내의 정치적 요인이나, 국제적인 세력균형 유지를 위한 목적에서 진행되었다고 보아야 할 것이다.

둘째, 중국 스스로 영토분쟁 해결에 있어서 평화적인 해결 원칙을 제시한 바와 같이

---

426) D. P. O'Connell, *op. cit.,* pp.280-281.

외교적 타협에 의한 분쟁 해결 방식을 고수하려고 노력하였다는 점이다. 물론 베트남이나 인도와의 분쟁사례와 같이 전쟁을 감행한 적도 있고, 소련과도 무력충돌이 있었다. 그러나 적어도 전쟁이나 무력행사를 통해 영토분쟁 문제를 종국적으로 해결한 것은 아니었고, 다시 상대국과의 외교적 협상을 진행하면서 종국적인 해결을 하였거나 해결을 위한 노력을 계속하고 있다는 것이다.

셋째, 중국의 영토분쟁의 직접적인 계기는 제국주의 시대에 체결된 불평등조약에서 비롯된 것이다. 그런데 중국은 이와 같은 불평등조약에 대한 상대국의 태도에 따라 그 대응방식을 달리하였음을 알 수 있다. 불평등조약을 인정하지 않은 소련, 인도와는 무력 충돌을 감행한 반면, 불평등조약을 인정한 국가와는 비록 중국의 국력이나 협상 지위가 강하다 하더라도 상당 부분 영토에 대한 양보를 통해 합리적인 해결을 시도하였다는 것이다. 물론 앞서 살펴본 몇몇 사례만을 가지고 이러한 원칙이 확립된 원칙이라고 보거나, 앞으로도 이와 같은 해결 방식이 계속 유지될 것인지 여부를 단언할 수는 없을 것이다.

넷째, 당사자 간 해결원칙을 고수하면서 제3자에 의한 해결 방식인 사법적 해결방식을 선택한 사례가 없다는 것이다.

영토분쟁의 해결방식은 해결 주도권을 행사하는 주체에 따라 크게 일방 당사국에 의한 해결, 쌍방 당사국에 의한 해결, 제3자에 의한 해결 방식으로 나눠 볼 수 있다. 일방 당사국에 의한 해결은 다시 군사적 점령과 방어, 일방적 포기, 일방적 국내조치 등의 방법으로, 쌍방 당사국에 의한 해결은 직접교섭(negotiation), 조력된 교섭(assisted negotiation), 분쟁회피 등으로 구분되며, 제3자에 의한 해결은 중재(arbitration), 중개(mediation), 재판(adjudication), 힘에 의한 제3자의 일방적 강제 등의 방법이 있다.[427]

중국은 위 여러 가지 영토분쟁 해결방식 중 현실적으로는 군사적 점령 등을 통한 일방적 해결이 가능하였던 상황에서도 이러한 방식을 택하지 않았고, 또한 국제연합 등 제3자에 의한 해결방식도 택하지 않았으며, 오로지 분쟁 상대방과의 직접교섭을 통한 해결 방식을 고수해 왔다고 할 수 있다.

직접교섭은 영토분쟁을 해결하는데 가장 효율적인 방식으로 인식되고 있으며, 실제로도 널리 사용되는 방법이다. ICOW 프로젝트[428]에서 분석한 2007년 기준 현재 영토분

---

427) 김한란, 앞의 책, 31-36쪽. 힐편, 조약승계협약은 분쟁해결질차를 3단계로 구분하고 있다. 제1단계는 분쟁 당사국 간의 협의와 협상이다(제41조). 제2단계는 강제적 조정(compulsory consultation)이며, 국제연합 사무총장에 대한 요청 및 타방 분쟁 당사국에 대한 통지에 의해 개시된다(제42조). 제3단계는 분쟁 당사국 간의 합의에 의한 사법적 해결 및 중재(judicial settlement and arbitration)이다. 협약에는 국제사법재판소 제36조 제2항에 규정된 선택조항과 유사한 제도를 도입하여 사전합의에 의한 국제사법재판소 또는 중재재판의 강제관할권을 인정하고 있다(제43조).

쟁 사례 413건 중 이미 종결된 318건의 종결유형을 보면 양자 협정을 통한 종결유형이 123건, 도전국 포기가 71건, 제3자 개입이 69건, 국민투표 또는 분리독립이 22건, 도전국의 무력점령이 19건, 점유국의 포기가 14건으로 양자협정에 의한 종결 사례가 가장 많다는 것을 알 수 있다.[429]

그 이유는 그 결과에 대해 당사자들이 최대한의 통제권을 가질 수 있도록 해 주고, 교섭의 결과를 쉽게 받아들일 수 있으며, 다른 수단과 비교하여 비용도 적게 들고, 무엇보다도 장래에 분쟁의 재발 여지를 남기지 않는다는 장점이 있기 때문이다.[430]

다섯째, 지방 당국이 체결한 국경 조약을 인정하지 않는다는 점이다. 중국이 국민당 정부가 체결한 조약을 부인한 것도 이러한 원칙의 반영이라 볼 수 있다. 통일한국의 경우 북한을 사실상의 지방정부로 보아 중국의 이러한 원칙을 원용할 여지를 생각해 볼 수도 있다는 점에서 이 원칙에 대한 심도 있는 연구가 필요하다고 본다.

여섯째, 전통적 관습선의 중시이다. 중국은 전통적 관습선을 양국의 행정적인 관할이 미친 범위로, 장기적인 역사 발전 과정에서 서서히 형성된 곳으로 인식하고 있으며,[431] 줄곧 영토분쟁 해결의 중요한 원칙으로 제시해 왔다. 따라서 향후 통일한국과 중국 간에 어떤 형태로든 간도영유권 문제가 제기될 경우에 대비하여 과거 청과 조선 간의 전통적 관습선이 어디인지에 대해 보다 심도 있는 연구를 통한 대비가 필요하다고 본다.

지금까지 살펴본 중국의 영토분쟁 해결 사례를 통해 나타난 중국의 관행이 현재까지의 유럽사회를 중심으로 형성되어 온 영토취득 및 상실과 관련된 국제법상의 일반원칙이나 법적 안정성을 중시하는 국제사법기관의 판결 경향을 대체할 만한 새로운 원칙을 형성하고 있다고 보기는 어려울 것이다. 그리고 중국이 새로운 원칙을 형성하였거나 형성해 가고 있다고 해도 그러한 원칙이 국제사회에서 일반적인 원칙으로 적용될 수 있는지는 별개의 문제이다. 하지만 우리의 경우 간도 문제 해결에 있어서 그 상대방인 중국이 영토분쟁 해결 과정에서 보여 준 원칙과 관행을 분석하여 우리에게 유리한 점을 찾아내 이를 원용할 수는 있을 것이다. 이런 점에서 중국의 영토분쟁 해결 원칙과 관행에 대해서는 좀 더 깊은 관심과 연구가 필요하다.

---

428) ICOW(The Issue Correlates of War) 프로젝트는 플로리다 주립대학교 정치학부 폴 헨슬(Paul Hensel) 교수가 진행하는 세계 영토분쟁 리서치 프로젝트로서 1999년부터 본격화되었으며, 영토분쟁 DB는 영유권분쟁, 해양경계획정분쟁, 강분쟁 등 세 유형으로 구분하고 있다. 배진수 · 윤지훈, 『세계의 영토분쟁DB와 식민침탈 사례』(서울: 동북아역사재단, 2008), 16쪽.
429) 위의 책, 24-25쪽.
430) 최태현, "외교적 방식에 의한 영토분쟁의 해결", 『法學論叢』, 제24집 제4호(한양대학교출판부, 2007. 12.), 80쪽 참조.
431) 초윤명, 앞의 논문, 42쪽.

제5장 북한이 체결한 국경조약의 승계 문제

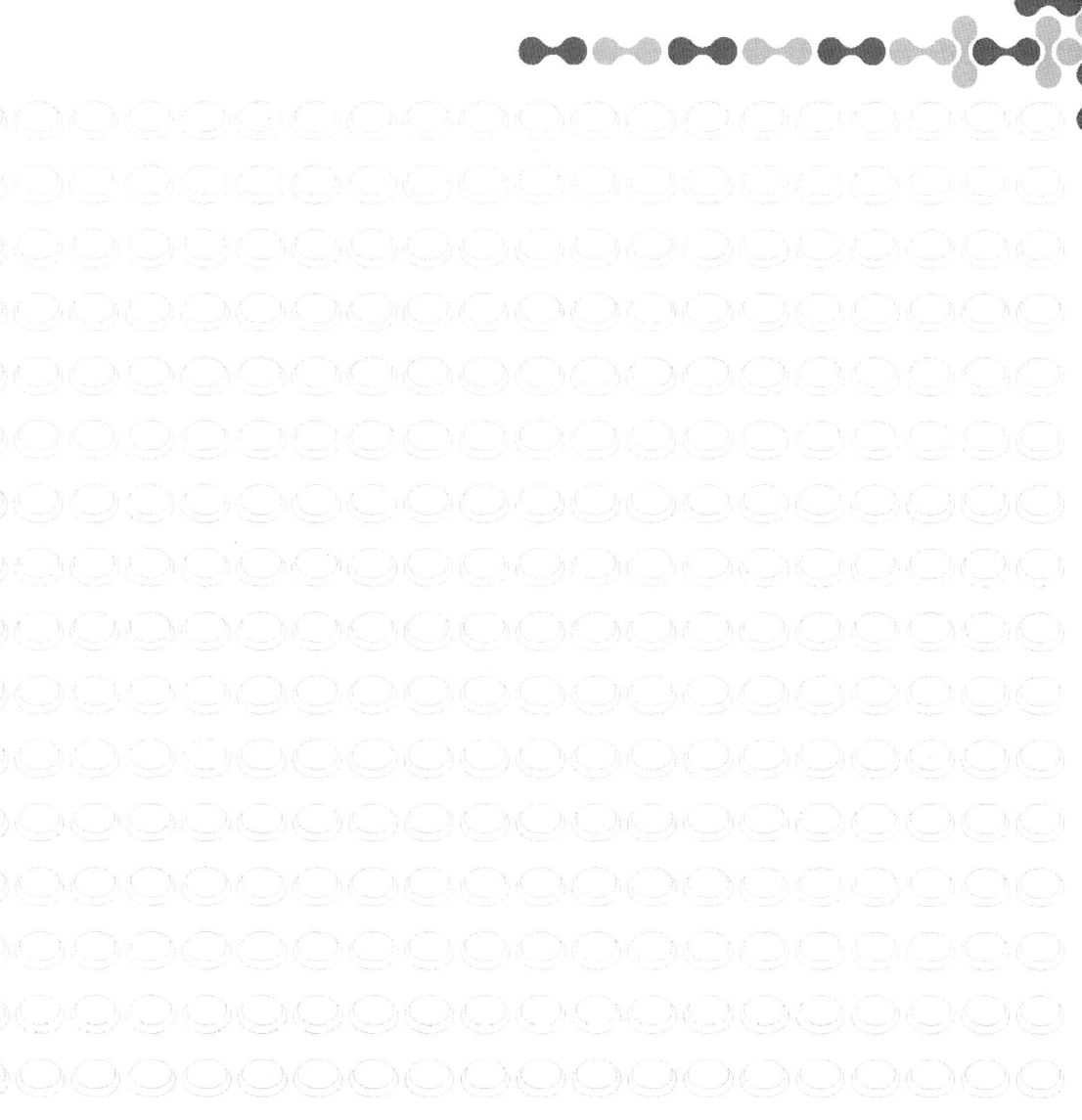

제1절 문제의 제기

분단국인 남북한 관계에서 지금까지 살펴본 조약승계의 문제를 논하려면 남북한의 특수한 사정에서 발생하는 몇 가지 문제점이 있다.

첫째, 남북통일과 국가승계의 문제를 논하려면, 그에 앞서 대한제국과 대한민국 및 대한제국과 북한의 관계를 살펴보지 않을 수 없다. 이는 대한민국이나 북한 정부의 수립이 각각 대한제국과 어떤 관련이 있는지의 문제로 결국은 대한제국과의 동일성 내지 계속성의 문제로 귀결된다. 이 문제가 논의되는 주된 이유는 1897년 10월 12일 수립된 대한제국이 1910년 8월 29일 일본에 의해 강제로 체결된「한일병합조약」에 의하여 국권을 강탈당하였다가 1945년 8월 15일 독립이 되었고, 이후 남북이 분단된 상태에서 각 미국과 소련에 의한 군정기를 거쳐 1948년 대한민국과 북한이라는 두 개의 정부가 수립되는 과정을 거쳤기 때문이다.

이러한 과정에서 국제법적으로 대한제국이 일본에 의해 소멸된 것인지, 그 이후의 독립은 어떻게 법적 평가를 할 것인지, 남한과 북한 정부의 수립은 어떻게 평가를 해야 하며 이들 각 정부와 대한제국과의 관계는 무엇인지 등의 여러 가지 문제가 발생하게 되는 것이다.

대한제국과 대한민국의 동일성이 인성된다면 대한제국이 가지고 있던 모든 권리와 의무가 대한민국에 그대로 존속하게 되지만, 만일 동일성이 인정되지 않는다면 국가승계의 문제가 발생하게 되고, 대한제국의 권리와 의무를 어느 범위에서 승계를 해야 하는 것인지 혹은 승계했다고 보아야 할 것인지의 문제가 발생하는 것이다.

이 점에 대하여 해당 국가인 우리의 입장과 북한의 입장에도 차이가 있으며, 연합국을 비롯한 다른 국제법 주체들의 입장과 우리 정부의 입장이 일치하지 않는다. 특히 우리 제헌헌법이나 제5차, 제7차, 제8차 개정 헌법 및 현행 헌법의 각 전문에서 대한민국이 3·1운동과 그 결과로서 임시정부를 정부로 하여 1919년에 수립된 대한민국과 계속성을 가진다는 것을 천명하고 있음에도 불구하고 이에 찬성하지 않는 견해도 있다.

둘째, 조중국경조약의 유효성에 관한 문제이다. 남북한은 분단국이라는 특수한(*sui generis*) 관계에 놓여 있다. 분단국이 국제법상 문제가 되는 것은 분단국의 구성체가 일반적으로 국가의 성립요건을 갖추고 있으나, 각 구성체가 상대구성체의 국가자격을 부인하고 자신이 법률상 정부임을 주장함으로써, 객관적 현실과 분단국의 주관적 인식 간에 격차가 존재하는 데 기인한다.432) 이런 상황에서 국가성이 부인되는 북한이 체결한 조약을 유효한 것으로 보아야 하는지의 문제가 발생한다. 위 유효성과 관련한 또 다른 문제는 위 조약이 비밀조약이라는 것이다. 이는 국제법상 미등록조약의 효력에 관한 문제이다.

셋째, 남북한 상호관계에서 나타나는 분단국이라는 특수한 상황에서도 남북한 간의 문제가 국제법에 의한 규율을 받아야 하는 것인가의 문제가 제기된다. 즉 국제법상의 국가승계에 관한 일반이론이 남북한 간에도 적용되어야 하는지 혹은 적용될 수 있는지가 문제된다.

넷째, 남북한 간에도 국가승계에 관한 일반이론이 적용된다면 그 법원(法源)은 무엇인지, 특히 조약승계협약이 적용되어야 하는 것인지, 아니면 다른 국제관습법이 있는지에 대한 검토를 필요로 한다.

마지막으로 통일한국의 통합 방식에 따른 문제이다. 현재로서는 남북한 통일의 시기는 물론 그 방법, 형식을 예측하기에는 너무나 많은 변수가 존재한다. 그러나 적어도 통일한국의 형태는 우리 헌법에서 규정하고 있는 여러 가지 통일 관련 조항에 부합하여야 할 것이다. 국제법적인 측면에서 국가승계의 문제와 관련해서 본다면 통일의 형식은 합병과 병합의 방식으로 나누어 볼 수 있다. 또한 우리 정부의 통일방안에서 제시하고 있는 남북연합 단계에서는 국가승계문제와 관련하여 어떤 문제가 생길 수 있는지도 검토가 필요하다.

제2절 대한제국과 대한민국의 동일성에 대한 검토

Ⅰ. 국가의 동일성과 국가승계의 관계

국가승계의 문제는 한 국가의 영토의 일부 또는 전부가 다른 국가로 이전될 때, 그 영

---

432) 배재식, 앞의 논문, 234-235쪽.

토를 상실하는 국가인 선행국이 그 영토와 관련하여 가지고 있던 제반 권리와 의무가 당해 영토를 새로 취득하는 국가인 승계국으로 이전되는 것을 말한다. 따라서 국가승계의 문제는 국가의 소멸을 전제로 하는 것이며, 국제법적으로 최소한 선행국과 승계국이라는 둘 이상의 국제법 주체 사이에 발생하는 문제이다. 국제법상 이와 같은 국가승계의 개념과 대립되는 개념으로 논의되고 있는 것이 바로 국가의 동일성 또는 계속성의 문제이다.

전통적으로 국가의 성립과 소멸은 국가승인과 국가승계의 문제로 다루어져 왔으며 그와 별도로 국가의 동일성이나 계속성이 논의되는 경우는 드물었다. 그러나 이는 국가의 동일성과 계속성의 문제를 제기하지 않더라도 국가의 성립요건의 충족 여부 또는 그러한 요건의 상실에 관한 판단만으로 국가의 성립과 소멸 및 그에 따르는 국가승계의 문제를 처리할 수 있었기 때문이며, 국가의 성립과 소멸에 국가의 동일성과 계속성의 문제가 관련되어 있지 않다는 것을 의미하는 것은 아니었다.433)

국가의 동일성과 계속성의 용어 사용과 관련하여 계속성은 동일성을 포함하는 개념이지만, 동일성은 계속성을 포함하는 개념이 아니므로 양자를 구별하는 견해도 있으나,434) 국제법 학자들 간에는 양자를 동의어로 간주하는 것이 일반적이다.435) 사전적 의미에서 동일성과 계속성은 다른 개념으로 보아야 하겠지만 국가승계와의 문제에 있어서는 양자를 굳이 엄격하게 구별할 필요가 없다고 보이므로 여기서는 지배적인 견해에 따라 양자를 동일한 개념으로 사용하기로 한다.

어느 국가가 국가의 구성요소의 일부나 전부에 변화가 발생한 경우, 이를 대체한 국가가 기존의 국가의 동일성 또는 계속성을 유지한다면, 이는 기존의 국가가 소멸하지 않고 그대로 존속하게 되는 것이므로 국가승계의 문제가 발생하지 않는다. 따라서 국가승계의 문제와 국가의 동일성 문제는 양립할 수 없는 것이다.436) 만일 어느 국가가 국가 구성요소의 변경에도 불구하고 동일성이 유지된다면 당연히 존속하는 국가는 기존 국가의 모든 권리와 의무의 주체가 된다. 하지만 기존 국가가 소멸한다면 그 국가의 모든 권리와 의무도 소멸하는 것이고, 다만 이를 승계하는 국가에서 그 권리와 의무를 어느 범위에서

---

433) 박배근, "국제법상 국가의 동일성과 계속성", 『저스티스』 통권 제90호(한국법학원, 2006. 4.), 250-251쪽.
434) J. Crawford, *The Creation of States in International Law*, (Oxford, 1979), p.407-408. 나인균, "大韓民國과 大韓帝國은 法的으로 同 一하기? -國家의 同一性 내지 繼續性에 관한 國際法的 고찰-", 『국제법학회논총』, 제85호(대한국제법학회, 1999. 6.), 129쪽, 각주 6)에서 재인용.
435) 나인균, 위의 논문, 129쪽; 박배근, 앞의 논문, 254쪽.
436) 다만 개별 법률관계를 고립적으로 관찰하면 국가의 존속과 국가승계의 일시적인 공존을 확인할 수 있으므로 일정한 조건하에서 위 양 개념이 병존하는 일정한 체계를 말할 수도 있고, 영토의 일부만이 변경되는 경우에도 동일성과 승계가 동시에 일어날 수 있다. 나인균, 위의 논문, 129, 130쪽.

승계할 것인지에 관한 국가승계의 문제가 발생하는 것이다.

국가의 구성요소에 대하여는 통상 '몬테비데오 협약'으로 불리는 1933년의 「국가의 권리·의무에 관한 협약」437)에서 처음으로 조약의 형태로 국가의 요건에 대한 규정을 두었다. 위 협약 제1조는 국가의 요건으로 영구적 주민, 일정한 영토, 정부, 다른 국가와의 외교능력을 들고 있다.438) 그러나 상당수 국제법학자들은 외교능력을 독자적인 국가요건으로 보지 않기 때문에 현실적으로 문제가 되는 요건은 주민, 영토, 정부이며, 이들 세 가지 요소에 중대한 변경이 초래될 경우 국가의 동일성 여부가 문제된다.

그러나 현실에 있어서 이러한 국가의 동일성에 대한 판단문제는 간단한 문제가 아니다. 국가동일성 내지 계속성의 개념은 국제법에 있어서 여전히 중요하나 불분명한 역할을 하고 있다. 이 불확실성은 용어상의 분류뿐만 아니라 특히 체계적 및 내용상의 분류에 있어서도 그러하다.439)

국가의 동일성 여부의 판단을 위해서는 비교되어야 하는 두 개의 국가가 존재하고, 또 실제로 비교가 이루어짐으로써 획득되는 것을 의미한다. 왜냐하면, 국가 요소에 발생한 변경에 의하여 국가의 동일성에 관한 의문이 제기되었다는 것은, 구체적으로 그러한 변경이 발생하기 전의 상태의 국가(이하, "변경 전 국가"라 한다)와 그러한 변경이 발생한 이후의 상태의 국가(이하, "변경 후 국가"라 한다) 사이의 동일성 또는 계속성이 문제가 된다는 것이기 때문이다.440)

그러나 현실에 있어서는 아직도 이를 판단하기 위한 형식적인 기준이 마련되어 있지 않다. 이하에서 판단의 지표와 기준에 대해 좀 더 살펴보기로 한다.

Ⅱ. 국가의 동일성에 대한 판단 지표

국가의 동일성에 대한 판단의 지표는 크게 주관적인 지표와 객관적인 지표로 구분해 볼 수 있다.

---

437) Convention on the Rights and Duties of States.
438) "The state as a person of international law should possess the following qualifications: (a) a permanent population; (b) a defined territory; (c) government; and (d) capacity to enter into relations with the other states."
439) 위의 논문, 127쪽.
440) 박배근, 앞의 논문, 256쪽.

1. 주관적 지표

주관적인 지표로는 동일성이 문제가 된 관련 국가의 주관적인 주장과 그에 대한 제3국 및 국제사회의 태도로 나눠 볼 수 있다. 이에 대해 박배근은 "국가의 동일성에 관한 판단은 변경 후 국가가 변경 전 국가와 동일성을 주장하는지의 여부, 또 어느 정도 강하게 동일성을 주장하는지에 의하여 영향을 받지 않을 수 없다는 것은 당연한 일이다. 예컨대 변경 후 국가가 변경 전 국가와의 동일성을 주장하지 않음에도 불구하고 그들 사이의 동일성을 인정하기 위해서는, 객관적 지표에 의한 엄격한 동일성 증명이 필요하게 될 것이다. 반면에, 변경 전 국가나 변경 후 국가가 양자의 동일성을 강하게 주장하는 경우에는 그렇지 않은 경우에 비하여 객관적 지표에 의한 동일성 증명의 요구가 훨씬 완화될 수 있을 것이다. 마찬가지로, 제3국이나 국제사회가 변경 전 국가와 변경 후 국가 사이의 동일성을 인정하는 태도를 취하는가 아니면 부정하는 태도를 취하는가에 따라, 객관적 지표에 의한 동일성 증명의 요구의 정도가 달라진다는 것도 당연하다"고 한다.

한편, 현실에 있어서는 관련 국가의 주관적인 주장과 그에 대한 제3국 또는 국제사회의 태도가 언제나 일치하는 것은 아니다. 예를 들어 소련정부는 제정러시아의 계속성이 1917년 10월 혁명과 새로운 소비에트정권의 수립에 의하여 중단이 되었으므로 제정러시아와 소련은 동일하지 않다는 견해를 보였다. 그러나 학설은 대체로 이를 인정하지 않고 있으며,441) 미국연방지방법원은 제정러시아가 소련과 법적 동일성이 있다고 판시한 바 있다.442) 1918년 수립된 오스트리아공화국에 대하여 전승국은 1919년 9월 10일 「생 제르망(St. Germain)의 국가 및 평화조약」에 의거하여 오스트리아공화국과 오스트리아-헝가리제국의 동일성에서 출발한 반면, 오스트리아는 배상문제를 회피하기 위하여 전 국가와 법적 동일성이 없는 새로운 국가창설이라는 입장을 취하였다.443)

2. 객관적 지표

동일성 판단의 객관적 지표로는 국가 성립의 기준 내지 요건인 영토의 크기, 주민의

---

441) 나인균, 앞의 논문, 130쪽.
442) "United States v. National City Bank of New York, 5. 5. 1950", *AJIL*, vol.45, 1951. pp.196-197. 나인균, 위의 논문, 131쪽, 각주 20)에서 재인용.
443) 나인균, 위의 논문, 130쪽, 각주 12).

구성과 범위, 주요한 경제적 자원의 내용과 양, 군대의 인원과 장비, 중앙정부의 소재지와 가장 중심적인 정부기관에 대한 통제 등을 들 수 있다.444) 예를 들어 변경 전 국가와 변경 후 국가의 영토에 큰 변경이 없는 경우나, 변경 전 국가의 주민 대부분이 변경 후 국가의 주민이 된 경우 등에는 동일성이 강하게 추정될 것이다.

국가의 동일성과 관련한 쟁점 사항 중의 하나는 재수립된 국가 또는 부활된 국가의 문제이다. 재수립된 국가란 한 국가가 법적으로 일단 소멸하였으나 일정한 기간이 경과한 후 국가소멸의 원인이 되었던 법률행위가 무효가 됨에 따라 재차 성립한 국가가 소멸 이전에 존재하였던 국가와 동일성이 인정되는 경우를 말한다.445) 재수립된 국가의 특성은 변경 전의 국가와 변경 후의 국가 사이에 계속성의 단절이란 현상이 있기 때문이다.

재수립된 국가에서는 그러한 계속성의 단절이 합법적인 방법에 의하여 초래되었는지 아니면 불법적인 강압에 의하여 초래되었는지가 가장 큰 문제가 된다. 국가의 계속성이 자결권을 부정하는 방식으로 무력적 강박을 동원한 불법적인 방식으로 초래된 것이라면 변경 전 국가와 변경 후 국가 사이의 동일성을 인정하기 쉬울 것이다. 또 계속성이 단절된 기간 역시 문제가 될 수 있는데, 계속성의 단절의 기간이 짧으면 짧을수록 동일성의 인정이 더 쉬워진다는 것은 말할 것도 없다.446)

국제사회에서 재수립된 국가로 인정되는 국가로는 오스트리아, 체코슬로바키아, 에티오피아 등이 있으나, 이에 대해 의견을 달리하는 학자들도 있다.447) 재수립된 국가의 동일성 문제는 대한제국과 대한민국의 동일성 문제와 직접 관련이 있는 문제이다. 이 점에 대해서는 별도로 살펴보기로 한다.

Ⅲ. 국가의 동일성 판단에 대한 국제법적 규칙

국가의 동일성에 대한 판단을 함에 있어서 국제법적으로 확립된 명확한 형식적인 기준은 없다. 결국 앞에서 거론된 동일성 판단을 위한 여러 가지 지표들을 종합적으로 고려하여 판단할 수밖에 없다. 국가동일성의 구체적인 문제 사례들은 외교와 그때마다의 사

---

444) 박배근, 앞의 논문, 256-257쪽 참조.
445) 나인균, 앞의 논문, 132쪽.
446) 박배근, 앞의 논문, 257쪽.
447) 구체적인 내용은 나인균, 앞의 논문, 132-133쪽 참조.

정에 맞춘 개별적인 방법(case-by-case method)을 사용하여 실제적인 해결을 할 것이지, 위의 지표들을 구체적으로 적용할 수 있도록 조문화한 조약이 존재하는 것도, 국가동일성의 판단에 적용할 관습국제법이 충분히 발달되어 있는 것도 아니다.[448]

다만 그 판단기준으로 국제법 학자들 간에 거의 논란의 여지가 없이 인정되고 있는 것으로 동일성 인정에 영향을 주지 않는 특정 사실에 대한 일종의 소극적인 규칙들이 존재한다. 이를 살펴보면 다음과 같다.

첫째, 영토와 주민구성의 본질적 변경은 국가의 동일성에 영향을 미치지 않는다고 본다. 이 점에 대하여 한스 켈젠(Hans Kelsen)은 국제법상 영토와 주민이 '대체적으로(by and large)' 동일한 경우에는 (정부의 혁명적 변경에도 불구하고) 국가의 동일성이 유지된다고 한다.[449] 다만 영토의 완전한 상실은 국가의 소멸로 본다는 데도 이견이 없다.

영토의 변경과 관련된 국가관행을 보면, 우선 1807년 나폴레옹이 프러시아 및 러시아와 체결한 틸지트(Tilsit)조약에 의하여 프러시아가 현저하게 영토를 상실한 일, 나폴레옹전쟁 및 프랑스-프러시아 전쟁의 결과로 프랑스가 1815년과 1871년에 영토를 상실한 일, 1829년의 아드리아노플(Adrianople)조약, 1878년의 산 스테파노(San Stefano)조약과 베를린조약 등에 의하여 터키가 영토를 상실한 일 등은 프러시아, 프랑스 및 터키의 국가적 동일성에 영향을 미치지 않았다. 오스트리아의 롬바르디(1859)와 베네치아(1866) 상실, 그리고 사르디니아가 이탈리아왕국으로 확장된 것 등에 관해서도 국가 동일성의 문제는 제기되지 않았다. 제1차 세계대전 이후에는 오스트리아-헝가리 제국이 해체 이후 오스트리아 공회국과 도나우왕국의 동일성이 생 제르맹(Saint Germain) 조약에 의하여 확인되었으며, 1925년에는 터키와 오토만제국의 동일성을 인정한 중재판결이 내려진 바 있다.[450]

둘째, 정부의 변경은 국가의 동일성에 영향을 미치지 않는다는 원칙으로 이 원칙은 그로티우스(Grotius)에 의해 확립된 국제법원칙으로 인정받고 있다. 정부의 변경은 합법적으로 이루어질 수도 있고, 혁명이나 쿠데타와 같은 비합법적인 방법에 의해서도 이루어질 수 있는데, 비합법적인 방법으로 정부나 국내법질서가 변경되더라도 국가의 동일성 인정에는 문제가 없다는 것이다.

이 점에 대한 국가 실행으로는 1831년 벨기에의 독립 문제를 논의하기 위하여 개최된

---

448) 박배근, 앞의 논문, 258쪽.

449) Hans Kelsen, *Principles of International Law*, Robert W. Tucker rev. and ed., 2nd ed., 1966, p.417. 박배근, 위의 논문, 253쪽에서 재인용.

450) 박배근, 위의 논문, 259-260쪽.

런던회의에서는 이 원칙을 국제법의 중요한 기본원칙으로 인정하는 의정서가 채택된 바 있으며, 그 밖에도 영국과 코스타리카 사이의 티노코(Tinoco) 중재재판사건에서 윌리암 태프트(William Taft) 중재재판관이 여러 국제법학자의 저작을 인용하면서 정부의 변경은 국가의 동일성 및 국가의 국제적 의무에 아무런 영향을 미치지 않는다고 한 바도 있다.

셋째, 국가의 통치권이 단지 일시적으로 중단되거나 제한되는 점시점령 중 취하여진 점령국의 조치는 국가의 법적 동일성과 관계가 없다.[451] 군사점령은 한 국가가 외국의 영토를 장악하고 통제하는 것이지만, 무력충돌의 최종적인 결과가 나올 때까지 국제법은 군사점령에 의한 영토의 병합을 인정하지 않는다. 그 결과 국가는 영토 전체가 점령당한 경우라 하더라도 군사점령에 의하여 소멸하는 일은 없고 당연히 국가의 동일성에 군사점 령의 영향이 미치는 일도 없다.[452]

이처럼 국가의 동일성 문제는 국제법적인 관점에서의 논의와 현실에 있어서 해당 국가의 실행에 있어서도 차이가 발생하고 있지만, 해당 국가의 자결권에 의한 입장과 판단을 고려하지 않을 수 없다. 반면, 국가의 동일성이 인정되느냐의 문제는 해당 국가의 권리뿐 아니라 의무의 존속 여부와도 직접 관련이 있으므로 이는 결국 다른 국가와의 이해관계 와도 밀접한 관련이 있는 문제이다. 따라서 국가의 동일성에 대한 판단을 해당 국가의 자의적인 판단이나 일방적 선언에 맡길 수도 없는 문제이다. 여기에서 해당 국가와 다 른 국가와의 동일성 여부 판단에 차이가 발생할 경우도 있게 되는 어려움이 발생하는 것이다.

Ⅳ. 대한제국과 대한민국과 동일성에 대한 견해

1. 동일성을 부인하는 견해

우리 제헌헌법이나 제5차, 제7차, 제8차 개정헌법 및 현행헌법의 각 전문에서 대한민 국이 3·1운동과 그 결과로서 임시정부를 정부로 하여 1919년에 수립된 대한민국과 계 속성을 가진다는 것을 천명하고 있다. 또한 우리 정부는 일본과의 국교수립 과정에서도

---

451) 나인균, 위의 논문, 131쪽.
452) 박배근, 앞의 논문, 261-262쪽.

대한제국과 대한민국 사이의 법적 동일성을 주장하는 입장을 취하였다.453) 학계의 다수설 역시 대한제국과 대한민국과의 동일성 또는 계속성을 인정하고 있다.

그러나 이러한 정부의 입장과는 달리 국내 학자들 중에는 대한제국과 대한민국의 동일성을 부인하는 견해도 없지 않다.454)

동일성 부인론에 따르면 "대한제국은 국가의 동일성 내지 계속성에 관한 국제법적 원칙과 국가실행에 의하여 형성된 재수립된 국가로서의 요건을 충족시키지 못하였고 따라서 한국은 원상회복하여 재수립된 국가에 속하지 않는다. 또한 연합국은 소멸한 舊國인 대한제국과 동일성이 있는 국가를 재수립하려는 필요성을 갖지 않았다. 그러므로 제2차 세계대전 후 한국의 국가수립은 북한의 그것과 마찬가지로 대한제국과 법적 동일성이 없는 일본으로부터 분리된 형태에 의한 국가승계로 간주되어야" 한다는 것이다.455)

위 주장의 근거는 다음과 요약할 수 있다.

첫째, 일본에 의한 대한제국의 병합은 1910년에 실행되었고, 시제법(時際法)의 원칙에 의하면 이 경우 오늘날의 법이 아니라 당시의 법이 근거로 이용되어야 하는데, 당시에는 모든 전쟁은 적법한 것으로서 원칙적으로 제한 없이 허용되었고, 영토취득에 있어서도 무력의 행사 또는 무력의 위협에 의한 병합도 정당화되었다는 것이다. 또한 한반도에 대한 일본의 이익은 이미 병합 이전에 국제사회의 다수국가에 의해서도 승인되었고, 일본이 사전에 표시한 병합의사에 대해서도 어느 국가도 이의를 제기하지 않았다. 결국 이러한 무력에 의한 정복과 병합의 의사표시는 일반적으로 유효한 영토취득의 권원을 설정하기에 충분하므로 1910년의 한일합병은 국제법위반이라 하기 어렵다는 것이다.456)

둘째, 연합국에 의한 카이로선언이 병합의 무효선언으로 해석될 수 있는지 여부의 문제가 제기되는데, 위 선언의 자구(字句)내용에 의하면 병합의 무효 또는 위법에 관하여 아무런 언급도 찾을 수 없고, 대한제국의 병합이 일부 주장과 같이 위법한 것이었다고 하더라도 일본에 의하여 한반도에 도입된 '신질서(neue Ordnung)'가 확고부동한 것이 아니라고 간주하는 것은 극히 의심스러워 보이므로 결국 대한제국에 대하여 불법으로부터는 아무런 권리도 생길 수 없다는 'ex iniuria ius non oritur' 원칙은 적용될 수 없었고, 따라서 대한제국의 계속성은 이러한 관점에서 정당화될 수 없다는 것이다.457)

---

453) 박배근, "대한민국임시정부의 국제법적 지위와 대한민국의 국가적 동일성(하)", 『법학연구』, 제14권 제1호 통권 제22호(연세대학교 법학연구소, 2004. 3.), 62-63쪽.
454) 나인균, 앞의 논문, 140쪽.
455) 위의 논문.
456) 위의 논문, 135-136쪽.
457) 위의 논문, 136-137쪽.

셋째, 연합국의 의사도 한반도를 탈식민지화의 과정에서 종래의 일본의 영토로부터 분리하여 국가를 수립하려는 것이었고, 탈식민지화를 통하여 형성된 국가는 일반적으로 이전국가와 법적 동일성이 없는 신국가로 간주된다는 것이다.[458]

넷째, 재수립된 국가로 인정되는 경우는 그 국가의 독립이 한정된 기간 동안 배제되었다는 것이 중요한 역할을 하는데, 대한제국의 지속적인 병합은 장기간 어느 국가에 의하여도 부인되지 않았다는 것이다.[459]

다섯째, 국가실행에서 한국과 관계를 갖는 국제법주체가 한국을 대한제국과 법적으로 동일한 것으로 간주하고 조약에서도 그렇게 취급했다는 것을 확인할 수 없다고 한다.[460]

2. 동일성을 인정하는 견해

위와 같이 대한제국과 대한민국의 동일성을 부인하는 견해가 없지 않으나, 다수설은 정부의 입장과 같이 양자의 동일성을 인정하고 있다. 동일성을 인정해야 한다는 견해를 살펴보면 다음과 같다.

첫 번째 견해는 강대국(중국, 미국, 영국)은 1943년 12월 1일 카이로선언을 통하여 아주 분명하게 세계에 대하여 국제법위반적으로 의도된 한반도의 병합을 승인하지 않는다는 그들의 의사를 공표하였다는 것이다. 따라서 이러한 한반도 병합의 승인과는 반대되는 명백한 부인으로부터 국제법적 관점에서 확실히 무력에 의해 행하여진 한반도 병합은 처음부터, 즉 병합선언의 시점부터 무효라는 결과가 된다는 주장이다.[461]

두 번째는 대한제국은 1910년 한일병합조약을 포함하여 1910년 8월 22일 이전에 한일 양국 간에 체결된 모든 조약은 시제법적 원리를 적용해도 국제법상 무효이고, 1919년 1월 21일, 대한제국의 실체가 소멸된 때로부터 시작된 일본의 한반도 통치와 지배는 군사적 점령(belligerent occupation)에 불과하며, 대한제국은 국가의 소멸(state extinction, *debellatio*)에 이르지 않았기 때문에 대한민국은 그 국가적 동일성을 유지하여 재수립된 것이어서 그 동일성이 인정된다는 견해이다. 또한 이것이 일관된 우리 헌법의 태도임에

---

458) 위의 논문, 138쪽.
459) 위의 논문.
460) 위의 논문, 138-139쪽.
461) K. W. Nam, *Völkerrechtliche und staatsrechtliche Probleme des zwigeteiten Korea und die Frage der Vereinigung der koreanischen Nation*, jur. Diss. Mainz 1975, (Bern, Frankfurt/M 1975), pp.87-90.

도 불구하고, 현 대한민국 정부 자신에 의해서 내부적으로 통일된 정치적 입장으로 확립되어 있지 않은 것 같다고 지적한다.462)

우리 정부가 대한제국과 대한민국 사이의 동일성을 인정한 국제사회의 관행으로 들고 있는 것으로는 다음과 같은 것들이 있다.

우선 대한제국이 1900년 1월 1일에 가입한 만국우편연합(Universal Postal Union) 및 만국우편협약의 경우에 우리나라는 1922년 1월 1일부터 '조선(Chosen)'이라는 이름으로 남아 있었으나, 만국우편연합 사무국은 1949년 12월 17일자로 "Republic of Korea"라고 하는 국호를 사용하여 대한민국의 만국우편연합 회원자격의 회복을 통보하였으며, 반면에 북한은 1974년 6월 6일 제17차 총회에서 새로 가입하였는데, 이는 대한민국과 대한제국의 동일성을 인정한 국제사회의 한 사례로 평가되고 있다.463)

1864년 8월 22일에 채택된 제1회 적십자협약에 대한제국은 1903년 1월 8일자로 가입한 바 있다. 이 조약을 대체하는 1906년의 제2회 적십자협약에는 일본이 외교권을 상실한 대한제국을 대리하여 서명, 비준하였으며, 이 협약은 1929년의 제3회 적십자협약 및 1949년의 전쟁희생자 보호에 관한 4개의 제네바협약 중 제1협약인 「육전에 있어서의 군대의 부상자 및 병자의 상태 개선에 관한 1949년 8월 12일자 제네바협약」으로 대체되었다. 우리나라는 1929년의 협약에는 가입하지 못하였으나 1949년의 제네바 4개협약에는 1966년 8월 16자로 가입하였다. 협약의 수탁국인 스위스는 우리나라가 1966년에 1949년 제네바 4개협약에 가입할 때까지 우리나라와 동 협약 당사국 사이에는 1986년의 협약이 적용되어 왔으니, 우리나라가 제네바 4개협약에 가입한 1966년 이후에 1864년 협약의 효력이 종료되었다고 하였다.464) 반면에 북한은 우리나라보다 빠른 1957년 8월 27일자로 1949년 제네바 4개협약에 가입하였는데 북한의 가입에도 불구하고, 1966년 우리나라의 제네바 4개협약 가입 후에야 비로소 1864년 협약의 효력이 종료되었다고 하는 수탁국의 태도는 국제사회가 대한제국과 대한민국의 법적 동일성을 인정하는 사례 중의

---

462) 김영구, 『잘 몰랐던 韓日 過去事 문제 -한일 과거사에 대한 국제법적 조명-』(부산: 다솜출판사, 2010) 55-56쪽. 참고로 김영구 박사는 대한제국의 국권이 일제에 의해서 완전히 침탈된 시기를 한일병합조약이 체결된 1910년 8월 22일로 보는 우리 한국사회의 일반적인 인식은 일제 말기의 이른바 식민사관에 입각한 역사서들의 무비판적인 교육만을 받았던 우리 근대사 교육의 부끄러운 결과라고 보고, 엄밀한 국제법적 관점에서 볼 때, 대한제국의 국가적 실체가 수멸한 날은 고종이 일제에 의한 독살로 붕어하신 1919년 1월 21일로 보아야 한다고 주장한다. 위의 책, 19-20쪽.
463) 徐現燮, 『近代朝鮮の外交と國際法受容』(東京: 明石書店, 2001), 2쪽. 박배근, "국제법상 국가의 동일성과 계속성", 270-271쪽에서 재인용; 이순천, 앞의 논문, 160-161쪽.
464) Dietrich Schindler and Jiri Toman, *The Laws of Armed Conflicts*, 3rd ed., (Leiden: Martinus Nijhoff Publishers, 1988), p.279.

하나로 간주된다.465)

또한 대한제국이 당시 체결 또는 가입한 국제조약의 남북한에의 효력 여부에 대해 국내학자들은 대체로 1965년 한일기본협약에 의해 1905년과 1910년 조약은 이미 무효로 되었을 뿐만 아니라 한일병합이 불법적인 병합이었으므로 대한제국이 체결하거나 가입한 조약은 당연히 그 동일성과 계속성을 유지하는 대한민국에 그 효력이 있다고 본다. 대한민국 정부도 1986년 8월 4일 과거 대한제국이 1910년 이전에 체결하였던 세 개의 다자조약이 대한민국에 대해 계속 효력이 있음을 공포한 바 있다. 위 세 개의 다자조약은 「전시 병원선에 대한 국가이익을 위하여 부과되는 각종의 부과금 및 조세의 지불면제에 관한 협약(1881)」,466) 「육전의 법 및 관습에 관한 협약(헤이그 제2협약)」,467) 「1864년 8월 22일자 제네바협약의 제원칙을 해전에 적용하기 위한 협약(헤이그 제3협약)」468)이다. 이들 세 조약과 관련해서는 독일 등으로부터 한국에 대한 이들 조약의 효력에 관한 문의가 있는 등, 한국의 당사국 지위에 불명확한 점이 있어 한국 외무부(현 외교통상부)가 그 효력을 확인하는 조치를 취하였던 것이다. 또 이들 조약에 관해서는 영국, 네델란드 등으로부터 발간된 조약집과 조약 목록에 대한민국이 당사국으로 등재되어 있을 뿐만 아니라, 네델란드 정부는 위 「전시 병원선에 대한 국가이익을 위하여 부과되는 각종의 부과금 및 조세의 지불면제에 관한 협약(1881)」 및 「육전의 법 및 관습에 관한 협약(헤이그 제2협약)」의 수탁국으로 1986년 2월 6일에 한국에 대하여 조약내용의 변경을 통지하는 등, 한국을 당사자로 취급해 왔다.469) 우리나라가 뒤늦게 대한제국이 체결한 다자조약의 효력을 확인한 것은, 당시까지 유효한 상기 2개 협약에 관하여 협약 수탁국인 네델란드 정부가 우리나라를 당사국으로 인정하고 있었으나, 우리나라는 대한민국정부 수립 이후 이들 조약의 효력에 관하여 명확한 입장을 취하지 않았기 때문에 우리와 비슷한 입장에 있는 독일이 우리나라가 동 조약들의 당사국인지 여부를 문의하여 오는 등 법적 불확실성이 상존하고 있었으므로 이에 관한 우리정부의 입장을 정립하기 위한 것이었다.470)

---

465) 이순천, 앞의 논문, 161쪽.

466) Convention for the Exemption of Hospital Ships, in Time of War, From The Payment of all Dues and Taxes Imposed for the Benefit of State. 1904년 12월 21일 헤이그에서 채택되었으며, 같은 날 대한제국이 서명하였고, 1907년 3월 26일 일본정부가 대한제국을 대리하여 비준서를 기탁하였다.

467) Convention with Respect to the Laws and Customs of War on Land(Hague Ⅱ). 1899년 7월 29일 헤이그에서 채택되었고, 1903년 3월 17일 대한제국이 가입서를 기탁하였다.

468) Convention for the Adaptation to Maritime Warfare of the Principles of the Geneva Convention of August 22, 1864(Hague Ⅲ). 1899년 7월 29일 헤이그에서 채택되었으며 1903년 2월 7일 대한제국이 가입서를 기탁하였으나, 위 협약은 1907년 협약 및 1949년 제네바협약으로 대체되면서 효력이 상실되었다.

469) 박배근, 앞의 논문, 271-272쪽.

이와 같은 효력 확인 조치는 국가승계의 관점에서보다는 국가의 동일성 및 계속성의 관점에서 취하여진 것으로서 국제사회가 대한제국이 체결한 다자조약의 효력과 관련하여 다수의 관행으로 대한민국과 대한제국의 법적 동일성 및 계속성을 인정하고 있음에 비추어 법적 안정성 확보 및 대한제국의 정통성을 선언하기 위한 바람직한 조치라고 사료된다.471)

한편, 이러한 정부 조치의 성격에 대해서는 대한제국과 대한민국 간에 법적으로 동일성과 계속성이 인정되어 온 것이 명백한 이상 국가상속에서 말하는 조약의 승계문제는 일어나지 않는다고 하면서, 대한제국이 체결한 조약은 그동안에도 당연히 대한민국에 대하여 계속 유효한 것이므로 그 효력을 확인하는 별도의 조치가 필요한 것은 아니며 더구나 이번 조치를 두고 대한제국과 대한민국의 동일성을 법적으로 확인한 최초의 조치라고 보는 데까지 비약해 버린다면 정말 터무니없는 오해라고 하는 견해가 있다. 즉, 대한제국과 상해임시정부 및 대한민국 간에는 위 정부조치와 무관하게 이미 동일성과 계속성이 있다는 것이다.472)

박배근은 동일성 문제에 대해 발트 3국과의 비교 분석을 통해 동일성의 추정을 허용하는 방향으로 해석하고 있다. 먼저 주관적인 지표에 관해서 보면 대한민국 정부는 동일성을 주장하고 있으나, 그에 대한 근거로는 일본의 한반도지배의 불법성을 거론할 뿐이며, 1910년의 대한제국이 1919년의 대한민국으로 변경된 법적 근거에 관한 인식이나 설명은 충분하지 못한 것으로 보고 있다. 또한 일본은 이 점에 대하여 명시적인 반대 입장을 취하고 있고, 그 외의 다른 국가들도 대개는 대한민국의 국가적 동일성을 인정하지 않는 것으로 보고 있다는 점을 지적하고 있다. 다음으로 개관적 지표에 대하여는 대한제국의 영토를 모두 회복한 점, 발트 3국에 비해 주민 구성에도 거의 변화가 없는 점, 외국의 지배기간도 발트 3국에 비해 더 짧은 점, 발트 3국과 마찬가지로 인민의 자결권이 부정되는 방식으로 강압에 의하여 불법적으로 병합되어 그 병합 자체가 무효로 주장되는 점, 동일성을 인정하더라도 국제사회의 법적 안정성에 거의 아무런 영향이 없는 점 등을 제시하며, 결론적으로 일본과의 사이에 제기될 수 있는 약간의 법적 문제만 원만히 해결될 수 있다면 대한민국의 국가적 동일성에 관한 지표는 동일성의 추정을 허용하는 방향으로 해석되고 적용되어도 무방하며 또 그렇게 해석, 적용되어야 할 것으로 생각한다고 한다.473)

---

470) 이순천, 앞의 논문, 154쪽.
471) 이순천, 앞의 논문, 191.쪽.
472) 장효상, 앞의 논문, 109쪽; 장효상, 『現代國際法: 理論과 實際』(서울: 박영사, 1987), 516쪽.

3. 소결

동일성 부정론의 근거 중 가장 중요한 것은 시제법에 근거한 한일병합의 유효성에 대한 주장이다. 동일성 부정론자가 설명하고 있는 바와 같이 시제법의 개념이 처음 국제법에 명시적으로 수용된 것은 1928년 4월 4일 팔마스(Palmas) 섬 사건에서 막스 후버(Max Huber) 재판관의 중재 판결이었다.[474] 따라서 한일병합 당시를 기준으로 한다면 위 시제법 역시 당시의 법이라 할 수 있는지 의문이다.

또한 시제법의 원칙을 적용한다 하더라도, 1910년 당시에는 무력에 의한 정복과 병합의 의사표시는 일반적으로 유효한 영토취득의 권원이라는 동일성 부정론자의 논리는 당시의 열강인 일부 서유럽 제국주의 국가들이 자신들의 식민지 정책 등을 정당화하기 위한 논리에 불과한 것이다. 이러한 제국주의 국가들의 정당화 주장 논리에 대하여 김영구 박사는 다음과 같이 적절한 지적을 하고 있다.[475]

> 19세기 서구 국제법 규범은 전체적으로 그리고 처음부터 서방 국가들의 제국주의와 탐욕적인 식민정책을 합리화하기 위해서 형성되었거나 고안된 것은 아니다. 근대국제법 자체는 국민국가 사이의 세력균형질서를 담보하기 위하여 고안된 장치이며 유럽의 제국주의 국가들이 국제법을 식민지 쟁탈전에 교묘하게 왜곡해서 이용하였을 뿐이다. 서방 유럽 국가들의 아시아 아프리카에 대한 침략행위와 탐욕적인 식민통치 행위들이 모두 그리고 언제나 19세기 서방 국제법 규범에 의해서 합법화(合法化), 정당화(正當化)될 수 있는 것은 아니다. 국제법은 한 번도 일국이 타국을 무력으로 식민지화하는 것을 합법화한 적이 없다. 단지 제국주의적 확정정책을 수행하는 과정에서 법실증주의적 법리를 이들이 왜곡(歪曲)하여 이용하였을 뿐이다. 이는 사회 현상으로서의 법의 한계(限界)이다. 따라서 이러한 제국주의와 식민주의가 범하게 되는 모든 불법행위를 법실증주의적 법리를 적용하면 일괄적으로 합리화할 수 있다고 보는 것은 근대국제법과 법실증주의에 대한 근원적인 몰이해(沒理解)에서 비롯된 오해라고 볼 수밖에 없다.
>
> 19세기 한반도에서 일본이 자행한 제국주의, 식민주의 정책들이 적어도(즉 시제법적인 원칙을 적용해서) 19세기 당시의 서방 국가들의 규범인 국제법에 의해서 완전히 합리화, 정당화될 수 있다고 하는 주장이나 판단은 법적으로 정확하지도 않고 그렇기 때문에 타당하다고 인정될 수도 없다.

---

473) 박배근, 앞의 논문, 272-273쪽.
474) 나인균, 앞의 논문, 135쪽, 각주 48).
475) 김영구, 앞의 책, 153-154쪽.

1910년 당시의 국제법에 의해서도 「한일병합조약」은 명백히 무효(無效)이고 일본의 한반도 지배는 국제법상 합법적인 근거가 없는 것이었다. 따라서 대한제국은 소멸(消滅)된 것이 아니다.

또한 동일성 부정론의 입장에서는 한일병합을 무력에 의한 정복으로 보고 있으나, 당시 한일 간에는 전면적인 전쟁이 있었던 것이 아니며, 한일병합 역시 조약이란 외교적 방법을 통해 이루어진 것이라는 점을 경시하고, 위 조약 자체의 효력에 대한 검토를 경시한 측면이 있다.

한일병합 당시를 기준으로 하더라도 그 무렵 가장 권위 있는 국제법 학자인 오펜하임(L. Oppenheim)은 이미 1905년에 그의 국제법 저서에서 "조약은 정당하게 권리를 부여받은 대표의 행위에 의해 상호합의가 명백해지는 순간에 체결되지만 그 구속력은 비준이 될 때까지 규칙상 연기된다. 그러므로 비준의 기능은 조약을 구속적으로 만드는 것이며 비준이 거부되면 조약은 붕괴되고 만다"고 하였다.[476] 오펜하임에 의하면 비준은 조약의 구속력의 필수적 요건이며, 조약이 비준되어야 한다는 원칙은 보편적으로 승인된 관습국제법의 규칙인 것이다.

일본 법학자의 저서도 마찬가지였다. 아키야마 마사노스케의 『국제공법완(國際公法完)』(1893년)은 "(조약) 체결권이 없는 자가 주권자로부터 위임을 받아 상대방 국가의 정부와 조약을 체결하는 경우에는 그 정부에 제시하여야 할 신임장 외에 위임장을 휴대해야 한다. ……지금은 조약이 비준을 필요로 한다는 것은 의심할 바가 없다"고 밝혔다.[477]

따라서 시제법 원칙에 따라 당시의 조약법에 관한 국제규칙을 적용하더라도 한일병합조약은 전권을 위임받지 않은 자가 국가원수의 비준을 받지 않은 것이므로 체결자체가 되지 않은 것이거나 무효인 것이라고 보아야 할 것이다.

한일병합의 무효에 대해서는 최근 무사코지 긴히데 일본 오사카경법대 아시아태평양연구센터 소장도 "한일병합에서 나타난 식민주의는 두 나라 간 전쟁의 결과가 아니었고 일본의 군사적 압력이나 암살과 같은 공공연한 군사력 사용이 '외교적' 협상의 일부였다는 점에서 반평화적 범죄"라면서 국제법상 법적 요건을 갖추지 못했고, 군사적 압력 아래에 이루어졌으므로 무효라고 주장한 바가 있으며,[478] 그 외 상당수 일본학자들도 무효임을

---

476) "'한일병합'은 반인도적 범죄", 『연합뉴스』, 2009년 6월 22일자.
477) "비준 안 된 韓日 강제합방, 국제법상 무효", 『동아일보』, 2009년 6월 18일자.
478) 앞의 『연합뉴스』, 2009년 6월 22일자.

인정하고 있는 상황이다.

한편, 연합뉴스가 2010년 8월 11일 서울대 이태진 명예교수로부터 입수한 '일본 측 한일병합조서' 사진 자료에 의하면 1910년 8월 29일 일왕이 한일병합을 공포한 조서에 국새(天皇御璽)를 찍고 '목인(睦仁)'이라는 이름을 서명한 사실이 확인됐다. 반면 대한제국 순종황제가 같은 날 반포한 조서(칙유) 원본에는 국새가 찍히지 않았고 '이척(李拓)'이라는 이름도 서명되지 않았다. 그 대신 행정적 결재에만 사용하는 '칙명지보(勅命之寶)'라는 어새(御璽)가 날인돼 있다. 양측 조서의 형식요건이 이처럼 상이한 것은 한일병합이 순종황제의 승인을 거쳐 합법적으로 이뤄졌다는 일본 측 주장을 뒤엎는 것이다.[479]

또한 카이로 선언의 성격과 관련해서도 동일성 부정론 입장에서는 카이로 선언의 자구(字句)에는 한일병합의 무효 또는 위법에 관하여 아무런 언급도 찾을 수 없다고 주장하고 있다. 그러나 그러한 자구가 없더라도 카이로 선언을 보면 "일본은 또한 폭력과 탐욕에 의하여 일본이 약취한 모든 영토들로부터 축출될 것이다(Japan will be also be expelled from all her territories which she has taken by violence and greed)"라고 하고 있는바, 위 내용 자체로도 일본의 영토 점령행위가 불법임을 명시하고 있는 것이라고 보아야 할 것이며, 위 선언에서 조선의 독립을 결의한 것 자체가 한일병합의 무효나 위법을 전제로 한 것이라 할 것이다. 만일 한일병합이 정당한 행위이고, 유효한 것이 확실하다면 위와 같은 결의를 할 아무런 명분이 없는 것이기 때문이다.

이와 같이 한일병합이 무효라는 입장에서 대한제국과 대한민국의 동일성에 대하여 구체적으로 살펴보고자 한다. 이미 앞에서 살펴본 바와 같이 국가의 동일성에 대한 명확한 형식적인 기준이 존재하지 않고, 이에 관한 관습국제법도 충분하지 못하다. 따라서 현재 상태에서는 법적으로 모순이 없는 일관된 논리전개와 결론을 내리기에는 많은 어려움이 있으나 앞에서 살펴본 주관적 지표와 객관적 지표를 종합적으로 고찰하여 나름대로의 판단을 제시해 보고자 한다.

먼저 주관적 지표를 살펴보면 연합국이나 제3국의 입장은 대체로 대한제국과 대한민국의 동일성을 부인하는 전제위에 대한민국의 수립을 일본으로부터의 분리독립(secesion)으로 파악하는 입장이 주류인 것은 사실이다.[480] 그러나 긍정론에서 살펴본 바와 같이 다자조약과 관련된 국제사회의 실행 중에는 양자의 동일성을 인정하는 것으로 볼 수 있는 사실들도 엄연히 존재하고 있다. 한편, 주관적 지표로는 제3국의 입장도 중요하지만

---

479) "'한일병합무효' 입증 문건 처음으로 확인", 『연합뉴스』, 2010년 8월 11일자.
480) 이근관, "1948년 이후 남북한 국가승계의 법적 검토", 『서울국제법연구』, 제16권 제1호(2009. 6.), 150쪽.

무엇보다도 해당국가의 의사가 중요하다는 점은 앞에서 살펴본 바와 같다. 이런 점에서 동일성을 부정하는 견해는 주관적 지표중 제3국가의 입장에 무게를 둔 반면, 해당국가인 대한민국의 주관적 지표는 고려하지 않은 문제점이 있다. 더군다나 주관적 지표 중 당시의 제3국의 입장은 한일병합의 국제법적 의미를 평가한 것이 아니라 단지, 같은 제국주의적 입장에서 자신들의 이해관계를 우선시한 평가였다는 점을 간과해서도 안 될 것이다.

김영구 박사의 주장과 같이 국가의 동일성과 계속성을 인정함에 있어서 "공적으로 표명된 국가의 의지"라는 주관적 요소는 다른 무엇보다도 결정적이고 중요한 것이며, 이러한 주관적 요소가 결여된 경우에는 일단 소멸된 국가는 절대로 다시 부활하거나 재수립될 수 없다고 본다.[481]

우리 정부의 입장은 동일성을 확실하게 주장하고 있고, 이는 우리 헌법에서도 명시하고 있는 내용이다. 따라서 주관적 지표 특히, 해당 국가인 대한민국의 입장을 중시해서 보면 오히려 동일성을 인정하는 것이 정당한 것이다. 무엇보다도 우리 정부의 입장뿐만이 아니라 우리 국민들의 인식 또한 대한제국과 대한민국을 의 동일성을 받아들이고 있다는 점을 잊지 말아야 할 것이다.

다음으로 객관적 지표를 살펴보면, 대한민국은 일본으로부터의 독립에 의하여 대한제국의 영토를 모두 회복하였으며, 주민에 있어서도 거의 변동이 없는 상황이다.[482] 국가의 단절 기간 역시 일본의 통치하에 있던 기간이 35년인데 이 기간이 동일성을 인정하기에 너무 긴 기간인지 아닌지에 대한 기준도 없다.

한편, 국제적으로 대체로 동일성을 인정받는 것으로 평가되고 있는 발트3국의 경우에는 1991년 독립을 회복할 때까지 그 단절기간이 50년이나 되어 우리보다 훨씬 길었고, 독립 당시에는 소련의 의도적인 주민 이주정책에 의하여 리투아니아는 20퍼센트, 에스토니아는 39퍼센트, 라트비아는 48퍼센트의 주민이 다수 국민과 다른 민족으로 되어 있었다는 점을 참고할 필요가 있다.[483]

또한 발트3국의 경우 3국 모두가 1940년 소련에 점령되기 이전에 존재하였던 3국과 동일한 국가임을 주장하였다는 점에서 우리와 유사하다. 또한 유럽공동체를 비롯한 대부분의 국가가 국가의 계속성을 인정하였지만, 스웨덴은 이들 3국을 신국가로 승인하였고,

481) 김영구, 앞의 책, 185쪽.
482) 1910년부터 1940년 사이의 기간 동안에 한반도의 민족별 인구 구성비는 97퍼센트가 한국인이며 일본과 외국인을 합하여 3퍼센트를 넘는 일이 거의 없었다. 김운태, 『일본제국주의의 한국통치』(개정판)(서울: 박영사, 1998), 646쪽, 표 6-78 "일제 시 민족별 인구비변동" 참조.
483) 박배근, 앞의 논문, 269쪽 참조.

구소련 분열 후의 러시아도 이들 국가의 계속성을 부인하고 신국가로 취급하고 있어 국제사회의 실행에도 각 나라별로 그 이해관계에 따라 입장 차이가 있음을 유념해 볼 필요가 있다.484)

　　결론적으로 국제사회에서 대체로 국가의 동일성이 인정되는 발트3국과 주관적 지표나 객관적 지표를 비교해 보면 오히려 대한제국과 대한민국의 동일성을 인정할 근거가 더 많아 보인다. 무엇보다도 동일성을 인정하더라도 국제사회의 안정성에 특별히 저해가 될 것도 없으므로 굳이 동일성을 부인할 특별한 이유도 찾기 어렵다. 따라서 양자의 동일성은 인정된다고 보는 것이 타당하며, 대한제국과 대한민국 사이에는 국가의 소멸 및 이에 따른 국가승계의 문제는 발생하지 않는다 할 것이다.

V. 대한제국과의 동일성에 대한 북한의 입장

　　국내에 소개된 자료에 의하면 북한이 대한제국과의 동일성에 대해 어떤 입장을 취하고 있는지는 명확하지가 않다. 다만 북한의 여러 문헌을 통해 북한의 입장을 추론해 볼 수는 있을 것이다.

　　북한 사회과학원 법학연구소에서 발간한 『법학사전』을 보면 1965년에 체결된 「한일기본조약」에 대해 "과거 일제가 조선에 강요한 ≪조약≫(1905년 ≪을사보호조약≫, 1910년 ≪한일합병조약≫ 등)이 비법적이며 침략적인 것으로서 본래부터 그것이 무효라는 것을 선포하지 않음으로써 과거 일제의 조선침략을 ≪합법화≫하고" 있다고 한다.485) 따라서 북한 역시 한일병합을 무효라고 주장하고 있음은 우리 정부의 입장 및 학계의 다수설과 같은 입장을 취하고 있다.

　　그렇다고 해서 북한이 대한제국과의 동일성을 주장하고 있는 것으로는 보이지 않는다. 오히려 김일성종합대학출판사에서 발간한 『국제법학(법학부용)』을 보면 "종전국가의 권리의무를 어느 정도 어떻게 계승하는가 하는 것은 새로 출현한 국가가 자주적으로 결정할 수 있다는 원칙"을 국가 승계 논의의 출발점으로 하면서 "국가의 권리의무계승과 관련된 모든 내용은 새로 출현한 국가의 존재와 발전, 민족의 존망과 관련된 문제이다. 따

---

484) 발트3국의 동일성에 대한 구체적인 내용은 박배근, 앞의 논문, 263-269쪽 참조
485) 사회과학원 법학연구소, 『법학사전』, 669쪽.

라서 종전국가의 권리의무는 반드시 거기에 새로 세워진 합법적인 국가에 의해서면 계승되어야 한다"고 주장한다. 그리고 "조선반도에서 조선민주주의인민공화국만이 우리 인민의 민족적 이익과 관계되는 모든 국제법상 권리와 의무를 계승할 권리를 가진다"라고 하고 있다.[486]

이런 점에 비추어 볼 때 북한은 자신을 조선 또는 대한제국과는 구별되는 '새로 세워진 합법적인 국가'라고 정의하고 있음을 알 수 있다. 따라서 국제법적인 측면에서 본다면 북한은 대한제국과의 동일성을 부정하고 있는 것으로 보아야 할 것이다.

한편, 이와 관련하여 북한이 영토와 주민의 측면에서 대한제국 또는 조선과 동일성 및 계속성을 주장하고 있음을 추론할 수 있다는 주장이 있다. 즉 북한은 독도를 "우리의 고유의 섬"이라고 주장하고 있으며, 북한 국적법이 북한 창건 이전에 조선의 국적을 소유하였던 조선사람과 그의 자녀로서 그 국적을 포기하지 않은 자에게 북한 국적을 부여하고 있는데,[487] 이는 국가의 가장 기본적인 구성요소인 주민과 관련하여 북한은 자신과 일제식민지 통치 이전 조선정부, 즉 대한제국 정부와의 계속성을 인정하고 있다는 주장이다.[488] 그러나 북한의 독도에 대한 영토 주장 및 국적법의 내용을 가지고 북한이 대한제국과의 동일성을 주장하고 있다고 해석하는 것은 문제가 있다고 본다.

우선은 북한의 위와 같은 영토와 주민에 대한 입장이 국가의 동일성 및 국가승계에 관한 법 이론적 측면까지 고려한 것인지에 대한 의문이다. 오히려 북한 정부 수립 당시에는 이 점에 대한 구체적인 인식이 없었다고 보는 것이 타당할 것이다. 이 점에 있어서는 우리 정부의 입장도 그게 다르지 않은 것으로 보인다. 앞에서 우리 정부의 입장은 대한제국과의 동일성을 주장하는 입장이라고 정리하기는 하였으나 이는 정부 수립 이후 우리 정부가 취한 여러 가지 사실관계에 기초한 것이지, 정부 수립 당시에는 국제법적인 측면에서 대한민국을 대한제국과 동일한 국가로 출범시킬 것이라는 점을 명백히 밝힌 바도 없고, 그 이후에도 이 점에 대한 정부의 공식적인 입장표명이 없었다고 보아야 할 것이기 때문이다. 즉 남북한이 모두 1948년 정부 수립 당시에는 이러한 국제법적인 문제에 대한 구체적인 인식이 없었던 것이 아닌가 생각된다. 만일 그 당시 이 문제에 대한 구체

---

486) 김일성종합대학출판사, 『국제법학(법학부용)』, 52쪽.

487) 북한은 1963년 10월 9일 최고인민회의 상임위원회 정령 제242호로 국적법을 채택하였으며, 위 법은 1995년 3월 23일 최고인민회의 상설회의 결정 제57호로 수정보충되었고, 1999년 2월 26일 최고인민회의 상임위원회 정령 제483호로 수정되었다. 국적법 제2조는 "조선민주주의인민공화국 공민은 다음과 같다. 1.공화국창건 이전에 조선의 국적을 소유하였던 조선사람과 그의 자녀로서 그 국적을 포기하지 않은 자 2. 다른 나라 공민 또는 무국적자로 있다가 합법적인 절차로 공화국국적을 취득한 자"라고 규정하고 있다.

488) 이근관, 앞의 논문, 156-157쪽.

적인 인식과 검토가 있었다면 응당 기존에 대한제국이 가입한 다자조약 등에 대한 입장 표명이 있었어야 할 것이다.

오히려 대한제국과의 동일성에 대한 북한의 입장은 위 『국제법학(법학부용)』의 내용과 같이 북한이 새로 세워진 합법적인 국가로서 종전 국가인 조선 또는 대한제국의 권리와 의무를 자주적으로 결정할 권리를 가지고 계승한 것으로 보는 것이 더 논리적일 것이다. 더군다나 위 책에서는 위 문제를 국가의 동일성이나 계속성과 관련하여 다룬 것이 아니라 국가 승계에 대한 이론 설명에서 다룬 것이라는 측면도 고려하지 않을 수 없다.

제3절 북한이 체결한 국경조약의 유효성

Ⅰ. 북한의 법적 지위

1. 문제의 발단

조중국경조약의 유효성 문제 역시 앞에서 살펴본 바와 같이 분단국이라는 특성에서 발생하는 문제이다. 즉, 남한 정부가 북한 정부를 국가로 인정하지 않는다는 사실에서 출발하여 국가가 아닌 북한 정부가 다른 나라와 조약을 체결할 자격이 있는지, 만일 자격이 없다면 북한이 체결한 조약은 무효라고 할 수 있는지에 대한 문제이다. 결국 이 문제는 남북한의 분단국으로서의 법적 지위와 북한의 법적 지위에 대한 문제부터 검토되어야만 한다.

2. 정통성에 대한 남북한의 체제 경쟁

남북한은 각자의 정부 수립 이후 상당히 오랜 기간 동안 '정통성 투쟁'이라는 체제 경쟁을 해 왔으며, 그 가운데 상대방의 법적 지위에 대한 인식이 명백히 드러난다. 즉, 남북한은 서로 자신만이 한반도에 존재하는 '하나의 한국(one Korea)'을 합법적으로 대표할 수 있는 정통정부라고 주장해 왔다.

남한 정부의 정통성과 한반도 유일합법정부론에 대한 주된 근거는 대한제국의 법통 계승 및 국가의 계속성에 대한 우리 정부의 일관된 입장과 더불어 헌법의 영토조항 및 국제연합 총회 결의 제195호에서 찾을 수 있다.

우리 헌법은 제헌 헌법 이래 북한 지역을 대한민국의 영토로 규정한 영토조항을 유지해 오고 있으며, 현행 헌법은 제3조에서 "대한민국의 영토는 한반도와 그 부속도서로 한다"고 규정하고 있다. 이 조항에 의해 북한지역 역시 대한민국의 영토에 해당하므로 대한민국의 주권은 북한지역에도 미치며, 따라서 북한 정권은 반국가단체이며, 사실상의 지방적 정권에 불과한 것으로 해석되는 것이다.

남한 정부는 1948년 12월 파리에서 개최된 국제연합 특별총회 결의 제195호가 이러한 내용을 담고 있다고 강조하면서 상당 기간 동안 이 결의를 자신의 '법적 정통성'의 근거로 삼았다.[489]

1967년 대한민국 외무부 외교연구원이 간행한 『한국외교의 이십 년』이란 책자에서는 위 결의 내용에 대하여 "동년 12월 12일 국련 총회는 총회결의 제195(Ⅲ)로서 국제연합 한국임시위원단의 보고서를 승인하고 또한 대한민국 정부를 한국 내의 유일한 합법적 정부로서 승인한다는 결정을 선언"하였다고 해석하고 있으며,[490] 이러한 해석이 대한민국의 한반도 유일합법정부론의 가장 중요한 법적 근거로 세시되어 왔다.[491]

---

489) 이근관, "1948년 이후 남북한 국가승계의 법적 검토", 『서울국제법연구』, 제16권 제1호(2009. 6.), 144쪽. *Yearbook of the United Nations*(1948-49), UN Department of Public Information, Nov. 1950, p.290.에 수록된 위 결의문 원문은 "Declares that there has been established a lawful government(the Government of the Republic of Korea) having effective control and jurisdiction over that part of Korea where the Temporary Commission was able to observe and consult and in which the great majority of the people of all Korea reside; that this Government is based on elections which were a valid expression of the free will of the electorate of that part of Korea and which were observed by the Temporary Commission; and that this is the only such Government in Korea"로 되어 있다.

490) 외무부 외교연구원, 『한국외교의 이십년』(서울: 외무부 외교연구원, 1967), 24쪽.

491) 이에 반하여 위와 같은 해석은 위 결의문을 왜곡한 것이며, 위 결의문 내용은 대한민국 정부가 '국제연합 한국감시위원단의 선거감시가 가능했던 38선 이남 지역에서 합법적으로 수립된 정부'라는 것이지 '한반도 전체에 걸쳐 관할권을 행사할 수 있는 유일한 합법정부'라는 것은 결코 아니라는 주장도 있다. 이러한 주장에 대하여는 이근관, 앞의 논문, 146쪽; 김일영, 『긴국과 부국: 현내한국성치사상의』(서울: 나무, 2004), 74-77쪽.; 최창동, 앞의 책, 180-182쪽 참조. 그러나 위 국제연합 총회 결의문을 보면 전체로서의 한국을 표현할 때는 'Korea'라는 단어를 사용하였고, 남한만을 의미할 때는 '(that) part of Korea'라는 표현을 사용하고 있다. 또한 위 결의문의 세 가지 선언내용을 종합해 보면 남한 지역 내에서 정당한 선거에 의한 합법적인 정부, 즉 대한민국 정부가 수립되었는데, 그 정부가 한국(Korea)의 유일한 정부라는 의미이며, 세 번째 선언내용에서 말하는 'Korea'는 첫 번째 선언내용이나 두 번째 선언

한편, 북한은 1948년 9월 2일 조선최고인민회의 제1기 1차 회의를 개최하고, 같은 달 9일 「조선민주주의인민공화국헌법」을 채택하여 사회주의 정부를 수립하였다. 정부 수립 시 북한의 공식 입장은 자신들이 남북한의 모든 정당·사회단체가 참석한 연석회의와 지도자협의회의 결의에 따라 한반도 전역에서 선거가 실시되어 전체 인민의 의사를 대표하는 합법적 통일정부를 수립하였다는 것이었다.

대한제국과의 계속성에 대한 북한의 입장은 봉건국가인 조선과는 구별되는 새로운 국가의 탄생으로 보고 있는 것으로 보인다. 이에 대한 입장은 북한이 기존의 태극기를 폐지하고 새로운 국기(인민공화국기)를 채택한 점에서도 찾아볼 수 있다.[492]

3. 분단국의 개념과 법적 지위

가. 분단국의 개념과 특성

오늘날 남북한을 분단국으로 인식하는 데는 별 이견이 없는 것으로 보인다. 그러나 분단국(divided nation)이라는 용어 자체도 법적으로 확고히 정립된 것이 아니어서 학자들마다 그 정의 및 용어의 사용에 차이가 있다.

화이트맨(Whiteman)은 불통일국가(non-unified state)라고 하여 한국과 독일을 예로 들고 있고, 버질(J. H. W. Verzihl)은 2부분으로 분단된 국가(state divided into two parts)로 한국, 독일, 베트남, 중국을 들고 있으며, 헨더슨(G. Henderson), 르보우(P. N. Lebow), 스퇴싱어(J. G. Stoessinger)는 분단국가(divided nation)로 독일, 한국, 중국, 베트남, 몽고, 캄보디아, 라오스를, 분단국가(partitioned countries)로 아일랜드, 인도, 파키스탄, 이스라엘, 루안다, 브룬디, 팔레스타인을 열거하고 있고, 크로포드(J. Crawford)는 'Divided State'라 명명하고 한국, 독일, 베트남, 중국의 4개국을 들며, 글란(G. von Glahn)이 같은 입장이다.[493]

이처럼 학자들마다 용어 사용에 차이가 있고, 분단국가의 사례에 대한 입장이 다르다

내용에서의 '(that) part of Korea'와는 달리 전체 한국을 의미하는 것이라고 본다. 만일 이와 같이 해석하지 않는다면 '유일한(the only)'이라는 단어를 사용할 아무런 이유가 없을 것이다.

492) 태극기의 폐지와 국가의 불계속성에 대하여는 최창동, 앞의 책, 259-264쪽 참조.

493) 홍성필·최태현, "南北聯合의 法的 地位에 관한 硏究", 『統一에 따른 法的 問題硏究』(서울: 국토통일원, 1989), 17-18쪽.

보니 분단국가의 개념 정의 자체에도 차이가 발생하게 된다.

분단국의 개념에 대해서는 먼저 "기본적으로 전후 미·소 양대국의 이해관계가 상충하여 어느 한쪽에도 넘길 수 없는 지역을 미·소가 점령하여 오늘날 별개의 정부를 구성하고 있는 국가" 또는 "한 국가로서의 전통과 역사를 가진 나라가 전후 자국민의 의사에 반해 강대국정책에 의하여 분단된 국가"라는 견해가 있다.494) 위 견해는 분단이 미국과 소련 또는 강대국의 강제에 의해 이루어진 과정에 중점을 둔 견해라 할 수 있다.

다음으로는 프랑스와 독일의 국제법 학계에서 논의되는 전체국가와 부분국가의 도구개념을 통한 개념 정의를 들 수 있는데, 이에 따르면 분단국가(Divided Nation)는 "법적으로 지속되는 하나의 전체국가(Gesamt Staat)를 잠재화시킨 가운데 이 분단국가의 대표권을 가질 것을 경쟁하지만 제3국으로부터 전체국가로서의 단독대표권을 인정받지 못하는 두 개의 부분국가로 분단되어 있는 국가"이고, 분단국가(Partitioned-Countries)는 "법적으로 지속된 전체국가의 존재는 소멸하고 두 개의 부분국가가 각기 독립하는 경우"를 말한다고 한다.495) 이 견해는 분단 과정을 중시한 앞의 견해와는 달리 분단의 상태나 결과에 중점을 둔 견해라 할 수 있다.

유병화는 일반적으로 분단국이란 국제사회에서 하나의 국가로 존재해야 하나 현실적으로 2개의 대립적 정치체제가 존재하면서 적어도 2개의 체재 중 하나는 자신의 주도하에 하나로 통일되어야 한다고 주장하는 국가라고 한다.496)

코타니 츠루지(小谷鶴次)는 분단국을 "제2차 세계대전 후에 종래의 국가 또는 독립한 국가의 내부에 두 개의 정부가 대립하고 각각 그 정부를 기간으로 하는 국가를 유지 또는 수립하여 비교적 장기에 걸쳐 분열상태를 계속하고 있는 것"이라고 정의한다.497) 위 견해는 분단과정 및 그 결과적 현상을 모두 고려한 견해로 아래에서 보는 분단국의 특성을 비교적 잘 나타내고 있다고 본다.

분단국이 국제법상 문제가 되는 것은 분단국의 구성체가 일반적으로 국가의 성립요건을 갖추고 있으나, 각 구성체가 상대 구성체의 국가자격을 부인하고 자신이 법률상 정부

---

494) 정득규·박하일, "분단국의 통일정책과 공존정책의 균형유지방안", 『통일연구문제』, 제1호(전남대학교 통일문제연구소, 1974. 10.), 129쪽.

495) Gilbert Caty, *Le Statut Juridique des Etats Divises*, Editions A(Pedone: 1969), p.5; 홍성필·최태현, 앞의 논문, 19-20쪽.

496) 유병화, "남북한 UN가입과 한국통일의 법적 문제", 『통일문제연구』, 통권 제11호(통일원, 1991. 9.), 48쪽.

497) 小谷鶴次, "分斷国と国際法の適用", 『国際法外交雜誌』, 第72卷 第2号(東京: 国際法学会, 1972), 위 글의 번역문인 김병욱, "분단국과 국제법의 적용", 『立法調査月報』, 통권 제66호(국회도서관 입법조사국, 1973. 5.), 3쪽에서 인용.

임을 주장함으로써, 객관적 현실과 분단국의 주관적 인식 간에 격차가 존재하는 데 기인한다.[498]

이러한 분단국의 일반적 특성으로는 동일 영역 내에 두 개의 대립하는 정치조직의 확립, 제3국과의 독자적 외교관계의 설정, 각자의 통일노선의 추구와 전체국가의 존재의 상정, 대립관계의 안정유지, 외관상 별개의 국가자격 보유, 국제기구 또는 개별국가의 승인에 의한 정통성 판단, 일방의 분리독립가능성과 통합가능성의 병존 등을 들 수 있다.[499]

분단국가의 대표적인 사례로 거론되는 남북한의 경우에는 비교적 위와 같은 특성을 모두 갖추고 있다고 볼 수 있다. 그러나 또 다른 분단국가로 거론된 독일의 경우를 보면 동독은 처음에는 서독과 마찬가지로 자신들도 독일제국의 후계국임을 주장하다가 이후 공산국가성을 표방하며 이를 부인하면서 서독과는 별개의 국가임을 강조하였고, 중국과 대만의 경우를 보면 대만은 국제사회로부터 별개의 독립된 국가로 인정받지 못하고 있다. 키프러스의 경우에도 국제연합 안전보장이사회는 북키프러스의 수립 선포가 무효임을 선언하여 현재는 유일하게 터키만이 북키프러스를 국가로 승인하고 있다.[500] 따라서 모든 분단국가가 위에서 설명한 분단국가의 특성을 모두 가지고 있는 것은 아닌 것이다. 이런 점에서 그 역사적 배경과 분단 이후의 현상이 다른 분단국가의 특성을 모두 고려하여 분단국가의 개념을 정형화하는 데는 어느 정도 그 한계를 인정할 수밖에 없다.

나. 분단국의 법적 지위

분단국의 법적 지위에 관한 이론적 발전은 주로 독일에서 이루어졌다. 독일제국이 제2차 세계대전에서 패배, 전승국들의 점령, 동서독 정부의 수립이 이루어지는 과정에서 서독의 학자들과 정치인들은 독일제국과의 계속성, 독일제국과 서독 또는 동독의 관계, 서독과 동독의 국가성 또는 국제법 주체로서의 지위 인정 여부 등을 중심으로 서독과 동독의 법적 지위에 대한 논의가 이루어진 것이다. 이에 대한 학자들의 다양한 견해에 대한 분류도 학자들 간에 차이가 있다.

이 책에서는 독일 학자들의 견해를 크게 독일제국과의 계속성을 중심으로 이를 인정하는 입장과 부인하는 입장 및 국제법적인 측면에서 동서독을 몇 개의 국가로 볼 것인지에

---

498) 신각수, 앞의 논문, 202쪽.
499) 배재식, "南北韓의 法的 關係", 『大韓國際法學會論叢』, 제21호 제1·2호(1976), 234-235쪽; 홍성필·최태현, 앞의 논문, 22-23쪽.
500) 남북 키프러스의 법적 지위에 대하여는 법무부, 『남북 키프러스의 교류협력 법제 연구』(과천: 법무부, 2009), 205-243쪽 참조.

관한 이론으로 분류해 보고자 한다.501)

(1) 국가의 계속성을 중심으로 한 이론

독일제국과 서독 또는 동독의 계속성 여부에 중점을 둔 이론들로 크게는 이를 인정하는 계속설과 이를 부인하는 국가분리설로 분류된다.

먼저 국가계속성 긍정설 혹은 계속설은 분단국체제하에서 분단 이전에 존립했던 단일국가의 '동일성'을 유지한다고 보는 견해로, 다시 부분국가설, 동일성설, 국가분리설로 나뉜다.

부분국가설은 분단 이전에 존속했던 단일 영토위에 정치적 법적 공동체인 2개의 분단국가가 분단 이전의 단일국가에 해당하는 하나의 지붕 밑에 서로 공존하는 부분체제라고 보는 것이다. 여기에는 계속적인 '전체 독일국가'의 지붕 아래 두 개의 사실상의 국가가 존재한다고 보는 '일반적 부분국가설'과 하나의 부분국가인 서독이 다른 부분국가인 동독에 대해 특권적 지위를 보유한다고 보는 '특수적 부분국가설'이 있다.502) 이 이론은 지붕이론(Dachtheorie) 또는 부분질서이론(Teilortnungslehre)으로도 불리며, 두 개의 부분질서는 국제법상의 주체성을 가지며, 독일제국의 권리를 주장하고 의무를 인정할 수는 있으나 독일제국을 위한 새로운 권리를 설정하거나 그의 권리를 포기할 수 없다고 본다.503)

동일성설은 분단 이전의 영토 위에 수립되어 있는 국가(분단체제)는 이전의 단일국가와 정치적 법적공동체로서 동일하다는 것이다.504) 이 이론은 동독 또는 서독 중 일방이 독일제국과 동일하다고 볼 것인지 아니면 양독 모두가 독일제국과 동일한 것으로 볼 것인지에 따라 다시 여러 가지 견해로 나뉜다.

일치설(Kongruenytheorie)은 서독이 전체 영토에서 지배력을 보유하며 동독 영역 내에서도 통치권을 행사할 수 있다고 본다. 국가핵설(Staatskerntheorie)은 서독이 1945년 이전의 독일과 일치하는 법주체이지만 단지 서독의 통치권력이 동독의 영역에까지는 미치지 못하고 있을 뿐이라고 본다. 핵심국가설(Kernstaatstheorie)은 분단 이전에 존립했던 '전체로

---

501) 이러한 분류는 최창동의 분류 방법이다. 최창동, 앞의 책, 221-228쪽.
502) 김철수, 『法과 政治』(서울: 교육과학사, 1995), 735쪽.
503) 임복규, "통일 이전의 서독과 동독의 법적 지위 -독일의 법적 개념과 관련하여-", 『남북교류와 관련한 법적 문제점(2)』(서울: 법원행정처, 2003), 17쪽.
504) 최창동, 앞의 책, 222쪽.

서의 독일'은 서독영역 내로 축소되었지만 서독이 과거 '독일제국'의 동일성을 계승하는 핵심국가로서 분단이전의 국가와 일치한다는 것이다. 축소국가설(Schrumpfstaatstheorie)은 '핵심국가설'과 비슷한 맥락으로 분단 이전의 국가가 서독지역으로 축소된 것이며 따라서 독일제국의 동일성을 서독이 보유하고 있다는 것이다. 내전설(Bürgerkriegstheorie)은 서독은 분단 이후 동독과 냉전적인 내전 상태에 있으며, 서독만이 '독일제국'과 일치한다고 보는 것이다. 내전설에 의하면 서독만이 법적 정부(de-jure-Regierung)이고, 동독은 사실적인 정부(de-facto-Regierung)에 불과한 것이다.505)

국가분리설(Seprationstheorie, 동체설)은 국가의 분단으로 인하여 기존국가의 법주체성은 소멸하지 않으며, 독일은 패전 이후에도 독일제국의 법주체로서는 존립했지만 영토의 통합성을 보전하지 못하여 동체(胴體, Rumpf)의 형태로서만 존재하고 있다는 것이다.

다음으로 국가계속성 부정설 혹은 불계속설에는 분단국체제의 탄생과 함께 기존의 단일국가는 소멸함과 동시에 국가의 동일성도 없어진다고 보는 몰락설과 독일은 패전과 동시에 구독일제국의 법주체성은 완전히 소멸했고, 동서독은 새롭고 평등한 국제법주체로 생성된 것으로 구독일제국의 권리와 의무도 당연히 소멸한다고 보는 해체분해설이 있다. 해체분해설은 구소련과 동독이 주장했던 이론이다.506)

(2) 국제법 주체의 측면에서 본 학설

이 이론은 동서독과 독일제국의 동일성 내지 계속성 여부보다는 독일 내에 국제법적 주체가 몇 개인지를 중심으로 한 이론으로 독일의 경우 제2차 세계대전 이전의 독일영토 내에는 오직 하나의 국가만이 성립했다고 보는 1국가설, 1945년 패전으로 독일제국의 영토에는 두 개의 국가가 탄생했다고 보는 2국가설, 분단국체제에서 분단 이전의 기존의 단일국가와 두 개의 분단국가가 병존한다고 보는 3국가설이 있다

(3) 서독 정부와 연방헌법재판소의 입장

1949년 9월 20일 수립된 서독연방정부의 기본법(Grundgesetz)은 동독의 편입을 염두에 두고 동독의 사실적 존재를 인정하고 있었지만 현실적으로는 1967년 1월 '할슈타인

---

505) 위의 책, 222-223쪽.
506) 위의 책, 224-225쪽.

원칙'507)을 수정하기 전까지는 동독의 법적 지위를 인정하지 않았다. 즉 분단 이전의 독일제국은 계속 존재하며 서독만이 전체 독일을 대표한다고 보았으며, 이는 국가의 계속성에 있어서 동일성설, 그중에서도 핵심국가설을 취한 것으로 해석되며, 다수의 학자들도 이 이론을 지지하였다.

그러나 1967년 1월 31일 브란트 외상은 서독정부의 단독대표권설을 포기하고 루마니아와 수교를 함으로써 '할슈타인 원칙'을 수정하였다. 그로부터 2년 후 브란트 수상은 1969년 10월 28일의 시정연설에서 "서독과 동독이 성립한 뒤 20년이 지난 지금, 우리들은 독일민족의 계속적인 분리생활을 예방하고 정서된 병존에서 공존으로 나아가도록 노력해야 한다"고 주장하여 동독이 서독 내의 또 다른 하나의 사실적인 국가임을 인정했다. 브란트 수상은 다만 동독에 대한 국제법적인 승인은 배제하면서 현실적으로 독일 내에 두 개의 국가가 존재한다고 해도 상호관계는 외국이 아니기 때문에 상호간의 관계는 독자적인 성격을 갖는 것일 뿐이라는 점을 분명히 했다.508) 브란트 수상의 주장은 '국가의 계속성' 이론에 의하면 '3개국가설'이나 '지붕설'과도 비슷하다는 평가를 받는다.509)

서독연방의회는 1954년 4월 7일 "독일 국민은 결코 분단을 감수하지 않을 것이며 두 개의 독일국가의 존재를 승인할 수 없다. 서독 연방정부만이 유일하게 민주적이고 자유롭게 선출된 독일정부로서 전체 독일인을 위하여 발언할 권한을 단독으로 보유한다"고 결의했다.510) 서독연방의회의 입장은 동일성설의 입장이라 할 수 있다.

그러나 이와 같이 동독의 법적 지위를 부인하는 견해는 1972년 12월 21일 동서독 기본조약이 체결에 의해 변화를 맞이힐 수밖에 없게 되었다. 동서독 기본조약에서는 서독과 동독이 동일한 권리에 기초하여 상호 간 정상적인 우호관계를 발전시켜 나가며(제1조), 양독은 국제사회에서 상대방을 대표할 수 없으며(제4조), 국내 문제와 국제 문제에 있어서 상대국의 독립성과 자주성을 존중한다(제6조)고 규정하고 있었다. 따라서 동서독은 서로 대등한 입장이 되었다고 할 수 있게 된 것이고, 기존의 핵심국가이론은 법 논리적으로 계속 유지하기가 어렵게 된 것이다. 동서독 기본조약 체결 이후의 독일의 법적 지위에 대해서는 연방헌법재판소의 판결이 중요한 의미를 갖는다.

바이에른(Bayern) 주 정부는 동서독 기본조약이 체결되고 후속입법인 「동서독 기본조

---

507) '할슈타인 원칙'이란 1955년에 서독 외무차관 할슈타인(W. Hallstein)이 기초한 것으로 동독 정부를 승인하는 나라와는 외교관계를 맺지 않는다는 서독 정부의 외교정책을 말한다.
508) 최창동, 앞의 책, 232-233쪽.
509) 위의 책, 233쪽; 김철수, 앞의 책, 746쪽.
510) 김철수, 위의 책, 741쪽.

약의 비준동의 법률」이 제정되자 위 법이 서독 기본법에 위반된다면서 1973년 5월 29일 연방헌법재판소에 위헌심판을 제청하였다.

이에 대하여 연방헌법재판소는 사건 접수 2개월만인 1973년 7월 31일 독일제국의 '국가의 계속성'을 인정하면서 동독의 국제법주체성까지도 인정하는 판결을 선고하였다.[511]

위 판결에 따르면 서독 연방헌법재판소는 전체로서의 독일의 동일성이 동서독 분단체제에도 계속된다고 보면서, 동서독은 독일제국의 동일성을 각각 부분적으로 갖고 있는 '부분적 동일성설' 내지 '지붕설'에 입각한 것으로 평가된다.[512] 그러나 다른 한편으로는 위 판결에 대하여 불분명한 점이 많다는 논란이 제기되었는데, 대표적으로 쇼이너(Ulrich Scheuner)는 위 판결을 '소화가 안 되는 개념적 죽(unbekömmlichen begriffen Brei)'이라고 표현했다.[513]

(4) 동독 정부의 입장

동독 정부는 초기에는 전체로서의 독일(독일제국)과 동독 간의 관계는 '동일성설'이나 '일치설'에 입각한 것으로 '국가의 계속성'을 인정하며, 1945년 패전으로 인해 독일제국이 소멸한 것이 아니고 동독은 국제법적으로 분단 이전에 존속했던 '독일제국'과 동일하다고 보았다. 그러나 이러한 주장은 1950년부터 1955년 사이에 점차적으로 변질되다가 1953년 이후부터는 '두 개의 국가론'을 주장하게 되었다. 즉 '국가의 계속성'을 포기한 것이다.[514]

동독 정부의 이러한 '2개 국가론'은 그 후 1968년 4월 6일 제정된 신헌법에서 확립되었다. 동독의 신헌법은 전문에서 헌법제정자로서 '독일민주공화국의 국민'을 내세우고 있고, 제8조 제2항에서는 두 개의 독일국가와 동등권을 명백히 하고 있다. 이 제8조 제2항은 특히 독일통일을 헌법적 명제로 내걸고 있지만 "통일은 민주적이고 사회주의국가로 되어야만 한다"고 주장함으로써 독일통일은 공산주의국가로의 통일(적화통일)만이 가능한 것으로 규정했다.[515]

위 헌법은 비록 '2개 국가론'을 주장하면서도 민족의 단일성은 부인하지 않았으나, 서

---

511) 판결문 전문은 *Entscheidungen des Bundesverfassungsgerichts*, 36 Band[Tübingen: J.C.B. Mohr(Paul Siebeck), 1974], pp.1-37; 전문에 대한 번역문은 디터 블르멘비츠, 앞의 책, 141-168쪽 참조.
512) 위의 책, 236쪽; 임복규, 앞의 논문, 42쪽.
513) 김철수, 앞의 책, 759-760쪽; 임복규, 위의 논문, 42쪽.
514) 최창동, 앞의 책, 237쪽.
515) 위의 책, 237-238쪽.

독에서 브란트 수상이 동방정책을 추진할 무렵인 1971년 집권한 동독의 호네커(Erich Honecker) 정부 이후에는 '2개 국가론'에서 '2개 민족론'으로 변천하면서 서독은 시민적 민족국가이며, 동독은 사회주의적 민족국가라고 주장하며 민족개념에서의 계급적 대립을 내세웠고, 수시로 동독은 신생국가로서 국제법상의 주체임을 강조하였다.

4. 북한의 법적 지위

남북한 역시 이러한 분단국의 국제법상의 문제점과 특성을 그대로 보유하고 있다. 특히 독일과 비교해 보면 대한제국에서 남북한으로의 분단은 독일제국에서 동서독으로의 분단과 유사한 과정을 거쳤다. 분단 초기 상호 정통성에 대한 경쟁을 하며 상대방의 국가성을 부인한 점도 유사하고, 남북기본합의서의 체결 역시 동서독 기본합의서 체결과 유사하다. 다만 후에 동독이 2개 국가론을 주장한 점과 서독은 동서독 기본합의서를 조약으로 본 반면에, 우리정부와 대법원 및 헌법재판소는 남북기본합의서의 법적 구속력을 부인하면서 이를 조약으로 보지 않고 신사협정으로 본 점은 차이가 있다. 그러나 위와 같은 큰 틀에서의 유사점 때문에 많은 학자들이 동서독의 법적 지위에 관한 이론을 통해 남북한의 법적 지위를 논하고 있는 것이다.

헌법상의 영토조항을 근거로 한 대한민국의 정통성 및 한반도 유일합법정부론은 1972년 헌법 개정 시 남북분단의 현실에 기초한 평화통일조항의 신설과 7·4 남북공동성명, 남북기본합의서 체결, 남북한 UN 동시 가입, 남북한 교류협력의 확대 등 현실적인 여건의 변화로 인해 재검토를 필요로 하게 되었다. 즉, 이러한 현실 여건의 변화와 더불어 북한의 법적 지위에 대하여 다양한 의견들이 전개되어 오고 있다.

이를 살펴보면 북한을 종래 대법원 판례와 같이 반국가단체로 보는 견해, 국내법상으로는 반국가단체이나 국제법상으로는 사실상의 정부라고 보는 견해,[516] 북한을 국가로 승인하지 않은 남한의 입장에서는 국내법상 반국가단체이고 국제법상으로는 교전단체로 보는 견해,[517] 국제법적으로는 독립국가, 남북한 간에는 상호 외국이 아니라는 견해,[518] 국제적으로는 독립국가, 남북한 간에는 국가가 아닌 국제법 실체 또는 국내법상의 공법

---

516) 김철수, 『憲法學槪論』(서울: 박영사, 1998), 104쪽.
517) 김명기, "남북기본합의서의 법적 성질", 『法學論叢』, 제6집(숭실대학교 법학연구소, 1993. 3.), 193쪽.
518) 허전, "남북기본합의서와 헌법", 『法學硏究』, 제5권(충북대학교 법과대학 법학연구소, 1993. 12.), 189쪽.

단체(예컨대 지방자치단체)와 유사한 것으로 보는 견해,519) 대한제국에서 떨어져 나간 하나의 부분적 통치체로 사실상의 정부로 보는 견해,520) 국제법적으로 북한의 독립국가성을 인정하되 남북 간 대화·교류·협력관계 등 한정된 범위에서만 국가 간의 관계가 아닌 특수관계로 보는 견해521) 등이 있다.

1987년 헌법에 의해 신설된 헌법재판소는 "현 단계에 있어서의 북한은 조국의 평화적 통일을 위한 대화와 협력의 동반자임과 동시에 대남적화노선을 고수하면서 우리 자유민주체제의 전복을 획책하고 있는 반국가단체라는 성격도 함께 갖고 있음이 엄연한 현실"이라고 이른바 '이중적 성격론'을 유지해 오고 있다.522) 그러나 반국가단체는 북한의 법적 지위를 나타내는 표현임이 분명하지만 '평화적 통일을 위한 대화와 협력의 동반자'라는 것은 사실적 지위를 표현할 것일 뿐 이를 법적 지위에 대한 적극적인 설명으로 보기는 어렵다고 본다.523)

생각하건대, 북한의 법적 지위는 우리 헌법을 중심으로 하면서 남북한 간의 각종 합의서와 기타 우리 법체계를 전반적으로 고려하여 검토하는 것이 바람직하다고 본다. 현재의 법제를 살펴보면 제헌헌법 당시의 영토조항이 현행 헌법에 이르기까지 계속 유지되어 오는 가운데, 1972년 개정 헌법에서 분단의 현실을 인정하고 헌법 제4조에서 평화통일조항을 신설하였으며, 그 후 위 평화통일 조항 역시 현행 헌법에 이르기까지 존속되고 있다. 한편 그 법적 성격에 대하여는 논란이 있으나 남북기본합의서는 서문에서 남북한의 관계를 "나라와 나라 사이의 관계가 아닌 통일을 지향하는 과정에서 잠정적으로 형성되는 특수관계"라고 규정하고 있다.

국내법 체계를 보면 북한을 반국가단체로 보고 있는 「국가보안법」을 여전히 유지하면서도, 남북한 간의 교류와 협력의 법적 기초가 되는 「남북교류협력에 관한 법률」과 「남북관계발전에 관한 법률」 등을 제정하여 시행하고 있다. 특히 「남북관계발전에 관한 법률」 제3조는 남북기본합의서 서문과 마찬가지로 "남한과 북한의 관계는 국가 간의 관계가 아닌 통일을 지향하는 과정에서 잠정적으로 형성되는 특수관계이다"라고 규정하고 있다.

이러한 여러 가지 법제를 종합해 볼 때 국내법적으로는 북한의 기본적인 법적 지위는

---

519) 최대권, "韓國憲法의 座標 -「領土條項」과 「平和統一條項」-", 『법제연구』, 제2권 제1호(한국법제연구원, 1992. 6.), 11-12쪽.
520) 李聖煥, "大韓民國 國民의 範圍", 『法學論叢』, 제9집(국민대학교 법학연구소, 1997. 11.), 274쪽.
521) 도회근, 앞의 책, 52쪽.
522) 헌법재판소 1993. 7. 29. 선고 92헌바48 결정.
523) 도회근, 앞의 책, 48쪽, 각주 78.

여전히 반국가단체이며, 국가성이 부인된다 할 것이다. 다만, 북한이 대한민국과 무관하게 활동하는 국제법적 영역에서는 하나의 독립된 주권국가로서의 지위를 확보하고 있음을 부인할 수 없다.

문제는 교류와 협력의 범위 내에서 그 상대방인 북한의 지위가 무엇인지에 달려 있는바, 현재 남북한 간의 교류와 협력은 서로 대등한 지위에서 상대방의 정치적 실체를 인정하는 전제하에 이루어지고 있다. 물론 반국가단체도 경우에 따라서는 대화와 협력의 상대방이 될 수 있다고 한다면 특별히 그 법적 지위를 논할 필요가 없겠으나, 그렇지 않다면 이 경우의 남한과 북한은 각자 분단국의 한 구성체로서의 성격을 갖는다고 보아야 할 것이다. 이처럼 북한의 법적 지위는 그 관점에 따라서 달라질 수밖에 없고, 이것이 바로 분단국의 특성이라 할 것이다.

Ⅱ. 북한의 조약체결권

분단국의 한 구성체인 북한의 법적 지위의 문제는 타방 분단국에 의하여 국가성이 인정되지 않는 북한이 과연 조약체결권자로서의 지위를 갖는지의 문제로 이어진다. 이 문제에 대하여 국내 학자 중에는 북한의 국가성이 부인되는 이상 북한은 조약체결권이 없으므로 북한이 체결한 조약은 무효라고 보아야 한다는 극단적인 견해부터, 북한은 사실상의 지방정권에 불과하므로 전체 한국을 대표하는 내용의 조약을 체결할 권한이 없으므로, 전체한국과 관련된 영토조약은 무효라고 보아야 한다는 견해, 북한 역시 국제법적으로는 국제법적 주체이므로 당연히 조약체결권한이 있고, 북한이 체결한 모든 조약은 유효하다고 보는 견해 등이 있다.

오늘날 조약체결권은 오로지 국가만이 보유하고 있는 것이 아니라 반국가단체, 내전단체 등도 조약체결권이 있다는 것이 일반적인 견해이다. 더군다나 북한은 이미 국가만이 가입 자격이 있는 국제연합 회원국으로서 많은 국가로부터 국가승인을 받은 상태이므로 국내법적 관계만을 내세워 조약체결권 자체를 부인할 수는 없다.

분단국과 제3국과의 관계에서 하나의 행위의 효력은 이론상 국제법과 국내법을 기초로 국제법적 효력과 분단국 내부적 효력으로 나누어 검토되어야 할 것이다. 전자의 경우는 국제연합을 비롯한 국제기구에서의 효력과 분단국 쌍방과 동시수교한 제3국, 일방과 단독수교한 제3국 그리고 어느 일방과도 수교가 없는 제3국과 관계에서의 효력 등으로 나누고, 후자는 분단국의 내부적 관계가 예컨대 1국가 2정부냐 2국가 2정부냐 등에 따라서 그 효력을 나누어 검토하여야 한다. 결국 하나의 행위가 상기한 각각의 경우에 따라 서로 다른 법적 효력을 갖게 된다. 결국 분단국 쌍방 또는 일방이 제3국과 체결한 조약의 효력은 분단국의 내부관계에 상관없이 일단 유효하다고 본다.524)

다만 여기서 '유효'의 의미는 조중국경조약에 있어서 북한이 국제법 주체로서의 지위를 가진 상태에서 중국과 체결한 위 조약이 이들 양국 간에 유효하다는 의미에 불과한 것이다. 따라서 분단국의 한 구성체에 불과한 북한이 전체 한국을 대표하여 조약을 체결할 권한이 있는지, 즉 분단국의 한 구성체가 전체 국가의 이해와 직접 관련이 된 조약을 체결할 권한이 있는지는 위 조약의 효력 범위에 관한 것으로 조중국경조약의 유효 문제와는 별개의 문제에 해당한다.

한편 대한민국과 중국은 1992년 8월 25일 「한·중수교공동성명」을 발표하여 공식적인 외교관계를 수립하였는데, 위 성명 제3항에서 대한민국 정부는 중국을 하나의 중국으로 보고 중화인민공화국 정부를 중국의 유일합법정부로 승인하였지만 중화인민공화국정부는 한국을 하나의 한국으로 인정하지 않고 또 대한민국 정부를 한국의 유일합법정부로 승인하지 않았다.525) 따라서 중국은 하나의 국가로 되었고, 한국은 남한과 북한의 두 개의 국가로 되었으며, 결국 「한·중수교공동성명」에 의해 남한은 중국과의 관계에서 국경조약의 주체, 즉 당사자로서의 법적 지위를 상실하였다는 견해도 있다.526)

Ⅲ. 미등록조약의 효력

1. 조약등록제도의 취지 및 내용

조중국경조약에 대하여 위 조약이 비밀조약으로 국제연합 사무국에 등록되지 않은 조약이므로 그 효력이 없다는 주장이 의외로 적지 않다. 물론 위와 같은 주장은 주로 국제

---

524) 노영돈, "白頭山地域에 있어서 北韓과 中國의 國境紛爭과 國際法", 178-179쪽.
525) 이지철, "한·중수교 공동성명에 대한 심층적 고찰: 중·일, 중·미 수교성명과 대비하여", 『외교』, 제24호(한국외교협회, 1992. 12.), 88-91쪽.
526) 김명기, "한·중수교와 간도문제의 당사자", 『국제문제』, 제274호(국제문제연구소, 1993. 6.), 12-17쪽.

법학자가 아닌 간도영유권을 주장하는 역사학자 등을 중심으로 제기되고 있기는 하나 미등록 조약의 효력에 대하여 검토할 필요가 있다.

조약의 등록 및 공표제도는 본래 비밀조약의 체결을 방지하고 외교의 공개를 도모할 목적으로 국제연맹에서 처음 규정되었던 것이다. 즉 국제연맹규약 제18조는 "앞으로 연맹국이 체결하는 모든 조약 또는 국제적 약속(every treaty or international engagement)은 즉시 연맹사무국에 등록하여야 하고 연맹사무국은 가능하면 곧 이를 공표하여야 한다. 이와 같은 조약 또는 국제적 약속은 등록을 완료할 때까지는 구속력이 발생하지 않는다"고 규정하고 있었다. 그러나 위 국제연맹규약에는 미등록조약에 대한 제재나 가맹국과 비가맹국 간에 체결된 조약에 대하여도 등록의무가 있는지에 대하여는 여전히 문제로 남아 있었고, 결과적으로 실효를 거두지 못하였다. 그 이유는 조약의 등록을 효력의 대항요건으로 본 것이 아니라 성립요건으로 규정하였기 때문이라는 견해가 지배적이다. 물론 국제연맹 규약 제18조에 규정된 조약등록의 법적 성질에 대하여는 여러 의견이 있었다. 첫 번째 견해는 제18조의 문리해석에 의하여 미등록조약은 구속력을 갖지 않는다는 것이다. 두 번째 견해는 첫 번째 견해와 마찬가지로 등록조약에만 법적 구속력이 발생하나, 다만 그 효력은 비준 시로 소급한다는 것이다. 세 번째 견해는 미등록조약은 단순히 국제조직에서 원용하지 못할 뿐이며 그 구속력에는 아무런 영향이 없다는 것이다. 이 중 첫 번째 견해가 통설이었으며, 국제연맹의 법률가위원회도 이러한 견해를 권고하였으나 조약의 등록에 너무나 큰 효과를 인정한다는 비난이 많았으므로 이 견해는 국제연맹 총회에서 수락되지 않았다.527)

이러한 비난을 감안하여 국제연합헌장에서는 조약의 등록을 조약 성립요건이 아니라 대항요건으로 완화하게 된 것이다. 국제연합헌장 제102조 제1항은 "이 헌장이 발효한 후 국제연합 회원국이 체결하는 모든 조약과 모든 국제협정은 가능한 한 신속히 사무국에 등록되고 사무국에 의하여 공표된다"고 규정하고 있고, 제2항은 "이 조 제1항의 규정에 따라 등록되지 아니한 조약 또는 국제협정의 당사국은 국제연합의 어떠한 기관에 대하여도 그 조약 또는 협정을 원용할 수 없다"고 규정하고 있다.

위 헌장에 따르면 등록 대상 조약은 두 가지 요건을 필요로 한다.

첫째, 국제연합헌장이 발효된 후에 체결된 조약이어야 한다. 즉 국제연합헌장이 발효된 1945년 10월 24일 이후에 체결된 조약이어야 한다는 것이다.

둘째, 국제연합 회원국 간에 체결되는 조약이어야 한다. 조약등록의무는 회원국에만

---

527) 이병조 · 이중범, 『국제법신강』, 제9개정판(서울: 일조각, 2003), 62쪽.

있으며, 회원국과 비회원국 간에 체결되는 조약의 경우에는 회원국에게만 등록의 의무가 있다. 비회원국에게는 조약등록의무가 없는 것이다. 그러나 미등록조약은 회원국이든 비회원국이든 국제연합의 모든 기관에서 그 조약을 원용할 수 없다. 이 문제를 해결하기 위해 국제연합은 관행적으로 비회원국에게도 조약등록을 허용하고 있다. 조약체결 당시 비회원국이었으나 후에 회원국이 된 국가도 국제연합 가입 전에 체결한 조약을 국제연합 기관에서 원용하기 위해서는 그 조약을 등록하여야 한다.

셋째, 모든 조약이 등록대상이다. 즉 조약의 성질, 형식, 중요성, 존속기간 등에 관계없이 모든 조약을 등록해야 한다. 기존 조약의 변경, 갱신, 폐지, 가입도 국가 간의 새로운 합의가 있는 경우에는 역시 등록해야 한다. 다만 존속기간의 만료에 의한 조약의 소멸 또는 폐지기간의 경과에 의한 자동적 연장 등은 새로운 합의를 필요로 하는 것이 아니므로 등록할 필요가 없다.[528]

한편, 조약의 등록기간과 관련하여 살펴보면 국제연합헌장 규정에는 단지 '가능한 한 신속히(as soon as possible)'라고 규정되어 있다. 따라서 조약이 체결된 후 수년간 또는 상당한 기간 동안 등록되지 않는 비밀조약의 당사국이 그 후 국제연합 기관에 원용할 필요가 있어 이를 등록하고자 할 경우에도 그 등록을 허용할 것인지가 문제될 수 있다. 그러나 이 경우에는 국제법상의 강행법규의 하나인 신의성실의 원칙에 따라 등록이 허용되지 않는다고 보아야 할 것이다.

2. 미등록 조중국경조약의 효력에 대한 검토

조약등록과 관련하여 조중국경조약에 대하여 살펴보면 조중국경조약은 국제연합헌장 발효 이후인 1962년 10월 12일 체결되었고, 의정서는 1964년 3월 20일 체결되었다. 그리고 북한은 1991년 9월 17일 국제연합 회원국이 되었으므로 위 조약 체결 당시엔 조약등록의무조차 없었다.

다만 중국의 경우에는 언제부터 국제연합 회원국으로서의 조약등록의무가 발생하는지에 대하여 다소 논란이 있다.

분단국으로서의 중국은 소위 대만 정부와 중공 정부가 있고 이들의 대립은 법적으로 중국이라는 국가의 대표권이 문제이다. 중국은 국제연합을 창설한 원회원국이지만 국제연

---

528) 위의 책, 62쪽.

합의 창설 당시에는 중국은 대만(중화민국) 정부에 의하여 대표되었다. 그 후 1971년 10월 25일 국제연합 총회에서 소위 '알바니아案'이 가결됨으로써 대만 정부가 축출되고 현재의 중국 정부가 등장하게 되었는데, 이것은 중국이라는 국가의 변경이 아니라 국제연합에 있어서의 중국이라는 국가를 대표하는 정부의 변경에 해당하는 것이다. 요컨대 국제연합 회원국으로서의 국가인 중국은 이미 헌장이 발효하는 1945년 10월 24일에 이미 회원국인 것이다. 그런데 국제사회에서 양측은 독립적으로 스스로를 위한 조약을 제3국 또는 국제기구들과 체결하고 있다. 이 점을 고려하여 국제연합 사무국에의 조약등록의 의무와 관련하여 볼 때 1945년부터 1971년까지는 대만 정부만이 자신이 체결한 조약에 대해서 등록의 의무를 지며, 그 범위도 그 기간 내에 체결된 조약이 될 것이다. 한편 1971년 이후부터 현재까지는 대만 정부는 헌장상의 조약등록의무를 지지 않으며 중국 정부가 체결한 조약에 대한 등록의 의무를 지며 그 범위에는 이 기간에 체결한 조약뿐만이 아니라 1945년부터 1971년 사이에 체결한 조약도 포함된다는 견해가 있는가 하면,[529] 반대로 1971년 10월 25일 이후의 조약에 대해서만 등록의무를 진다는 견해가 있다.[530]

따라서 북한은 1991년 9월 17일 이후부터, 중국은 늦어도 1971년 10월 25일부터는 각 위 조약에 대한 등록의무가 발생하였다고 할 것이나, 양자 모두 아직 위 조약을 등록하고 있지 않고, 조약등록 가능기간도 도과하였다고 볼 것이므로 양자 모두 후에 국제연합의 기관에 위 조약을 원용하기 위하여 등록을 하고자 하여도 허용되지 않는다고 보아야 할 것이다.

다음으로는 이러한 미등록조약의 효력에 대한 문제이다. 물론 조약의 등록이 국제연합의 기관에 대한 대항요건에 불과하므로 조약 자체의 유효성이 부인되는 것은 아니며, 당사자인 북한과 중국 간에는 여전히 유효한 조약인 것이다. 문제는 조약의 등록의무가 없는 회원국이 등록의무의 대상이 되지 않는 조약을 등록하지 않은 상태에서 이를 원용하는 것이 허용되는가 하는 것이다. 이에 대한 국제연합 헌장상의 규정은 명확하지가 않아 논란의 여지가 있다. 즉 헌장 제102조 제2항을 반대로 해석하면 등록의무가 없는 조약의 당사국은 동 조약을 원용할 수 있다고 할 수 있는 여지도 있지만, 제102조가 조약등록제도를 채택한 목적과 취지를 고려하는 경우와 또 조약등록의 시기에 있어서 제102조 제1항의 '가능한 한 신속히'라고 규정한 취지를 고려할 때는 동 조약을 원용할 수 없다고 해야 할 것으로 보인다.[531]

---

529) 김명기·지봉도, "조약의 등록과 남북기본합의서", 『國際法學會論叢』, 제71호(1992), 64쪽.
530) 노영돈, "간도영유권과 중국과의 국경문제", 『Strategy 21』, 제9권 제2호 통권 제18호(한국해양전략연구소, 2006), 56쪽.

결론적으로 조약의 등록을 대항요건으로 한 현재의 국가연합 헌장하에서 조중국경조약은 당사국인 북한과 중국 간에는 유효한 조약으로 단지 미등록조약이라는 이유만으로 무효라고 볼 수는 없다는 것이며, 오히려 국제연합 헌장 제102조 제2항의 해석을 어떻게 하느냐에 따라서 국제연합의 기관에 대해서도 원용이 가능할 수도 있게 된다.

제4절 국가승계법리의 적용 가능성에 대한 검토

Ⅰ. 남북한의 법적 지위와 국제법 원리의 적용 가능성

남북한이 서로 상대방의 국가성을 부인하고 있는 가운데 국가 간의 문제를 다루는 국가승계법리가 남북한 관계에도 적용될 것인지가 문제된다. 이를 보다 크게 본다면 결국은 남북한 관계에 있어서도 일반적인 국제법 원리가 적용되는지의 문제로 귀결된다. 이 점에 대한 학자들의 견해는 앞서 살펴본 바와 같이 크게는 분단국의 통일문제가 내부적인 문제이지 국가 간의 문제가 아니라고 하여 국제법을 도외시하는 입장과 제3국의 입장에서 보면 두 분단체는 모두 주권국가로서 국가 간의 관계이기 때문에 내부관계를 논할 여지가 없다고 하는 시각이 있다. 그러나 이를 보다 구체적으로 살펴보면 각각의 입장에서도 자신의 주장에 대한 논거에 차이가 있으므로 국제법원리 중 특히 국가승계법리의 적용 가능성에 대하여 국내 학자들의 대표적인 견해를 살펴보기로 한다.

Ⅱ. 국가승계법리의 적용에 긍정적인 견해

국가승계법리의 적용에 긍정적인 견해를 취하는 입장은 대체로 북한도 국제법적으로는

---

531) 위의 논문, 57쪽.

국가라고 보거나 남북한 특수관계론에 의하더라도 국제법적 측면에서는 국제법적 원리를 적용하여야 한다는 것이다. 이에 대한 국내 학자들의 견해를 구체적으로 살펴보면 다음과 같다.

첫 번째는 남북한의 법적 지위에 대해 논하면서 국가만이 국제연합에 가입할 수 있음에 비추어 북한이 국제법상 국가로서 존재하고 있음을 인정하면서, 다만 남북한관계는 국제법이 적용되는 완전한 주권국가 간의 관계가 아니라 한반도 전체로서의 내부관계 또는 민족 내부의 특수관계로 보고, 북한을 사실상의 정권 또는 국가로 간주하면서 통일과 국가승계문제를 검토하는 견해이다.532)

두 번째는 남북기본합의서의 규정에 의해 남북한은 서로 정치적 실체, 즉 쌍방의 국가적 실체를 인정하고 있으므로 남북한 특수관계론에 따라 남북한 일방 또는 쌍방이 각각 제3국 또는 국제기구와 체결한 조약 등은 국제법원칙을 유추적용해야 한다는 것이다. 또한 북한을 국가가 아닌 사실상의 정부라 하더라도 사실상 정부의 위법성(illegality)이란 국제법상 위법성을 뜻하는 것이 아니라 국내법상의 위법성을 의미하고, 합법성을 법률상 정부와 사실상 정부를 구별하는 국제법적 판단기준으로 볼 수도 없으며, 사실상 정부와 법률상 정부의 구별은 국제법적 문제가 아니라 분단국이 결정하는 국내법적 문제라고 한다. 그러므로 국내법상 위법성론에 근거하여 북한의 국제법 주체성을 부인하는 것은 국제법적 근거가 없다는 것이다.533) 즉, 위 견해는 국제법 원리의 직접 적용을 주장하는 것이 아니라 남북한 특수관계론에 따라 남북한 일방 또는 쌍방이 각각 제3국 또는 국제기구와 체결한 조약 등은 국제법원칙을 유추적용하여야 한다는 것이다.534)

세 번째는 남북한 특수관계론의 적용과 관련하여 남북한 관계가 국제법적 규범 영역에서 적용될 경우, 즉 남북한 일방 또는 쌍방이 각각 특정한 제3국 또는 국제기구와 법률관계를 형성할 경우에는 '북한적(北韓籍)'을 인정하여 국제법 원칙을 유추적용하거나 외국인에 준하는 지위를 인정하여야 한다고 한다는 견해이다.535)

네 번째는 "남북한의 관계가 국가 간의 관계가 아닌 것은 분명하나, 오직 이 이유만으로 여기에 국제법의 적용이 전적으로 배제되는 것은 아니다. 그것은 국제법이라고 해서 국가 간의 관계만을 규율하는 법은 아니기 때문이다. 따라서 분단국 특유의 문제, 특히 그 내부관계에 구체적으로 어떠한 국제법의 원칙과 법규가 어느 정도까지 적용될 수 있

---

532) 이순천, 앞의 논문, 170쪽.
533) 이현조, 앞의 논문, 187-188쪽.
534) 위의 논문, 187쪽.
535) 이효원, 『남북교류협력의 규범체계』(서울: 경인문화사, 2006), 179쪽.

는 것이냐가 마땅히 검토되었어야 할” 것이라는 견해이다.[536] 위 견해에 따르면 분단국의 내부관계와 국제법의 관련성과 관련하여 독일의 예에서 볼 수 있듯이 동서독 간에 국제법이 준용될 수 있다는 견해와 같은 입장의 서독연방재판소의 판결이 있었고, 동독은 동서독 관계에 일반적으로 승인된 국제법의 원칙이 적용되는 것으로 보았는데, 이는 동서독 상호 간에 국제법에서 말하는 국가의 승인을 하지 않으면서도 일반국제법의 적용가능성을 인정하려는 것이었다고 한다.[537]

다섯 번째는 남북한이 국제연합에 동시 가입한 이상 국제사회에서의 양자 간의 관계는 국가 간의 관계로 되었다고 볼 수밖에 없기 때문에 통일의 유형에 따른 조약승계협약의 적용에도 별문제가 없다는 견해이다.[538]

여섯 번째는 “남북한의 행위는 크게 두 가지 측면에서 분리하여 고찰되어야 한다. 첫째는 특수한 관계로 불리는 남북한 상호간의 관계이며, 둘째는 남북한이 각자 조약을 체결하는 등 국제법 주체로서 대외적으로 법적 행위를 하는 측면이다. 국가승계이론에 있어 조약의 효력문제는 바로 두 번째 측면에 해당하기 때문에 남북한 결합 시 일어나는 국제조약 내지 협정의 효력문제는 모두 국제법 일반이론에 의해 규율되어진다”는 견해이다.[539]

일곱 번째는 조약승계협약이 분단국가에도 적용될 수 있는지와 관련하여 분단국가 간에 상호 승인이 없다고는 하나 양자가 실제로 국제사회에서 국가로서 행위하고 있으며, 위 협약은 ‘국가의 결합형태’라는 폭넓은 용어를 사용함으로써 있을 수 있는 모든 형태의 결합을 예정하고 있으므로 위 협약이 분단국가에도 적용된다고 보는 견해이다.[540]

Ⅲ. 국가승계법리의 적용에 부정적인 견해

국가승계법리의 적용에 부정적인 견해는 대체로 북한의 국가성을 부인하는 입장에서

---

536) 장효상, 앞의 논문, 102-103쪽.
537) 위의 논문, 103쪽.
538) 박용현, 앞의 논문, 21쪽; 박용현, “南北統一에 따른 國家承繼 問題”, 『統一問題硏究』, 제15집(조선대 통일문제연구소, 2002), 118쪽.
539) 박기갑, “일반국제법이론에 비추어 본 남북한 간 가능한 국가승계형태론”, 109쪽; 전광석·박기갑, 앞의 논문, 360쪽.
540) 구희권, “The Uniting of Divided States in the Vienna Convention on Succession of States in Respect of Treaties,” *Korean Journal of Comparative Law*, Vol. 18(1990), pp.126-127.

출발한다. 즉, 남북한이 상대를 국가로서 승인하지 않은 상태에서는 국가승계가 성립하지 않는다는 것으로 상대를 미수복 지구나 불법집단으로 보는 한 국가승계가 성립되지 않는다고 주장하거나,[541] 남북한의 통일은 국가 간에 이루어지는 것이 아니므로 엄격한 법적 의미에서 국가승계의 문제는 제기되지 아니하므로 남북한이 통일될 경우 통일한국이 통일 이전에 남북한이 각기 체결한 조약의 승계문제가 제기되는지 여부가 문제된다는 것이다.[542] 그러나 이와 같은 입장을 취하는 학자들도 구체적으로 남북한 통일에 따른 북한이 체결한 조약의 승계 문제를 다루고 있다는 점에서 보면 실제로 국가승계법리의 적용을 전적으로 부인하는 견해는 찾아보기 어렵다.

Ⅳ. 결어

이상에서 살펴본 바와 같이 남북한 통일 시 국가승계법리가 적용될 것인지에 대하여는 학자들마다 의견에 차이가 있기는 하나 일부 견해를 제외하면 대부분 국가승계의 법리가 적용된다는 점을 인정하고 있다. 또한 남한의 법적 정통성을 강조하고 북한을 사실상의 지방적 정권으로 보아 남북한 관계에 있어서 국제법원리의 적용에 부정적인 입장을 취하는 학자들도 실제로는 남북한 통일 시 조약승계 문제를 검토하고 있나는 섬에서 적극적으로 국가승계법리의 적용을 부인하는 입장은 찾아보기 어렵다.

남북한이 상호 국가성을 부인하는 가운데 국가 간의 문제에 관한 국가승계의 법리를 적용할 수 있느냐의 문제는 남북한의 법적 지위와 깊은 관련이 있다. 종래 학자들은 남북한의 법적 지위와 관련하여서는 남북기본합의서에 의해 설명해 왔다. 즉 위 합의서 서문은 "쌍방 사이의 관계가 나라와 나라 사이의 관계가 아닌 통일을 지향하는 과정에서 잠정적으로 형성되는 특수관계"라고 표현하고 있다. 하지만 남북기본합의서가 조약인지, 아니면 신사협정에 불과한 것인지에 대하여는 학자들마다 견해가 다르다. 우리 헌법재판소와 대법원은 위 합의서의 조약성을 부정하고 국제법적 강제력을 인정할 수 없는 신사협정으로 보고 있다.[543] 즉 남북기본합의서는 조국의 평화적 통일을 이룩해야 할 공동의

---

541) 이장희, 앞의 논문, 401쪽.
542) 김명기, 앞의 논문, 39-41쪽.
543) 헌법재판소 2000. 7. 20. 선고 98헌바63 결정; 대법원 1993. 7. 23. 선고 98두14525 판결 등. 한편, 우리 정부는 남북기본합의서를 국회의 비준동의절차 및 조약으로서의 대통령의 비준 없이 국무총리 및

정치적 책무를 지는 남북한 당국이 특수관계인 남북관계에 관하여 채택한 합의문서로서, 남북한 당국이 각기 정치적인 책임을 지고 상호 간에 성의 있는 이행을 약속한 것이기는 하나 법적 구속력이 있는 것은 아니어서 이를 국가 간의 조약 또는 이에 준하는 것으로 볼 수 없고, 따라서 국내법과 동일한 효력이 인정되는 것도 아니라는 것이다. 이러한 헌법재판소와 대법원의 견해에 따르면 국내법적 효력이 없는 남북기본합의서의 내용만으로 남북한의 법적 지위를 논하기에는 한계가 있었다.

그러나 이러한 남북기본합의서의 정신은 2005년 2월 29일 제정되어 2006년 6월 30일 발효된 「남북관계 발전에 관한 법률」에 의하여 법적으로 규율되기에 이르렀다. 특히 위 법 제3조(남한과 북한의 관계) 제1항은 "남한과 북한의 관계는 국가 간의 관계가 아닌 통일을 지향하는 과정에서 잠정적으로 형성되는 특수관계다"라고 남북한의 관계를 명확하게 규정하고 있다. 따라서 위 법의 제정으로 남북한의 관계는 국내법적으로도 '특수관계'가 된 것이다.

물론 이러한 '특수관계'의 구체적인 내용이 정립되어 있는 것은 아니다. 하지만 위 법의 제정으로 인해 적어도 남과 북은 대등한 관계임이 인정된 것이라 할 것이다. 또한 남북한 특수관계를 통상은 대내적으로는 '1민족 1국가 2체제 2정부'의 관계이나 대외적으로는 '1민족 2국가'를 의미하는 것으로 해석되고 있는 점, 1991년 9월 17일 남북이 동시에 국가만이 가입할 수 있는 국제연합에 가입을 한 점, 현실적으로 북한 역시 다수의 국가와 수교관계를 맺고 있고,[544] 2009년 12월 현재 남북한 동시 수교국의 수도 158개에 이르고 있는 점, 앞서 살펴본 바와 같이 법률상 정부와 사실상 정부의 구별은 국제법적 문제가 아니라 국내법적 문제인 점, 조약승계의 문제는 단순히 국내법적인 문제가 아니라 각 조약의 상대방의 이해관계도 고려해야 하는 국제법적인 문제인 점 등을 고려할 때 남북한의 통일에 따른 국가승계에 대하여는 국제법적 원리, 나아가 국가승계의 법리가 적용된다고 본다. 또한 이를 부인한다 하더라도 현실적으로는 최소한 이를 규율할 국

국무위원이 부서를 하고 대통령이 서명을 한 후 법적 근거도 없이 대통령공고 제118호로 관보 제12060호에 게재하여 공고를 하였다. 남북기본합의서가 조약이라면 결국 비준을 하지 않은 조약이 되는 것이다. 「조약법에 관한 비엔나협약」 제18조는 이와 같이 비준·수락 또는 승인되어야 하는 조약에 서명하였거나 또는 그 조약을 구성하는 문서를 교환한 경우에는 그 조약의 당사국이 되지 아니하고자 하는 의사를 명백히 표시할 때까지 그 조약의 대상과 목적을 저해하게 되는 행위를 삼가야 하는 의무를 지도록 하고 있다. 조약의 대상과 목적에 대한 구체적인 내용은 김석현, "'조약의 대상 및 목적과의 양립성'의 의의와 그 평가", 『國際法學會論叢』, 제56권 제1호(2011. 3.) 참조.

544) 2009년 12월 기준 현재 한국은 남북한을 제외한 세계 총 192개 국가(대만 제외) 중 188개국과 수교를 맺었으며, 미수교국은 마케도니아, 시리아, 코소보, 쿠바 4개국에 불과하고, 북한은 161개국과 수교를 맺고 있다. 외교통상부, 『2010 외교백서』(서울: 외교통상부, 2010), 262쪽.

내법적 법원리가 없는 상태이므로 결국은 국제법적 원리를 준용하거나 유추 적용할 수밖에 없을 것이다.

영국의 국제법 학자인 쇼(Malcolm N. Shaw)도 통일의 경우에도 국가승계가 적용된다고 한다. 그에 따르면 통일의 방법은 북예멘과 남예멘의 합병의 경우와 같이 기존의 두 국가가 완전히 새로운 이름의 새로운 국가로 탄생하는 방법과 독일의 경우와 같이 한 국가가 다른 국가에 흡수되어 흡수된 국가는 사라지고 흡수를 한 국가가 영토와 인구가 늘어남에도 불구하고 계속되는 방법의 두 가지가 있다.[545]

제5절 국경조약 승계에 관한 법원

남북한 통일 시 조약승계문제에 대하여 지금까지 살펴본 국가승계법리를 적용한다고 할 경우에 과연 직접 적용해야할 국제법규가 있는지의 문제가 발생한다. 우리 헌법 제6조 제1항은 "헌법에 의하여 체결·공포된 조약과 일반적으로 승인된 국제법규는 국내법과 같은 효력이 있다"고 규정하고 있다. 따라서 조약 승계와 관련하여 우리 헌법에 의하여 체결·공포된 조약이나 혹은 일반적으로 승인된 국제법규, 즉 국제관습법이 있는 경우에는 그 내용에 따라 조약승계의 문제를 해결하여야 할 것이다.[546]

지금까지 살펴본 바와 같이 국가승계의 형태에 따른 조약승계에 관한 국제법의 법원(法源)으로는 우선 조약승계협약이 있다. 그런데 현재 남북한 모두 조약승계협약의 당사국이 아니다. 또한 북한이 체결한 국경조약의 상대국인 중국과 러시아도 당사국이 아니다. 따라서 남북한 통일이 언제 이루어질지, 그리고 그 때에는 남북한 모두가 조약승계협약에 가입을 하고 있을지는 모르지만, 현재 상태로는 남북통일의 경우를 국가승계의 문제로 본다면 조약승계협약은 그 자체로서는 법원이 될 수 없다. 다만 조약승계협약의 규정이 국제관습법의 내용과 같을 경우에는 그 국제관습법이 법원이 될 수는 있을 것이다. 따라서 조약승계에 대한 국제법상의 법원은 현재로서는 이에 적용할 국제관습법이 있는

---

545) Malcolm N. Shaw, *International Law,* 5th ed.(Cambridge: Cambridge University Press, 2003), p.868.
546) '일반적으로 승인된 국제법규'의 의미에 대하여는 국제관습법만을 의미한다는 견해와 국제관습법외에 국제사회에서 일반적으로 그 규범성이 승인되어 있는 일반조약도 포함된다는 견해가 있다.

지의 문제로 귀결된다.

즉 조약승계에 관한 국제관습법이 있다면 우리 헌법 제6조 제1항에 의해 이를 적용하여야 할 것이다. 조약승계협약도 우리가 당사국은 아니지만 그 내용이 국제관습법으로서의 지위를 확보한 것이라면 조약이 아닌 국제관습법으로서 적용될 것이다. 그러나 앞에서 구체적으로 살펴본 바와 같이 위 협약의 내용은 물론 각 국가의 조약 승계에 관한 실행을 보더라도 그 내용이 관행으로 인정받을 만큼 일관되고 지속적인 것인지, 나아가 그러한 관행이 있다 하더라도 그것이 국제관습법으로 인정받기 위한 법적 확신을 갖췄다고 볼 수 있는지 여부가 불확실하다. 또한 각국의 실행에 있어서도 대체로 조약승계협약의 내용이 준수되지 않았고, 각 나라마다 자신들의 사정과 이해관계에 따라 조약승계의 문제를 다루었음을 알 수 있다.

물론 학자에 따라서는 국경조약이나 속지적 또는 처분적 조약은 관습법 및 조약승계협약 제11조 및 제12조에 따라 국가승계에 의하여 어떠한 영향도 받지 않으며, 승계국에 그대로 승계된다는 원칙이 확립되어 있다고 보는 견해도 있는 것이 사실이다. 그러나 남북한 통일에 의한 국가승계 시 발생하는 조약의 승계에 대하여 법적으로 반드시 적용해야 할 의무가 있는 조약이나 국제관습법이 있다고 보기는 어렵다.

따라서 남북한이 통일되는 경우에도 현재로서는 조약승계에 관하여 반드시 적용해야 할 국제관습법은 없다고 보아야 할 것이고, 결국은 당사자인 남북한의 합의 혹은 통일의 주된 세력이 그동안의 다른 나라의 관행과 조약승계협약 내용 등을 참고하여 결정할 수밖에 없다.

이에 대하여 가장 참고가 될 만한 사례는 그 법적 성격을 흡수통일로 보는 것이 일반적인 동서독 통일의 경우일 것이다. 다만 동서독 통일의 경우와 다른 점이 있다면 동서독 통일 당시에는 위 조약승계협약이 발효되지 않은 상태였다는 것이다. 그러나 현재 남북한 모두 위 협약에 가입을 하지 않았고, 현실적으로도 위 협약에 가입을 할 가능성은 거의 없어 보이므로 이 점에 있어서는 통일 독일의 경우와 크게 다르지 않다고 할 수 있다.

결론적으로 남북통일 시 발생하는 조약승계의 문제에 대하여는 반드시 이에 적용할 국제법상의 법원은 존재하지 않는다고 해야 할 것이다. 따라서 통일한국의 조약승계 문제는 통일의 주체 세력이 다른 국가의 관행 내지는 선례와 국제법상의 일반원칙, 기존의 학설 등을 고려하여 결정할 수밖에 없다고 본다.547)

---

547) 한명섭, 앞의 발표문, 80-81쪽 참조. 이 점에 대해 토론자인 제성호도 "비엔나협약은 둘 이상의 국가통합 시 국가승계의 방법을 정하고 있을 뿐 분단국의 완전 통일 시 국가승계에 관한 규정을 두고 있는 것이 아니다. 이와 관련, 비엔나협약 채택회의 때 독일(서독) 대표는 협약 제31조의 내용에 이의를 제

제6절 남북한 통일유형에 따른 북한 국경조약의 승계

Ⅰ. 남북한의 통일 방안 비교

1. 남한의 통일 방안

남한 정부의 한반도 유일합법정부론은 통일방안에도 그대로 이어졌다. 이승만 정부 시절의 통일방안은 북한 정권을 무력으로 타도한다는 '북진무력통일론'이었고, 휴전협정 이후에도 우리의 내부 역량을 강화하고 힘의 우위를 통해 통일을 한다는 '승공통일론'을 추진하였다. 1960년 4·19혁명을 통해 집권한 민주당 정부는 다소 유연한 태도를 보여 '북진무력통일론'을 폐기하고 국제연합 감시하에 인구비례에 의한 남북한 총선거를 통한 통일방안을 제시하였다.

1961년 집권한 박정희 정부 초기에는 남북한의 현실과 변화된 국제정세를 반영하여 경제건설을 통해 북한을 압도함으로써 통일을 달성하자는 '선건설, 후통일론'을 전개하였다. 이때까지 우리 정부의 입장은 여전히 북한의 실체 내지 존재 자체를 부정하는 것이었다.

1970년 초반 동서냉전이 조정기에 접어들자 남한 정부는 경제발전의 성과를 바탕으로 남북대화를 진행하였으며, 1972년 7월 4일 이른바 '7·4 남북공동성명'을 발표하여 '자주, 평화통일, 민족대단결'이라는 통일의 3대원칙을 선언하였다. 1973년에는 7개항의 '6·23특별선언'을 통해 통일정책을 발표하면서 남북한 간의 긴장완화와 국제협조에 도움이 되고 통일에 장애가 되지 않는다는 전제하에 남한과 북한은 함께 국제연합에 가입하는 것을 반대하지 않는다는 입장을 표명하였다. 그러나 이러한 정책은 통일이 성취될

기하며, 분단국 통일의 승계국과 제3국 간의 협의를 통한 문제해결이 바람직하다는 내용의 결의안을 제출하여 통과시킨 바 있음을 상기할 필요가 있다. 이렇게 본다면, 우리나라가 남북통일을 달성한 경우 반드시 비엔나협약의 규정에 절대적으로 기속될 필요는 없다고 보는 것이 타당하다. 더욱이 남북한은 비엔나협약의 당사자도 아니다. 그러므로 일단 통일한국은 free hand를 가지고 비엔나협약을 활용하는 자세가 바람직하다고 생각된다. 즉, 비엔나협약 제31조를 적용 내지 준용할 권리는 있으나, 이를 반드시 모든 경우에 적용할 의무는 없다는 입장이 그것이다"라고 주장한다. 제성호, "남북통일과 국가승계" 『북한의 조약체결 현황 및 향후 처리 방안』(법무부 제36차 남북법령연구특별분과위원회 학술회의 토론문, 2010. 9.), 268쪽.

때까지의 과도기적인 기간의 잠정조치인 것이지 결코 북한을 국가로 인정하는 것은 아니라는 점을 분명히 한다고 선언하였다.

그 이후 1982년 1월 22일 전두환 정부는 우리 정부의 최초의 공식적인 통일방안이라할 수 있는 '민족화합민주통일방안'을 발표하였다. 위 통일방안은 통일은 민족자결의 원칙에 의거하여 겨레 전체의 의사가 골고루 반영되는 민주적 절차와 평화적 방법으로 성취되어야 한다는 기본원칙에 입각하여 통일헌법의 제정과 남북총선거를 통한 통일민주공화국 완성에 이르는 일련의 과정을 구체적으로 제시한 것이었다.548)

1980년 후반 소련의 개혁개방정책과 동구 공산권국가들의 정치개혁이 급속히 진행됨으로써 국제적 냉전질서가 해체되는 국면에 접어들면서 남북한 관계도 새로운 전기를 맞이하였다. 1988년 7월 7일 노태우 정부는 '7·7특별선언'을 통하여 북한을 대결의 상대방이 아니라 선의의 동반자로 간주하고 남한과 북한이 함께 번영을 이룩하는 민족공동체적 관계로 발전시켜 나갈 것을 주장하였으며, 1989년 9월 11일 '한민족공동체통일방안'을 발표하였다.

위 통일방안은 남북한이 7·4공동성명에서 합의한 자주, 평화, 민족대단결의 통일 3원칙 중 민족대단결을 민주로 대체하여 자주·평화·민주를 통일 3원칙으로 채택하였다. 위 방안의 골자는 남북 양측에 이질적인 두 개의 체제가 존재함을 인정하면서 개방과 교류·협력을 활성화하여 신뢰를 구축하고, 통일의 과도기적 통합체제로 민족 공존공영의 토대 위에 정상회담에서 민족공동체 헌장을 채택하여 '남북연합'을 이룬 후, 통일될 분위기가 조성되면 통일헌법을 채택하여 단일국가로 통일하자는 것이다.

이후 독일이 통일되고 동구권 사회주의체제가 붕괴된 이후인 1994년 8월 15일 김영삼정부는 노태우 정부의 '한민족공동체통일방안'을 보다 구체화하고, 통일정부의 체제성격을 명시하여 통상 '민족공동체 통일방안'으로 불리는 '민족공동체 건설을 위한 3단계 통일방안'을 발표하였다. 이는 하나의 민족공동체를 건설하는 것을 목표로 통일의 과정을 화해·협력단계, 남북한연합단계, 통일국가완성단계 등 3단계로 구별하여 점진적으로 통일국가를 완성하자는 내용으로 구성되어 있다.549)

1단계인 화해·협력 단계는 상호 간 적대·불신관계를 청산하고, 화해·협력으로 발전하는 단계로 상대방 체제를 인정·존중하며, 상대방을 공존공영의 협력자로 취급하여 다각적인 교류와 협력을 통해 상호 신뢰 회복을 도모하는 단계이다.

---

548) 구체적인 내용은 통일원, 『통일백서 1995』(서울: 통일원, 1995), 439-443쪽; 법무부, 『통일법무 기본자료 2003』(과천: 법무부, 2002), 163-164쪽 참조.
549) 구체적인 내용은 통일원, 위의 책, 459-466쪽 참조.

2단계인 남북연합단계는 교류와 협력의 활성화 및 제도화로 남북 간 평화의 제도화를 실현하고 민족공동생활권을 형성하고 사회적·문화적·경제적 공동체를 구성하는 단계로 남북정상회의, 남북각료회의, 남북평의회, 남북공동사무처 등 국가통합을 지향하는 단계로 통일국가 실현을 위한 법적·제도적 장치를 마련하여 남북연합을 구성하는 단계이다.

3단계인 통일국가 완성단계는 남북연합단계에서 구축된 민족공동의 생활권을 바탕으로 민주적 절차에 의해 남북 의회 대표들이 마련한 통일헌법을 국민투표에 부쳐 확정되면, 위 통일헌법에 의한 남북한 총선거로 통일정부와 통일국회를 구성하고, 남북한 두 체제를 완전히 통합하여 1민족, 1국가, 1체제, 1정부의 완전한 통일국가를 이루는 단계이다. 위 통일국가는 민족구성원 개개인의 자유와 복지, 인간존엄성이 보장되는 선진 민주국가를 통일국가의 미래상으로 제시하고 있다.

이후 김대중 정부는 위 민족공동체 통일방안을 그대로 둔 채, 개인적인 자격으로 이른바 '3단계 통일방안'을 제시하였다.[550] 그러나 이 통일방안은 김대중 대통령의 개인적인 통일방안으로 우리 정부의 공식적인 통일방안으로 채택된 것이 아니다. 김대중 정부와 노무현 정부에 이어 현 이명박 정부에 이르기까지 대북 정책에 있어서는 변화가 있었으나 위 '민족공동체 통일방안'은 우리 정부의 공식적인 통일방안으로 그대로 계승되어 오고 있다.

2. 북한의 통일 방안

북한이 최종적인 목표로 삼고 있는 통일은 북한 최고의 법규범으로 헌법보다 상위 규범인 노동당규약에서 명시하고 있는 바와 같이 "한반도의 주체사상화와 공산주의 사회를 건설"하는 것이다. 즉, 북한은 통일문제를 대남혁명 전략 차원에서 접근을 하고 있으며, '선 남조선혁명, 후 조국통일'이라는 정책기조를 유지하며 사회주의의 완전한 승리를 통해 한반도 전체의 공산화를 최종적인 목표로 하고 있다.

1980년 10월 13일 제6차 당대회에서 개정된 조선노동당규약 전문에서는 "조선노동당의 당면 목적은 공화국 북반부에서 사회주의의 완전한 승리를 이룩하며 전국적 범위에서

---

550) 김대중 대통령의 3단계 통일론에 대한 구체적인 내용은 아태평화재단 편, 『아태 통일연감』(서울: 아태평화출판사, 1995), 79-85쪽 참조.

민족해방과 인민민주주의 혁명과업을 완수하는 데 있으며 최종 목적은 온 사회의 주체사상화와 공산주의 사회를 건설하는 데 있다"고 명시하고 있었다.[551] 그런데 북한은 위 개정 후 30년 만인 2010년 9월 28일 조선노동당 대표자회를 개최하여 위 규약을 개정하였다. 개정된 조선노동당 규약 전문은 위 부분을 "조선로동당의 당면목적은 공화국북반부에서 사회주의 강성대국을 건설하며 전국적 범위에서 민족해방민주주의 혁명의 과업을 수행하는 데 있으며 최종목적은 온 사회를 주체사상화하여 인민대중의 자주성을 완전히 실현하는 데 있다"로 수정하였다.[552]

북한은 한국전 종료 이후 남한보다 앞선 경제성장에 기초하여 통일 논의에 대한 주도권을 장악하고 통일 공세를 펼쳤다. 1954년 4월 26일부터 6월 15일까지 개최된 제네바 회담에서 북한의 부수상 겸 외무상인 남일 대표는 통일방안으로 국제연합을 배제한 채 북한의 최고인민회의와 남한의 국회가 같은 수의 대표를 선출하여 '전조선위원회'를 구성하고, 위 위원회의 감독 아래 한반도 전체에서 총선거를 실시하여 국회를 구성하며, 이 국회가 통일정부를 수립하며 6개월 이내에 남한의 국제연합군과 북한의 중국군을 완전히 철수시키자고 제안하였다.[553]

이후 1958년 2월 5일 북한은 '조국의 평화적 통일을 위한 제안'을 통하여, 첫째 모든 외국군대가 남북한으로부터 동시에 철수하고, 둘째 중립국 기구의 감시하에 전 조선 총선거를 실시하고, 셋째 남북 간의 경제 및 문화의 교류와 전조선 선거에 관한 문제 등을 토의하기 위하여 남북의 협상을 조속히 실현하며, 넷째 조속히 남북 간의 군대를 축소하자고 제의하였다.[554]

그러나 구체적으로 제시된 최초의 통일방안은 1960년 8월 15일 김일성이 제시한 '남북연방제안'이라 할 수 있다. 위 연방제안에서 북한은 "남조선 당국이 남조선이 다 공산주의화될까 두려워 아직은 자유로운 총선거를 받아들일 수 없다고 하면 민족적으로 긴급하게 나서는 문제부터 해결하기 위해 과도적 대책"으로서 '남북조선의 연방제'를 제안하였다. 위 과도기적 연방제는 "당분간 남북조선에 현존하는 정치제도를 그대로 두고 양 정부의 독자적인 활동을 보장하는 동시에 양 정부 대표로 구성되는 최고민족위원회를 조직하여 주로 남북 간의 경제·문화발전을 통일적으로 조정"한다는 내용을 포함하였다.[555]

---

551) 법무부, 앞의 책, 350-351쪽.
552) 개정된 조선로동당규약 전문은 통일부 홈페이지(http://www.unikorea.go.kr) 참조(검색일: 2011년 2월 15일).
553) 김계동, 『남북한 체제통합론』(서울: 명인문화사, 2006), 191쪽.
554) 한국정치연구회, 『북한정치론』(서울: 백산서당, 1990), 429-430쪽.
555) 김계동, 앞의 책, 191-192쪽.

남북연방제안은 엄밀한 의미에서 연방제의 성격보다는 느슨한 형태의 국가연합에 가깝고, 이는 연방주의적 접근에 의한 통합이라기보다는 오히려 기능주의적 요소를 더 많이 포함하고 있다는 평가를 받는다.556)

그 이후 북한은 수시로 남북총선거에 의한 통일을 주장하여 왔으나 1972년 '7·4 공동성명'이 이루어지고 국제적으로도 자유주의 진영과 공산주의 진영 간의 냉전이 완화되는 분위기로 전환되자 기존의 남북총선거에 의한 통일방안 주장 대신 연방제를 주장하기 시작했다. 김일성은 1973년 6월 23일 조국통일 5대 강령을 발표하였는데,557) 여기에 고려연방제 제안이 처음으로 등장한다. 조국통일 5대 강령의 요지는 첫째, 군사적 대치상태의 해소 및 긴장 완화, 둘째 다방면적인 합작과 교류 실시, 셋째, 각계각층 인민들과 각 정당, 사회단체 대표들로 구성되는 대민족회의 소집, 넷째, 고려연방공화국을 국호로 하는 연방공화국 창설, 다섯째, 고려연방공화국이라는 단일국호에 의한 국제연합 가입이다.

현재 북한의 공식적인 통일방안인 고려민주연방공화국 창립방안은 김일성이 1980년 10월 10일 조선로동당 제6차 대회에서 제의하였다. 1970년대까지의 연방제가 과도기적 성격을 가진 것인 데 반하여, 위 제안은 통일의 완결적 형태로서의 연방제안을 제시하였다는 점에서 큰 차이가 있다. 위 제안은 크게 첫째, 남한이 먼저 이행해야 할 선결조건, 둘째, 고려민주연방공화국 정부의 성격과 구성, 셋째, 고려민주연방공화국 수립 후 시행할 정책인 "10대 시정방침"을 담고 있다.

북한은 고려민주연방공화국을 형성하기 위하여 ① 남북 동수의 대표와 적당한 수의 해외동포 대표로 연방국기의 통일정부인 최고민족연방회의를 구성하고, ② 최고민족연방회의 안에 연방상설위원회를 조직하여 남과 북의 지역정부들을 지도하며 정치, 외교, 군사 등 연방국가의 전반적인 사업을 관장하며, ③ 사상과 제도를 상호 인정하는 기초 위에서 남과 북이 같은 권한과 의무를 가지고 연방정부의 지도하에 지역자치를 실시할 것을 제안하였다.558)

그러나 1990년대에 들어서면서 체제경쟁에서 위축된 북한은 통일문제에 대해서도 소극적인 자세를 보이기 시작하였고, 위 연방제 통일방안도 점차 점진적인 방향으로 전환하게 되었다. 즉, 김일성은 1991년 신년사에서 고려연방제 통일방안을 추진하되, 잠정적으로 연방공화국의 지역자치정부에 더 많은 권한을 부여하는 과도기적 단계에 대한 설정

---

556) 위의 책, 193쪽; 김학준, 『분단과 통일의 민족주의』(서울: 소리출판, 1983), 104-105쪽; 남북연방제안의 구체적인 내용은 김계동, 위의 책, 191-197쪽.
557) 『로동신문』, 1973년 6월 24일.
558) 김계동, 앞의 책, 201쪽.

가능성을 언급함으로써 기존의 완성형 연방제 통일안에서 잠정적·단계적 연방제 통일방안으로 선회하였으며, 이는 2000년 6월 15일 정상회담 공동선언 제2항의 낮은 단계 연방제로까지 이어지게 된 것이다.

3. 남북한 통일 방안 비교

남북한 통일 방안의 가장 큰 차이점은 남한은 1민족 1국가 1체제 1정부의 단일 민족국가를 최종단계로 하는 데 반하여 북한은 1민족 1국가 2체제 2정부의 연방제국가를 최종단계로 하고 있다는 점이다. 또한 통일의 과정에서 나타나는 차이점은 국가연합과 연방국가의 차이라 할 수 있다.

여기서 통상의 국가연합과 연방국가의 차이점을 살펴볼 필요가 있는데, 양자의 차이점은 대체로 다음과 같다.

첫째, 국가연합의 경우에는 그 구성국이 각자 국제법상의 주체가 되지만 연방국가는 그 자체가 국제법상의 주체가 된다. 둘째, 국가연합은 그 구성국 간에 체결된 국제법인 조약에 의하여 이루어지는 데 반해, 연방국가는 연방국가의 헌법에 의해 이루어진다. 셋째, 국가연합의 정부 당국은 그 회원국에 대해서만 권한을 미치고, 그 국민에게 직접 적용되는 법을 제정할 권한이 없는 데 반하여 연방국가의 중앙정부는 그 구성국뿐만 아니라 구성국의 시민에 대해서도 직접 권한을 행사할 수 있다. 넷째, 국가연합은 그 구성국만이 대내적 통치권을 갖는 데 반해, 연방국가는 연방국가와 그 구성국 모두 대내적 통치권을 갖는다. 다섯째, 국가연합은 일반적으로 그 구성국이 전쟁의 선언, 강화, 외교사절의 파견 접수, 조약의 체결과 같은 대외적 통치권을 행사하는 데 반하여 연방국가는 이를 연방정부가 보유한다. 여섯째, 국가연합은 각 구성국이 자체 병력을 보유하며 구성국 간 무력투쟁은 전쟁이 되지만, 연방국가는 구성국이 아니라 연방정부가 병력을 보유하며, 구성국 간 무력투쟁은 내란이 된다.

국가연합과 연방국가를 위와 같이 정의한다면 국가연합의 대표적인 사례로는 1781년 북미국가연합 이후 1789년 연방헌법 채택 이전의 미국과 1991년 소연방 해체 후의 독립국가연합(CIS)의 경우를 들 수 있고, 연방국가의 대표적인 사례로는 1789년 이후의 미국과 1991년 해체 이전의 소련(USSR)의 경우를 들 수 있다.[559]

---

559) 김계동, 앞의 책, 55쪽; 임채완·장윤수, "연방제와의 비교를 통해 본 남북연합의 형성조건", 『한국동북

그런데 우리의 민족공동체 통일방안에서 말하는 남북연합의 내용은 위에서 말하는 국가연합과는 내용적으로 다소 차이가 있으며, '남북연합'에 대한 영문표기도 "The Korean Commonwealth"로 되어 있다. 이 때문에 남북연합의 법적 성격에 대해서는 학자들 간에 의견이 일치하지 않는다. 즉 이를 국제법상의 국가연합(Confederation)으로 이해하는 견해,[560] 체제연합으로 규정하는 견해, 국가연합과 영연합(the British Commonwealth of Nations)의 중간쯤으로 이해하는 견해, 대외적으로는 국가연합이고, 남북한 간에는 체제연합의 성격을 갖고 있는 부진정 국가연합 또는 준국가연합으로 보는 견해,[561] 기본적으로는 국가연합의 범주에 속하나 실질적 내용에 비추어 보면 국가연합보다 내부적 결속이 높은 연합제로 보는 견해,[562] 보편적 개념의 국가연합보다 그 결합의 수준이 낮은 국가 간 공동기구를 통한 매우 느슨한 국가결합 형태로 보는 견해[563] 등이 있다.

한편 북한이 주장하는 고려민주연방공화국의 연방제 역시 그 영문표기를 "Democratic Confederal Republic of Koryo"로 하고 있는 점에서도 알 수 있듯이 통상의 연방제와는 차이가 있다. 즉, 북한이 주장하는 연방제는 연방정부가 주권을 보유하고 있다는 점에서는 그 외관은 연방제의 형태를 취하고 있으나, 실질적인 제도나 정책수립과 집행의 측면에서는 오히려 국가연합에 가까운 형태라 할 수 있다. 그러나 연합제와 연방제의 가장 큰 차이점인 주권의 귀속 문제를 놓고 본다면 남북연합은 국가연합에, 북한의 연방제는 연방국가에 속하는 것으로 볼 수밖에 없고, 이런 점에서 본다면 양자의 공통점은 찾을 수가 없는 것이다.

북한도 연방제국가에 대하여 "나라의 전 지역에 설쳐 국가주권을 행사하는 최고주권기관이 있으면서 동시에 해당한 지역에서 일정한 범위를 주권을 행사하는 성원국들로 이루어진 국가"라고 정의하면서 "국가들 간의 조약에 의하여 이루어진 국가연합"과는 다르다고 설명한다.[564]

이처럼 연합제와 연방제 간에는 분명한 차이점이 있음에도 불구하고 남북한은 2000년 6월 15일 정상회담 공동선언 제2항에서 "남과 북은 나라의 통일을 위한 남측의 연합제안과 북측의 낮은 단계의 연방제안이 서로 공통점이 있다고 인정하고 앞으로 이 방향에서 통일

아논총』, 제8권 제3호 통권28집(한국동북아학회, 2003. 9.), 90쪽.
560) 장명봉, "國家聯合(Confederation)에 관한 硏究-우리의 統一方案의 發展과 관련하여-", 『國際法學會論叢』, 제64호(대한국제법학회, 1988), 43쪽.
561) 제성호, "남측 연합제와 '북측 낮은 단계의 연방제' 비교"『國際法學會論叢』, 제46권 제1호(대한국제법학회, 2001), 264쪽.
562) 이효원, 앞의 책, 66쪽.
563) 김계동, 앞의 책, 213쪽.
564) 사회과학원 법학연구소, 『법학사전』, 179쪽.

을 지향시켜 나가기로 하였다"고 하였다. 위 제2항에서 제시한 남측의 연합제안은 김영삼 정부가 제시한 민족공동체통일방안에서 상정하고 있는 남북연합(Korean Commonwealth)을 의미한다.

남북연합에 대한 정부의 설명에 의하면 남북연합이 부분적으로 국가연합의 성격을 띠고 있지만 주권국가 간의 관계를 상정하는 국가연합과는 다른 특수성을 갖고 있다는 것이다. 즉 남북연합단계에서 남북은 통일국가를 달성하기 위해서 '민족 내부의 특수한 관계'를 유지하면서 통일문제를 협의하고, 협력의 범위를 확대해 가는 것이기 때문에 독립된 국가 간의 관계를 가정하고 있는 국가연합과는 다르다는 것이다. 정부는 남북연합 안에서 남과 북은 각자의 외교, 군사력 등을 보유한 주권국가로 남게 되지만 그렇다고 한반도가 두 개의 국가로 분열되는 것은 아니라고 모호한 표현을 쓰고 있다. 또한 남북연합의 영문 표기를 'confederation'으로 하지 않고 구태여 'commonwealth'로 하고 있다. 이것은 남북연합이 국제법의 규율을 받지 않고 국내법 또는 국내법에 준하는 특수한 법적 유대를 갖춘 특별한 결합체임을 강조하기 위한 것이다.565)

북한의 '낮은 단계 연방제'가 남북연합과 공통점이 있다고 하기 위해서는 무엇보다도 '낮은 단계 연방제'의 구성체인 남북이 각기 주권을 보유하고 있어야만 한다. 그런데 북한은 6·15 공동선언 당시만 해도 '낮은 단계 연방제'의 구체적인 내용을 밝힌 바가 없다. 북한이 '낮은 단계 연방제'에 대해 명확한 입장을 밝힌 것은 그 이후이다. 즉 2000년 10월 6일 안경호 조국평화통일위원회 서기국장은 고려민주연방공화국 창립방안 제시 20돌 보고회에서 "우리의 낮은 단계의 연방제안은 하나의 민족, 하나의 국가, 두 개 제도, 두 개 정부의 원칙에 기초하되 북과 남에 존재하는 두 개 정부가 정치, 군사, 외교권 등 현재의 기능과 권한을 그대로 갖게 하고 그 위에 민족통일 기구를 내오는 방법을 북남관계를 민족공동의 이익에 맞게 통일적으로 조직해 나가는 것"이라고 설명했다. 또한 2000년 10월 9일자 노동신문은 "련방제통일방안은 가장 정당하고 현실적인 통일방도"라는 제목의 논평기사에서 낮은 단계의 연방제안은 "북과 남에 존재하는 두 정부가 정치, 군사, 외교권을 비롯한 현재의 기능과 권한을 그대로 가지게 하고, 그우에 민족통일기구를 내오는 방법으로 민족공동의 리익에 맞게 북남관계를 통일적으로 조절"해 나가는 것이라고 밝혔다. 안경호의 설명에서 보는 바와 같이 낮은 단계 연방제 역시 형식은 '하나의 국가'라고 하고 있으나, 남한 정부와 북한 정부가 각기 현재와 같이 정치, 외교, 군사에 관한 독자적인 기능과 권한을 갖는다면 그 실체는 국가연합이라 할 수 있을 것이므로 이

---

565) 통일원, 『통일백서 1992』(서울: 통일원, 1992), 85쪽.

경우라면 남북연합과 큰 차이가 없다고 볼 수도 있을 것이다. 그러나 국제법상으로는 2 국가 체제인 남북연합과 1국가 체제인 북한의 연방제의 차이는 명백하다 할 것이다. 국가승계와 관련하여 본다면 전자의 경우에는 국가승계의 문제가 발생하지 않는다고 보아야 하지만, 후자의 경우에는 국가승계 문제가 발생한다.

　남북한이 각기 상정하고 있는 통일형태에 대한 본질적인 논의 없이 통일방안 내지 과정에 대한 공통성을 인정한 주된 이유는 남북한 모두 남북관계의 정상화라는 현실적인 필요성을 충족시키면서 동시에 통일의 당위성을 훼손하지 않으려 했기 때문이다. 즉, 통일 논의를 피하면서 교류·협력을 추진코자 하는 남한과 남북관계 개선과 경협을 바라지만 통일을 말하지 않을 수 없는 북한을 동시에 만족시켜 줄 수 있는 방법으로서 남북이 일종의 전략적 모호성(strategic ambiguity)이라는 수단을 동원한 것이다.566)

Ⅱ. 우리 헌법상 논의 가능한 통일 유형

1. 우리 헌법의 통일 관련 규정

　1948년의 제헌헌법에서는 통일과 관련된 규정은 전혀 없이 제4조에서 "대한민국의 영토는 한반도와 그 부속도서로 한다"는 규정만 두어 분단국가에 대한 현실을 인정하지 않고 있었다. 이러한 태도는 제2공화국에서도 이어지다가 1962년 제3공화국헌법에서 처음으로 부칙 제8조에서 "국토수복 후의 국회의원의 수는 따로 법률로 정한다"고 규정하여 간접적으로나마 분단의 현실을 인정하였다.

　'수복'이라는 용어를 선택했다는 점에서 헌법제정권력자의 다음과 같은 의도를 엿볼 수 있다. 대한민국은 한반도에서 정통성 있는 국가이며 북한당국은 수복의 대상으로서 협상 상대가 아닌 불법단체에 불과하다는 점, '수복'을 통해 현재 미완성인 대한민국을 완성상태로 회복시키는 것이 국가적 과제라는 점, 현재는 물론 수복 이후에도 현행헌법이 당연히 북한지역에도 적용된다는 점 등이 그것이다.567)

　이후 1972년 7·4 공동성명 이후 개정된 유신헌법에서는 기존의 영토조항은 그대로

---

566) 최완규 "남북한 관계의 전망과 과제", 『남북한관계론』(파주: 한울아카데미, 2005), 373쪽.
567) 도회근, 앞의 책, 90쪽.

유지하면서 통일과 관련된 여러 규정을 두었다. 전문에서는 "조국의 평화적 통일의 역사적 사명에 입각하여 자유민주적 기본질서를 더욱 공고히 하는 새로운 민주공화국을 건설함에 있어서"라고 규정하여 평화통일에 대한 규정을 처음으로 도입하였고, 제3장에서는 통일주체국민회의의 조직과 구성, 권한에 대한 규정을 두었다(제35~42조). 또한 대통령에게 '조국의 평화적 통일을 위한 성실한 의무'를 부과하였고(제43조 제3항), 대통령 취임선서 시에도 "조국의 평화적 통일을 위하여 대통령으로서의 직책을 성실시 수행할 것을 국민 앞에 선서"하도록 하였다(제46조). 부칙 제8조에서는 "이 헌법에 의한 지방의회는 조국통일이 이루어질 때까지 구성하지 아니한다"고 규정하였다.

1980년 헌법에서는 전문규정, 대통령의 평화통일의무(제38조 제3항), 취임선서(제44조)는 유신헌법의 내용을 그대로 존속시켰고, 통일에 관한 정책을 국민투표에 붙일 수 있도록 하는 한편(제47조), 기존의 통일주체국민회의는 폐지하고, 대통령 자문기구로 평화통일정책자문기구를 둘 수 있도록 하였다(제68조).

1987년 개정된 현행 헌법은 1980년 헌법과 유사하게 전문에서 대한민국은 "평화적인 통일의 사명"에 입각하고 있음을 천명하고 있다. 그리고 무엇보다도 헌법 제4조에서 "대한민국은 통일을 지향하며, 자유민주적 기본질서에 입각한 평화적 통일 정책을 수립하고 이를 추진한다"고 규정하여 처음으로 국가의 평화통일정책수립 및 추진의무 조항을 신설하였다. 기타 대통령의 평화통일을 위한 성실한 의무 규정(제66조 제3항), 평화통일 노력에 대한 선서 규정(제69조), 국민투표회부권(제72조), 평화통일정책의 수립에 관한 대통령의 자문인 민주평화통일자문회의 설치 근거 규정(제92조) 등은 1980년 헌법의 내용을 거의 그대로 승계하였다.

한편 제헌헌법 당시의 영토조항은 1962년 헌법 개정 시 제3조로 변경된 것을 제외하고는 현행 헌법에 이르기까지 그대로 유지되고 있다. 그 밖에 헌법 제5조 제1항은 침략적 전쟁을 부인하고 있으며, 헌법 제66조 제2항은 대통령은 "국가의 독립·영토의 보전·국가의 계속성과 헌법을 수호할 책무를 진다"고 규정하고 있다.

2. 헌법상 논의 가능한 통일 유형

현실적으로 향후 남북한 간의 통일이 어떤 수단과 과정을 통해 어떤 형태로 이루어질지는 아무도 장담할 수 없지만, 일반적으로 통일을 실현하는 방안은 우선 그 수단을 기준으로 할 때는 전쟁 등 무력에 의한 통일, 합의에 의한 통일, 북한의 붕괴에 의한 통일로 나누어 생각해 볼 수 있다. 그러나 우리 헌법은 전문과 제4조 등에서 평화적인 통일을 지향하고 있고, 전쟁 등 무력에 의한 통일은 헌법과 국제연합헌장에 반하므로 논의의 대상에서 제외하기로 한다.

통일의 주체를 생각해 본다면 남북한 공동에 의한 통일, 남한에 의한 통일, 북한에 의한 통일로 구분해 볼 수 있다. 이 중 북한이 남한을 흡수하는 방식은 남한이 붕괴되어 북한에 흡수되거나 북한의 무력도발에 의해 통일이 되는 경우라 할 것인데, 이러한 방식의 통일에 대비한 국가승계나 조약승계의 문제는 우리가 논할 것이 아니므로 논의의 대상에서 제외하기로 한다.

이처럼 무력에 의한 통일과 북한 중심의 통일을 논의의 대상에서 제외한다면, 현행 헌법 체제하에서 현실적으로 논의 가능한 통일의 방법은 남북한이 대등한 관계에서 상호 합의에 의해 새로운 국가를 창설하는 방법과 동서독의 경우와 같이 북한의 급변 사태 등과 같은 이유로 북한이 붕괴되고 남한이 북한을 흡수 통일하는 경우를 생각해 볼 수 있다.

이처럼 그간 우리 사회에서는 합의통일과 흡수통일이라는 2분법이 널리 통용되어 왔다.568) 이와 같이 통일방안에 대한 논의에 있어서 현실적인 통일방안을 합의통일과 흡수통일로 나누어 살펴본 이면에는 합의통일은 남북 공동에 의한 새로운 통일국가의 수립을 의미하는 것으로, 흡수통일은 북한 붕괴 등으로 인해 북한 체제가 소멸하고, 북한이 남한에 병합되는 경우와 같은 의미로 보았기 때문인 것으로 보인다.569) 합의통일과 흡수통일의 의미를 위와 같이만 해석한다면 큰 문제는 없어 보이지만, 엄격한 의미에서는 위와 같은 분류는 다소 문제가 있다.

왜냐하면 엄격한 의미에서 합의에 의한 통일의 경우에도 남북한이 대등한 관계에서 공동으로 새로운 형태의 국가를 건설하는 경우와 북한 체제를 소멸시키고 북한이 남한의 체제에 흡수되는 경우가 있을 수 있고, 북한이 붕괴되는 경우에도 북한이 스스로 남한에 흡수될 수도 있고, 동독의 경우와 같이 양측의 합의에 의해 흡수될 수도 있으며, 경우에 따라서는 비록 북한 체제가 붕괴되더라도 그 과정에서 남북한 당국의 합의에 의해 남북한 주민 모두가 참여하는 가운데 새로운 국가를 건설하는 형태로 통일이 될 수도 있기 때문이다.

---

568) 제성호, "남북통일과 국가승계", 269쪽.
569) 이와 같이 통일의 방안을 합의통일과 흡수통일로 나누어 설명한 경우로는 도회근, 앞의 책, 224-225쪽; 김계동, 앞의 책, 375쪽; 정인섭, 『新국제법강의-이론과 사례』(서울: 박영사, 2010), 172쪽 등이 있다.

이와 같은 혼동은 합의 통일의 반대 개념은 비합의 통일이며, 흡수통일이란 어느 일방이 소멸하고 타방에 흡수되어 버리는 병합형태의 통일을 의미하는 것으로 그 반대 개념은 합병형태의 통일이 될 것인데, 수단적 또는 절차적 개념인 '합의'란 용어와 결과적 또는 내용적 개념인 흡수란 용어를 같은 선상에 놓고 분류하였기 때문이다.

그런데 이러한 분류는 국가승계를 논하기 위한 분류로는 적합하지가 않다. 왜냐하면 국가승계 문제와 관련하여 중요한 것은 선행국과 승계국의 관계가 합병이냐 혹은 병합이냐의 문제이기 때문이다. 따라서 국가승계에 따른 조약승계 문제를 다루기 위해 통일 방식을 합병과 병합의 형태로 구분하고, 각각의 경우에 발생하는 조약승계의 문제를 살펴보기로 한다.[570] 다만 우리의 민족공동체 통일방안에서는 과도기적 단계로 국가연합 단계를 상정하고 있으므로 국가연합 단계에서의 조약승계 문제로 함께 살펴보기로 한다.

Ⅲ. 국가연합 단계와 조중국경조약의 승계

1. 학설

국가연합이란 둘 이상의 국가들이 구성국들 간의 평등을 기초로 국제법상 국가의 자격을 보유한 채 공동의 기구를 가지고 결합하는 것이며, 구성국들이 국제법 주체성을 보유하고 있고, 연합된 조직 그 자체는 국제법상 국가 자격을 가지지 않는다는 점에서 연방국가와 구별된다.[571] 현재 존재하는 국가연합의 사례로는 1981년 체결된 조약에 의하여 설립된 세네감비아연합이 있다.

국가연합 형태의 통일은 사실상 남북한 양측을 모두 주권국가로서 승인하는 것이므로 국제법상 계속 존재하고 있는 대한제국 및 대한제국과 동일성을 가지고 있는 대한민국으

---

570) 제성호도 "동서독 통일과 남북예멘의 통일이 모두 합의(절차 및 형식)와 흡수(내용)의 측면을 모두 가지고 있는 것이다. 즉 합의통일과 흡수통일의 2분법은 적절하지 못한 측면이 있다. 그러기에 '독일식 통일', '예멘식 통일'(또한 '베트남식 통일') 등으로 규정하고 설명하는 것이 더욱 적절하다는 것이 필자의 생각이다. 이에 대하여는 많은 통일문제 전문가들이 동의하고 있다. 더욱이 분단국 통일 시 발생하는 국가승계라는 국제법적 문제의 해결과 관련해서는 합의통일과 흡수통일의 구별보다는 합병형 통일과 병합형 통일로 나누어 고찰하는 것이 더욱 적절하다고 볼 수 있다"고 한다. 제성호, "남북통일과 국가승계", 269쪽; 박기갑도 남북한 간의 국가승계방식을 합병과 병합의 경우로 나누어 설명한다. 전광석・박기갑, 앞의 논문, 386-405쪽.

571) 유병화, 『국제법 Ⅰ』(서울: 진성사, 1991), 397-398쪽.

로부터 북한이 '분리'되는 것을 전제로 하며,572) 2개의 주권국가의 결합이기 때문에 조약승계와 관련하여서는 조약승계협약 제31조의 국가의 결합(uniting of states)의 경우에 해당될 것으로 보는 견해가 있다.573)

조약승계협약 제31조는 승계 당시에 별도의 국제적 인격을 가지고 있던 2개 또는 2개 이상의 기존 국가가 결합하여 1개의 신국가를 형성하는 경우에 승계 당시 그중 1개 국가 또는 어느 국가에 대하여 유효한 조약은 그 조약이 전에 적용되었던 그 특정 영토에 대하여만 계속 효력이 있다고 규정하고 있다. 이러한 국가결합의 사례로는 통일아랍공화국의 경우와 탄자니아공화국의 경우가 있는데 이들 국가들은 국가 결합 시 각 구성국이 체결한 조약은 그 조약이 적용되었던 영토의 범위 내에서 계속 적용되도록 하였다.

남북한이 비록 과도적 단계라 하더라도 남북연합 단계가 될 경우에 위와 같이 조약승계협약 제31조의 국가의 결합으로 보는 견해에 따르면 위 협약의 규정과 같이 남북한이 체결한 조약은 각각 남북한의 영토 내에서 계속 유효한 것으로 보면 될 것이다.

이에 대해 남북연합의 공동기구가 대외관계에 관한 권한을 행사하게 된다면 통일아랍공화국이나 탄자니아의 경우와 같이 국제연합 등 국제기구에 단일회원국으로 가입할 수 있을 것이고, 이에 따라 국제기구 내에서 통일된 국가연합의 회원국 지위, 분담금 산정, 쿼터 및 가중투표권 할당 등 일부 조정이 필요하게 될 것이며, 정치적 조약이나 동맹조약, 상호방위조약의 경우에는 국가연합의 형성이라는 사정의 근본적 변경에 따라 개정 또는 폐기가 불가피할 것으로 보인다는 견해도 있다.574) 이에 해당하는 조약으로는 1953년의 한미상호방위조약과 북한이 1961년 중국 및 소련과 체결한 우호협조 및 상호원조에 관한 조약이 있는데, 국가연합에 의한 통일의 경우에 그 구성국 간에 전쟁을 상정하는 조약은 국가연합의 설립이라는 기본 목적에 반하게 될 것이기 때문이며, 따라서 이와 같은 조약들은 폐기 또는 개정되거나 아니면 남북한의 평화와 안보를 주변 4강이 보장하는 관련 당사국들에 의한 평화보장조약으로 대체되어야 한다고 한다.575)

---

572) 김명기, 『國際法上 南北韓의 法的 地位』(서울: 화학사, 1980), 163쪽.
573) 한형건, "分斷國家의 再統一에 관한 國際法的 考察", 『國際法學會論叢』, 제71호(1992), 20쪽; 노영돈, "白頭山地域에 있어서 北韓과 中國의 國境紛爭과 國際法", 181-182쪽; 이순천, 앞의 논문, 177쪽.
574) 이순천, 앞의 논문, 178쪽; 최경수, "국가승계에 의한 조약의 효력: 독일의 경험과 우리의 대책", 『한국사회 개별 연구(XXXII)』(서울: 고려대 아세아문제연구소, 1993), 288쪽.
575) 이순천, 위의 논문, 178-179쪽.

2. 결어

위의 각 견해는 국가연합의 개념정의와 관련하여 다소 문제가 있다. 즉 국가연합이 조약승계협약 제31조의 국가결합에 해당하는 것인지는 의문이다. 왜냐하면 위 협약에서 말하는 국가결합은 1개의 국가를 형성하는 것을 말하는데, 국가연합은 1개의 국가로 되는 것이 아니라 구성국이 그대로 국가로 존재하여 수개의 국가로 남게 되기 때문이다. 따라서 이 경우에는 국가승계의 문제 자체가 발생하지 않는다고 본다. 다만 위에서 언급한 구성국 간에 전쟁을 상정하는 조약과 같은 것은 조약승계의 문제와 무관하게 국가연합체제 구성 시 그 취지에 부합하지 않는 조약에 대하여는 당사자 상호 간 합의를 통해 그와 같은 조약의 효력을 종료시키면 될 것이다. 또한 경우에 따라서는 아주 느슨한 형태 또는 형식적인 국가연합이어서 또다시 해체의 가능성을 배제할 수 없는 상황이라면 위와 같은 조약을 잠정적으로라도 그대로 존치시켜야 할 경우도 있을 수 있을 것이다.576)

독일의 경우에도 1989년 10, 11월 동독에서의 민중봉기 이후 동서독의 통일이 논의되던 초기에 선호되던 통일방법, 즉 국가연합안이 채택되었더라면 아직 국가승계의 문제는 발생하지 않았을 것이다. 이 경우 아직 국제법상의 주체로서의 지위를 유지하기 때문이다.577)

민족공동체 통일방안에서 제시하고 있는 남북연합은 남북한이 각각 외교, 군사 및 내정에 걸쳐 독립적인 주권을 행사하면서 남북연합기구로 남북정상회의, 남북평의회, 남북각료회의를 상설화하여 경제·사회·문화공동체를 형성하는 것을 내용으로 하고 있다. 따라서 남한과 북한이 2개의 독립한 국가 형태로 존속하게 되므로 각자가 기존에 체결 또는 가입한 조약은 각자의 지역에서 그대로 효력이 지속되는 것으로 해야 할 것이고, 특히 외교문제에 있어서 각자가 독립적인 주권을 행사하므로 사실상 국가승계나 그로 인한 조약승계의 문제는 발생하지 않는 것으로 보아야 할 것이다.

다만 현실적으로는 남북연합의 결합 정도에 따라 남북연합의 체제와 목적에 부합하지 않는 조약 등에 대하여는 남북 상호 간의 협의를 거쳐 정리를 할 필요가 있을 수도 있으나, 이는 조약승계의 문제는 아닌 것이다.

---

576) 한명섭, 앞의 발표문, 82-83쪽.
577) 전광석·박기갑, 앞의 논문, 372쪽, 각주 40.

Ⅳ. 합병 형태의 통일과 조중국경조약의 승계

1. 일반 원칙

남북 합의에 의한 통일의 경우에는 최종적인 통일국가의 형태를 어떻게 할 것인지가 문제이다. 이에 대해 우리의 민족공동체 통일방안은 '1국가, 1체제, 1중앙정부'의 통일국가를 상정하고 있고, 북한의 연방제 통일방안은 '1국가, 2체제, 2자치정부'의 형태를 구상하고 있다. 북한의 연방제 통일방안에 의한 통일국가의 형태를 논외로 하고, 민족공동체 통일방안에 의한 통일국가의 경우에 국가승계의 문제와 관련하여 논의가 필요한 부분이 있다. 즉, 새로운 통일국가는 남한과 북한 모두의 기존 법인격이 소멸한 전혀 새로운 국가의 탄생으로 볼 것인가의 문제이다.

물론 이 경우에 합의의 형식은 새로운 통일헌법이나 통일조약에 의해 할 것이므로 통일헌법이나 통일조약에서 기존에 남북한이 체결한 조약을 어떻게 할 것인지를 결정할 것이겠지만 이 경우에도 그 기준을 어떻게 할 것인지가 문제된다. 단순히 법 논리에 따라 만일 남한과 북한의 법인격 모두가 소멸하는 것으로 보고, 소멸되는 국가가 기존에 체결한 모든 조약을 종료시킨다면 현실적으로 새로운 국가는 완전히 백지상태에서 출발하여 새로운 국제관계를 형성해 나가야 한다는 문제섬이 발생할 것이다.

그런데 앞에서 살펴본 바와 같이 조약승계협약 제31조는 승계 당시에 별도의 국제적 인격을 가지고 있던 2개 또는 2개 이상의 기존 국가가 결합하여 1개의 신국가를 형성하는 경우에 승계 당시 그중 1개 국가 또는 어느 국가에 대하여 유효한 조약은 그 조약이 전에 적용되었던 그 특정 영토에 대하여만 계속 효력이 있다고 규정하고 있다.

남북 합의에 의해 서로 대등한 관계에서 1개의 통일국가를 형성한다면 특별한 사정이 없는 한 그 형태는 조약승계협약 제31조의 국가의 결합, 그중에서도 합병의 형태가 될 것이다. 이러한 경우 법리적으로 일관성 있는 해석을 한다면 양자의 대등한 관계를 고려할 때 통일아랍공화국이나 탄자니아공화국, 세네감비아공화국의 경우와 같이 남북한 각자가 기존에 체결한 조약은 체결 당시 효력이 미치던 영토 내에서 그대로 효력이 지속되는 것을 원칙으로 한다고 보아야 할 것이다.

2. 학설

국내 학자들 중에도 상당수는 남북한이 합병 형태로, 즉 기존의 남북한이 소멸하고 새로운 국가가 성립하는 방식으로 통일을 할 경우에는 북한이 체결한 조중국경조약을 승계할 수밖에 없다고 보는 견해가 많다. 동시에 이러한 견해를 취하는 대부분의 학자들은 위와 같은 문제를 극복하기 위하여 남북한 통일의 방식은 합병 방식이 아닌 병합 방식이 바람직하다는 주장을 한다. 이에 대한 국내 학자들의 견해를 살펴보면 다음과 같다.

첫 번째 견해는 조약승계협약 제31조가 합병에 의한 국가통합에서의 국제조약의 승계에 관하여 원칙적으로 계속성원칙을 규정하여 일정한 경우를 제외하고 관련 조약이 유효하였던 영역 내에서 계승국에도 유효하다고 명시하고 있다며 남북한이 합병에 의해 결합하는 경우 국경조약과 같은 영토경계획정조약도 계속 효력을 유지하며 그대로 통일국가에 승계된다고 한다. 즉, 합병에 의한 남북통일의 경우에는 조중국경조약체제의 효력을 부인할 수 있는 국제법적 근거가 없다는 것이다.[578]

두 번째 견해는 남북한 간 가능한 국가승계형태를 복수의 국가가 동등한 지위에서 결합하여 하나의 국가를 형성하는 합병과, 일국가가 타 국가에 결합되는 것으로 피병합국은 소멸하고 병합국은 계속 국가로서 존속하는 병합의 형태로 구분하면서 남북한이 국가연합을 이룬다면, 이는 합병의 형태에 해당하게 되는데, 이 경우에는 조약승계협약의 관련조항이 적용될 가능성이 높다고 보는 견해이다.[579] 이 때문에 "한반도 전체의 이익 차원에서 국가연합형태는 불리하다. 가령 북방영토의 처리를 둘러싼 주변 국가와의 분쟁이 발생하는 경우 북한이 체결한 영토경계획정 조약이 그대로 존속되기 때문에 법적-외교적 경로를 통한 새로운 문제검토가 더욱 어려워진다"고 한다.[580]

세 번째 견해는 "북한과 한국이 통일하는 경우에 우선 양 실체가 소멸하고 새로운 제3의 신국이 등장하는 경우, 즉 합병(merger)하는 경우를 상정할 수 있다. 이 경우에는 1978년 조약에 대한 국가승계에 관한 비엔나협약 제31조 국가합병의 경우에 적용되는 계속성의 원칙의 적용과 기존 경계 존중주의에 비추어 북한이 체결한 국경조약은 당연히 승계된다고 보아야 할 것이다"라는 견해이다.[581]

네 번째 견해는 "백두산 지역에 있어서의 국경획정은 북한-중국 간은 물론 이들과 외

---

578) 이현조, 앞의 논문, 194쪽.
579) 박기갑, "일반국제법이론에 비추어 본 남북한 간 가능한 국가승계형태론", 109-127쪽.
580) 위의 논문, 122쪽.
581) 이성덕, 앞의 논문, 392-393쪽.

교관계를 설정한 국가들에 대하여는 유효하며 헌법 제3조를 근거로 백두산지역의 영유권 문제에 있어서 당사자임을 주장하는 남한에 대해서도 유효하다. 북한과 중국 간의 국경 협상이 비밀조약의 체결을 가져왔다면 이 비밀국경조약의 효력문제와 또 남북통일 시의 동 조약의 승계 여부가 문제로 된다. 앞의 비밀조약부분에서 언급한 바와 같이 동 조약은 비밀조약의 성격과 국경조약의 성격을 모두 갖고 있으므로 비밀조약적 성격과 물적 조약의 성격 중 어느 쪽이 더 강하느냐의 판단이 중요한 판단기준이겠지만 결국은 통일 한국과 중국 간의 협상을 통해 해결될 것이다. 다만 동 조약은 또 그 비밀조약으로서의 성격으로 인해 국제연합헌장 제102조 제1항의 등록의무를 이행하지 않은 중국은 국제연합 및 그 슬하기관에서 통일한국에 대해 동 조약의 효력을 주장할 수는 없을 것이다"라는 견해이다.[582] 이 견해는 조약의 유효성의 문제와 조약승계의 문제를 명확하게 구별하지 않고 있어 조중국경조약의 승계에 대한 입장이 무엇인지 혼동된다. 다만 같은 논문에서 합의합병 방식으로 통일을 이루는 경우에는 다수의 학설 및 국가관행이 지지하는 일반적인 조약승계규칙은 조약을 선험적으로 인적 조약과 물적 조약으로 구분하여 물적 조약은 국가승계의 영향을 받지 않고 인적 조약은 선행국의 소멸과 함께 소멸되는 것으로 보고 있다고 설명한다.[583] 따라서 물적 조약의 승계의무는 인정하면서도 북한과 중국 간의 국경조약은 비밀조약이므로 이를 승계하지 않을 수 있다는 입장인 것으로 이해된다.

3. 결어

조약승계협약의 내용을 중심으로 조약승계의 법리를 살펴본다면, 합병의 형태로 통일이 될 경우에는 위에서 살펴본 학자들의 주장과 같이 북한이란 정치적 실체가 소멸하지 않고 그대로 존재하는 가운데, 북한이 체결한 조약의 무효를 주장하기 어려운 측면이 분명히 존재한다.

그러나 합병 형태의 통일은 통일 이전에 북한이 자유민주주의 체제로 전환하지 않는한 우리가 지향하는 '1국가, 1체제, 1중앙정부'라는 통일국가가 아니라 오히려 북한이 주장하는 '1국가, 2체제, 2자치정부'의 형태가 될 가능성이 더욱 크다 즉, 형시으 비록

---

582) 구희권,『國家統合時의 國家承繼에 관한 硏究 -統一韓國을 中心으로-』(중앙대학교 대학원 박사학위 논문, 1993. 12.), 101쪽.
583) 위의 논문, 199쪽.

1국가의 형태로 통일이 되더라도 각자 기존의 자유민주주의 체제와 사회주의 체제를 유지한다면 결국 북한이 주장하는 연방제나 앞에서 본 남북연합 단계와 큰 차이가 없을 것이다.

무엇보다도 현실적으로 남과 북이 기존의 체제를 유지한 상태로 1국가를 형성하는 것이 가능한 것인지도 의문이거니와 통일예멘의 경우에서 본 바와 같이 체제를 달리하는 국가 형태를 존속시킬 수 있을지도 문제이다. 따라서 이러한 형태의 통일은 진정한 통일이라 할 수도 없을 것이다.

그러므로 남북한이 합의에 의해 형식적으로는 기존의 남북한은 모두 소멸하는 것으로 하면서 새로운 국가를 창설한다 하더라도 새로운 통일국가의 기본적 헌법질서는 반드시 자유민주적 기본질서584) 및 시장경제질서원리에 기초해야 한다. 이 경우 실질적으로는 사회주의체제이자 계획경제질서하에 있는 북한은 소멸한 것으로 보고, 남한의 체제가 북한으로 확대되는 것으로 보아야 할 것이다. 이를 국가승계의 문제에서 접근해 본다면 외견상 그 형식은 남북 합의에 의해 새로운 국가를 창설하는 것이지만 실제로는 흡수통일의 경우와 마찬가지로 북한의 체제가 소멸하고, 남한의 법인격이 존속하는 형태일 것이며, 이러한 형태의 통일이어야 진정한 '1국가, 1체제, 1중앙정부' 형태의 통일국가가 될 것이다. 또한 이러한 통일만이 우리 헌법 체제하에서 가능한 통일 형태라 할 것이다.585)

만일 헌법 개정을 통해 또는 새로운 통일헌법의 제정을 통해 중국의 경우와 같이 일국양제 형태를 취하여, 북한의 사회주의 체제를 일정 기간 그대로 존속시키는 형태의 통일이 된다면 이를 합병으로 볼 것인지 아니면 병합으로 볼 것인지의 구분이 명확하지 않을 수 있다. 생각하건대, 중국과 홍콩의 경우와 같은 일국양제의 경우에 비추어 보면 이 경우에도 자유민주주의 체제인 대한민국은 그대로 존속하고, 사회주의 체제인 북한은 소멸하되, 잠정적으로 종전의 북한 지역에 기존의 체제를 그대로 존속시키는 것으로 보면 종국적으로는 병합형태의 통일에 해당한다고 보아야 할 것이다.

따라서 조약의 승계와 관련하여서는 남과 북이 각기 기존의 체제를 유지하는 형태인 합병에 의한 통일의 경우는 현실적으로 논의의 실익이 없다고 본다.

---

584) 헌법재판소는 '자유민주적 기본질서'를 "모든 폭력적 지배와 자의적 지배, 즉 반국가단체의 일인독재 내지 일당독재를 배제하고 다수의 의사에 의한 국민의 자치, 자유·평등의 기본원칙에 의한 법치주의적 통치질서"를 의미한다고 하면서 그 구체적인 내용으로 "기본적 인권의 존중, 권력분립, 의회제도, 복수정당제도, 선거제도, 사유재산과 시장경제를 골간으로 한 경제질서 및 사법권의 독립" 등을 들고 있다. 헌법재판소 1990. 4. 2. 선고 89헌가113 결정.
585) 한명섭, 앞의 발표문, 83-84쪽.

V. 병합 형태의 통일과 조중국경조약의 승계

1. 일반 원칙

병합 형태의 통일이 될 경우에는 북한의 국제법 주체성이 소멸되고 남한만이 존속하게 되는데 이 경우 발생하는 조약승계와 관련하여서는 대체로 통일 독일의 경우와 같이 조약경계이동의 원칙에 따라 다자조약을 포함한 우리의 기존 조약을 북한지역까지 확장할 수 있다고 보는 견해가 일반적이다. 이러한 입장을 취하는 학자들의 견해를 구체적으로 살펴보면 다음과 같다.

첫 번째 견해는 남한을 한반도의 유일합법정부로 보는 시각에 입각하여 남북한이 국가연합 형태의 통일을 하게 되면 이는 사실상 남북한 양측을 모두 주권국가로 승인하는 것이므로 국제법상 계속 존재하고 있는 대한제국 및 대한제국과 동일성을 가지고 있는 대한민국으로부터 북한이 '분리'되는 것을 전제로 한다고 한다.586) 이들 견해에 따르면 남북연합 단계를 거치지 않은 남한 주도의 흡수통일은 남한이라는 국가가 북한이라는 국가를 병합한 것이 아니라, 한국의 국내법상 북한에 의한 영토의 불법점령의 종식, 또는 잃었던 영토의 회복이라고 본다.587) 따라서 이 경우는 통일에 의하여 새로운 국가가 형성되는 것이 아니라 북한이 소멸하고, 남한이 계속 존속하는 것이므로 조약승계협약 제31조를 적용할 수 없다고 하면서도 이러한 흡수병합에 의한 통일의 경우에 국가승계문제는 독일 통일 시의 국가승계 사례에 따라 조약국경이동의 원칙에 따르면서 사정변경의 원칙을 보조적으로 적용하는 것이 합리적이라고 한다.

좀 더 구체적으로 살펴보면 병합의 방식에 의한 통일의 경우에는 조약승계 방식을 통일독일의 조약승계의 방식을 따라 동서독 통일조약 제11조와 제12조 같은 규정을 남북한 통일조약에 두어야 한다며 ① 남한이 체결한 국제기구 조약·다자조약은 효력을 존속하며, 조약경제이동의 원칙에 따라 통일한국 전역에 적용되나, 예외가 인정된다고 한다. 확대 적용되는 조약으로는 1953년의 한미상호방위조약, 1954년의 한미합의의사록(개정), 1965년의 한일기본관계조약, 1992년이 한중수교 공동성명, 1992년의 한러기본조약을, 예외로 인정되는 조약으로는 1953년의 한국정전협정, 1972년의 남북직통전화 가설합

---

586) 김명기, 『국제법상 남북한의 법적 지위』(서울: 화학사, 1980), 163쪽; 이순천, 앞의 논문, 177쪽.
587) 김명기, 위의 책, 160쪽; 이순천, 위의 논문, 181쪽.

의서, 1992년의 남북기본합의서를 예로 들고 있다. ② 북한이 체결한 국제기구·다자조약은 효력을 상실하며 이에는 백지출발의 원칙이 적용되며, 양자조약은 통일한국이 조약의 당사자와 협의하여 효력의 존속여부를 정하며, 이에는 사정변경의 원칙이 적용된다고 한다.[588]

두 번째 견해는 "통일 이후 신속한 사회통합을 이룩하기 위해서는 법질서 통합 역시 긴요한 과제이므로, 이를 위하여 남북한에 동일한 조약질서를 수립하는 것이 바람직하기도 하며, 한국과의 조약의 타방 당사국 역시 기존 조약의 북한으로의 확장이 조약의 대상과 목적에 위배되지 않는 한 북한지역으로의 적용을 거부할 이유가 없을 것"이라고 한다. 다만 "한국의 기존 조약이 국제법상 당연히 북한지역에 적용되어야 하며, 한국으로서는 이와 다른 정책을 취할 수 없는가? 즉 정책적 판단에 따라 일부 조약을 북한지역으로 확장 적용시키지 않을 수 있는 재량이 있는가? 통일 독일도 정책적 판단하에 일정한 조약은 동독지역에 적용을 배제시켰다. 따라서 국가통합 후 조약경계이동 원칙의 적용은 승계국의 권리이지 의무라고는 할 수 없으며, 한국 역시 정책적 판단에 따라서 기존 조약의 적용범위를 북한 지역으로 확정시키지 않을 재량이 있다. 예를 들어 주한미군 주둔과 관련된 조약의 적용범위를 기존 남한 지역으로 한정하여 운영하는 것도 가능하다"는 견해이다.[589]

이상의 내용과는 별도로 북한이 체결한 조약을 어떻게 처리할 것인지에 대한 구체적인 검토도 필요하다. 동서독 통일의 경우에는 개별 국가와 협의를 거쳐 처리하였지만, 이 과정을 거치는 것이 반드시 국제법상 요구되는 것은 아니다. 통일 한국은 대부분의 북한의 양자조약들이 사정 변경에 의하여 종료되었다고 선언할 수 있다.

다만 북한의 조약이라도 국제관습법상 요구되는 일정한 조약은 계속 준수하여야 할 것이며, 통일한국이 계속 필요로 하는 조약에 대하여는 존속을 선언할 수 있을 것이다. 북한의 조약 상대국이 원하면 개별적 협의를 통하여 조약의 존속 여부를 확정하는 것이 혹시 발생할지도 모르는 분쟁을 예방하는 길이 될 것이라는 견해가 있다.[590]

위와 같이 북한의 조약이라도 국제관습법상 요구되는 일정한 조약은 계속 준수하여야 한다는 견해에 대해서 살펴보면 이는 일반적인 국제관습법의 효력 및 준수 문제로 해결할 것이지 군이 조약승계이론에 따라 북한의 조약을 존속시킬 필요는 없다고 본다. 또한 조약승계 여부에 대해 체약 상대국과 개별적 합의를 통해 해결하지 않고 남한의 일방적

---

588) 김명기, 앞의 논문, 40쪽.
589) 정인섭, 앞의 책, 171쪽.
590) 위의 책.

선언에 의해 북한의 조약을 종료시킨다면 조약 종료 선언을 니에레레(Nyerere) 방식으로 할 것인지, 잠비아 방식을 할 것인지의 문제에 대하여도 사전에 충분히 심도 있는 검토를 해야 할 것이다.

2. 조중국경조약의 승계

북한이 체결한 조약의 승계와 관련하여 가장 문제가 되는 것은 우리의 영토와 관련하여 국익을 좌우하는 국경 조약의 처리 문제이며, 학자들 간의 견해도 이 점에 있어서 가장 대립된 양상을 보이고 있다.

앞에서 살펴본 바와 같이 북한은 1962년에는 중국과, 1985년에는 러시아와 각각 압록강과 두만강을 경계로 하는 국경조약을 체결한 바 있고, 이와는 별도로 서해와 동해의 해양경계 협정도 체결하였다. 특히 중국과는 천지를 대체로 양분하는 선에서 백두산 경계를 획정하였고, 위 국경조약으로 인해 국내에서 그동안 역사적 권원 등을 기초로 영유권을 주장해 오던 간도와 녹둔도가 각기 중국령과 러시아령으로 인정되었다.

조중국경조약을 중심으로 위의 국경조약의 승계문제와 관련한 국내의 학설을 정리해 보면 다음과 같다.591)

가. 북한의 국가성 부인에 따른 조약승계 문제의 미발생 또는 조약승계협약의 법원성 및 국제관습법적 지위를 부인하는 견해592)

이 견해는 "북한과 중국 간에 체결한 북중국경조약이 통일한국에 승계되느냐에서 첫째로 문제가 되는 것은 남북한이 상호 상대방을 국가로 승인하고 있지 않기 때문에 국가와 국가 간에 이루어지고 있는 조약승계의 문제가 발생하느냐는 것이고, 둘째로 문제되는 것은 남북한 모두가 조약승계협약에 가입하고 있지 않으므로 남북한 조약승계의 법원이 일반국제관습법으로 되어 그 내용이 명확하지 않다는 점이다. 따라서 북중국경조약이 통

591) 이와 관련하여 조중국경조약과 조러국경조약을 함께 다룬 논문이 많지 않고, 간도와 녹둔도에 대한 영유권 주장 문제는 양자를 반드시 구별해서 검토할 만한 차이가 없으며, 이들 문제를 분리하여 다룬 논문도 없는 것으로 보이므로 위 국경조약의 문제 중 어느 한쪽만 다룬 경우라 하더라도 양자에 대해 같은 주장을 할 것이라고 보고 의견을 분류하였다.
592) 김명기, 앞의 논문, 41쪽; 김정호, 『국제법상 간도영유권에 관한 연구』(명지대학교 박사학위논문, 2001. 6.), 145쪽.

일한국에 당연히 승계되는 것은 아니어서 북중국경조약에서 간도영유권이 중국에 귀속되는 것은 통일한국에 효력이 없다. 이를 위해 병합의 방식에 의한 남북한 통일 시 통일조약에 독일 통일조약 제11조, 제12조와 같은 내용을 규정하고, 조약승계의 절차에 관해서도 통일한국이 조약의 당사자와 협의한다는 근거규정만을 두어 북중국경조약이 통일한국에 당연히 승계되는 것을 배제하고 1990년 11월 4일 독일과 폴란드 간에 새로운 국경조약을 체결한 것처럼 통일한국과 중국 간에 새로운 국경선협정의 체결을 통해 간도 영유권을 회복하여야 한다"고 한다.

나. 사실상 지방정권에 불과한 북한이 체결한 조약은 무효라는 견해

북한은 사실상의 지방정부이므로 북한이 체결한 국경조약은 전체 한국에 대한 대표권이 없는 하자있는 조약으로 효력이 없으므로, 분단 이후의 여러 국경획정조약의 무효를 주장해야 한다는 견해이다.[593] 즉, "Waldock 교수가 조약의 국가승계에 관한 국제법위원회의 법전화작업에서, 소위 분단국의 개별적 상황은 모두 너무 특수하기 때문에, 승계 문제에 관하여 지침을 제공하지 못하고 있다고 보고한 것은 분단국과 관련된 문제의 어려움을 시사하고 있다.[594] 그리하여 분단국의 승계는 가설에 의하여 검토하는 수밖에 없다. 즉 각 구성체가 국가로서의 자격을 가지고 있는 경우 분단국의 통일은 국가승계를 발생시키지만, 국경제도는 국가승계에도 불구하고 계속성이 인정되므로 통일의 양태에 관계없이 계속 효력을 가진다. 이에 반하여 각 구성체가 법률상 정부와 지방적 사실상 정부의 관계에 놓여 있는 경우, 통일이 되어도 국가승계의 문제가 아닌 정부승계의 문제만이 발생한다. 따라서 사실상 지방정부가 체결한 국경조약은 국가를 대표할 능력이 없는 실체에 의한 조약이므로, 통일국가에 대하여 아무런 법적 효력을 가지지 않는다. 결국 북한이 중국 및 소련과 체결한 국경조약은 남북한의 법적 지위가 상기 가설 가운데 어느 것에 해당되느냐에 따라 결정된다. 남북한의 국가자격을 부인하는 우리 국제법학자들과 달리, 외국 국제법학자들의 대부분은 남북한이 이미 국제법상 별개의 국가가 되었다는 견해를 보이고 있다.[595] 그러나 남북한의 국가로서의 실효성의 확립 여부는 양자가 모두

---

593) 신각수, 앞의 논문, 203-204쪽; 최태현, "國境問題에 대한 國際法的 考察 ―領土紛爭事例 整理 및 向後 展望―", 53, 59쪽도 위와 동일한 입장을 취하고 있다.
594) *Yearbook of the International Law Commission*, Vol. II (1974), p.43; 신각수, 앞의 논문, 204쪽.
595) 남북한의 법적 지위와 관련하여 크로포드(Crawford)는 남한이 국제연합의 권위하에 전체 한국을 대표하는 법률적 정부로 성립된 뒤에 북한이 명확하지 않은 시점에 새로운 국가로 분리되었다는 견해를 취하고 있으며, 코타니 츠루지(小谷鶴次)도 유사한 견해를 취하고 있다. James Crawford. *op. cit.*,

두 개의 국가를 부정하는 한, 단순히 국가자격의 충족이나 다수국가의 승인사실에 의하여 기속적으로 결정될 수 없다. 바로 이러한 점에 분단국의 특수성이 있으므로, 우리는 남북한 관계의 발전과정 및 소련·중국에 대한 관계수립과정에 있어서 북한에 대하여 국가자격이 부여되지 않도록 세심한 주의를 기울여야 한다. 그리고 우리는 중국과 소련을 포함한 제3국에게 분단국인 남북한의 통일 시 전체한국의 자결권에 근거하여 북한이 체결한 조약에 대하여 선택승계 또는 갱개승계의 권리를 요구하여야 한다. 즉 국경과 같이 전체한국에 관련되는 사안에 있어서는 사실상 지방정부에 불과한 북한이 체결한 국경조약은 효력이 없으므로, 통일한국의 정부와 새로운 국경조약을 체결하여야 하며, 분단이전의 국경분쟁에 관한 주장은 계속 효력을 가지는 것으로 인정되어야 한다"고 한다.

그러나 엄격히 살펴보면 이 견해는 북한이 체결한 조약의 승계 여부에 대한 견해라기보다는 북한이 체결한 조약의 유효성 여부에 대한 견해라고 보아야 한다.

다. 북한의 병합을 '영토의 일부 이전'으로 보고 '조약경계이동의 원칙'에 의해 북한이 체결한 조약의 승계를 부인하는 견해

이 견해는 "통일한국이 흡수합병방식으로 이루어지는 경우의 조약승계는 합병원칙과 조약경계이동원칙이 대표적인 학설로 들어지고 있고 국가관행 역시 전체적인 흡수합병을 국가통합으로 보느냐 영토일부의 편입으로 보느냐에 따라 다르게 나타나고 있다. 합병원칙에 따른 국가관행은 기존의 서행국조약이 과거에 적용되던 영토에서 계속 적용됨을 보여 주고 있고 조약경계이동원칙에 따른 국가관행은 피흡수 합병국의 조약이 소멸되고 흡수합병국의 조약이 확장 적용됨을 보여 주고 있다"고 설명한다.596) 또한 조약승계협약 역시 "흡수합병을 국가통합으로 보는 경우에는 앞서 합의합병 시와 동일한 규칙이 적용되고 흡수합병을 영토의 일부이전으로 볼 경우에는 '조약경계이동'의 원칙이 적용되는 규정을 두고 있다"는 것이다.597)

위 설명만으로는 병합에 의한 남북한 통일 시 조중국경조약을 승계해야 한다는 것인지 여부가 명확하지가 않다. 다만 같은 논문에서 통일독일의 경우에 문제가 된 오더-나이세 국경선에 대하여 1950년 동독과 폴란드 간에 체결된 괴를리츠협정이나, 1970년 12월 7

---

pp.281-284; 小谷鶴次, "分斷國の法的地位", 『國際法外交雜誌』, 第68卷 第1號(東京: 國際法學會, 1969), pp.19-21.
596) 구희권, 앞의 논문, 200쪽.
597) 위의 논문.

일 체결된 서독과 폴란드 간의 바르샤바조약의 경우 동독과 서독이 모두 '독일 전체'를 구속할 수 있는 최종적인 국경획정의 권한을 갖고 있지 않기 때문에 위 각 조약인 통일독일에 대하여 법적 중요성을 갖지 않는데, 통일에 의해 서독이 체결한 바르샤바조약이 조약경계이동의 원칙에 따라 통일독일로 편입된 동독지역까지 확정된 것으로 설명하고 있다.[598]

따라서 이러한 견해를 종합해 보면 흡수병합통일의 경우는 이를 조약승계협약상의 영토의 일부 이전에 해당한다고 보아 남한의 조약이 북한에도 확대 적용되는 조약경계이동의 원칙이 적용되며, 이에 따라 북한이 체결한 조중국경조약은 소멸한다는 입장인 것으로 해석할 수 있을 것이다.

그러나 독일의 경우와는 달리 남한과 중국 간에 체결된 별도의 국경조약이 없으므로 독일과는 또 다른 문제가 발생하게 되는데, 이 점에 대한 입장은 알 수가 없다.[599]

라. 조약승계 문제는 자발적 승계가 원칙이라는 견해[600]

이 견해는 조중국경조약을 미등록조약으로서 효력문제와 남북한 통일 시 승계문제로 나누어 미등록에 대하여 위 조약은 국제연합에 가입하기 이전에 체결된 조약이기 때문에 미등록조약이라고 해서 효력을 부인하기 어렵다고 보지만, 남북한이 통일되었을 때 국경조약을 승계하느냐 안 하느냐 하는 문제는 오늘날 국가승계 문제는 통일되고 획일적인 국제법 규칙이 있어 그에 따라야 하는 것이 아니고 자발적 승계(voluntary succession), 즉 관계국 간 협의를 통한 조약에 의하여 해결되는 것이라고 한다.

마. 합병 형태 통일의 경우에는 조약승계를 부인하기 어려우나 병합 형태 통일의 경우에는 관행상 조약승계를 부인할 수 있다는 견해

이에 해당하는 입장을 취하는 학자들 중에는 조중국경조약의 승계문제에 대하여 "흡수

---

598) 위의 논문, 181-183쪽.
599) 다만, 구희권의 위 논문을 보면 국가관행상 영토에 관한 법제도를 창출해 내는 특정범주의 조약들은 일반적으로 영토주권의 변동에 영향을 받지 않는 것으로 다루어져 왔다고 설명하면서(위의 논문, 180쪽), 다른 한편으로는 조약승계에 관한 이론은 매우 불확실하며 또 이 분야에서의 국가관행도 일관성이 결여되어 있다고 설명(위의 논문, 국문초록 1쪽, 본문 194쪽)하고 있어, 전체적으로 명확히 어떤 견해를 취하고 있는지 혼동이 된다.
600) 노영돈, "간도영유권과 중국과의 국경문제", 『Strategy 21』(해양전략연구소, 2006), 18쪽.

통일 방식으로 통일한국 시대가 온다면 굳이 이 조약을 승계할 필요가 없게 될 것"이라고,[601] 조약승계를 부인하는 근거에 대하여 별도의 설명을 하지 않은 경우도 있으나, 대체로 합병 형태의 통일의 경우에는 북한이 체결한 영토조약의 승계를 부인하기 어렵다고 보면서도 병합 형태의 통일의 경우에는 예멘이나 독일의 사례에 비추어 보아 조약승계를 부인할 여지가 있다고 보면서, 병합형태의 통일이 바람직하다고 한다. 이러한 입장을 취하는 학자들의 견해를 구체적으로 살펴보면 다음과 같다.

첫 번째 견해는, 북한이 중심이 되는 통일의 경우나 남북한이 대등한 입장에서 국가연합 또는 합병의 형식으로 통일을 하는 경우에는 북한의 기존 조약을 존중할 수밖에 없기 때문에 녹둔도의 회복은 불가능하다고 보는 반면, 한국이 중심이 되는 흡수통일, 즉 병합의 형식으로 통일을 하는 경우에는 한국은 1985년 국경조약의 체결주체가 아니기 때문에 그 결과를 재검토 할 수 있다고 보면서 북한이 체결한 조약이 한반도 전체의 이익에 배치된다고 보는 시각에서 이의 재논의를 위해 한국 중심의 흡수합병이 바람직하다고 하다는 견해이다.[602]

두 번째 견해는 "백두산 지역에 관한 북한과 중국 간의 국경획정은 양국 간은 물론이고 이들과 외교관계를 설정한 국가들에 대해서도 일단 유효하다고 할 수 있고 남북한이 통일된 경우 조약승계협정 제11조가 불리하게 작용할 수도 있다. 그러나 위 규정이 최종적이고 절대적인 것은 아니며, 불법적이거나 또는 법적으로 논란이 되고 있는 상태에서 확립된 국경에 대해, 국가상속(즉 통일한국)이 그 국경의 유효성과 완결성을 합법화하는 과정으로 간주되어서는 안 되기 때문이다. 즉 상속국은 선행국의 모든 영토상의 권리뿐만 아니라 그와 관련된 모든 제한과 책임까지도 함께 상속하는 것이다. 즉 현재 북한과 중국 간의 국경은 일단 그들의 합의가 유효하다고 보아야 한다. 그러나 이것이 통일한국의 경우에도 무조건 유지되어야 하는 것은 아니다. 계승국인 통일한국은 북한과 중국의 국경획정 이전의 간도영유권에 관한 제반 문제도 함께 상속받기 때문이다"라는 것이다.[603]

세 번째 견해는 남북한 통일의 유형이 병합이나 합병이냐에 따라 조약승계의 방식과 조약승계의 절차가 달라지며, 남북한의 통일이 병합의 방식에 따르는 경우 동서독의 통일조약 제11조 및 제12조와 같은 내용을 남북한 통일조약에 규정하고, 조약승계의 절차에 관해서도 통일한국이 조약의 상대 당사자와 협의한다는 근거규정을 통일조약에 규정

---

601) 박선영, "한중 국경획정의 과거와 현재 -유조변, 간도협약, 북중비밀국경조약 분석을 중심으로-", 31쪽.
602) 박기갑, "일반국제법이론에 비추어 본 남북한 간 가능한 국가승계형태론", 126-127쪽.
603) 유철종, 앞의 책, 207쪽.

하면 조중국경조약의 승계를 배제하고 통일한국이 중국과 새로운 국경조약의 체결이 가능하여 간도의 영유권을 회복할 수 있다고 본다.[604]

네 번째 견해는 그동안 영토경계획정조약의 효력은 그대로 승계된다고 간주되어 왔지만, 남북예멘통합의 경우 예외적인 사례가 있다면서 과거 두 예멘공화국 중 일방이 사우디아라비아에 대해 상호 간 영토에 관한 분쟁이 존재하고 있음을 내세운 주장은 통합 후에도 계속 유효하다는 입장을 취하고 있었음을 참고할 필요가 있음을 강조하고 있다. 또한 독일통일의 경험에 비추어 중국 및 러시아 같은 주변국들은 마치 폴란드가 요구했던 것처럼 기존의 경계선 준수를 강조할 것이지만, 불리하게 체결된 북방영토조약을 감안해 통일헌법에 영토에 대한 우리의 입장을 유보한다는 조항 삽입도 고려해 볼 수 있다는 것이다.[605]

다섯 번째 견해는 "독일 통일의 사례는 남·북한 통일의 경우에도 적용될 수 있는 국제적 관례로써, 평화통일을 위한 한반도 주변국가의 지지기반을 확보하기 위해서는 북한이 체결한 국경조약의 효력을 존중하지 않을 수 없을 것이다. 그러나 '대등통합'이 아니라 북한의 급격한 체제붕괴 사태로 인한 '흡수통일'의 경우에는 독일 통일에서 보는 관례나 원칙이 우리나라에도 그대로 적용될 수 없다. 통일한국은 중국, 러시아 등 주변 국가와 분쟁대상이 되는 영토의 '영유권 협상' 및 '국경선 협상'을 다시 해야 한다"는 것이다.[606]

바. 북한이 체결한 국경조약을 승계할 수밖에 없다는 견해

이에 해당하는 견해는 주로 조약승계협약의 국제관습법적 지위를 인정하는 입장에 서 있는 학자들의 견해이다. 이러한 입장을 취하는 학자들의 견해를 구체적으로 살펴보면 다음과 같다.

첫 번째 견해는 조약승계협약 제11조에 의해 국가승계는 '조약에 의해 확정된 경계'에 대하여 영향을 주지 않는다고 되어 있는데, 이는 우리가 조중국경조약을 부인할 수 없음을 뜻하며, 위 협약상의 규칙은 국제관습법의 표현이고,[607] 국제판례를 통해서도 인정되

---

604) 윤종설, "간도와 북중국경선 조약의 통일한국에 대한 효력", 김명기 편, 『간도연구』(서울: 법서출판사, 1999), 245-260쪽.
605) 이장희, "통일한국의 국가승계문제의 국제법적 과제", 제48회 아시아사회과학연구원 시민포럼 발표문, (2008. 10. 23.), 33-34쪽.
606) 최창동, 『법학자가 본 통일문제Ⅱ』(서울: 푸른세상, 2002), 230쪽.
607) 김찬규, "동북공정이 간도문제에 미치는 영향", 『문화일보』, 2006년 9월 16일.

고 있다고 한다.608) 다만 간도의 귀속이 관련되는 이 문제는 북한에 위 조약을 체결할 법적 능력이 없음이 입증되는 경우, 우리가 대한제국의 승계자임이 입증될 수 있는 경우에는 평가가 달라질 수 있을 것이라고 한다.609)

두 번째 견해는 "조약승계협정 제11조나 국제관습법에 비추어 볼 때 통일 한국은 북한이 체결한 기존의 국경조약의 효력을 부인하기 어렵다. 이는 통일이 대한민국에 의한 흡수통일이든, 남북한 간 대등한 합의에 의한 통일이든 상관없이 적용되는 원칙이다. 그럼에도 불구하고 분단국의 통일에 대하여는 특례가 적용될 여지가 없는가? 최근의 중요 통일 사례인 동서독이나 남북 예멘의 경우를 살펴보아도 통일한국이 북한이 체결한 기존 국경조약의 효력을 부인할 수는 있는 시사점을 찾기 어렵다. 남북한이 동시에 국제연합에도 가입한 현실 속에서 한국 정부만이 한반도를 대표하는 합법 정부이므로 북한이 체결한 국경조약은 본래 무효라는 주장도 제기하기 어렵다"고 한다.610) 또한 "영토의 이용에 관한 권리의무나 그 영토에 부속된 기존 조약상의 권리의무에 관해서도 조약승계협정 제12조의 규정에 비추어 보아 통일 한국이 승계의무를 지는 조약에 해당한다"는 것이다.611) 나아가 종래 국제사회의 실행을 바탕으로 판단할 때 국가승계 시 그 유형에 관계없이 기존 국경조약의 내용은 존중되어야 한다는 원칙은 오늘날 국제관습법에 해당한다고 평가하면서 북한이 체결한 러시아와의 조약은 북한 스스로 체결한 조약으로 아프리카 등지에서 과거 제국주의 세력이 독립 이전 현지주민의 이해를 무시하고 자신의 편의에 따라 그어 놓은 국경선과는 그 성격이 다르며, 그 내용도 지난 약 150년간의 국경체제의 운영 실태와도 일치한다고 한다. 또 통일한국이 설사 위 조약의 승계를 거부하더라도 그러한 주장이 국제재판에서 수용될 가능성은 매우 희박하다고 한다.612)

세 번째 견해는 북한이 체결한 국경조약이나 속지적 또는 처분적 조약은 관습법 및 조약승계협약 제11조, 제12조에 따라 국가승계에 의하여 어떠한 영향도 받지 않으며, 승계국에 그대로 승계된다는 원칙이 확립되어 있다고 한다. 그러면서도 다른 한편으로는 국경이 불법, 부당하게 획정되었거나 또는 국제법상 정당성을 인정받지 못하는 체제하에서 획정된 경우에 국가승계에 의하여 이를 당연히 승계한다는 것은 '불법행위는 법을 창설할 수 없다(ex iniuria non ius oritur)'는 로마법 원칙을 부정하는 것이 될 수 있기 때문

---

608) 김찬규, "백두산 영유권과 국경갈등", 『문화일보』, 2007년 2월 7일.
609) 위의 글.
610) 정인섭, 앞의 책, 172쪽.
611) 위의 책; 정인섭, "統一後 한러 국경의 획정", 55쪽 이하.
612) 정인섭, 위의 논문, 74쪽.

에 국경조약이나 속지적 조약의 승계문제는 통일을 전후하여 충분히 검토한 후 필요한 경우에 관련당사국과 협의를 거쳐 합의에 도달하여야 한다는 것이다.613) 다만 위와 같은 주장에도 불구하고, 북한이 체결한 국경조약이나 속지적 조약이 불법, 부당하게 체결된 조약인지에 대한 직접적인 언급은 없다.

네 번째 견해는 "북한의 국제법 주체성을 부인하기 어렵고, 신법우선의 원칙을 규정하고 있는 1962년 조중국경조약 제5조 제3문에 따라서 1909년 간도협약과 1712년 백두산정계비는 정식으로 효력을 상실하여 간도지역이 중국에 귀속되었다. 따라서 북한과 중국 간에 비밀리에 체결된 조중국경조약 체제에 대해 한국이 이의를 제기할 수 있는 것은 별도로 하고 국경조약체제 자체를 부인할 국제법적 근거는 없다"고 본다. 그러면서도 독일 통일 사례에서 보는 바와 같이 통일한국이 이 문제를 중국과 협의할 수 있는 가능성이 없는 것은 아니므로 남북예멘이 합병했을 때 일방이 인접국인 사우디아라비아에 대한 영토분쟁의 존재 주장의 유효성을 선언한 것처럼 중국에 대해 별도의 간도영유권을 선언하여 1909년 간도협약의 무효를 주장하면서 1962년 국경조약이 한국과의 협의나 동의 없이 체결·시행된 사실에 대해 간도영유권 문제를 포함한 새로운 협의를 주장할 수 있다고 한다. 다만 이 경우에도 간도영유권을 주장하기 위해 1712년 백두산정계비에 근거를 두게 되면 중국의 예상되는 반대 주장을 제외하더라도 백두산 대부분과 천지에 대한 영유권을 포기해야 하는 문제점이 있기 때문에 냉철한 판단이 요구된다고 한다.614)

다섯 번째 견해는 한국이 북한을 국가승계하여 통일을 이룩하게 될 경우, 통일한국이 북한과 중국 간에 체결된 국경조약을 당연히 승계해야 한다는 국제법 규칙은 존재하지 않는다는 견해에 대하여 문제제기를 하면서, 오히려 확립된 국제관습법상의 국경조약의 수용의무에 근거해 국경조약으로서의 조중국경조약의 법적 유효성을 인정하는 것이 국제법의 인식에 보다 부합한다고 한다.615) 나아가 한국의 간도영유권 주장론자들이 중국과의 간도영유권 문제의 해결방안으로 제시하고 있는 내용을 보면, 간도 전체를 중국에 귀속시키고 그 대가로 중국으로부터 다른 큰 이익을 확보하는 방안을 제시하고 있는데, 이러한 방안이 제시된 배경에는 분쟁 상대국인 중국을 대상으로 간도지역에 대한 영유권을 확보한다는 작업이 가지고 있는 현실적인 어려움과 문제점이 반영된 것으로 보인다고 주장한다.616) 그러면서도 간도영유권의 본질적인 핵심은 현재 간도지역에 설치된 소위 연

---

613) 이순천, 앞의 논문, 181쪽.
614) 이현조, 앞의 논문, 197-199쪽.
615) 이석우, 『동아시아의 영토분쟁과 국제법』(파주: 집문당, 2007), 294-295쪽.
616) 위의 책, 296-297쪽.

변조선족 자치주에 거주하고 있는 조선족들에 대한 자결권 이론의 적용 가능성 여부에 귀착하게 된다고 한다. 즉, 한국의 간도영유권 주장론자들도 간도영유권 문제가 조기에 해결될 전망이 보이지 않는 경우에는 간도지역에 설치된 연변조선족 자치주에 거주하고 있는 재중동포들이 상당한 역할을 수행할 수 있도록 이들에 대한 장기적인 차원에서 적극적으로 지원하는 전략이 필요함을 강조하고 있는데, 현대 국제법에서 차지하고 있는 자결권의 위상을 감안할 때 바람직한 접근방법으로 판단된다고 한다.[617]

여섯 번째 견해는 "대체로 국경조약의 승계에 대하여는 국제법상 국경조약을 승계하는 것이 원칙이나, 위 조약이 불법 또는 부당하게 체결되었다면 그 효력을 다툴 수 있다는 입장이 타당하다고 생각된다. 국경조약의 승계원칙은 영토적(법적) 안정성 확보를 통한 국제평화유지라는 국제정치적 요청에 의해 고안된 것이라고 할 수 있다. 국경조약의 안정성이 보장되지 않을 경우 영토 야욕을 가진 강대국들이 입맛에 따라 영토적 청구를 제기하게 된다면, 국제법의 목적인 국제평화를 유지할 수 없을 것이기 때문이다. 하지만 국경조약이 강박(강제력)에 의해 체결되는 등 분명한 하자가 존재할 경우 그러한 조약의 적법성 내지 유효성을 인정할 수는 없는 일이다. 그런데 통일 직후 조약승계와 관련해서 통일한국이 중국이나 러시아에 대해 과거 조·중 간 및 조·러 간에 체결된 기존의 국경조약의 효력을 부인하기는 현실적으로 매우 어려울 것으로 예상된다. 국제정치적 역학관계가 통일한국의 문제제기 및 국경획정을 위한 협상을 용인하지 않을 공산이 크기 때문이다. 한국의 문제제기에 대해 중·러 양국이 연합해 공동 대응해 올 경우, 게다가 미국이 중립 내지 침묵의 태도를 취할 경우 새로운 국경조약의 협상 및 체결은 기대난망일 것이다. 이러한 점을 감안할 때 통일한국은 일단 기존의 국경조약의 효력을 잠정적으로 인정하되(즉, 잠정승계), 최종 국경확정(기존의 국경조약 승인)은 유보하도록 하는 것이 바람직하다. 그리고 적당한 시기에 통일한국과 중국 및 러시아간에 국경조약의 조정 혹은 국경의 재획정이라는 2단계 대응을 모색할 필요가 있을 것으로 생각된다. 하지만 이 같은 전략적 대응을 위해서는 지금부터 한국 정부가 주요 계기 시마다 조·중 간 및 조·러 간의 국경조약의 적법성·유효성에 대해 문제제기를 해 둘 필요가 있다" 한다.[618]

일곱 번째 견해는 "우리가 북한을 흡수통합(absorption, incorporation)하여 북한은 소멸하고 한국은 계속 존속하는 상황이 야기될 수 있다. 이 경우는 독일의 사례와 유사한

---

617) 위의 책, 304-305쪽.
618) 제성호, 앞의 토론문, 271-272쪽.

데 독일의 경우에는 통일조약을 체결하여 그 문제를 해결하였다. 따라서 우리의 경우에도 통일조약을 체결하여 문제를 해결할 수 있을 것이나, 원칙적으로는 통일조약의 내용에 대하여 제3자인 중국이 명시적 혹은 묵시적으로 승인하지 않으면 그것을 강제할 수 있는 방법이 없다. 그러한 경우에는 결국 북한이 체결한 국경조약은 관련국인 중국과의 국제적 안정성 확보를 위하여 그대로 적용될 가능성이 높다"고 본다.619) 또한 "만일 토문강이 송화강으로 연결되는 지류라고 주장하여 간도에 대한 영유권을 획득하고자 한다면 조·중 간에 체결된 국경협정은 통일한국을 구속하는 협정이 되어서는 아니 된다. 이러한 차원에서 국가승계 시 국경협정을 승계하지 않을 수 있는 법리를 개발하여야 할 상황이다. 예를 들어 조약의 무효사유로 불평등조약을 원용하여 조·중 간의 국경협정을 무효화 시킬 수 있는지 등 기타 그와 관련한 법리를 찾아내야 할 것이다"라고 주장한다.620)

한편, 중국동포학자인 손춘일은 조중국경조약이 확실하다면 북한 역시 한반도의 분단 상태에서 존재하고 있는 또 하나의 정권이므로 북한과 중국이 체결한 국경조약은 여전히 합법성을 가지고 있다고 보면서, 만일 이런 사실을 무시하고 조중국경조약을 모두 무효라고 한다면 어떻게 보면 또 다른 하나의 간도조약이 나타날 수 있으며, 이는 앞으로 심각한 조중국경문제를 초래할 수 있을 것이라고 지적한다.621)

3. 결어

북한의 붕괴 등으로 인해 북한이 남한에 흡수되는 형태로 통일이 되거나, 아니면 남북합의에 의한 통일이 되더라도 그 통일국가가 자유민주적 기본질서와 시장경제질서에 기초한 1국가 1체제의 형태라면 비록 외견상 형식은 남북한 간의 합의에 의한 새로운 국가가 성립된 것이라 하더라도 그 실체는 사회주의 국가인 북한의 소멸과 동시에 자유민주주의 체제인 남한의 영토 확장 또는 구영토의 회복이 될 것이므로 양자 모두 그 법적 성격을 병합으로 보아야 할 것이다. 이러한 입장에서 본다면 남북한 간의 합의에 의한 통일의 경우에도 조약승계의 문제는 앞에서 본 남한 주도의 흡수통일의 경우와 동일하게 처리하면 될 것으로 본다. 구체적인 방안은 흡수통일을 이룬 통일독일의 사례 등을 참고

---

619) 이성덕, 앞의 논문, 393쪽.
620) 위의 논문, 394쪽.
621) 손춘일, 앞의 논문, 30쪽.

하여 우리 현실에 맞게 적용하는 것이 가장 현실적인 방안이라 할 것이다.

기본적으로는 통일독일의 통일조약 제11조와 같이 통일국가와 동일성 및 계속성을 유지하는 남한의 조약이 조약경계이동의 원칙에 따라 북한 지역으로 확대 적용되는 것을 원칙으로 해야 할 것이다. 다만 북한이 체결한 조약의 처리에 대하여도 통일독일의 사례를 참고할 것인지는 신중한 검토가 필요하다고 본다.

통일독일은 동독이 체결한 조약에 대하여 통일조약 제12조에 따라 일일이 관련 상대국과 협의를 하여 계속적 적용, 개정 또는 종료를 결정하였다. 그러나 이와 같이 상대국과 일일이 협의를 하는 것은 현실적으로 매우 방대한 작업일 뿐만 아니라 비록 통일조약 제12조에서 그 결정에 관한 기준으로 신뢰보호, 관련 당사국의 이익, 법의 지배의 원칙에 의해 규율되는 자유민주적 기본질서, 서독의 조약관계를 고려하고, 유럽공동체의 권한을 존중한다는 원칙을 규정하기는 하였으나 상대국의 의사는 차치하더라도 구동독의 조약들을 존속시킬지 여부를 위 원칙에 따라 구별하는 것도 쉽지 않은 작업일 것이다.

이는 독일이 통일된 지 6년 이상이 경과된 1997년까지도 약 382개의 조약 또는 협정이 계속적인 협의 또는 조정의 대상이 된 점만 보아도 알 수 있다. 또한 조약 체결 상대방의 입장을 고려하더라도 이와 같이 조약의 효력 유무를 장기적으로 불확정 상태에 놓아두는 것도 바람직하다고 보지 않는다. 따라서 우리와 전혀 체계를 달리하는 가운데 체결된 북한의 조약에 대하여는 일괄하여 종료선언을 하고, 필요한 경우에는 통일한국의 정부가 기존 조약의 내용을 반영하여 상대국과의 협상을 통해 새로운 조약을 체결하는 것이 바람직하다고 본다.

한편, 다자조약이나 인도 관련 조약과 같이 계속성 여부가 문제되는 경우가 있으나 아직까지는 다자조약이나 인도 관련 조약의 계속성원칙이 국제관습법으로 확립되었다고 볼 수도 없다. 다만 다자조약이나 인도 관련 조약 중 그 내용이 국제관습법에 해당하는 경우가 있으나 이 경우에는 그러한 국제관습법이 우리 헌법에 의하여 국내법적 효력을 갖게 되므로 굳이 그러한 조약을 승계할 필요는 없을 것이며, 필요시에는 새로운 정부가 그와 같은 조약에 가입을 하면 될 것이다.

위와 같이 일괄 소멸 선언 방식을 채택할 경우 가장 문제가 되는 것은 국경조약을 비롯한 처분적 조약의 문제이다. 처분적 조약, 특히 국경조약의 경우에는 관습법 및 조약승계협약 제11조 및 제12조에 따라 국가승계에 의하여 어떠한 영향도 받지 않으며, 승계국에 그대로 승계된다는 원칙이 확립되어 있다고 보는 견해가 있다. 만일 위와 같은 원칙이 국제관습법에 해당한다고 하면 북한이 중국 및 러시아와의 국경조약을 체결함으로써 중국의 영토로 된 간도와 러시아의 영토로 된 녹둔도의 영유권 회복은 적어도 국제법적으로는 불가능하다고 보아야 할 것이다.

이에 대한 국내 학자들의 견해로는 북한의 국가성 부인에 따른 조약승계 문제의 미발생 또는 조약승계협약의 법원성 및 국제관습법적 지위를 부인하는 견해, 사실상 지방정권에 불과한 북한이 체결한 조약은 무효라는 견해, 북한의 병합을 '영토의 일부 이전'으로 보고 '조약경계이동의 원칙'에 의해 북한이 체결한 조약의 승계를 부인하는 견해, 합병 형태 통일의 경우에는 조약승계를 부인하기 어려우나 병합 형태 통일의 경우에는 관행상 조약승계를 부인할 수 있다는 견해, 조약승계 문제는 자발적 승계가 원칙이라는 견해, 북한이 체결한 국경조약을 승계할 수밖에 없다는 견해, 북한의 국제법적 주체성을 인정하지 않거나 위 조약이 비밀조약이라는 이유 등으로 이를 승계하지 않을 수 있다는 견해, 국제법적으로 승계를 할 수밖에 없으나 위 조약이 불법 또는 부당하게 체결되었다면 그 효력을 다툴 수 있다는 견해 등이 다양하게 주장되고 있다.

북한 역시 국제사회에서 국제법상의 주체인 국가로서의 지위를 갖고 활동하고 있는 점, 국제법적으로 비밀조약이라고 해서 그 효력이 없는 것은 아니라는 점 등에 비추어 북한이 체결한 조약의 무효를 주장하기는 어렵다고 본다. 또한 북한이 중국 또는 러시아와 체결한 조약이 강제로 체결된 것이라거나 불평등하게 체결된 것이므로 불법 또는 부당한 조약임을 내세워 그 효력을 다투는 것도 무리라고 생각한다. 결국 국제법적 관점에서 북한이 체결한 위 각 국경조약은 유효한 것으로 볼 수밖에 없을 것이다. 다만 위 조약이 유효하다고 해서 통일한국이 이를 바로 승계해야 할 법적 의무가 있는지는 별개의 문제이다.

상당수 학자들은 처분적 조약 중에서도 국경조약의 경우에는 이를 승계하는 것이 국제관습법이라고 보거나 적어도 관행으로 보고 있는 것 같다. 그러나 앞에서 살펴본 바와 같이 국경조약 계속성의 원칙은 적지 않은 학자들로부터 많은 도전을 받고 있고, 각국의 실행 및 판례를 살펴보아도 아직 국제관습법으로서의 확실한 지위를 확보하기 위한 관행의 일관성이 결여되어 있다고 본다. 오히려 각국의 실행을 중심으로 살펴보면 아직도 자발적 승계에 의한 해결을 하고 있는 것이 주된 경향이라고 보는 것이 타당하다 할 것이다.

특히 분단국인 예멘이나 독일의 경우에도 적어도 법적으로는 승계대상인 국경조약의 효력을 다툰 선례가 있는 점 등에 비추어 보아 국경조약이라고 해서 반드시 이를 승계해야 할 법적 의무가 있을 만큼 그 원칙이 확고한 국제관습법의 지위를 확보했다고 보지는 않는다. 따라서 통일한국은 북한이 체결한 국경조약 역시 효력을 상실하는 것으로 선언을 하고 상대방인 중국이나 러시아와 그 효력을 다툴 수 있을 것이다.

나아가 조약승계협약 제11조의 규정이 국제관습법화되었다고 보더라도 위 조약의 내용은 국경체제의 승계에 관한 것이지 위 각 체제를 수립한 조약 그 자체의 승계를 규정한 것은 아니라는 점을 유념할 필요가 있다. 즉, 위 규정이 국제관습법화되었다고 보기도 어렵거니와, 설사 국제관습법화되었다고 보더라도 위 규정에 의해 통일 당시 북한의 국경체제 자체는 승계를 하더라도, 조중국경조약 그 자체의 법적 승계의무까지 인정되는 것은 아닌 것이다.

더군다나 그동안의 국제법 원리는 분단국의 특수성을 고려하지 않았다. 이런 점에서 분단국 통합의 특수성과 이에 대한 대비를 하고 있지 않은 조약승계협약에 비추어 국제법의 기본원칙을 침해하지 않는 범위 내에서 독자적인 조약승계 모형을 마련하여 통일조약 또는 통일헌법에 민족의 이익을 최대한 확보할 수 있는 조약승계 조항을 넣어 규정할 필요가 있다는 주장[622]은 상당히 설득력이 있다고 본다.

물론 이는 조약승계의 법리상 승계국인 우리가 선행국인 북한이 체결한 위 국경조약의 승계를 하지 않겠다는 주장을 할 수 있다는 것이지, 그러한 선언만으로 간도나 녹둔도의 영토를 회복할 수 있는 것은 아니다. 우리의 일방적 선언에 의해 위 국경조약들이 바로 무효화되는 것이 아니라 상대국인 중국 및 러시아와의 사이에 그 효력에 대한 다툼이 발생한다는 것을 의미하는 것에 지나지 않는다. 결국 간도와 녹둔도이 영유권 문제와 관련하여 국경조약 계속성의 문제는 법적으로는 가장 우선적으로 해결을 해야 할 과제이면서도 영토회복을 위해 해결해야 할 선결 과제 중의 하나에 불과한 것이다.

---

622) 박용현, "條約의 承繼에 관한 硏究", 23쪽.

제6장 결론

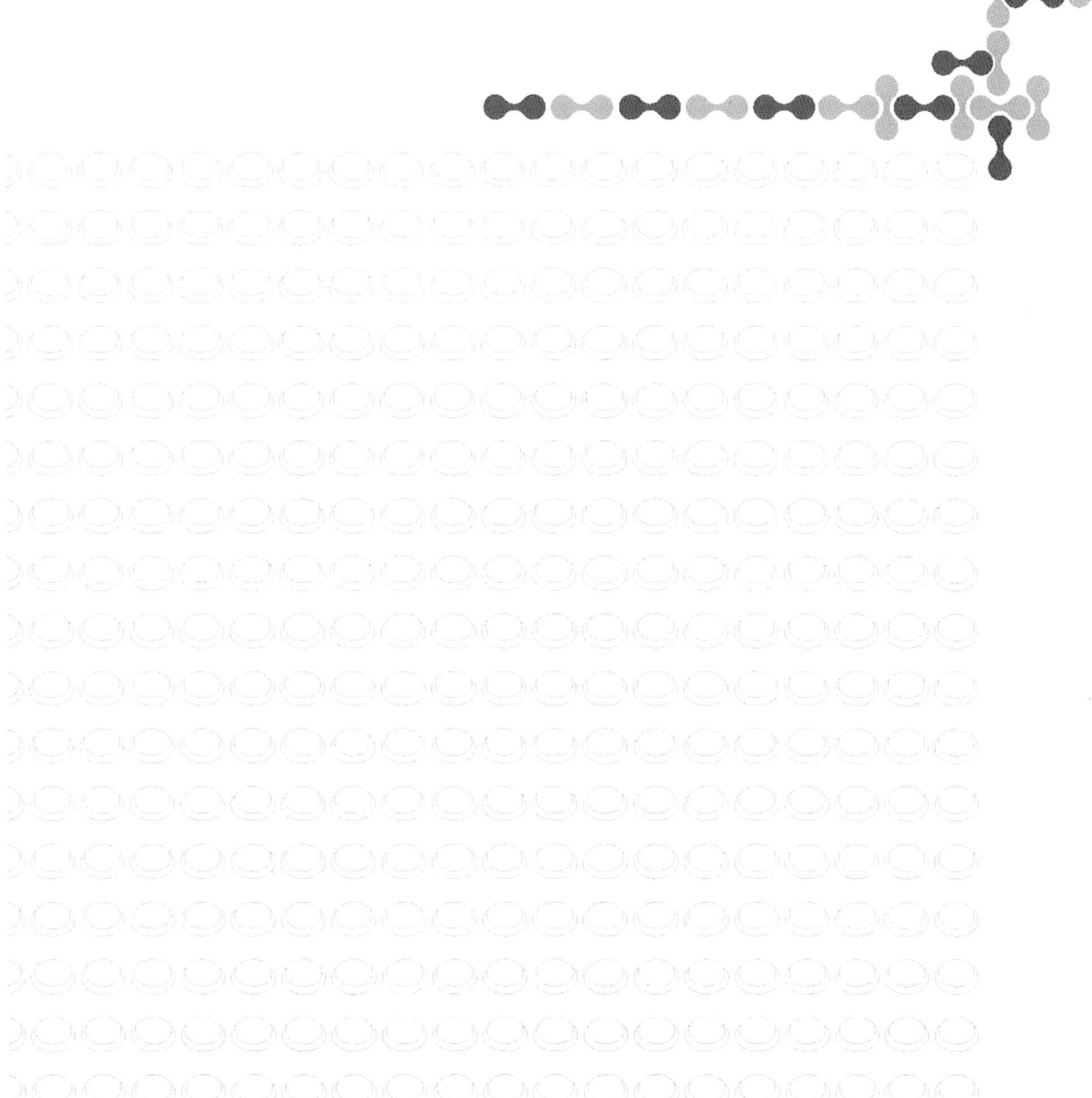

국제법적 측면에서 남북한의 통일은 국가승계의 문제를 야기한다. 그러나 국가승계의 문제는 국제법 분야에서 아직도 확립된 이론이 없을 만큼 가장 복잡한 분야 중의 하나이다. 특히 조약승계 분야, 그중에서도 국경조약 내지 영토조약의 승계 문제는 각 해당국의 역사적 배경 및 이해관계와 맞물려 더욱 복잡한 문제를 제기하고 있다.

오늘날의 국경 개념은 근대국가의 성립과 함께 발생한 것으로, 제국주의의 출현과 더불어 이들 국가에 의해 체결된 불평등 조약 때문에 더욱 많은 문제가 야기되었다.

우리나라의 경우도 예외가 아니다. 특히 중국과의 관계에서 볼 때 조선과 청 사이에는 오랜 기간 동안 오늘날과 같은 국경개념이 없이 공광지대(空曠地帶)가 있었을 뿐이다. 양국 사이의 최초의 국경조약이라 할 수 있는 백두산정계비 역시 비문에 새겨져 있는 "토문"을 어디로 볼 것인지에 대한 양국의 이견으로 인해 을유감계회담, 정해감계회담 등이 개최되었으나 합의점을 찾지 못하고 있었다. 그러던 중 을사조약을 통해 우리의 외교권을 박탈한 일본과 청 사이에 간도협약이 체결되었다. 또한 청과 러시아의 조약으로 인해 우리의 영토로 인식되고 있던 연해주, 특히 녹둔도의 영유권마저 상실한 상태에서 별다른 법적 조치를 취하지 못하던 중 해방을 맞게 되었다.

해방 직후 남북이 분단된 상태에서 간도와 연해주에 대한 문제는 사실상 중국 및 러시아와 국경을 맞대고 있는 북한이 주도적인 위치에 서게 되었다. 물론 그 사이에도 우리 학계에서는 간도와 연해주의 영유권 문제에 대한 지속적인 관심과 연구가 이루어졌으나 정부 차원에서는 이렇다 할 특별한 조치를 취하지 못하였다.

분단 이후 북한은 1962년에는 중국과 1985년에는 소련과 각각 국경조약을 체결함으로써 한반도의 영토는 압록강과 두만강을 경계로 하게 되었다. 결국 북한이 체결한 조약에 의해 간도는 중국으로, 연해주는 러시아로 각 귀속이 된 것이다.

문제는 남북한이 통일될 경우, 통일한국은 북한이 체결한 영토조약을 그대로 승계할 수밖에 없는가 하는 것이다. 이 문제는 국제법상 조약승계의 문제로 다루어진다.

조약승계에 대한 법원(法源)으로는 먼저 성문법인 조약승계협약이 있다. 그러나 조약승계협약은 그 가입국이 22개국에 불과할 정도로 많은 국가로부터 지지를 받지 못하고 있으며, 남북한 모두가 가입을 하지 않았다. 따라서 조약승계협약이 남북통일 시 조약승계에 대한 법원으로 직접 적용될 수는 없다. 다만, 조약승계협약의 내용이 국제관습법적 지위에 있다면 헌법 제6조 제1항에 의해 적용이 가능하다.

조약승계협약은 준비과정에서 기존의 국가관행을 반영하고자 노력하기는 하였으나 많은 학자들이 지적하고 있는 바와 같이 기존의 국제관행을 제대로 반영하였는지에 대해서는 많은 비판을 받고 있다. 위 협약 체결 이후의 각국의 관행 역시 위 협약의 내용과 부합하는 것만은 아니다.

특히 위 협약 제11조와 제12조에서 규정하고 있는 국경체제 및 기타 영토적 체제의 계속성 원칙을 국경조약 및 기타 영토적 조약의 계속성 원칙과 명확한 구별 없이 상당수 학자들이 국경조약의 경우에는 이를 승계하는 것이 국제관습법화되었다고 보고 있다.

그러나 대표적인 분단국 통합사례인 예멘과 독일의 통일과정에서도 기존의 국경조약을 그대로 승계한 것이 아니라 새로운 조약을 체결한 것처럼, 국제관습법화되었다고 볼 정도로 관행의 일관성을 보이지 못하고 있고, 관행이 충분하지도 않다고 본다. 더군다나 위 협약은 국가승계의 유형으로 분단국가 통일의 특수성은 전혀 고려하지 않았다.

국제 판례의 경우에는 일부 판례가 국경조약 계속성의 원칙을 따른 것으로 분석되고 있으나 해당 사례들은 대체로 조약승계의 문제가 직접적인 쟁점이 된 것이 아니어서 이 것만을 근거로 확고한 판례가 형성되었다고 보기 어렵다. 결론적으로 국경조약 계속성의 원칙은 많은 학자들로부터 도전을 받고 있고, 각국의 실행 및 판례를 살펴보아도 아직 국제관습법으로서의 확실한 지위를 차지한 원칙이 아니라고 본다.

오히려 각국의 실행은 아직도 자발적 승계에 의한 해결을 하고 있다고 보는 것이 타당하다 할 것이다. 즉, 확립된 국제법원칙이 있어 이에 따르고 있는 것이 아니라 자국의 이익을 최대한 고려하여 정책적인 판단을 하고 있다고 보는 것이 타당할 것이다.

이 책이 조약승계의 문제를 다루는 가장 큰 이유는 조중국경조약을 비롯한 북한이 체결한 국경조약의 계속성 여부를 살펴보기 위한 것이므로 위 조약의 상대국인 중국의 영토조약 및 영토분쟁의 해결에 대한 태도를 살펴보지 않을 수 없다. 중국은 역사적 배경 및 지리적 특성으로 인해 그 어느 국가보다도 영토분쟁의 경험이 다양한 국가이며, 중국의 영토분쟁 해결원칙과 사례가 우리에게 주는 시사점이 적지 않다. 앞으로 이 부분에 대해서는 보다 구체적인 연구가 계속되어야 할 것이다.

남북통일과 북한이 체결한 영토조약의 승계문제를 다루는 것은 통일한국의 영토범위와 관련된 것이며, 이 문제를 검토하려면 대한제국과 대한민국의 동일성 내지 계속성의 문제에 대한 검토가 선행되어야 한다. 이 점에 대해서는 국제사회의 인식과 우리 정부의 입장이 일치하지 않는다. 국내 학자 중에도 그 동일성을 부인하는 견해가 없지 않으나 우리 정부의 입장은 물론 국내 학자 대부분은 동일성을 인정하고 있다.

남북한은 분단국가라는 특수성 때문에 북한이 체결한 조중국경조약이 유효한지, 남북한 통일의 경우에도 조약승계에 관한 국제법원리가 적용되는지에 대해서도 의견이 일치하지 않고, 이를 부정적으로 보는 견해도 있다. 그러나 북한 역시 국제사회에서 국제법상의 주체인 국가로서의 지위를 갖고 활동하고 있는 점, 국제법적으로 비밀조약이라고 해서 그 효력이 없는 것은 아니라는 점 등에 비추어 볼 때 북한이 체결한 조약의 무효를 주장하기는 어렵다고 본다. 북한이 중국 또는 러시아와 체결한 조약이 강제로 체결된 것이라거나 불평등하게 체결된 것이므로 불법 또는 부당한 조약임을 내세워 그 효력을 다투는 것도 무리라고 생각한다. 결국 국제법적 관점에서 북한이 체결한 위의 각 국경조약은 유효한 것으로 볼 수밖에 없을 것이다. 다만 위 조약이 유효하다고 해서 통일한국이 이를 바로 승계해야만 하는 것인지는 별개의 문제이다.

북한이 체결한 조약의 유효성 및 조약승계에 관한 국제법적 원칙의 적용을 전제로 조중국경조약의 승계문제에 대한 선행연구들은 대체로 남북통일의 유형을 남북연합단계, 남북 합의에 의한 통일의 경우 및 흡수통일의 경우로 나누어 조약승계의 문제를 살펴보고 있다.

우리의 통일방안인 민족공동체 통일방안에서 제시하고 있는 남북연합의 단계에서는 남북연합이 1국가가 아닌 2국가인 점에 비추어 볼 때 조약승계의 문제는 발생하지 않는다고 본다. 다만 현실적으로는 남북연합의 결합 정도에 따라 남북연합의 체제와 목적에 부합하지 않는 조약 등에 대하여는 남북 상호 간의 협의를 거쳐 정리를 할 필요가 있을 수도 있으나 이는 조약승계의 문제와는 무관한 것이다.

남북통일의 최종단계는 북한의 붕괴 등으로 인한 흡수통일이 경우이든, 아니면 남북 합의에 의한 통일이든 남북이 1국가 1체제의 새로운 국가로 탄생을 해야 진정한 통일이라 할 수 있을 것이다. 이 경우 통일국가의 기본적 헌법질서는 자유민주주의 체제와 시장경제체제에 기초하여야 한다. 따라서 비록 형식은 남북한 간의 합의에 의해 새로운 국가가 성립된 것이라 하더라도 그 실체는 사회주의 국가인 북한의 소멸과 동시에 자유민주주의 체제인 남한의 영토 확장 또는 구영토의 회복이 될 것이므로 법적 성격을 병합으로 보는 것이 타당할 것이다.

따라서 남북한 간의 합의에 의한 통일의 경우에도 조약 승계의 문제는 앞에서 본 남한 주도의 흡수통일의 경우와 동일하게 처리하면 될 것이며, 지금까지 일부 학자들의 주장과 같이 굳이 조약승계 문제를 합의에 의한 합병의 경우와 흡수통일에 의한 병합의 경우로 나누어 살펴볼 실익이 없나고 본다.

상당수 학자들이 처분적 조약 중에서도 국경조약의 경우에는 이를 승계하는 것이 국제관습법이라고 보거나 적어도 관행으로 보고 있으나 통일예멘이나 통일독일의 경우 승계

대상인 국경조약의 효력을 다툰 선례가 있는 점 등에 비추어 보아 국경조약이라고 해서 반드시 이를 승계해야 할 법적 의무가 있을 만큼 국경조약 계속성의 원칙이 확고한 국제 관습법의 지위를 확보한 것은 아니라고 본다. 따라서 법적 논리로만 본다면 북한의 법인 격이 소멸하는 통일의 형태가 될 경우 북한이 체결한 국경조약 역시 효력을 상실하는 것으로 선언을 하고 상대방인 중국이나 러시아와 그 효력을 다툴 수 있는 것이다.

나아가 조약승계협약 제11조의 규정이 국제관습법화되었다고 보더라도 위 조약의 내용은 국경체제의 승계에 관한 것이지 위 각 체제를 수립한 조약 그 자체의 승계를 규정한 것은 아니라는 점을 유념할 필요가 있다. 즉, 위 규정이 국제관습법화되었다고 보기도 어렵거니와, 설사 국제관습법화되었다고 보는 경우에도 그러한 관습법에 의해 통일 당시 북한의 국경체제 자체는 사실상 승계를 부인하기는 어렵지만, 조중국경조약 그 자체의 법적 승계의무까지 인정되는 것은 아니다.

그러나 이는 조약승계의 법리상 승계국인 우리가 선행국인 북한이 체결한 위 국경조약을 승계할 국제법적 의무가 없으며, 이를 승계하지 않겠다는 주장을 할 수 있다는 의미일 뿐이다. 또한 그러한 주장으로 북한이 체결한 조약에 의해 영유권을 상실한 간도나 녹둔도의 영토를 회복할 수 있는 것은 아니다. 즉, 우리의 일방적인 선언에 의해 위 국경조약들이 바로 무효가 되는 것이 아니라 상대국인 중국 및 러시아와의 사이에 그 효력에 대한 다툼이 발생한다는 것을 의미하는 것에 지나지 않는다.

결론적으로 국가승계 시 국경조약이나 기타 처분적 조약을 자동적으로 승계해야 한다는 국제법적 원칙 내지 국제관습법은 확인되지 않고 있다고 본다. 따라서 남북한 통일의 경우에 통일한국이 조중국경조약을 비롯하여 북한이 중국·러시아와 체결한 국경조약을 반드시 승계해야 할 법적 의무는 없는 것이다. 그러나 이러한 결론은 간도와 녹둔도 영유권 문제의 해결을 위한 여러 가지 법적 문제점 중 첫 번째 관문의 해결에 불과하며, 그 밖에도 법적으로 해결해야 할 과제가 산적해 있다. 앞으로 간도와 녹둔도의 영유권 문제는 그동안 연구되어 온 영유권 주장과 관련된 역사적 권원에 대한 연구뿐 아니라 중국의 영토분쟁 해결 원칙과 관행 등에 대한 연구도 보다 더 구체화되어야 할 것이다. 또한 간도영유권 문제에 대해 우리의 취해야 할 입장이 무엇인지에 대해서는 이러한 법적인 문제점 외에도 평화적 통일의 달성, 통일한국의 미래와 동북아 지역, 나아가 세계의 평화적 질서유지를 위한 현실적인 문제점을 비롯한 여러 가지 정책적인 측면을 종합적으로 고려하여 보다 심도 있는 연구가 계속되어야 할 것이다.

〈부록〉 북한의 국경 관련 조약

Ⅰ. 조소국경조약[1]

> ## 소비에트사회주의공화국연방과 조선민주주의인민공화국 사이의
> ## 국경선에 관한 조약

소련과 조선은 양국 사이의 우호와 협력 관계를 지속하고, 주권, 독립, 평등권 및 영토보전의 상호 존중의 기초하에서 행위하고, 소련과 조선 사이의 국경을 보다 정확하게 획정하기를 희망하여 다음과 같이 합의하였다.

제1조

소련과 조선 사이의 국경선은 소련, 중국 및 조선 국경의 접점에서 두만강의 주수로의 중간을 따라 하구까지, 그리고 그곳에서 이 조약에 부속된 국경선에 관한 명세서 및 축적 50,000분의 1 지도에 표시된 바와 같이, 동해상에서 소련과 조선의 외측 경계선과 상호 교차하는 지점까지이다.

국경선에 관한 명세서 및 국경선을 표시한 축적 50,000분의 1 지도는 이 조약의 불가분의 일부가 된다.

제2조

이 조약에서 정한 국경선은 또한 상공 및 지구 내부를 수직으로 획정한다.

체약당사국은 두만강 수로에 자연적인 변화가 발생하더라도 달리 합의하지 아니하는 한, 이 조약에서 정한 국경선의 위치를 변경하지 아니하기로 합의한다.

제3조

체약당사국은 국경표지 지역에 국경선을 표시하고, 그 경로에 관한 명세서를 준비하며, 이를 국경획정지도 상에 기록하고 또한 기타 국경획정문서를 작성하기 위하여 이 조약이

---

[1] 본 조약의 내용은 원문이 아니며 中华人民共和国外交部条约法律司 编译, 『领土边界事务国际条约和法律汇编』(北京: 世界知识出版社, 2006), 41쪽에 수록된 중국어 조약문과 러시아어로 된 조약문을 번역한 박춘호, 앞의 논문, 93쪽 이하에 수록된 내용 및 경남대학교 극동문제연구소 홈페이지 (http://ifes.kyungnam.ac.kr/default.asp) 북한정보센터 자료실에 있는 번역문을 참고하여 일부 표현을 임의로 수정·보완하여 작성한 것이다. 러시아어로 된 원문은 위 북한정보센터 자료실에 게재된 내용 참조 (검색일: 2011년 2월 21일).

효력을 발생한 후 조속한 기간 내에 형평의 원칙에 따라 조소공동경계획정위원회를 설치한다.

제4조

이 조약은 비준을 받아야 하며 평양에서 행해질 비준서 교환의 날로부터 효력을 발생한다.

이 조약은 1985년 4월 17일 모스크바에서 체결되었으며, 러시아어와 조선어로 된 두 개의 문서로 구성된다. 두 원본은 동일한 효력을 지닌다.

소비에트사회주의공화국연방을 대표하여   조선민주주의인민공화국을 대표하여

A. 그로미코   김영남

Ⅱ. 조소국경선명세서[2]

**소비에트사회주의공화국연방과 조선민주주의인민공화국 사이의
국경선에 관한 명세서**

소련과 조선의 국경은 소련, 조선 및 중국 국경이 만나는 지점(지점 A)에서 시작된다. 국경선은 두만강 중간에 위치한 지점 A에서 동남향으로 강의 중간을 따라 1.1킬로미터 가다가 남향으로 돌아 강의 주수로 중간에 위치한 지점 B에 이른다.

지점 B는 철교의 서쪽 끝에서 동남향으로 약 1.4킬로미터, 동 철교의 동쪽 끝에서 남향으로 약 1.5킬로미터에 위치한 강의 주수로 중간에 위치한다.

국경선은 지점 B에서 동남향으로 돌아 강의 주수로 중간을 따라 가다가 지점 B에서 약 3.5킬로미터에 위치한 곳에서 남쪽으로 방향을 틀어 지점 C에 이른다.

지점 C는 조선 측 고도 89.9미터 지점에서 동남향으로 약 2.5킬로미터, 역시 조선 쪽에 위치한 고도 120.1미터 지점에서 동북향으로 약 3.3킬로미터에 위치한 강의 주수로 중간에 위치한다.

국경선은 지점 C에서 강의 주수로 중간을 따라 서남향으로 가다가 지점 D에 이른다.

지점 D는 조선 측 고도 120.1미터 지점에서 동남향으로 1.2킬로미터, 조선 측 고도 148미터 지점에서 동향으로 약 1.5킬로미터 떨어진 곳에 위치한 강의 주수로 중간에 위치한다.

국경선은 지점 D에서 강의 중간을 따라 남향으로 가다가 소련 측의 1개의 섬과, 조선 측의 1개의 섬을 지나 남향으로 가다가 지점 E에 이른다.

---

[2] 본 명세서의 내용은 원문이 아니며, 박춘호, 위의 논문, 95쪽 이하에 수록된 내용을 중심으로 하면서 앞의 경남대학교 극동문제연구소 홈페이지 북한정보센터 자료실에 있는 번역문과 이석용, "북한과 소련(러시아)간 영해경계획정", 70-71쪽의 내용을 참고하여 재작성한 것이다.

지점 E는 조선 측 고도 154미터 지점에서 동남향으로 약 1.5킬로미터, 조선 측 고도 185미터 지점에서 동북향으로 약 1.0킬로미터 위치한 강의 주수로 중간에 위치한다.

국경선은 지점 E에서 강의 중간을 따라 대풍년도 및 서풍년도를 조선 측에 위치하도록 하면서 대략 동남향으로 가다가 두만강 하구 중간에 이른다.

강 국경선의 최종 지점 F는 두만강 하구의 소련 연안 최남단 지점에서 조선 동해 연안 최북단 지점까지 그은 선의 중간에 위치한다.

소련과 조선 영해 사이의 국경선은 지점 F에서 지리적 좌표가 북위 42° 09′, 동경 130° 53′인 지점까지 직선을 따라간다.

이 명세서는 1985년 4월 17일 모스크바에서 조인된 「소비에트사회주의공화국연방과 조선민주주의인민공화국 사이의 국경선에 관한 조약」에 첨부된 축척 50,000분의 1 지도로부터 작성되었다. 소련과 조선 사이의 국경선 총 길이는 두만강의 16.93킬로미터와 해상의 22.2킬로미터를 포함하여 39.13킬로미터이다. 소련과 조선 사이의 국경선 길이는 상기 지도에 근거하여 측정되었다.

Ⅲ. 조소 경제수역·대륙붕 경계획정협정[3]

> 소비에트사회주의공화국연방과 조선민주주의인민공화국 사이의
> 경제수역 및 대륙붕 경계획정 협정

1986년 1월 22일

소비에트사회주의공화국연방(이하 "소련")과 조선민주주의인민공화국(이하 "조선")은 양국 간에 존재하고 있는 우호와 협력관계에 기초하여 천연자원의 보존 및 최상의 이용 보장 그리고 양국의 해안에 인접한 영해에서의 국제법에 따른 기타 이해관계를 보장하기 위한 양국의 노력을 고려하여 양 체약당사국이 서명한 1982년 유엔 해양법협약에 주의를 기울여 소련과 조선 해안에 접한 영해상 경계 확립 문제의 조정을 희망하여 아래와 같이 합의한다.

제1조

소련과 조선 간의 경제수역 및 대륙붕 경계는 1985년 4월 17일자 소련과 조선 간의 조소 국경선에 관한 조약에 의한 소련과 조선 영해의 대외 경제선인 지리적 좌표 북위 42° 09′, 동경 130° 53′의 양국 긴 국경선 교차섬에서 시작하여 동남향으로 지리적 좌표 북위 39° 47.5′, 동경 133° 13.7′인 지점까지 직선으로 통과한 다음, 동쪽으로 돌아서 지리적 좌표 북위 39° 39.3′, 동경 133° 45.0′인 지점에 이른다.

제2조

제1조에서 정한 경계는 본 조약의 고유한 부분을 이루고 있으며, 본 조약에 첨부되는 부속된 축척 1,200,000분의 1 소련 해도 No 96201과 부속된 축척 1,200,000분의 1 조선해도 No 0021에 표시된다.

제3조

본 조약은 비준을 받아야 하며 모스크바에서 가능한 빠른 시일 내에 행해질 비준서 교

---

[3] 이 조약문은 경남대학교 극동문제연구소 홈페이지 북한정보센터 자료실에 게재된 번역 자료의 일부 내용을 수정하여 재작성한 것이다.

환의 날로부터 효력을 발생한다.

본 조약은 1986년 1월 22일 평양에서 체결되었으며, 러시아어와 조선어로 작성된 두 개의 문서로 구성된다. 두 원본은 동일한 효력을 지닌다.

소비에트사회주의공화국연방을   조선민주주의인민공화국을 대표하여
대표하여

E. 셰바르드나제   김영남

Ⅳ. 두만강 국경수역 경계선 설정에 대한 3국 간 협정[4]

> 두만강 국경수역 경계선 설정에 대한 러시아, 중국, 조선 3국 간 협정

러시아와 중국, 조선은 선린 우호관계의 발전과 강화를 목적으로 상호 주권존중, 영토의 합목적성 및 호혜평등의 원칙에 따라 3국 간 적용되고 있는 국경 관련 조약에 기초하여 두만강의 경계선 설정을 목적으로 중국과 조선의 일반적 국경수역 경계 및 러시아와 조선의 수역(이하 "3국의 국경수역 경계선")에 대하여 아래와 같이 합의한다.

제1조

1. 두만강에 대한 3국의 국경수역 경계선은 양측의 강변 사이에서 두만강의 주요 하상 중앙선에 따르는 러시아와 중국의 국경에 대한 국경표지 423호에서 수직으로 관통하는 직선이다. 이러한 선은 두만강에 대한 중국과 조선의 일반적 국경수역 경계선이다.

2. 두만강에 대한 러시아와 중국 그리고 조선의 접경점(국경선 교차점)은 두만강 주류의 중심선에서 3국 간 국경수역 경계선의 교차점이다. 이러한 지점은 동시에 러시아와 조선의 국경선 시점이다.

제2조

두만강에서 어떠한 자연적인 변화가 발생하였을 경우에 3국의 국경수역 경계선 위치 및 3국 간 접경점은 체약당사국 간의 다른 합의가 있을 때까지 변화되지 않는다.

제3조

1. 3국의 국경수역 경계선 및 3국 간 접경점은 3국의 국경수역 경계선의 존속하에 두만강 강변 양측에 존재하고 있는 3가지의 경계 표지물에 의하여 제시된다.

   표지물 1호는 두만강의 왼쪽 강변에 놓여 있는 러시아와 중국의 국경표지 423호에서 연유된다. 표지물 1호의 지리적 자표는 북위(B) 42도 25분 10.2초, 동경(L) 130노 38분 17.7초이다.

---

[4] 이 조약문은 앞의 경남대학교 극동문제연구소 홈페이지 북한정보센터 자료실에 게재된 번역 자료의 내용을 일부 수정하여 재작성한 것이다.

표지물 2호는 두만강의 우측 강변에 있는 조선 영토 내에 세워진다. 표지물 2호의 지리적 좌표는 북위(B) 42도 24분 59.5초, 동경(L) 130도 38분 06.5초이다.

표지물 3호는 두만강의 좌측 강변에 있는 러시아의 영토 내에 세워진다. 표지물 3호의 지리적 좌표는 다음과 같이 확정된다. 표지물 1호, 2호, 3호의 좌표는 평양의 좌표계에 따른다. 3국의 접경점은 두만강의 수면 위에 있기 때문에 그 지점에는 표지물을 세우지 않는다.

2. 표지물 1호는 4면체 화강암 기둥과 콘크리트 기초구조물로 구성한다. 이 표지물의 러시아 측에는 러시아어 표기로 <러시아>라는 이름을 표기한다. 그리고 중국 측에는 중국어로 <중국>으로 표제를 표시하고, 중국의 국장을 확고하게 만든다. 국가 이름 아래 아라비아 숫자로 국경표지 번호 <423> 그리고 그것의 설치연도 <1993>을 표시한다. 이러한 표지의 또 다른 면에 어떠한 것도 기록할 수 없다.

표지물 2호는 3면의 화강암 기둥과 철근 콘크리트 기초 구조물로 구성한다. 이 표지물에는 러시아 옆면을 보고 있는 측면에 러시아어로 <러시아>라는 표제가 표시된다. 중국의 옆을 보고 있는 측면에 중국어로 <중국>이라는 표제가 표시된다. 조선의 옆을 보고 있는 측면에는 조선어로 <조선>으로 표시된다. 상기 열거된 국가 밑에 아라비아 숫자로 표지물 번호 <2>와 그것의 설치연도가 기록된다.

표지물 3호는 화강암 기둥과 철근 콘크리트 구조물로 구성한다. 이 표지물에는 러시아의 옆을 보고 있는 측면에 러시아어로 <러시아>라는 표지가 표시된다. 중국의 옆을 보고 있는 측면에 중국어로 <중국>이라는 표제가 표시된다. 조선의 옆을 보고 있는 측면에는 조선어로 <조선>으로 표시된다. 상기 열거된 국가 밑에 아라비아 숫자로 표지물 번호 <3>과 그것의 설치연도가 기록된다. 표지물 1, 2, 3호의 도면과 규모는 본 협정에 첨부된다.

제4조

1. 체약당사국은 상호 협력하며, 표지물 1, 2, 3호의 위치 변화, 파손, 손실을 불허하기 위하여 필요한 방법을 채택한다. 체약당사국 중에서 어느 일방도 일방적인 방법으로 본 협정의 목적과 관련된 어떠한 다른 표지를 결정할 권리가 없다.

2. 표지물 1호의 보수와 완전한 보존은 중국에, 표지물 2호는 조선에, 표지물 3호는 러

시아에 각 책임이 있다.

3. 만약에 체약당사국 중 일방이 표지물 1, 2, 3호의 위치 변경 및 파손 그리고 손해를 가하는 경우에 그 일방은 다른 2국에게 즉시 통보해야 한다. 표지물의 보수 및 보존에 책임을 지고 있는 국가는 반드시 다른 2국의 정부의 대표자 참석하에 표지물의 회복을 추진하거나 본 협정의 부록에 첨부되는 표지의 도면과 규모에 따라서 이전의 장소에 새로운 표지물을 설치하여야 한다. 표지물의 회복 또는 새로운 표지물의 설치에 관하여 체약당사국은 공동기록을 하고 서명한다.

4. 표지물 1, 2, 3호의 위치 변경에 대한 필요성이 발생했을 경우에, 체약당사국의 합의 후에 새로운 장소에 표지를 설치할 수 있다. 표지의 위치 변경은 3국의 국경 수역 경계선 및 본 협정에 의하여 정의된 3국의 접경점의 위치를 변경하지 않는다. 표지의 위치 변화에 대하여 체약 당사국은 공동기록을 작성하여 서명한다.

제5조

본 협정의 효력이 발생한 이후에, 체약당사국은 3국 간 교섭의 범위에서 3국 간 접경점의 구체적인 위치 및 표지물 1호, 2호, 3호의 좌표를 결정한다. 또한 러시아, 중국 그리고 조선 사이에 3국 간 접경점에 관한 의정서와 명세서를 작성하고, 3국간 집경점 시도를 작성한다.

제6조

본 협정은 각 체약당사국에서 본 협정의 효력 발생에 필요한 국내적 적법절차 수행에 대한 서면상의 통보가 마지막으로 발송된 날로부터 30일이 되는 날로부터 효력이 발생한다.

본 협정은 1998년 11월 3일 평양에서 체결되었으며, 러시아어, 중국어 그리고 조선어로 작성된 세 개의 문서로 구성된다. 위 3개의 원본은 동일한 효력을 지닌다.

중화인민공화국 정부대표	조선민주주의인민공화국 정부대표	러시아연방 정부대표
만영샹	최수헌	제니쏘프

Ⅴ. 조소국경질서협정[5]

> 소비에트사회주의공화국연방과 조선민주주의인민공화국 사이의
> 국경질서에 관한 협정

소련과 조선은 양국 사이의 우호와 협력 관계를 고려하고, 국가주권, 독립과 자주, 평등 및 영토보전의 상호존중에 기초하여 소련과 조선 사이의 국경질서의 유지 및 국경에 관한 문제해결에 대한 법적기초를 확립하기 위하여 다음과 같이 합의하였다.

제1장 국경선, 국경표지 및 방향표지

제1조

1. 소련과 조선사이의 국경은 1985년 4월 17일 조인된 '소비에트사회주의공화국연방과 조선민주주의인민공화국 사이의 국경선에 관한 조약'에 따라 두만강의 중간에 위치한 소련, 조선 및 중국 국경의 접점(지점 A)에서 출발하여 두만강의 주수로 중간을 따라 지리적 좌표가 북위(B) 42도 17분 34.34초, 동경(L) 130도 41분 49.16초인 지점까지 이른다.

   동해상에서 소련과 조선 영해의 국경은 위 하구의 지점에서 직선으로 소련 영해와 조선 영해의 외측 경계선과 교차하는 지리적 좌표가 북위(B) 42도 09분, 동경(L) 130도 53분인 지점을 통과한다.

   소련과 조선을 잇는 철교 '우호의 다리'상의 국경은 그 수직으로 두만강의 주수로 중간을 따라 설정된 국경과 만나며 소련 측 철근 콘크리트제 지주의 기점으로부터 89.1미터, 조선 측 금속제 지주의 기점으로부터 491.5미터 지점을 통과한다.

   소련과 조선 사이의 국경선은 수직방향으로 상공과 지하를 구분한다.

---

5) 이 조약문은 앞의 中华人民共和国外交部条约法律司 编译, 『領土边界事务国际条约和法律汇编』, 158-167쪽에 수록된 중국어 조약문과, 박춘호, 앞의 글, 96쪽 이하에 수록된 번역문인 "소비에트사회주의공화국연방과 조선인민민주주의공화국 정부 사이의 소련·조선 사이의 국경체제에 관한 협정", 앞의 경남대학교 극동문제연구소 홈페이지 북한정보센터 자료실에 게재된 번역문인 "북·소 간 국경질서 조약"을 참고하여 일부 내용을 수정·보완하여 재작성한 것이다. 러시아어로 된 원문은 위 자료실에 게재된 내용 참조.

이 협정에서 국가 사이의 경계선은 '국경' 또는 '국경선'이라 한다.

2. 국경선의 자세한 기술은 1986-1989년의 소련과 조선사이의 국경획정문서에 자세하게 기술되어 있다.

국경획정문서란 아래의 것을 가리킨다:

소비에트사회주의공화국연방과 조선민주주의인민공화국 사이의 국경획정에 관한 의정서(이하 '획정의정서'라 한다);

소비에트사회주의공화국연방과 조선민주주의인민공화국의 경계를 이루는 두만강에 대한 축척 25,000분의 1 국경지도;

소비에트사회주의공화국연방과 조선민주주의인민공화국 영해 사이의 축척 100,000분의 1 국경지도;

축척 10,000분의 1의 두만강 하구 플랜;

국경표지 및 방향표지에 관한 의정서와 약도 및 국경획정의정서 부속서에 언급되어 있는 기타 문서.

제2조

1. 소련과 조선 사이의 국경은 두만강 양쪽 강변을 따라 설치된 22개의 국경표지와 2개 방향표지로 표시되며, 철교 '우호의 다리'상의 국경은 전면 호상(犒狀)이고 사선이 들어간 폭 15센티미터의 적색 선으로 표시한다. 이 선과 다리의 종축이 교차하는 지점은 직경 10센티미터의 백색 원안에 지름 3센티미터의 붉은 원으로 표시한다.

2. 각 국경표지는 1쌍의 철근 콘크리트 기둥으로 이루어져 있고, 각각 1개씩 소련과 조선이 소유하며, 동일한 일련번호가 붙어 있고, 각국의 국장이 표시되며 일정하게 채색된다.

국경표지에는 강의 하류를 향하여 1호부터 22호까지 번호를 붙인다.

소련 측에 설치된 국경표지에는 조선 쪽으로 소련 국장이 표시되고, 조선 측에 설치된 국경표지에는 소련 쪽으로 소련 국장이 표시된다.

소련령에 설치된 국경표지에는 붉은색과 녹색, 조선령에 설치된 국경표지에는 푸른색, 흰색, 붉은색, 흰색, 푸른색이 띠 형태로 착색된다. 국경표지에 관한 의정서와 약도가 작성된다.

3. 방향표지는 철제구조물이며, 주간 식별이 가능한 패널과 야간식별을 위한 조명등을 갖춘 광학기기가 설치된다. 패널에는 오렌지색과 형광도료가 도포되고, 중앙에 백색 수직선이 그어진다.

전방 방향표지는 소련령에, 후방 방향표지는 조선령에 설치한다. 방향표지의 전면에는 청동판이 설치되며, 전방 방향표지의 청동판에는 소련 국장과 그것을 의미하는 러시아어 문장이 표기되고, 후방 방향표지의 청동판에는 조선 국장과 그것을 의미하는 조선어 문장이 표기된다.

전방 방향표지의 적색등은 조선 측으로부터 접근하는 선박에 대하여, 후방 방향표지의 녹색등은 소련 측으로부터 접근하는 선박에 대하여 각각 소련 영해와 조선 영해의 경계에 접근하고 있다는 것을 알려준다.

각 방향표지에 대해서는 의정서와 약도가 작성된다.

4. 국경선을 가리키는 국경표지, 전후방 방향표지, '우호의 다리'상의 적색선의 위치는 국경획정의정서에서 정한다.

5. 국경획정의정서에 의해 두만강 연변의 국경하천지역에 있는 섬들 중 1개 섬은 소련에, 16개 섬은 조선에 속한다.

제3조

1. 두만강의 주수로 또는 그 일부에 자연적인 변경이 생긴 경우, 당사국이 별도의 합의에 이르기까지 국경선은 변경되지 않는다.

2. 체약당사국은 소련과 조선 사이의 국경선의 공동검증은 이 협정 발효 시부터 10년마다 실시하기로 한다. 필요한 경우에는 당사국의 합의를 거쳐 그보다 빠른 시기에 국경선 또는 그 일부에 대하여 공동검증을 실시한다. 이를 위하여 체약당사국은 평등원칙에 입각하여 공동위원회를 구성한다.

3. 두만상 주수로 중간선 또는 그 일부 변경이 인정되는 경우 공동위원회는 국경선의 조정을 제안한다.

4. 체약당사국이 국경선 변경의 필요성을 인정한 구역에 대해서는 공동위원회가 새로운 국경획정문서를 작성한다.

5. 공동위원회는 이 협정 제1조 제2항이 지정한 국경획정문서를 기초로 국경선의 경로를 검증한다. 공동위원회는 필요에 따라서 국경선의 경로 변경을 제안하여 새로운 국경표지물의 설치 또는 기존 표지물의 이동에 관하여 결정하며, 그에 따른 문서를 작성한다.

6. 국경선의 공동검증의 시기와 절차에 대해서는 당사국이 사전에 협의하여 결정한다.

제2장 국경표지와 방향표지의 유지, 관리 및 복구

제4조

1. 체약당사국은 국경을 표시하기 위하여 설치된 국경표지와 방향표지, '우호의 다리'에 착색한 적색선 및 국경의 경계선을 이 협정 제1조 제2항의 국경획정문서에 기술되어 있는 모든 규정에 따라 각 표지의 위치, 외관, 형태, 크기, 착색 및 벌계선의 폭과 청소상태를 유지할 의무가 있다.

2. 국경선을 나타내기 위하여 설치된 국경표지, 방향표지의 관리에 대해서는 당사국이 다음과 같이 분담한다.
소련령에 있는 전방 방향표지와 국경표지는 소련 측이 담당한다.
조선령에 있는 후방 방향표지와 국경표지는 조선 측이 담당한다.

3. 철도교 '우호의 다리'에 표시한 국경을 나타내는 폭 15센티미터의 적색 선은 당사국이 매년 필요에 따라 교대로 착색한다.

4. 국경표지와 방향표지를 잘 볼 수 있도록 체약당사국은 다음과 같이 결정한다. 국경표지의 주위 반경 2.5미터, 방향표지의 주위 반경 20미터 및 각 국경표지, 방향표지로부터 하안까지 상대방의 국경표지, 방향표지를 향하여 폭 5미터의 경계선 내의 교목,

관목 기타 키가 큰 식물을 제거한다. 경계선 내의 제거작업은 체약당사국의 국경경비 당국이 스스로 각 영내에서 행한다.

제5조

1. 체약당사국의 국경경비당국은 자국 영내의 국경표지, 방향표지, '우호의 다리'상의 적 색선 및 국경 경계선을 스스로 관리, 감독한다. 당사국의 국경경비당국은 2년에 1회 씩 공동으로 국경표지, 방향표지, '우호의 다리'상의 적색선 및 국경 경계선을 검증한 다. 공동검증의 개시에 대해서는 당사국의 국경위원이 그 때마다 합의한다.

2. 공동검증의 경과에 대해서는 당사국의 국경위원은 러시아어와 조선어로 2부의 조서를 작성한다.

3. 국경표지, 방향표지 또는 경계선을 공동 검증할 필요가 추가적으로 발생한 경우 당사 국의 국경위원은 서면으로 타방 당사국의 국경위원에게 통지한다. 추가 공동검증은 이 통지를 받은 후 10일 이내에 행한다.

제6조

1. 국경표지의 기둥과 방향표지가 분실, 파기 또는 파손되었을 경우, 그 복구는 이 협정 제4조에 따라 책임을 담당하기로 한 당사국이 가능한 한 단기간 내에 행한다. 일방 체약당사국의 국경 경비당국은 서면으로 작업 개시 10일 전에 그 사실을 타방 체약 당사국 국경경비당국에 통지하여야 한다.

2. 국경표지의 기둥, 방향표지, '우호의 다리'상의 적색선의 복구는 국경획정문서에 따라 서 행한다. 복구 작업의 결과는 그에 관한 전문가가 현장에서 당사국 국경경비당국의 참여 하에 검증한다.

3. 국경표지 또는 개개의 국경표지의 기둥이 분실, 손상 또는 파괴된 경우, 필요에 따라 위치 변경을 허락하며 이들이 손상되지 않는 지역에 새로 설치한다. 이때 국경선은 변경되지 않으며 위 국경표지의 위치 변경은 양 당사국의 국경위원이 합의하여 행 한다.

4. 국경표지와 방향표지의 복구 작업의 결과에 대하여 체약 당사국의 국경경비당국은 러시아어와 조선어로 2부의 조서를 작성한다. 새로운 장소에 설치된 국경표지 또는 개개의 국경표지의 기둥에 대해서는 국경획정의정서에 따라 2부를 동 의정서에 첨부한다.

5. 손상된 국경표지, 방향표지의 수리작업은 각 당사국이 자주적으로 행하며, 타방 당사국의 국경경비당국의 대표는 참여하지 않는다.

6. 체약당사국은 철교 '우호의 다리'상의 적색선, 국경표지와 방향표지의 보전을 위한 조치를 취하며, 그것을 이동, 손상 또는 파괴한 자에게 책임을 묻는다.

제3장 국경통과 규칙

제7조

1. 일방 체약당사국의 공민은 타방 체약 당사국 영내로 출입, 퇴거 및 일시 체재를 할 수 있다. 이 경우 1986년 1월 27일 소비에트사회주의공화국연방 정부와 조선민주주의인민공화국 정부 사이의 공민들의 상호도항에 관한 협정과 그 추가합의문서가 정하는 요건에 따라 양국의 권한 있는 기관이 교부한 유효한 통행증을 소지하여야 한다.

2. 당사국의 철도요원은 1953년 12월 18일 소련교통성과 조선교통성 사이에 조인된 국경철도협정과 그 부속합의문서에 따라서 국경을 통과하며 국경철도역 부지 내 또는 국경역 사이의 연결구간에 체재한다.

제8조

1. 체약당사국의 공민은 당사국이 국제 간, 양국 간 이동을 위하여 개방한 통과지점에 한하여 교통수단을 이용하여 국경을 통과할 수 있으며, 이 경우 양측 교통 통행 허가소에서 발부한 적법한 문서를 소지하여야 한다.

2. 체약당사국은 위생상 또는 기타 이유로 양 당사국의 공민과 교통수단이 이 국경을 통과하는 것을 전면적 또는 부분적으로 제한할 수 있다. 국경통과의 제한에 대해서는 당사국은 신속하게 서로 통지하여야 한다.

제9조

국경 부근에서 화재 또는 기타 자연재해가 발생한 경우 소방대나 구조대원들은 체약당사국의 국경위원 또는 부위원이 증명한 명부나 신분증명서를 제시하고 국경을 통과할 수 있다. 상기인원의 왕복 월경의 장소와 구체적 시간은 체약당사국의 국경위원의 합의에 따른다.

제10조

당사국은 국경에 인접하는 지역에 거주하는 공민이 간편화 된 방식으로 국경을 통과하는 것에 대해서는 별도의 협정으로 정한다.

제11조

철도 또는 국경을 통과하는 기타 교통수단의 이용에 관한 규칙은 체약당사국이 별도의 협정으로 정한다.

제12조

일방의 영내로부터 소정의 국경 통과지점에 들어온 자로서 타방의 영내로 들어갈 수 있는 권리문서를 소지하지 않은 자는 원래의 영내로 송환한다.

제4장 국경의 불법통과 방지

제13조

소련과 조선 국경의 침범자는 다음과 같다.
· 어떤 수단에 의한 것인가를 불문하고 소정의 국경 통과지점 이외의 장소를 통과했거나 통과하려고 한 자 또는 월경규칙을 위반하여 국경 통과지점을 통과하려고 한 자 또는 불법 출국할 목적으로 국외로 향하는 교통기관을 탔거나 타려고 한 자;

- 당사국의 권한 있는 기관의 허가 없이 또는 소정의 규칙을 위반하여 영해 내 또는 내국수역으로 들어오는 민간선박 또는 군용선박;
- 당사국의 권한 있는 기관의 정당한 허가 없이 국경을 통과하거나 또는 국경통과비행 규칙을 위반한 항공기와 기타 비행기기;
- 당사국의 권한 있는 기관의 허가 없이 또는 소정의 규칙을 위반하여 국경을 통과하는 것은 그것이 다른 어떤 수단에 의한 것이든 국경침범이 된다.

제14조

1. 체약당사국의 국경경비당국은 양국 공동의 이익을 지키기 위하여 불법월경을 방지하는 데에 필요한 조치를 강구하며, 이를 타방 당사국의 국경위원에게 통지한다. 침범자가 일방 당사국의 영내로부터 타방 당사국의 영내로 이동한 경우, 일방 당사국 국경위원은 타방 당사국의 국경위원에게 그러한 뜻을 통지한다. 타방 당사국은 침범자를 신속히 체포하여 상대방에게 인도한다.

2. 불법월경자를 체포한 일방 당사국이 자세한 사정 청취가 필요하다고 인정한 경우에는 타방 당사국의 경비당국에게 체포 사실을 통지한 후 침범자를 필요한 시간만큼 계속 구속할 수 있다.

3. 침범자는 국경위원이나 부위원이 주간에 인도한다. 인도시간에 대하여는 국경위원 또는 부위원이 합의한다. 이들은 서로 합의하여 문서의 형식을 정하며, 인도 시에는 정식문서를 작성한다.

4. 걸어서 또는 운송수단을 이용하여, 의도하지 않고 국경을 불법으로 통과한 자 및 일방 체약당사국의 영내에 압류된 운송수단과 침범자의 소유물은 가능한 한 빠른 시기에 타방 체약당사국의 국경경비당국에게 인도하여야 한다. 어느 당사국도 위 침범자, 운송수단, 소유물의 수령을 거부할 수 없다.

5. 불법월경자 중에는 다음과 같은 자는 타방 당사국에 인도하지 않을 수 있다.

   체포한 당사자 측의 공민;

불법으로 월경하였을 뿐만 아니라 체포한 당사국의 법률에 위반하는 다른 범죄를 범한 자.

6. 전항에 열거한 사유로 불법월경자를 인도하지 않거나 다른 사유로 신속하게 인도하지 않은 경우에는 그러한 사유를 타방의 국경위원에게 통지하여야 한다.

7. 불법 월경하여 다른 죄도 범한 자는 형기종료 후, 그가 속하는 당사국의 국경경비당국에게 인도한다.

제5장 국경수역의 이용과 국경에서의 경제활동 규칙

제15조

이 협정에서 말하는 '국경수역'이란 소련·조선 사이의 국경선이 통과하는 두만강 수역을 가리킨다. 체약당사국은 국경하천 두만강에서 일상의 경제 목적으로 동 수역을 이용할 수 있는 동등한 권리를 가진다. 체약당사국은 국경수역의 이용에 있어서 이 협정이 정하는 동 수역 이용권의 준수, 존중을 위하여 상응한 조치를 강구한다.

제16조

체약당사국의 국경경비당국은 필요에 따라 상호 수시로 하천의 수위와 얼음의 상태에 대하여 정보를 교환한다. 다만 그러한 정보가 홍수나 유빙에 의해 발생하는 위험을 방지한다는 목적에 합치하는 경우에 한한다.

제17조

체약당사국의 각각의 항행수단에 의한 항해는 국경선까지만 허용되며, 이 경우에도 국경선상에 정박하는 것은 허용되지 않는다. 철교 '우호의 다리'의 교각에 접안하는 것은 비상사태나 사고 시를 제외하고는 허락되지 않는다.

제18조

체약당사국의 항행수단은 비상사태(사고, 자연재해 등)의 경우, 타방 당사국에 귀속하는 하안에 접안할 수 있다. 그러한 경우에는 가능한 한 빠른 시기에 타방 당사국의 국경위원에게 통지하여야 한다.

제19조

체약당사국의 국경경비당국은 자연재해(홍수, 유빙 등)의 경우 양국의 공민에게 모든 가능한 협력과 원조를 제공한다. 위 조치는 당사국의 국경경비 당국 사이의 합의에 따라 실시한다.

제20조

국경수역 또는 하천 양안에서 어떠한 미확인 물체나 동물의 사체가 발견된 경우, 당사국의 국경경비당국은 그 소속 확인을 위한 조치를 취한다. 타방 당사국이 속하는 재산은 원칙적으로 국경위원 사이의 사전 합의에 따라 주간에 소정의 문서를 작성하여 인도한다.

제21조

1. 국경수역 또는 하천의 양안에서 인간의 사체가 발견된 경우, 그 확인은 필요에 따라 양 당사국의 국경경비당국 대표가 공동으로 행한다. 국경위원 또는 위원은 사전 합의에 따라 현장에서 진상규명을 위해 필요한 조치를 하며 사체가 발견된 영역 측 국경위원이 조사를 지도한다.

2. 조사결과에 대해서는 그에 따른 조서를 작성하여야 한다.

3. 현장에서의 공동조사는 양측의 사법 또는 행정당국의 권한 내의 활동으로 간주되지 않는다.

제22조

1. 체약당사국의 공민은 자국수역 내에서만 또 자국 내에서 효력이 있는 규칙에 따라서 어로활동을 할 수 있다. 폭발성 물질, 독극물, 환각제의 사용 또는 어종을 대량으로 사멸시키거나 어업자원에 손해를 줄 수 있는 것과 같은 기타의 방법은 금지된다.

2. 국경수역에서의 어종의 보호와 양식의 문제 또는 어업에 관한 기타조치는 체약당사국 사이의 별도 협정에 의해 조정된다.

제23조

체약당사국의 국경경비당국은 야생동물과 조류에 관해 자국의 수렵규칙이 엄중히 존중되며, 수렵기에는 국경방향으로의 발포와 국경을 넘어서는 동물, 조류의 추적이 행해지지 않도록 감시한다.

제24조

1. 체약당사국은 국경선에 인접하는 지역에서 농업, 공업, 광물자원을 채취하는 경우 타방 당사국에게 경제적 손해를 끼치지 않아야 한다.

2. 일방 체약당사국의 경제활동은 타방 체약당사국의 환경에 나쁜 영향을 미치지 않아야 한다.

3. 산림훼손 또는 농업에 유해한 생물이 확산될 위험이 발생했을 경우, 위험이 발생한 영토 측 체약당사국의 국경경비당국은 신속하게 그 사실을 타방 체약당사국에게 통지하며 유해생물이 국경을 넘어서 확대되지 않도록 가능한 한 모든 대책을 강구한다. 타방 체약당사국 국경경비당국은 위 대책을 실시하는 데 적극 협력한다.

제25조

광물, 토양의 이농을 수반하는 국경 부근에서의 폭파 등의 작업은 타방 당사국의 경비당국에게 최소한 2일 이전에 통지한 경우에 한해서 실시할 수 있다. 이 작업의 실시에 있어서 타방 당사국 측 공민과 재산에 피해를 끼치지 않도록 안전대책을 강구하여야 한다.

제26조

1. 국경하천 두만강 주수로의 위치와 방향은 가능한 한 변경하지 않고 보전하여야 한다. 이와 관련하여 어느 체약당사국도 타방 체약당사국의 이익에 반하여 강물의 흐름에 영향을 미칠 수 있는 수리시설 등을 건설함으로써 주수로 및 증수 시 침수되는 지역의 자연유수량을 변경시키지 않아야 한다.

2. 국경수역에서 댐 등의 시설을 유지하고 가동할 수 있으나 강물의 흐름에 부정적인 영

향을 미치지 않도록 해야 하며, 체약당사국에 의해 필요하다고 인정되는 경우에는 철거된다.

3. 두만강상의 새로운 다리, 제방, 댐 등의 수리시설의 건설과 그 이용은 개개의 경우마다 체약당사국 사이에 합의한 경우에 할 수 있다.

4. 당사국은 국경하천의 유수와 배수의 확보에 관한 규칙 및 국경수역체제에 관한 다른 모든 문제에 대하여 협의한다. 일방 당사국의 하안의 수위 변화를 일으키는 시설의 개조, 철거의 필요가 발생했을 경우, 그 작업은 타방 당사국의 동의를 얻은 경우에만 할 수 있다.

5. 하천 각 구역의 청소는 양 당사국에 의해 공동으로 필요하다고 인정한 구역에서 행한다. 하안 청소 시에 준설된 토양은 하안을 붕괴시키거나 하천 수로를 오염시키거나 또는 증수 시의 배수에 피해를 주지 않도록 특별히 마련된 장소에 두어야 한다.

6. 당사국은 국경하천의 하안을 고의로 붕괴시키거나 철교의 수리, 정비 시 하천수로가 오염되거나 또는 화학물질, 오염된 배수, 기타 다른 방법에 의한 강물의 오염을 방지하는 데 필요한 대책을 강구한다.

7. 일방 체약당사국의 잘못으로 이 협정 제23조, 제24조, 제25조 및 제26조의 규정을 위반하여 타방 체약 당사국에 피해를 가한 경우, 피해를 가한 측이 그 손해를 보상한다.

제27조

국경에 인접한 삼림, 수역 등의 천연자원과 그 경제적 이용에 관한 문제, 또한 삼림과 농작물에 유해한 생물의 방제에 관한 문제에 대하여 체약 당사국은 필요에 따라서 개별 협정을 체결한다.

제28조

소련 영해와 조선 영해 사이의 국경체제의 문제는 이 협정의 규정과 체약당사국의 관련 입법에 의해 조정된다.

제6장 국경위원의 권리, 의무 및 직무관리규칙

제29조

이 협정에서 말하는 국경경비당국이란 소비에트사회주의공화국연방과 조선민주주의인민공화국의 국경위원 및 부위원이다.

제30조

1. 소련 정부와 조선 정부는 국경체제의 보전에 관한 문제 및 국경에서 발생하는 문제를 해결하기 위하여 각각 1인의 국경위원과 2인의 부위원을 임명한다. 위원과 부위원의 성명은 외교경로에 의해 상대방에게 통지한다. 부위원은 자국의 대표로서 활동하는 경우에만 국경위원에게 주어진 모든 권리를 가진다.

2. 당사국의 국경위원은 각각 1인씩 보좌관을 지명할 수 있고, 필요한 수의 서기, 통역을 확보하며, 필요에 따라서 그에 따른 전문가를 활동에 참가시킬 수 있다.

3. 국경위원의 보좌관은 국경에서의 질서 유지에 관한 국경위원의 개별적인 지시를 실행한다.

제31조

1. 당사국의 국경위원의 활동구역은 두만강상의 소련, 조선 및 중국 국경의 접점(지점 A)으로부터 동해상의 지리적 좌표 북위 42도 09분, 동경 130도 53분의 지점에 이르는 구역이다.

2. 소련 국경위원의 상주지는 뽀시예트 거주구, 조선 국경위입의 상주지는 나진이다.

제32조

1. 러시아어와 조선어로 작성된 신임장은 다음과 같이 발부된다:

소련 측 국경위원과 부위원에 대해서는 소련 국경경비대장이;

조선 측 국경위원과 부위원에 대해서는 조선 국경수비대 총사령관이;

보좌관에 대해서는 양 당사국의 국경위원이.

2. 당사국의 국경위원은 서로 부위원과 보좌관의 상주지를 통지한다.

제33조

1. 당사국의 국경위원은 이 협정에서 정해진 권리와 의무의 범위 내에서 국경의 보전, 유지, 국경통행규칙의 준수, 불법월경의 방지, 국경수역의 이용과 국경에서의 경제활동 규칙의 준수를 위한 조치를 시행한다.

2. 당사국의 국경위원은 국경 문제의 신속한 최선의 해결을 위하여 다음의 경우에 조사 및 이에 대한 조치를 취하여야 한다:

국경 넘어로의 발포;

월경행위의 결과에 의한 살인, 부상, 신체손상, 기타 시민의 건강에 해를 끼치는 행위 또는 타방 당사국 영내에 있는 자에 대한 폭행;

개인의 불법월경; 하천선박, 해양선박, 보트, 뗏목에 의한 국경침범, 특별 협정으로 정한 항공 노선 외의 항공기에 의한 국경통과;

가축 등 집에서 키우는 동물의 국경통과;

국경선을 나타내는 국경표지나 개개의 국경표주의 이동, 파손, 파괴, 분실; 국경을 넘어 타방 당사국 영내로의 자연재해의 확대;

국경을 통한 불법교류;

국경을 통한 밀수출입;

타방 당사국과의 국경접경지역에서의 국가 등의 재산의 절도, 파괴, 손상;

농작물 유해생물의 대량 이동;

국경에서의 기타 위반행위.

3. 당사국의 국경위원은 국경인접거주자에 의한 국경체제의 준수, 밀수출입 방지의 공동 작전, 국경표지와 방향표지, 국경 경계선의 정당한 형태로의 유지, 국경하천에서 홍수나 유빙이 발생한 경우 피해방지를 위한 대책을 세운다.

4. 당사국의 국경위원은 국경침범, 사람이나 운송수단이 국경을 통행하는 문제, 홍수나 유빙의 피해를 적시에 방지하는 문제에 관하여 정보를 교환한다.

5. 당사국의 국경위원은 타방 당사국의 시민, 단체 또는 당국에 의한 국경체제 위반의 결과, 타방 당사국이 입은 손해의 보상청구에 대하여 이 협정의 해당 조항에서 규정하고 있는 모든 문제를 심사하고 해결한다. 손해보상에 관한 결정은 양측 당사국의 권한 있는 기관의 관할에 속한다.

제34조

1. 당사국의 국경위원은 국경에서의 중대한 사건(살인, 중상해)에 관련된 문제 또는 기타 특히 중요한 문제를 외교적 절차에 따라 해결할 것을 자주적으로 제의할 수 있다. 그러한 경우 양 당사국의 국경위원은 그에 대하여 조사한 후 그 결과를 조서에 기록하여야 한다.

2. 당사국의 국경위원 사이에 조정이 되지 않을 경우, 외교적 절차에 의한 해결을 구할 수 있다. 이 조의 규정은 외교적 절차에서 심의된 문제가 다시 국경위원에게 위임될 수 있음을 배제하지 않는다.

제35조

1. 국경위원의 공식 회의는 양 당사국의 영내에서 교대로 개최한다. 각각의 회의에 대하여 의사록이 작성되고, 회의의 경과, 채택된 결정, 그 실행기간이 간결하게 기록되어야 한다. 의사록은 러시아어와 조선어로 2부가 작성되며, 국경위원이 서명하고 국장을 날인한다.

2. 국경위원이 공식 회의에서 제기하지 않은 사항도 국경위원 사이의 직접적인 서신 또는 기타 통신수단에 의해서 해결할 수 있다.

3. 국경위원의 최초 공식 회의는 이 협정 발효일로부터 3개월 내에 개최하여야 한다.

제36조

1. 국경위원과 부위원의 공식, 비공식 회의는 일방이 제안하여 가능한 한 제안한 시기에 개최한다. 제안에 대한 회답은 제안을 받은 후 2일 이내에 하여야 한다. 회의 제안 시기를 거절할 경우에는 별도의 시기를 정하여 회답하여야 한다.

2. 일방 당사국의 국경위원이 제안하는 공식, 비공식 회의에는 타방 당사국의 국경위원 자신이 정당한 이유(질병, 출장, 휴가)로 부재중인 경우를 제외하고는 출석하여야 한다. 부재중인 경우에는 부위원이 국경위원을 대리하여 그러한 뜻을 타방 당사국의 국경위원에게 사전에 통보한다.

3. 국경위원 사이의 합의에 의해 보좌관만의 비공식 회의도 할 수 있다.

제37조

1. 이 협정 제36조에서 언급하고 있는 공식, 비공식 회의는 그것을 제안한 측의 영내에서 개최한다.

2. 공식, 비공식 회의는 그것을 개최한 측의 국경위원 또는 부위원을 의장으로 하여 개최한다.

3. 공식 회의 일정은 교섭, 서신 교환 등의 방법에 의해 협의한다. 비상사태의 경우는 상호 협의를 거쳐 일정에 없는 사항도 심의할 수 있다.

제38조

당사국의 국경위원, 부위원 및 보좌관은 공식, 비공식 회의에서 결정된 사항과 관련하여 취한 조치에 대하여 가능한 한 신속하게 서로 통지한다.

국경위원 또는 부위원이 국경체제 위반 문제에 대하여 내린 결정은 그 문제에 관한 의사록을 서명한 시점부터 효력이 발생한다.

비공식 회의에서 보좌관이 내린 결정은 국경위원이 승인한 시점부터 효력이 발생한다.

제39조

1. 국경위원, 부위원 및 보좌관은 그 직무수행을 위하여 이 협정이 규정하는 신임장(부록 1, 2)에 의거하여 국경을 통과한다.

2. 서기, 통역 및 다른 직원은 자국의 국경위원이 교부한 증명서에 의해 국경을 통과한다. 증명서에는 본인의 사진과 인장, 서명과 함께 타방 당사국 국경위원의 인장과 서명이 있어야 한다(부록 3).

3. 문제 해명을 위해 체제할 필요가 있는 전문가 등은 일회용인 국경왕래 증명서로 국경을 통과할 수 있다. 증명서는 일방 당사국 국경위원이 교부하며, 타방 당사국 국경위원이 날인하여 인증한다(부록 4).

4. 당사국의 국경위원은 이 조 제2항 및 제3항에서 규정하고 있는 문서를 접수한 후 3일 이내에 서명한다.

5. 이 조에서 지정한 자는 국경위원이 정한 장소에서만 통행할 수 있다. 월경 일시에 대해서는 12시간 이전에 타방 당사국 국경경비당국에게 그 사실을 통지한다.

6. 월경증명서를 분실한 경우에는 신속하게 국경경비당국에게 통지하여야 한다. 국경경비당국은 타방 체약 당사국 국경경비당국에게 그 사실을 통지한다.
   양 당사국의 국경위원은 서로 분실된 증명서는 실효된 것으로 간주하며 분실된 증명서가 발견된 경우에는 교부한 당사국의 국경경비당국에게 반환한다.

제40조

체약 당사국은 자국 측 영내에서 발생하는 이 협정 수행에 관한 모든 비용을 부담한다. 공식, 비공식 회의의 개최에 관한 비용은 회의를 개최하는 당사국이 부담한다.

제41조

통신문의 교환, 사람들의 영접과 인도, 재산의 수령과 인도를 위한 장소로서 소련 영내에서는 하산 거주구, 조선 영내에서는 두만강 노동자 거주구를 지정한다.

수령, 인도의 시간과 장소에 대해서는 국경위원 또는 부위원이 서로 합의한다.

국경위원은 상호 합의에 의해 추가로 국경에서 만나는 장소를 지정할 수 있다.

통신문은 시간이나 휴일 등의 제한 없이 24시간 안에 접수하여야 한다.

제42조

1. 국경위원 및 이 협정 제39조에서 규정하고 있는 기타 요원에게는 인격 및 그들이 소지하는 업무 서류와 소유물의 불가침성이 보장되며 국경통과 시에 소정의 제복을 착용할 수 있다.

2. 전항의 인원들은 추후에 반출한다는 조건의 교통수단 및 업무에 필요한 소유물 및 개인 소비용의 식료품과 담배를 제외하고는 반입할 수 없다. 위 소유물과 식료품에 대해서는 국경에서 관세 등을 징수할 수 없다.

제43조

각 체약 당사국은 이 협약상의 의무수행을 위해 자국령에 제재하는 타방 당사국 인원들에 대하여 숙박, 교통 및 통신시설의 제공을 포함하여 필요한 협력을 한다.

제7장 종결 조항

제44조

이 협정 규정의 해석 또는 적용과 관련하여 발생할 수 있는 어떠한 문제도 상호존중과 우호, 이해의 정신에 입각한 협의에 의해 해결한다.

제45조

이 협정은 발효일로부터 10년간 유효하다. 어느 체약 당사국이 기한 만료 6개월 전에 이 협정의 효력 종료를 통지하지 않는 한 이 협정은 매번 다음 10년간 효력이 연장된다.

제46조

1957년 10월 14일 소비에트사회주의공화국연방 정부와 조선민주주의인민공화국 정부

사이의 국경 문제 해결 체제에 관한 협정은 이 협정 발효일에 효력을 종료한다.

제47조

이 협정은 비준을 받아야 하며, 비준서를 교환한 날로부터 효력을 발생한다.

비준서 교환은 가능한 한 빠른 시기에 모스크바에서 한다.

이 협정은 1990년 9월 3일 평양에서 체결되었으며, 각각 러시아어와 조선어로 작성된 두 개의 문서로 구성된다. 위 2개의 원본은 동일한 효력을 지닌다.

소비에트사회주의공화국연방을 대표하여　　　조선민주주의인민공화국을 대표하여

E. 세바르드나제　　　　　　　　　　　　　　김영남

VI. 조중국경회담기요⁶⁾

> 조선민주주의인민공화국 정부 대표단과 중화인민공화국 정부 대표단의
> 조·중 국경 문제에 관한 회담기요

중화인민공화국 외교부 부부장 지펑페이(姬鵬飛)를 단장으로 외교부 제2 아주사(亞洲司) 사장(司長) 조우치우예(周秋野), 외교부 조약법률사(條約法律司) 부사장(副司長) 샤오티엔런(邵天任)을 단원으로 하는 중화인민공화국 정부대표단과 조선민주주의인민공화국 외무성 부상 류장식(柳章植)을 단장으로 외무성 3국 국장 허석신(許錫信), 외무성 조약법규국 부국장 백일곤(白日坤)을 단원으로 하는 조선민주주의인민공화국 정부 대표단은 두 나라 정부가 조·중 국경 문제에 대해 이룩한 기본 협의를 바탕으로 1962년 9월 26일부터 10월 2일까지 평양에서 조·중 양국 국경 문제를 전면적으로 해결하는 구체적인 문제와 기술적인 문제에 대하여 회담을 가졌다. 회담은 우호적인 분위기 속에서 진행되었으며 합의를 이룬 것은 아래와 같다.

1. 양쪽이 작성한 조·중 국경조약 초안은 양쪽의 일치된 동의를 거쳐 마지막 마무리를 지은 문건이 되며, 두 나라 총리와 수상의 서명이 있어야 한다. 서명 날짜는 앞으로 외교 경로를 통해 상의하여 결정한다. 조약 초안을 뒤에 덧붙인다.

2. 압록강 어귀 강과 바다의 분계선은 조선의 소다사도(小多獅島) 남쪽 맨 끝에서 시작하여, 신도(薪島) 북쪽 끝을 거쳐, 중국 대동구(大東溝) 남쪽 돌출한 부분의 가장 남쪽 끝을 이은 직선으로 한다.

3. 압록강 어귀 밖의 조·중 두 나라의 해역에 대한 구분은 강과 바다 분계선상 E 124°10'6" 지점에서 시작하여 대략 남쪽으로 곧게 가서 공해에 이르러 끝나는 한 선을 두 나라의 해상 분계선으로 해서 서쪽 해역은 중국에 속하고 동쪽 해역은 조선에 속한다. 위에서 말한 해상 분계선의 구체적 위치는 앞으로 조중국경연합위원회에서

---

6) 서길수, 앞의 책, 385-388쪽.

조사하여 확정한다.

4. 압록강 어귀 강과 바다의 분계선 밖 E 123°59'에서 E 124°26' 사이의 해역은 두 나라의 모든 선박이 자유롭게 항행할 수 있으며 제한을 받지 않는다. 이 항과 조·중 국경 조약 제3조 제3항에서 말한 '두 나라의 모든 선박'에는 군사용 잠수함도 포함된다.

5. 국경선 강안에 있는 섬과 모래섬의 귀속 문제에서 조·중 국경조약을 체결하기 전 이미 한쪽의 공민(公民)이 살고 있거나 농사를 짓고 있는 섬과 모래섬은 그 국가의 영토가 되며 다시 고쳐 바꾸지 않는다. 그 밖의 현재 있는 것과 앞으로 생기는 섬과 모래섬은 중국 쪽 기슭과 가까운 곳은 중국에 속하고 조선 쪽 기슭과 가까운 곳은 조선에 속하며, 두 기슭의 한가운데 있는 것은 두 나라가 협상을 통해서 그 귀속을 확정한다. 다만 한쪽 강기슭과 소속된 섬 사이에 있는 섬과 모래섬은(앞으로 나타날 섬과 모래섬을 포함하여) 비록 다른 한쪽 강기슭이나 두 기슭의 한가운데 있다고 하더라도 해당국의 소유이다.

6. 압록강과 두만강 상의 국경 너비는 해당 국경 강의 수면 너비로 이해하여야 하고, 한 나라의 경내에서 발원하여 국경 강으로 흘러드는 지류는 포함하지 않으며, 한쪽이 국경강과 이어져 있지만 한 나라의 영토 안에 있는 호수 수역으로 흘러드는 것도 포함하지 않는다.

7. 조·중국경의정서가 효력을 발생한 뒤, 두 나라는 각자 출판한 지도에 조·중 국경에 대한 아래와 같은 규정에 따라 그려 넣어야 한다.

　갑: 백두산 천지 지역의 조·중 국경선은 조·중 국경조약에 덧붙인 지도에 있는 국경선의 위치를 국경선 표시로 그려 넣어야 한다.
　을: 다른 색깔을 써서 두 나라의 영토를 구별하는 지도에서, 국경 표시가 서로 엇갈리는 곳은 반드시 국경강의 양쪽 기슭에 표시해야 한다. 국경이 있는 강안에 있는 섬은 제각기 해당 국가의 색깔을 칠해 그 귀속을 밝혀야 한다.
　병: 비례자(比例尺)가 작은 색깔이 있는 지도에서, 국경 표시가 서로 엇갈리는 곳은 반드시 국경 강의 양쪽 기슭에 표시해야 하고, 아울러 상대국 강기슭에 색 띠를

그려 넣을 수 있으며, 국경에 있는 강안에 있는 섬은 (조), (중)으로 표시해 귀속을 분명하게 해야 한다.

정: 단색지도와 지형도에서는 비례자가 크고 작은 것을 가리지 않고 모두 양쪽 강기슭이 엇갈리는 곳에 국경 표시를 하고, 국경에 있는 강안에 있는 섬은 (조), (중)으로 표시해 귀속을 분명하게 해야 한다.

8. 조중국경연합위원회는 외교부 사장(司長)이나 부사장(副司長)급 수석대표 한 사람과 대표 약간 명으로 구성한다. 필요할 때는 고문 약간 명을 임명하고 그 아래 몇 개의 조사팀(小組)을 둘 수 있다. 국경연합위원회의 구성문제에 관한 것은 외교 경로를 거쳐 따로 상의한다. 조중국경연합위원회는 조·중 국경조약을 체결한 뒤 업무를 시작하여, 조·중국경조약의 관련 규정에 따라 국경을 조사하고, 경계푯말을 세우고, 국경이 있는 강안의 섬과 모래섬에 대한 귀속을 확정한 뒤, 의정서를 초안하고 국경지도를 만든다.

위에서 말한 의정서와 국경지도는 두 나라 외교부 부장이나 부부장 또는 국경연합위원회 양쪽 수석대표가 서명하며, 서명한 뒤 그 의정서와 지도는 조·중 국경조약의 부대조건이 된다.

이 회담 기록은 1962년 10월 3일 평양에서 서명하며, 모두 2부이고, 각 부수마다 조선어와 중국어로 씌어졌으며, 두 가지 원문은 모두 같은 효력을 가진다.

본 회담 기록은 서명한 날부터 효력을 갖는다.

중화인민공화국 정부
대표단 단장
지펑페이 (서명)

조선민주주의인민공화국 정부
대표단 단장
류장식 (서명)

Ⅶ. 조중국경조약[7)]

조선민주주의인민공화국과 중화인민공화국 국경조약

중화인민공화국 주석과 조선민주주의인민공화국 최고인민회의 상임위원회는 마르크스·레닌주의와 무산계급 국제주의의 원칙을 바탕으로, 두 나라 사이에 역사적으로 남아 있는 국경 문제를 전면적으로 해결하는 것이 두 나라 인민의 근본이익에 부합하고, 아울러 두 나라의 형제 같은 우애를 굳게 하며, 강화하는 데 도움이 된다는 것을 굳게 믿는다. 이를 위해 이 조약을 체결하기로 결정하여, 각각 아래와 같은 전권대표를 파견한다.

중화인민공화국 주석은 중화인민공화국 국무원 총리 주언라이를 특파하고, 조선민주주의인민공화국 최고인민회의 상임위원회는 조선민주주의 인민공화국 내각수상 김일성을 특파한다.

양국 전권대표들은 서로 전권증서(全權證書)가 정확하다는 것을 확인하고, 아래와 같은 조항들에 대하여 합의한다.

제1조

양 체약당사국은 아래와 같이 두 나라의 국경을 확정하는 데 동의한다.

1. 백두산 천지의 국경선은 백두산 천지를 에워싼 산등성마루 서남단 2,520m고지와 2,664m고지 사이 안부(鞍部)의 대략적인 중심점에서 시작하여 천지를 가로 질러 맞은편 산등성마루 2,628m고지와 2,680m고지 사이 안부의 대략적인 중심점까지 동북쪽으로 곧게 선을 그어 그 서북 부분은 중국에 속하고 동남 부분은 조선에 속한다.

2. 천지 이남의 국경선은 위에서 말한 산등성마루 2,520m고지와 2,664m고지 사이 안부의 대략적인 중심점에서 시작하여, 그 산등성마루를 끼고 대략 동남 방향을 따라 산등성마루 최남단의 한 지점까지 이르며, 그 뒤 산등성마루를 떠나 직선으로 동남 방향으로 가다 2,469m고지를 지나 2,071m고지에 이르러, 동쪽 압록강 상류와 이 고지에서 가장 가까운 작은 지류상의 한 지점에 이른다. 이 국경선은 위 작은 지류의 물

---

7) 이 조약문은 서길수, 위의 책, 373쪽 이하에 게재된 번역문과 중국어 원문, 이종석, 앞의 책, 321쪽 이하에 게재된 번역문을 참고하여 재작성한 것이다.

흐름의 중심선을 내려가다가 위 작은 지류가 압록강으로 흘러 들어가는 곳에 이른다.

3. 위에서 말한 2,071m고지 동쪽의 압록강 상류와 그 고지에서 가장 가까운 작은 지류가 압록강으로 흘러드는 곳에서 시작하여 압록강 하구까지의 압록강을 경계로 한다. 압록강 하구는 조선의 소다사도(小多獅島)의 최남단에서 시작하여, 신도(薪島) 북단을 거쳐 중국 대동구(大東溝) 이남의 돌출부 최남단까지 이어지는 직선으로서 압록강과 황해의 분계선으로 한다.

4. 천지 동쪽의 국경선은 위에서 말한 산등성마루 2,628m고지와 2,680m고지 안부의 대략적인 중심점에서 시작하여 동쪽을 향해 직선으로 2,114m고지에 이르고, 다시 직선으로 1,992m고지에 이르며, 다시 직선으로 1,956m고지를 거쳐 1,562m고지에 이르고, 다시 직선으로 1,332m고지에 이르며, 다시 직선으로 두만강(圖們江) 상류의 지류인 홍토수(紅土水)와 북면의 한 지류가 만나는 합수머리(1,283m고지 북쪽)에 이른다. 이로부터 국경선은 홍토수 물 흐름 중심선을 따라 내려가 홍토수와 약류하(弱流河)가 만나는 합수머리에 이른다.

5. 홍토수와 약류하가 만나는 합수머리에서 시작하여 조·중 국경 동쪽 끝 마지막 점까지를 두만강(圖們江)의 경계로 한다.

제2조

양 체약당사국은 국경하천의 섬과 모래섬(沙洲)을 아래와 같은 규정에 따라 나누는 것에 동의한다.

1. 이 조약을 체결하기 전에 이미 한쪽의 공민(公民)이 살고 있거나 농사를 짓고 있는 섬과 모래섬은 그 국가의 영토가 되며, 다시 고쳐 바꾸지 않는다.

2. 본 조 제1항에서 말한 이외의 섬과 모래섬은 중국 쪽 기슭과 가까운 곳은 중국에 속하고 조선 쪽 기슭과 가까운 곳은 조선에 속하며, 두 기슭의 한가운데 있는 것은 두 나라가 협상을 통해서 그 귀속을 확정한다.

3. 일방의 강기슭과 그에 속한 섬 사이에 있는 섬과 모래섬은 비록 타방의 강기슭에 가깝거나 두 기슭의 한가운데 있다고 하더라도 그 일방에 속하는 것으로 한다.

4. 본 조약을 체결한 뒤 국경하천에 새로 나타난 섬과 모래섬은 본 조 제2항과 제3항의 규정에 따라 그 귀속을 확정한다.

제3조

양 체약당사국은 다음의 사항에 동의한다.

1. 압록강과 두만강 국경의 너비는 언제나 모두 수면의 너비를 기준으로 한다. 두 나라 국경하천은 두 나라가 공유하며, 두 나라가 공동으로 관리하고, 공동으로 사용하며, 항행(航行), 고기잡이, 강물의 사용 같은 것도 마찬가지다.

2. 압록강 하구 바깥 조·중 두 나라 해역에 대한 구분은, 강과 바다 분계선상인 동경 124°10'6"의 한 지점에서 시작하여, 대략 남쪽으로 곧게 가서 공해에 이르러 끝나는 한 선을 두 나라의 해상분계선으로 해서 서쪽 해역은 중국에 속하고 동쪽 해역은 조선에 속한다.

3. 압록강 하구 강과 바다의 분계선 밖 동경 123°59'에서 동경 124°26' 사이의 해역은 두 나라의 모든 선박이 자유롭게 항행할 수 있으며 제한을 받지 않는다.

제4조

양 체약당사국은 다음의 사항에 동의한다.

1. 이 조약을 체결한 후 즉시 양국 국경연합위원회를 구성하여, 이 조약의 규정에 따라서 국경을 답사하며, 경계푯말을 세우고, 국경하천 내의 섬과 모래섬의 귀속을 확정한 뒤, 의정서 초안을 작성하고 국경지도를 그린다.

2. 본 조 제1항에서 말한 의정서와 국경 지도는 두 나라 정부 대표들이 서명하면 바로 이 조약의 부속 문건이 되며, 위 국경연합위원회의 임무는 종결된다.

제5조

이 조약은 반드시 비준을 거쳐야 하며, 비준서는 빠른 시일 안에 북경에서 교환한다. 이 조약은 비준서를 교환한 날부터 효력을 발생한다.

이 조약을 체결하기 전의 두 나라 국경에 관한 모든 문건은 조·중 양국 정부대표단이 1962년 10월 3일 조인한 조·중 국경 문제에 대한 회담기록(會談紀錄)을 빼놓고는 이 조약 제4조에 말한 의정서가 효력을 발행한 날부터 모두 효력을 잃게 된다.

이 조약은 1962년 10월 12일 평양에서 체결하였고, 각각 중국어와 조선어로 2부씩 작성되며, 두 원문은 동일한 효력을 가진다.

<table>
<tr><td>중화인민공화국</td><td>조선민주주의인민공화국</td></tr>
<tr><td>전권대표</td><td>전권대표</td></tr>
<tr><td>저우언라이 (서명)</td><td>김일성 (서명)</td></tr>
</table>

Ⅷ. 조중국경의정서[8]

조선민주주의인민공화국 정부와 중화인민공화국 정부는 조중국경연합위원회가 1962년 10월 12일 체결한 조 · 중 국경조약의 규정을 바탕으로 평등한 협상과 우호적인 합작을 통해 두 나라 국경에 대한 실지조사, 푯말 설치, 국경강에 있는 섬과 모래섬의 귀속 확정에 대한 임무를 원만하게 마쳤으며, 두 나라의 국경을 명확하게 하고 구체적인 위치를 조사하여 결정하였다. 이는 두 나라의 마르크스 · 레닌주의와 무산계급국제주의를 바탕으로 세워진 위대한 단결과 형제적 우의를 더욱 강화하는 데 공헌하였다. 이에 조 · 중 국경조약 제4조의 규정에 따라 이 의정서를 체결한다.

총칙

제1조

조 · 중 두 나라의 국경은 조중국경연합위원회에서 이미 합의한 조 · 중 국경조약(이하, '국경조약'이라 한다) 제4조의 규정에 따라 현지답사를 통해 결정하였다. 두 나라는 국경조약 제1조 제1, 2, 4항에서 규정한 백두산 지구 국경선을 답사 측량하고 경계푯말을 세워 정식으로 표(標)를 정하였다. 국경조약 제1조 제3항과 제5항에서 규정한 압록강과 두만강 국경하천을 답사하고 국경하천 안에 있는 섬과 모래섬의 귀속을 확정하였고, 압록강 하구, 하천과 바다의 분계선을 답사 · 결정하여 강과 바다의 분계선 표지(標識) 3개를 세웠다. 국경조약 제3조 제2항의 규정에 따라 압록강 하구 밖의 조 · 중 두 나라의 해상 분계선을 명확히 획정하였으며, 국경조약 제3조 제3항에서 규정한 압록강 하구 및 하천과 바다의 분계선 밖의 두 나라의 자유항행구역을 구체적으로 확정하였다.

위에서 말한 각 항은 이 의정서에서 구체적으로 서술을 하였고, 자유항행구역을 제외

---

8) 이 조약문은 서길수, 위의 책 394쪽 이하에 게재된 번역문과 중국어 원문, 이종석, 위의 책, 325쪽 이하에 게재된 번역문을 토대로 재작성한 것이다. 의정서의 부속문건인 섬과 모래섬의 귀속 일람표는 서길수 위의 책, 439-461쪽 참조.

하고는 모두 "조·중 국경조약의 부속지도(이하, '부속지도'라 한다)"에 명확히 표시하였다. 앞으로는 이 의정서의 규정과 위에서 말한 부속지도를 기준으로 한다.

제2조

1. 이 의정서 제1조에서 말한 백두산 지구에 세운 경계푯말은 큰 것과 작은 것 두 가지로 나누고, 모두 철근 콘크리트로 만들었으며, 경계푯말의 중심에 철심을 넣어 묻었다. 큰 것과 작은 경계푯말이 지면에 노출되는 부분의 높이는 각각 155cm와 129cm로 다르게 했다.

   경계푯말 설치는 상황에 따라 하나를 세우는 것, 같은 번호를 2개 세우는 것, 같은 번호를 3개 세우는 것 등 세 가지로 나누었다.

   경계푯말 4면에 글자를 새겼다. 중국을 향한 면에는 '中國'이라고 새겨져 있고, 조선을 향한 면에는 '조선'이라고 새겨져 있다. 나라 이름 아래에는 경계푯말을 세운 연도가 새겨져 있고, 경계푯말 양쪽에는 경계푯말 번호가 새겨져 있다. 같은 번호 2개를 세운 것과 같은 번호 3개를 세운 경계푯말은 같은 번호 아래 면에 보조 번호 (1), (2) 또는 (1), (2), (3)을 새겼다.

   경계푯말 양식과 규격은 이 의정서 별첨 1.과 같다.

2. 이 의정서 제1조에서 말하는 압록강 하구의 하천과 바다 분계 표지는 철근 콘크리트로 만들었고, 동서 양쪽에 글을 새겼다. 서쪽 면에는 "江海分界", 동쪽 면에는 "하구계선"이라고 새겼으며, 새긴 글자 아래는 번호가 새겨져 있다. 그 양식과 규격은 이 의정서 별첨 2.와 같다.

3. 두 나라는 두만강(圖們江) 가운데 있는 중국 왕가타자도(王家坨子島)와 조선 매기도(每基島)의 분계선을 명확히 하기 위하여 그 분계선 위에 두 개의 경계푯말을 세웠는데, 그 양식과 규격은 이 의정서 별첨 1.의 작은 경계푯말과 같지만 번호를 매기지 않았다.

제3조

1. 압록강과 두만강을 국경으로 하는 구간에서 국경 너비는 본 조 제2항에서 규정한 수역을 제외하고는 국경조약 제3조 제1항의 규정에 따라 언제나 국경하천 수면의 너비

를 기준으로 한다.

2. 두 나라는 1962년 10월 3일 조·중 두 나라 정부대표단이 작성한 조·중 국경 문제에 대한 회담기록 제6항의 규정에 따라, 국경하천 지역의 국경 너비 안에는 들어가지 않지만, 한쪽 경내에서 발원하여 국경하천으로 흘러드는 지류 가운데 축척 50,000분의 1 지도에서 너비가 1mm 이상인 지류와, 한쪽만 국경하천으로 이어지고 다른 한쪽은 일방의 경내로 흘러드는 호수 수역은 국경하천의 분계선과 마찬가지로 부속지도에 분명하게 표시하였다.

제4조

국경하천 내의 섬과 모래섬은 면적이 2,500㎡ 이상의 것과 비록 2,500㎡는 안 되지만 두 나라가 모두 비교적 고정적이고 이용가치가 있다고 인정하는 것은 양쪽이 현지조사를 거쳐 국경조약 제2조 규정에 따라 그 귀속을 결정하였다. 상세한 것은 본 의정서에 첨부한 섬과 모래섬 귀속 일람표(이하, '일람표'라 한다)와 같고, 부속지도에도 명확하게 표시하였다.

위에서 말한 부속지도에서 면적이 2,500㎡ 이상의 섬과 모래섬은 비례척에 따라 표시했고, 면적이 2,500㎡가 안 되고 두 나라가 모두 비교적 고정적이고 이용가치가 있다고 인정하는 섬과 모래섬은 비례척에 따라 표시하지 않았다. 나머지 섬과 모래섬의 귀속은 국경조약 제2조의 규정에 따른다.

제5조

본 의정서 제7조, 제8조와 제10조에 말하는 길이와 거리는 부속지도에서 측정한 것이라고 주석을 단 것을 제외하고는 모두 현지에서 계산해 낸 것이다. 현지에서 계산해 낸 거리는 모두 수평거리이다. 제8조와 제10조에서 말하는 경도와 위도는 조·중 양쪽이 연합하여 측량한 평면직각좌표를 역산하는 방법으로 구한 것이다.

이 의정서에 첨부된 일람표에 정리한 면적은 현지에서 실제 조사하여 구해 낸 것이고, 경도와 위도는 부속지도에서 측정한 것이다.

제6조

이 의정서 제1조에서 말한 부속지도의 비례척은 50,000분의 1이고, 조·중문본과 중·

조문본 두 가지로 나뉘며, 각각 47폭이다. 이 부속지도는 압록강 하구로부터 시작하여 서남쪽에서 동북쪽으로 순서대로 번호를 매겼다. 그 가운데 제32호 지도에는 1~2호 경계푯말 지역을 25,000분의 1의 상세한 지도가 첨부되어 있고, 제33호 지도에는 20~21호 경계푯말 지역을 25,000분의 1의 상세한 지도가 첨부되어 있다. 앞으로는 물 흐름(水流)의 중심선을 국경선으로 한 지역에서 물 흐름의 길이 변하더라도 위에서 말한 25,000분의 1의 상세 지도에서 분명하게 표시한 경계선은 변하지 않는다.

백두산 지역 국경선의 방향과 경계푯말의 위치

제7조

백두산 지역은 압록강 상류와 2,071m고지(새로 측량한 높이는 2,152m이며, 부속지도에는 새로 측량한 높이를 기준으로 한다) 동쪽에서 가장 가까운 작은 지류가 합쳐지는 곳에서 시작하여 백두산 천지를 지나 홍토수(紅土水)와 약류하(弱流河)가 만나는 곳까지 이어지는 국경선으로, 길이가 45,092.8m이고, 그 상세한 분포는 다음과 같다:

백두산 지역의 국경선 시작점은 압록강 상류 2,071m고지 동쪽에서 가장 가까운 작은 한 지류[시령하(時令河)]와 압록강이 만나는 곳으로 그곳 주위에 1호 큰 경계푯말 3개를 세웠다.

국경선은 위에서 말한 합수머리부터 2,071m고지를 거슬러 올라가 동쪽으로 가장 가까운 작은 한 지류의 물 흐름 중심선으로부터 대략 서북쪽으로 위로 거슬러 올라가 2개의 2호 큰 경계푯말 사이의 직선과 만나는 지점에 이른다. 이 구간의 국경선 길이는 3,050m(부속지도에서 측량한 것)이다.

국경선은 위에서 말한 2개의 큰 경계푯말 2호 사이의 만나는 점에서 직선으로 극좌표 방위각 322°57.1′ 방향으로 가다가, 2,469m고지(새로 측량한 높이는 2,457.4m이고, 부속지도에서는 새로 측량한 높이를 기준으로 한다) 동남 비탈과 낭떠러지를 지나, 2,469m고지(새로 측량한 높이는 2,457.4m이고, 부속지도에서는 새로 측량한 높이를 기준으로 한다) 꼭대기에 있는 큰 경계푯말 3호에 이른다. 이 구간의 국경선 길이는 472.3m이다.

국경선은 3호 큰 경계푯말로부터 위에서 말한 직선을 따라 계속 가다가, 2,469m고지(새로 측량한 높이는 2,457.4m)의 서북 비탈을 지나, 두 곳의 마른 골짜기(乾溝)와 하나의 낭떠러지를 가로질러, 백두산 천지를 에워싼 산등성이에서 가장 남쪽 끝에 있는 안부의 서쪽에서 가장 가까운 2,525.8m고지 꼭대기에 있는 4호 큰 경계푯말에 다다른다. 이 구간의 국경선 길이는 1,691.1m이다.

국경선은 4호 큰 경계푯말로부터 시작하여, 백두산 천지를 에워싼 산등성이를 따라 대체로 서북쪽으로 가다가, 2,520m고지(새로 측량한 높이는 2,543m이고, 부속지도에는 새로 측량한 높이를 기준으로 한다)를 지나, 2,520m고지(새로 측량한 높이 2,543m)와 2,664m고지(青石峰) 사이의 안부 가운데 지점에 있는 5호 큰 경계푯말에 다다른다. 이 구간의 길이는 3,100m(부속 지도에서 잰 것)이다.

국경선은 5호 큰 경계푯말로부터 직선으로 극좌표 방위각 67°58.3' 방향을 따라가다가 백두산 천지를 가로질러 백두산 천지 산등성이 위 2,628m고지와 2,680m고지(天文峰) 사이 안부의 중심점에 가까운 6호 큰 경계푯말에 이른다. 이 구간의 국경선 길이는 5,305.6m이다.

국경선은 6호 큰 경계푯말로부터 직선으로 진좌표 방위각(眞方位角) 93°10'41.6" 방향을 따라가다가 빗물로 갈라진 곳(雨裂)과 내두하(奶頭河) 서쪽 지류를 가로질러, 2,114m고지에 있는 7호 큰 경계푯말에 이른다. 이 구간의 국경선 길이는 3,226.3m이다.

국경선은 7호 큰 경계푯말로부터 직선으로 극좌표 방위각 82°57.9' 방향으로 2,114m고지 동북 산비탈을 따라 내려가다가 1,992m고지 위에 있는 8호 큰 경계푯말에 이른다. 이 구간의 국경선 길이는 1,646.8m이다.

국경선은 8호 큰 경계푯말로부터 직선으로 극좌표 방위각 96°07.1' 방향으로 따라가다가, 800m 떨어진 1,992m고지와 1,956m고지(새로 측량한 높이는 1,951.8m이고, 부속지도에는 새로 측량한 높이를 기준으로 한다) 사이에 있는 내두하(奶頭河)를 가로질러, 1,956m고지(새로 측량한 높이 1,951.8m) 위에 있는 9호 큰 경계푯말에 이른다. 이 구간의 국경선 길이는 1,696.7m이다.

국경선은 9호 큰 경계푯말로부터 직선으로 극좌표 방위각 96°45.5' 방향으로 직선으로 따라가다가, 이 직선 위에 놓인 작은 경계푯말 10호, 11호, 12호, 13호 4개를 지나, 10,040.8m 떨어진 지점에 있는 14호 큰 경계푯말에 이른다. 이 국경선은 9호 큰 경계푯말로부터 흑석구[黑石溝(土門江)]를 가로질러 10호 작은 경계푯말에 이르고; 다시 비탈을 따라 아래로 내려가다가 빗물로 갈라진 곳을 지나면 11호 작은 경계푯말에 이르고; 국경선은 11호 작은 경계푯말로부터 비탈을 따라 계속 내려가면 빗물로 갈라진 곳을 지나 12호 작은 경계푯말까지, 그다음은 다시 비탈을 따라 내려가 작은 빗물로 갈라진 곳과 안도(安圖)에서 신무성(新武城)으로 가는 도로를 지나 13호 작은 경계푯말에 이르고;

국경선은 그 경계푯말에서부터 작은 개울을 지나고, 다시 쌍목봉[雙目峰(雙頭峰)] 서북 비탈을 따라 오르면 쌍목봉(쌍두봉) 북쪽 봉우리, 즉, 1,562m고지(새로 측량한 높이는 1,532.1m이고, 부속지도에는 새로 잰 높이를 기준으로 한다)에 있는 14호 큰 경계푯말에 이른다.

국경선은 14호 큰 경계푯말로부터 극좌표 방위각 102°58.5′ 방향을 따라 직선으로 나가 그 직선 위에 자리 잡은 15호, 16호, 17호 3개의 작은 경계푯말을 지나서 9,574.9m 떨어진 18호 큰 경계푯말에 이른다. 국경선은 14호 큰 경계푯말로부터 동남쪽으로 비탈을 따라 내려가다가 평탄한 곳에 자리 잡은 15호 작은 경계푯말을 지나, 다시 완만한 비탈을 따라 내려가서 16호 작은 경계푯말에 이른다. 국경선은 이 경계푯말에서부터 평형하고 완만한 산지를 따라가다가 17호 작은 경계푯말을 지나고, 평평하고 완만한 산지를 따라가다가 1,332m고지(새로 측량한 높이는 1,300.8m이고, 부속지도에는 측량한 높이를 기준으로 한다)에 있는 18호 큰 경계푯말에 이른다.

국경선은 18호 큰 경계푯말로터 극좌표 방위각 91°11.5′ 방향을 따라 직선으로 완만한 비탈을 내려가고, 작은 개울을 지난 뒤 완만한 비탈을 따라 올라가 19호 작은 경계푯말에 이른다. 국경선은 위 경계푯말로부터 위에서 말한 직선을 따라 완만한 비탈을 계속 내려가 20호 큰 경계푯말이 3개 서 있는 홍토수와 북쪽의 한 지류(母樹林河)가 만나는 곳에 이른다. 이 구간의 국경선 길이는 2,713.3m이다.

국경선은 위에서 말한 20호 큰 경계푯말이 3개 서 있는 합수머리에서 홍토수 물이 흐르는 중심선을 따라 내려가다, 적봉(赤峰) 남쪽 산기슭을 감싸고 돌아, 먼저 동남쪽으로 굽어 내려가다가 조선 경내에서 흘러 내려오는 작은 시령하(時令河)와 홍토수가 만나는 곳을 거쳐 다시 동북쪽으로 돌아가다가 2,575m(부속지도에서 잰 것) 떨어진 홍토수와 약류하가 만나는 지점에 이른다. 이 합수머리 주위에 큰 경계푯말 21호 3개를 세웠다.

8호 큰 경계푯말부터 20호 큰 경계푯말 사이의 국경선에는 너비 4~8m의 숲 사이를 볼 수 있는 길(林間通視道)을 만들었다.

제8조

본 의정서 제7조에서 말한 백두산 지역의 국경선에서는 모두 21개 번호의 경계푯말 28개를 세웠다. 그 가운데 하나만 세운 경계푯말이 17개, 같은 번호에 2개의 경계푯말을 세운 것이 2개, 같은 번호에 3개의 경계푯말을 세운 것이 9개이다. 경계푯말의 구체적인 위치는 다음과 같다.

1호 큰 경계푯말: 1(1), 1(2), 1(3) 번호가 새겨져 있는 3개의 큰 경계푯말로 구성되었다. 이 경계푯말들은 모두 압록강 상류와 2,071m고지(새로 측량한 높이는 2,152m) 동쪽에서 가장 가까운 작은 지류가 만나는 곳 주위에 자리하고 있다.

1(1)호 경계푯말은 중국 경내, 위에서 말한 합수머리 서쪽 산비탈 평대 위에 있으며, 그 위치는 동경 128°05'49.9", 북위 41°56'44.3"이다. 위에서 말한 합수머리까지 자방위각 70°01.2'이고, 거리는 86m이다.

1(2)호 경계푯말은 조선 경내, 위에서 말한 합수머리 북쪽 산비탈 평대 위에 자리하고 있다. 위에서 말한 합수머리까지 자방위각 162°49.9'이고, 거리는 85m이다.

1(3)호 경계푯말은 조선 경내, 위에서 말한 합수머리 동쪽 산비탈 위 평대에 자리하고 있다. 위에서 말한 합수머리까지 자북방위각 298°36.2'이고, 거리는 82.7m이며, 뾰족한 바위까지는 자북방위각은 187°39.4', 거리는 332.2m이다.

2호 큰 경계푯말: 2(1), 2(2) 번호가 새겨져 있는 2개의 큰 경계푯말로 구성되어 있다. 이 2개의 경계푯말은 2,071m고지(새로 측량한 높이 2,152m) 동쪽으로 가장 가까운 작은 지류의 상류 양쪽 산비탈에 자리하고 있다.

2(1)호 경계푯말은 중국 경내, 위에서 말한 작은 지류 물 흐름 중심선과 2개의 2호 경계푯말 사이 직선이 서로 엇갈리는 점에서 서쪽 산비탈 평대 위, 동경 128°04'21.6", 북위 41°57'54.0"에 자리하고 있다. 2(1)호 경계푯말과 2(2)호 경계푯말 사이이 직선과 위에서 말한 지류의 물 흐름 중심신이 서로 엇갈리는 지점의 자방위각은 66°41.7'이고 거리는 55.9m이다.

2(2)호 경계푯말은 조선 경내에 있고, 위에서 말한 엇갈리는 지점 동쪽 산비탈에 자리하고 있으며, 위에 말한 엇갈리는 지점의 자방위각은 246°41.7', 거리는 50m이다.

3호 큰 경계푯말: 2,469m고지(새로 측량한 높이는 2,457.4m)의 꼭대기, 동경 128°04'09.1", 북위 41°58'05.7"에 자리하고 있다.

3호 큰 경계푯말에서 4호 큰 경계푯말까지의 진방위각은 314°40'20.8"이다.

4호 큰 경계푯말: 백두산 전지를 에워싼 산등성마루 가장 남쪽 끝 안장 부분 서쪽에서 가장 가까운 2,525.8m고지의 꼭대기, 동경 128°03'16.9", 북위 41°58'44.2"에 자리하고 있다.

4호 큰 경계푯말에서 5호 큰 경계푯말까지의 진방위각은 311°16'48.6"이다.

5호 큰 경계푯말: 백두산 천지를 에워싼 산등성마루 서남쪽 끝 2,520m(새로 측량한 높이는 2,543m)와 2,664m고지(靑石峰) 사이 안부 중심점, 동경 128°01'40.9", 북위 41°59'47.1"에 자리하고 있다.

6호 큰 경계푯말: 백두산 천지를 에워싼 산등성마루 2,628m고지와 2,680m고지(天文峰) 사이 안부 중심 가까이서 쑥 불거진 곳, 동경 128°05'01.5", 북위 42°01'11.8"에 자리하고 있다.
6호 큰 경계푯말에서 7호 큰 경계푯말까지의 진방위각은 93°10'41.6"이다.

7호 큰 경계푯말: 2,114m고지, 동경 128°07'21.5", 북위 42°01'06"에 자리한다. 7호 큰 경계푯말에서 8호 큰 경계푯말까지의 자방위각은 82°57.9'이다.

8호 큰 경계푯말: 2,114m고지 동쪽 산비탈 위 1,992m고지, 동경 128°08'30.6", 북위 42°01'19.4"에 자리하고 있다. 8호 큰 경계푯말에서 9호 큰 경계푯말까지의 자방위각은 96°07.1'이다.

9호 큰 경계푯말: 대각봉(大角峰) 북쪽 산비탈 1,956m고지(새로 측량한 높이는 1,951.8m), 동경 128°09'44", 북위 42°01'20.0"에 자리하고 있다. 9호 큰 경계푯말에서 직선으로 10호, 11호, 12호 13호 작은 경계푯말을 지나 14호 큰 경계푯말까지의 자북방위각은 96°45.5'이다.

10호 작은 경계푯말: 9호 경계푯말에서 동쪽으로 1,229m 떨어진 곳에 자리하고 있고, 서쪽 비탈을 따라 80m쯤 가면 흑석구[黑石溝(토문강)]에 다다른다.

11호 작은 경계푯말: 10호 경계푯말에서 2,218m 떨어진 곳에 자리하고 있고, 서쪽 비탈을 따라 80m쯤 가면 빗물에 크게 패인 곳에 다다른다.

12호 작은 경계푯말: 11호 경계푯말에서 3,182.8m 떨어진 곳에 자리하고 있고 동쪽으로 80m쯤 가면 빗물에 패인 곳이 있다.

13호 작은 경계푯말: 12호 경계푯말에서 2,135m 떨어진 곳에 자리하고 있고, 서쪽으로 15m쯤 떨어진 곳에 안도(安圖)에서 신무성(新武城)으로 가는 도로가 있다.

14호 큰 경계푯말: 13호 경계푯말에서 1,276m 떨어진 쌍목봉[雙目峰(雙頭峰)] 북쪽 봉우리, 다시 말해 1,562m고지(새로 측량한 높이는 1,532.1m), 동경 128°17'00.8", 북위 42°01'25.7"에 자리하며, 서남쪽으로 500m쯤 떨어진 곳에 산봉우리가 하나 있다.
14호 큰 경계푯말에서 직선으로 15호, 16호, 17호 작은 경계푯말을 지나, 18호 큰 경계푯말까지의 자방위각은 102°58.5'이다.

15호 작은 경계푯말: 14호 경계푯말에서 2,002m 떨어진 곳에 자리한다.

16호 작은 경계푯말: 15호 경계푯말에서 3,602.9m 떨어진 곳에 자리하고 있고, 동쪽 길에서 10m쯤 떨어져 있다.

17호 작은 경계푯말: 16호 경계푯말에서 2,361m 떨어진 곳에 자리하고, 신무성(新武城)에서 적봉(赤峰)으로 가는 도로가 서쪽으로 30m쯤 떨어져 있다.

18호 큰 경계푯말: 17호 경계푯말에서 1,609m 떨어진 1,332m고지(새로 측량한 높이는 1300.8m), 동경 128°23'55.4", 북위 42°00'58.6"에 자리하고 있다. 18호 큰 경계 말에서 19호 작은 경계푯말까지의 자방위각은 91°11.5'이다.

19호 작은 경계푯말: 직선으로 18호 경계푯말에서 홍토수(紅土水)와 북쪽 한 지류(母樹林河)의 합수머리까지 이어진 국경선에 자리하고 있는데, 홍토수와 북쪽 지류(母樹林河)의 합수머리에서 1,054.6m, 18호 경계푯말로부터 1,658.7m 떨어져 있다.

20호 큰 경계푯말: 20(1), 20(2), 20(3) 번호가 새겨져 있는 3개의 큰 경계푯말로 구성되었다. 이 경계푯말들은 홍토수와 북쪽의 한 지류(母樹林河)가 만나는 합수머리 주위에 자리하고 있다.

20(1)호 경계푯말은 조선 경내, 위에서 말한 합수머리 남쪽에서 조금 서쪽으로 치우친 언덕 위, 동경 128°25'51.8", 북위 42°01'08.7"에 자리하고 있다. 위에서 말한 합수머리까지의 자방위각은 11°26.0'이고 103.02m 떨어져 있다.

20(2)호 경계푯말은 중국 경내, 위에서 말한 합수머리 동북 언덕 남쪽 비탈 위에 자리하고 있다. 위에서 말한 합수머리까지의 자방위각은 239°54.2'이고 126.89m 떨어져 있다.

20(3)호 경계푯말은 중국 경내, 위에서 말한 합수머리 서쪽에서 북쪽으로 조금 치우친 언덕 위에 자리하고 있다. 위에서 말한 합수머리까지의 자방위각은 103°21'이고 거리는 135.45m 떨어져 있다.

21호 큰 경계푯말: 21(1), 21(2), 21(3) 번호가 새겨진 3개의 큰 경계푯말로 구성되어 있다. 이 경계푯말들을 홍토수(紅土水)와 약류하(弱流河)의 합수머리 주위에 자리하고 있다.

21(1)호 경계푯말은 조선 경내, 위에서 말한 합수머리 남쪽에서 서쪽으로 조금 치우친 언덕 위, 동경 128°27'19.1", 북위 42°01'06.9"에 자리하고 있다. 위에서 말한 합수머리까지의 자방위각은 25°28.8'이고 거리는71.40m이다.

21(2)호 경계푯말은 중국 경내, 위에서 말한 합수머리 동쪽에서 북쪽으로 조금 치우친 언덕 위에 자리하고 있고, 위에서 말한 합수머리까지의 자방위각은 263°54.4'이고 거리는 90.77m이다.

21(3)호 경계푯말은 중국 경내, 위에서 말한 합수머리 서북 언덕 위에 자리하고 있으며, 위에서 말한 합수머리까지의 자방위각은 142°42'이고 거리는 74.747m이다.

위에서 말한 28개의 경계푯말들은 큰 경계푯말이 20개, 작은 경계푯말이 8개이다. 큰 경계푯말 가운데 1(1)호, 2(1)호, 3호, 4호, 5호, 6호, 7호, 8호, 9호, 14호, 18호, 20(1)호, 21(1)호 경계푯말들의 위치는 모두 현지답사를 하고 경도와 위도를 측정했다. 나머지 7개, 다시 말해 1(2)호, 1(3)호, 2(2)호, 20(2)호, 20(3)호, 21(2)호, 21(3)호 경계푯말 및 작은 경계푯말 8개, 즉 10호, 11호, 12호, 13호, 15호, 16호, 17호, 19호 경계푯말들은 모두 경도와 위도를 측정하지 않았다.

양국 국경하천과 하천바다 분계선 표지 위치

제9조

1. 압록강과 두만강(圖們江) 가운데 현지답사를 거친 섬과 모래섬은 모두 451개이다. 이 가운데 187개는 중국에 속하고 264개는 조선에 속한다.

   (1) 압록강 하구 하천과 바다 분계선에서 시작하여 압록강 상류와 2,071m고지(새로 측량한 높이는 2,152m) 동쪽에서 가장 가까운 지류와 만나는 합수머리까지, 압록강을 경계로 하는 이 구간에서 현지를 답사한 섬과 모래섬은 모두 205개이며, 그 가운데 78개는 중국에, 127개는 조선에 속한다.

   (2) 홍토수(紅土水)와 약류하(弱流河)가 만나는 합수머리에서부터 조·중 국경선 동쪽 끝 마지막 지점까지 두만강을 경계로 하는 이 구간에서 현지답사를 거친 섬과 모래섬은 모두 246개이며, 그 가운데 109개는 중국에, 137개는 조선에 속한다.

2. 이 조 제1항에서 말한 섬과 모래섬은 압록강 하구 하천과 바다의 분계선에서부터 두만강 하류 조·중 국경선 동쪽 끝 지점까지 이르는 순서에 따라 번호를 매긴다.

3. 이 조에서 말한 섬과 모래섬의 위치, 면적 및 귀속 같은 상황들은 이 의정서 제4조에서 말한 일람표에 실려 있다. 이 일람표는 이 의정서를 구성하는 한 부분이다.

4. 앞으로 홍수, 물 흐름의 변동 및 다른 원인 때문에 이 조 제1항에서 말한 섬과 모래섬의 위치와 형태에 변동이 생기거나, 압록강, 두만강 기슭의 토지가 떠내려가 섬이 되거나, 상대국 육지와 이어지더라도 그 귀속은 변하지 않는다.

제10조

압록강 하구 하천과 바다의 분계선은 조선의 소다사도(小多獅島) 가장 남쪽 끝에 있는 하천과 바다 분계선 표지 1호에서 시작하여, 직선으로 조선 신도(薪島) 북쪽 끝에 있는 하천과 바다 분계선 표지 2호를 거쳐, 중국 대동구(大東溝) 남쪽 돌출부 가장 남쪽에 있는 하천과 바다 분계선 표지 3호까지이다. 하천과 바다 분계선의 길이는 22,249.2m이다. 하천과 바다의 분계선 표지의 위치는 다음과 같다:

1호 하천·바다 분계선 표지: 조선 경내 소다사도(小多獅島) 가장 남쪽 끝, 동경 124°24'31.25", 북위 39°48'22.64"에 자리하고 있으며, 자방위각 145°38'18", 1,290m 떨어진 곳에 조선 경내 대다사도(大多獅島)의 삼각점이다.

2호 하천·바다 분계선 표지: 조선 경내 신도 북쪽 끝, 동경 124°13'43.59", 북위 39°49'21.30"에 자리하고 있으며, 진방위각 95°51'47.2", 거리 15,512.9m 떨어진 곳이 위에서 말한 1호 하천·바다 분계선 표지이다.

3호 하천·바다 분계선 표지: 중국 경내 대동구 남쪽 돌출한 부분에서 가장 남쪽 끝에 자리하고 있는 동경 124°09'02.25", 북위 39°49'46.49"에 자리하고 있다. 진방위각 95°51'47.2", 거리 6,736.3m 되는 곳에 위에서 말한 2호 하천·바다 분계선 표지가 있다.

제11조

양 체약당사국은 부속지도 가운데 47호 지도에는 국경하천을 지도의 가장자리까지만 그리고, 조·중 국경 동쪽 끝 마지막 부근은 지형만, 그리고 지물과 지명을 표시하지 않았다.

해상 분계선과 자유항행구역

제12조

양 체약당사국은 국경조약 제3조 제2항의 규정에 따라 두 나라 해상 분계선을 아래와 같이 확정하였다.

압록강 하구 하천·바다 분계선 상의 동경 124°10'06", 북위 39°49'41" 지점에서 시작하여 직선으로 동경 124°09'18", 북위 39°43'39" 지점까지 잇고, 다시 동경 124°09'18", 북위 39°43'39" 지점에서 시작하여 직선으로 동경 124°06'31", 북위 39°31'51" 지점을 지나 공해에서 마친다. 위에서 말한 해상 분계선은 부속지도에 분명하게 표시한다.

제13조

국경조약 제3조 제3항에서 말한 압록강 하구 하천·바다 분계선 밖의 두 나라 모든 선박의 자유항행 구역은 동경 123°59' 동쪽에서 동경 124°26' 서쪽까지이며, 하천·바다 분계선에서부터 북위 39°30'까지는 각각 중국 영해와 조선 영해의 해역에 속한다.

국경의 유지 보호와 관리

제14조

양 체약당사국은 경계푯말과 하천·바다 분계선 표지를 보호하고 관리하며, 이에 필요한 조치를 취하여야 하며, 경계푯말과 하천·바다 분계선 표지가 이동, 파괴, 소멸되는 것을 막아야 한다.

어떠한 일방도 일방적으로 새로운 경계푯말과 하천·바다 분계선 표지를 세울 수 없다.

제15조

1. 양 체약당사국은 경계푯말과 하천·바다 분계선 표지를 보호하고 관리하기 위하여 아래와 같이 일을 분담한다.
   (1) 하나씩 세운 경계푯말 가운데, 홀수번호는 중국에서 책임지고, 짝수번호는 조선에서 책임진다.
   (2) 같은 번호를 두 개 세운 것과 같은 번호를 3개 세운 경계푯말은 경계푯말이 속한 측에서 책임진다.
   (3) 압록강 하구의 하천·바다 분계선 표지는 그 표지가 속한 측이 책임진다.
   (4) 중국 왕가타자도(王家坨子島)와 조선의 매기도(每基島)의 분계선에 서 있는 2개의 경계푯말 가운데 동남쪽 1개(동경 130°15'15.96", 북위 42°51'57.91")는 중국이 책임지고, 서북쪽 1개(동경 130°15'13.62", 북위 42°52'02.08")는 조선이 책임진다.

2. 만일 일방 당사국이 경계푯말이나 하천·바다 분계선 표지가 이동, 파괴, 소멸된 것을 발견하면 바로 상대국에게 알려야 한다. 그 경계푯말이나 하천·바다 분계선 표지

의 유지와 보호를 책임지는 나라에서는 상대국이 참여한 상황에서 원래 있던 곳에 원래의 규격대로 회복, 수리하거나 다시 세워야 한다.

만약 이동, 파괴, 소멸된 경계푯말이나 하천·바다 분계선 표지가 자연적인 원인 때문에 원래 있던 자리에 회복, 수리하거나 다시 세울 수 없으면, 두 나라가 협의하여 적당한 지점을 택해 세울 수 있다. 그러나 그것 때문에 국경선이나 강·바다 분계선은 바뀌지 않는다.

3. 경계푯말이나 하천·바다 분계선 표지를 회복, 수리하거나 다시 세운 것에 대하여 두 나라는 공동으로 기록을 작성하여야 한다. 만약 다른 지점을 골라 경계푯말이나 하천·바다 분계선 표지를 세운 경우, 두 나라는 문건으로 체결하여야 하며, 아울러 약도를 만들어, 이 의정서 제8조, 제10조와 본조 제1항, 제4항에서 말한 그 경계푯말이나 하천·바다 분계선 표지의 위치와 새로운 경계푯말이나 하천·바다 분계선 표지의 위치를 설명한다. 위에서 말한 문건과 약도는 서명한 후 이 의정서의 부속문건이 된다.

제16조

양 체약당사국은 이 의정서 제7조에서 말한 백두산 지구 삼림지 구간의 국경선을 명확히 하고 쉽게 분별하기 위하여 6년에 한 번씩 경계푯말 사이의 통시도(通視道)를 정리해야 한다. 다만 두 나라가 협의하여 동의하면, 정리 시간은 변동할 수 있으며 일부 지역만 정리할 수 있다. 정리 방법은 작업을 시작할 때 양쪽 관계 인원들이 상의하여 결정한다.

제17조

양 체약당사국은 국경하천의 흐름도가 고쳐지는 것을 막아야 한다. 어느 일방이 항로를 바꾸거나 물의 흐름(水流)을 바꾸어 상대국 기슭에 충격을 가하게 될 건축물을 설치할 때에는 반드시 먼저 상대국의 동의를 받아야 한다.

제18조

양 체약당사국은 이 의정서의 효력이 발생한 후 3년마다 백두산 지구의 국경에 대하여, 5년마다 국경하천에 대하여 한 차례씩 연합검사를 실시해야 한다. 다만 두 나라가 협상을 거쳐 검사 시간을 변동하거나 국경의 일부 구간만 검사할 수 있다. 일방의 요구가 있으면 양 당사국은 국경의 일정 구간에 대하여 임시 연합검사를 해야 한다.

연합검사를 할 때 마다 공동으로 기록을 작성해야 하고, 양 당사국의 서명을 거쳐 각기 보존해야 한다.

연합검사 도중 만일 경계푯말이나 하천·바다 분계선 표지가 이동, 파괴, 소멸된 것을 발견하거나, 이 의정서의 부속 일람표에 실린 섬이나 모래섬이 휩쓸려 없어지거나, 일방에 소속된 섬이나 모래섬이 상대국 육지로 이어진 것과 같은 상황이 벌어지면 공동 기록에 상세하게 밝혀 실어야 한다. 경계푯말이나 하천·바다 분계선 표지가 이동, 파괴, 소멸된 상황에서는 두 나라가 공동으로 조사한 뒤, 본 의정서 제15조 제2항의 규정에 따라 회복, 수리하거나 다시 세워야 한다.

만약 일방의 섬, 모래섬이 생겨나거나, 떠밀려 간 강기슭의 토지가 상대국의 육지로 이어진 때는 그 분계선을 명확하게 하기 위해 양 당사국이 공동으로 혹은 한쪽이 상대국의 동의와 참가를 얻은 상태에서 위에서 말한 분계선에 표지를 세울 수 있다.

연합검사를 할 때 만약 새로 나타난 섬이나 모래섬이 있을 경우 두 나라는 국경조약 제2조 제4항의 규정에 따라 그 귀속을 확정해야 하고, 일람표에서 번호에 따라 연속으로 번호를 매겨야 하며, 문건에 함께 서명하고 약도를 만들어 위에서 말한 섬이나 모래섬의 위치, 면적과 귀속 같은 상황을 설명해 준다. 위에서 말한 문건과 약도는 두 나라가 서명한 뒤 이 의정서의 부속 무거이 된다.

제19조

양 체약당사국은 이 의정서에서 규정한 국경에 대한 보호와 관리사항에 대하여 서로 연락하거나 협상하여 처리할 때는 쌍방이 지정한 인원들이 책임지고 진행하여야 한다.

양 체약당사국은 국경을 연합검사 할 때 쌍방이 지정하여 파견한 인원으로 조·중 국경연합검사위원회를 구성한다.

종결 조항

제20조

국경조약 제5조의 규정에 따라 이 의정서가 효력이 발생한 날부터 1962년 10월 3일

조·중 양국 정부대표단이 작성한 조·중 국경 문제에 대한 회담기록을 제외하고는 국경조약이 체결되기 이전에 양국 국경에 관련된 모든 문건은 즉각 효력을 잃는다.

제21조

이 의정서는 서명한 날부터 효력이 발행한다.

이 의정서는 1964년 3월 20일 북경에서 체결하고, 모두 2부이며, 각각 모두 중국어와 조선어로 씌어졌고, 두 가지 문건은 동일한 효력을 갖는다.

<table>
<tr><td>중화인민공화국 정부
전권대표</td><td>조선민주주의인민공화국 정부
전권대표</td></tr>
<tr><td>천이(陳毅) (서명)</td><td>박성철 (서명)</td></tr>
</table>

참고문헌

1. 국내문헌

가. 단행본

강경근, 『憲法學』(서울: 법문사, 1997).

경남대학교 북한대학원 엮음, 『남북한 관계론』(파주: 한울아카데미, 2005).

계희열, 『憲法學(上)』(서울: 박영사, 2005).

고구려연구재단 편, 『중국의 東北邊疆 연구 동향 분석』(서울: 고구려연구재단, 2004).

_____, 『중국의 민족·변강문제 연구 동향』(서울: 고구려연구재단, 2005).

_____, 『중국 역사가들의 몽골사 인식』(서울: 고구려연구재단, 2006).

고영훈, 『獨逸統一에 따른 公法의 統合에 관한 硏究』(서울: 한국법제연구원, 1994).

구병삭, 『新憲法原論』(서울: 박영사, 1998).

국토통일원 편, 『국가연합사례연구』(서울: 국토통일원, 1986).

권영성, 『憲法學原論』(서울: 법문사, 1998).

_____, 『憲法學原論』(서울: 법문사, 2008).

김계동, 『남북한 체제통합론』(서울: 명인문화사, 2006).

김대순, 『國際法論』, 제14판(서울: 삼영사, 2008).

김명기, 『國際法上 南北韓의 法的 地位』(서울: 화학사, 1980).

_____, 『국제법원론』(서울: 박영사, 1996).

김승대, 『統一憲法理論 -東西獨과 南北韓 統一의 比較法論』(서울: 법문사, 1996).

김영구, 『잘 몰랐던 韓日 過去事 문제 - 한일 과거사에 대한 국제법적 조명 - 』(부산: 다솜출판사, 2010).

김운태, 『일본제국주의의 한국통치』(개정판)(서울: 박영사, 1998).

김육불, 동북아역사재단 번역, 『김육불의 東北通史, 上』(서울: 동북아역사재단, 2007).

_____, 동북아역사재단 번역, 『김육불의 東北通史, 上』(서울: 동북아역사재단, 2007).

김일영, 『건국과 부국: 현대한국정치사강의』(서울: 나무, 2004).

김정균・성재호, 『國際法』, 제5개정판(서울: 박영사, 2008).

김찬규・이규창, 『북한 국제법 연구』(파주: 한국학술정보(주), 2009).

김찬규・이영준, 『國際法概說』(서울: 법문사, 1994).

김철수, 『憲法學槪論』(서울: 박영사, 1998).

_____, 『憲法學槪論』(서울: 박영사, 2004).

_____, 『學說判例 憲法學』(서울: 박영사, 2008).

김현수, 『세계도서 영유권 분쟁과 독도』(서울: 연경문화사, 2009).

김학린, 『유엔에서의 영토문제 논의현황과 사례분석』(서울: 동북아역사재단, 2009).

김학성, 『헌법학강의 Ⅰ』(춘천: 강원대학교출판부, 2007).

김학준, 『분단과 통일의 민족주의』(서울: 소리출판, 1983).

나인균, 『국제법』(서울: 법문사, 2008).

노계현, 『조선의 영토』(서울: 한국방송대학교출판부, 1997).

노영돈 외 5, 『한국 근대의 북방영토와 국경문제』(과천: 국사편찬위원회, 2004).

도회근, 『남북관계와 헌법』(울산: 울산대학교출판부, 2009).

동북아역사재단 편, 『중국 역사 교과서의 민족・국가・영토문제』(서울: 동북아역사재단, 2006).

디터 블루멘비츠, 『분단국가의 법적 지위』, 최창동 편저(서울: 법률행정연구원, 1996).

馬大正 주편, 『중국의 동북변강 연구』, 이영옥 번역(서울: 동북아역사재단, 2004).

_____ 외 1, 『중국의 국경・영토 인식: 20세기 중국의 변강사 연구』, 조세현 번역(서울: 동북아역사재단, 2004).

_____ 외, 『중국인이 쓴 고구려 역사』, 서길수 번역(서울: 여유당출판사, 2007).

문준조, 『중국과 대만의 인적교류법제』(서울: 한국법제연구원, 2004).

문홍주, 『第5共和國 韓國憲法』(서울: 해암사, 1986).

박기갑・김자영, 『영유권 취득・상실에 있어서 국가의 일방적 행위가 갖는 국제법적 효력에 관한 연구 -최근 사례를 중심으로-』(서울: 한국해양수산개발원, 2008).

박선영, 『간도, 왜 논란인가? : 간도를 다시 본다』(포항: 아시아학회, 2006).

배진수・윤지훈, 『세계의 영토분쟁 DB와 식민침탈 사례』(서울: 동북아역사재단, 2008).

백산학회 편, 『間島 領有權問題 論攷』(서울: 백산자료원, 2000).

_____, 『韓・中 領土의 관한 論攷 -간도를 중심으로-』(서울: 백산자료원, 2006).

_____, 『간도영토에 관한 연구』(서울: 백산자료원, 2006).

백진현, 『한반도 남북한 체결조약의 승계에 관한 연구』(서울: 서울대학교 통일평화연구소, 2008).

법무부, 『北韓法의 體系的 硏究(2)』(과천: 법무부, 1995).

_____, 『남북교류협력관련 판례집』(과천: 법무부, 2000).

_____, 『獨逸統一 10年의 法的 考察』(과천: 법무부, 2000).

_____, 『統一法務 基本資料 2003』(과천: 법무부, 2002).

_____, 『홍콩·마카오 特別行政區基本法 解說』(과천: 법무부, 2003).

_____, 『키프로스 統一方案 硏究』(과천: 법무부, 2004).

_____, 『남북 키프로스 교류협력 법제 연구』(과천: 법무부, 2009).

법원행정처, 『통일사법정책연구(2)』(서울: 법원행정처, 2009).

_____, 『남북교류와 관련한 법적 문제점(7)』(서울: 법원행정처, 2009).

법제처, 『獨逸統一關係法硏究』(서울: 법제처, 1991).

송기호, 『동아시아의 역사분쟁』(서울: 솔출판사, 2007).

서길수, 『백두산 국경 연구』(서울: 여유당출판사, 2009).

성낙인, 『헌법학』(서울: 법문사, 2008).

(사)고구려연구회 엮음, 『동북공정과 한국학계의 대응논리』(서울: 여유당출판사, 2008).

시노다 지사쿠, 『간도는 조선땅이다-백두산정계비와 국경』, 신영길 역(서울: 지선당, 2005).

양태진, 『한국의 국경연구』(서울: 동화출판사, 1981).

_____, 『韓國의 領土管理政策에 관한 硏究 -주변국과의 영토문제를 중심으로-』(서울: 한국행정연구원, 1996).

_____, 『우리나라 영토 이야기』(서울: 예나루, 2007).

염돈재, 『올바른 통일준비를 위한 독일통일의 과정과 교훈』(서울: 평화문제연구소, 2010).

왕가(王柯), 『민족과 국가: 중국 다민족통일국가 사상의 계보』, 김정희 번역(서울: 동북아역사재판, 2005).

외교통상부, 『알기 쉬운 조약업무』(서울: 외교통상부, 2006).

_____, 『2010 외교백서』(서울: 외교통상부, 2010).

외무부 외교연구원, 『韓國外交의 二十年』(서울: 외무부 외교연구원, 1967).

외교부·외교안보연구원, 『間島의 領有權問題』(서울: 외교부·외교안보연구원, 1990).

유병화, 『국제법 Ⅰ』(서울: 진성사, 1991).

유병화·박노형·박기갑, 『국제법』(서울: 법문사, 1999).

유철종, 『동아시아 국제관계와 영토분쟁』(서울: 삼우사, 2006).

유호열 외 7, 『남북 화해와 민족 통일』(서울: 을유문화사, 2001).

육낙현 편, 『白頭山定界碑와 間島領有權』(서울: 백산자료원, 2000).

윤명선·이영준, 『法學大意』(서울: 법문사, 2005).

윤명수, 『간도의 비밀』(서울: 완안출판사, 2006).

이규창 역, 『북한의 국제법관』(파주: 한국학술정보(주), 2008).

이동율 외 8, 『중국의 영토분쟁』(서울: 동북아역사재단, 2008).

이병조·이중범, 『국제법신강』(서울: 일조각, 1996).

_____, 『국제법신강』(서울: 일조각, 2003).

이상구 편저, 『국제법 판례특강』(서울: 도서출판 인해, 2010).

이석우, 『영토분쟁과 국제법 : 최근 주요 판례의 분석』(서울: 학영사, 2004).

_____, 『동아시아의 영토분쟁과 국제법』(파주: 집문당, 2007).

엮음, 『독도 분쟁의 국제법적 이해(개정증보판)』(서울: 학영사, 2005).

이안 브라운리(Ian Brownlie), 『국제법』, 정영진·황준식 번역(서울: 현암사, 2004).

이종석, 『북한-중국관계 1945~2000』(서울: 중심, 2000).

이장희, 『남북합의문서의 법적 쟁점과 정책과제』(서울: 아시아사회과학연구원, 2007).

이장희 편, 『북한법 50년, 그 동향과 전망』(서울: 아시아사회과학연구원, 1999).

이한기, 『국제법 강의』(서울: 박영사, 2004).

이효원, 『남북교류협력의 규범체계』(서울: 경인문화사, 2006).

일암변재옥박사화갑기념논문집 간행위원회, 『現代公法論叢: 日巖 卞在玉 博 士華甲 記念』(서울: 日巖卞在玉博士華甲記念論文集刊行委員會, 1994).

임지현 엮음, 『근대의 국경 역사의 변경 -변경에 서서 역사를 바라보다』(서울: 휴머니스 트, 2004).

장명봉, 『분단국가의 통일과 헌법』(서울: 국민대출판부, 2001).

장신 편저, 『국제법판례 요약집』(광주: 전남대학교 출판부, 2004).

장효상, 『現代國際法: 理論과 實際』(서울: 박영사, 1987).

제성호, 『남북한특수관계론』(서울: 한울아카데미, 1995).

정인섭, 『新국제법강의-이론과 사례』(서울: 박영사, 2010).

정인섭·정서용·이재민, 『국제법 판례 100선』(서울: 박영사, 2008).

정상수, 『제국주의』(서울: 책세상, 2009).

조은석 외 3, 『남북한 평화공존과 남북한 연합 추진을 위한 법제정비방안 연구』(서울: 통일연구원, 2001).

최대권, 『統一의 法的 問題』(서울: 법문사, 1990).

최장근, 『일본의 독도·간도침략 구상: 「島根 告示40號」·「朝鮮間島經營案」의 본질 규명』(서울: 백산자료원, 2010).

최창동, 『법학자가 본 통일문제 Ⅰ』(서울: 푸른세상, 2002).

_____, 『법학자가 본 통일문제 Ⅱ』(서울: 푸른세상, 2002).

통일원, 『통일백서 1995』(서울: 통일원, 1995).

한국정치연구회, 『북한정치론』(서울: 백산서당, 1990).

한명섭, 『남북 교류와 형사법상의 제 문제』(파주: 도서출판 한울, 2008).

한철호 외, 『韓中關係史 硏究의 成果와 課題』(과천: 國史編纂委員會·韓國史學會, 2004).

해양수산부, 『국제해양분쟁사례연구Ⅵ』(서울: 해양수산부, 2006).

홍성방, 『憲法學』(서울: 현암사, 2003).

나. 논문

강병규, "印·中共 國境의 戰略的 狀況", 『國際法學會論叢』, 제11권 제2호(1966. 9.).

강병근, "ICJ의 1997년 Gabčíkovo-Nagymaros Project 사건: 국제 판례 소개", 『한림법학 forum 7』(한림대학교 법학연구소, 1998. 11.).

고순석, 『國際法上의 事情變更原則에 關한 硏究』(서울대학교 법학석사 학위논문, 1986).

곽주용, 『통일 이후 북방영토분쟁에 관한 연구』(한남대학교 석사학위논문, 2004).

구희권, 『國家統合時의 國家承繼에 關한 硏究 -統一韓國을 中心으로-』(중앙대학교대학원 박사학위논문, 1993).

_____, "The Uniting of Divided States in the Vienna Convention on Succession of States in Respect of Treaties," *Korean Journal of Comparative Law,* Vol. 18(Korean Research, 1990).

권오국, 『한반도 통합 시 국가승계: 통합유형에 따른 승계의 적용을 중심으로』(성균관대학교 석사학위논문, 2000).

김경춘, 『압록·두만강 국경문제에 관한 연구』(국민대학교 박사학위논문, 1997).

김대순, "領土紛爭의 司法的 解決에 관련된 몇 가지 爭點에 관한 小考 -ICJ判例를 중심으로-", 『고려법학』, 제49호(2007. 10.).

김명기, "국제법상 일본으로부터 한국의 분리에 관한 연구", 『國際法學會論叢』, 제63호(1988. 6.).

_____, "남북기본합의서의 법적 성질", 『法學論叢』, 제6집(숭실대학교 법학연구소,

1993. 3.).

     , "北韓住民을 大韓民國國民으로 본 大法院 判決의 法理論", 『저스티스』, 제 30권 제2호(1997. 6.).

     , "北韓의 人權規約 脫退에 관한 硏究", 『國際法學會論叢』, 제87호(2000. 6.).

     , "통일한국의 북중국경선조약의 승계에 관한 고찰", 『국제법 동향과 실무』, Vol. 4, no.3・4 통권 제13호(외교통상부 조약국, 2005. 12.).

     , "조・중 국경조약과 간도: 간도 영유권 회복이 최상의 민족적 소명이며 국민적 성찰이 필요", 『北韓』, 통권 제441호(2008. 9.).

김명기・지봉도, "조약의 등록과 남북기본합의서", 『國際法學會論叢』, 제71호(1992. 6.).

김병욱, "분단국과 국제법의 적용", 『立法調査月報』, 통권 제66호(1973. 5.).

김석현, "'조약의 대상 및 목적과의 양립성'의 의의와 그 평가", 『國際法學會論叢』, 제 56권 제1호(2011. 3.).

     , "FALKLAND 領有權紛爭", 『國際法學會論叢』, 제52호(1982. 12.).

김성수, 『國際法上 南北韓 統一以後의 國家承繼問題에 關한 硏究』(한국외국어대학 교 법학석사학위논문, 1993).

김예경, "중국과 베트남 간의 영토분쟁과 해결방식", 이동율 외 8, 『중국의 영토분쟁』(서 울: 동북아역사재단, 2008).

김우준, "간도문제에 관한 유럽의 인식", 『한국 근대의 북방영토와 국경문제』(과천: 국사 편찬위원회, 2004. 12.).

김원웅 엮음, 『간도백서: 간도 영유권에 관한 역사적・국제법적 논거를 중심으로』(서울: 김원웅 의원실, 2004).

김정호, 『國際法上 間島領有權에 關한 硏究』(명지대학교 법학박사학위논문, 2001).

김종세, 『동서독의 통일방식에 비추어 본 남북한 통일방식의 모색』(한양대학교 법학석사 학위논문, 2003).

김주현, 『State Succession in the Case of a Unified Korea resulting from the Collapse of North Korea』(국방대학교 국방관리대학원 석사학위논문, 2009).

김찬규, "新生國과 條約의 承繼", 『法學』, 제37권(서울대학교 법학연구소, 1977).

     , "國境河川의 境界劃定에 관한 北韓의 實踐", 『北韓法律行政論叢』, 제4권 (고려대학교 법률행정연구소, 1980. 2.).

     , "間島의 領有權", 碧波 金槇鍵博士 華甲紀念論文集 刊行委員會 編 『變化 하는 世界와 國際法: 碧波金槇鍵博士華甲紀念』(서울: 博英社, 1993).

_____, "間島의 領有權", 『韓國北方學會論集』, 창간호(한국북방학회, 1995).

김찬규·김석현, "主要 島嶼紛爭 事例", 『국제법평론』, 통권 제6호(1996. 6.).

김춘선, "鴨綠·豆滿江 국경문제에 관한 한·중 양국의 연구동향", 『韓國史學報』, 제 12호(고려사학회, 2002. 3.).

김태천, "分離的 自決權의 國際法的 合法性", 『國際法學會論叢』, 제82권(1997. 12.).

김현영, "조선후기 조·청 변경의 인구와 국경 인식", 『한국 근대의 북방영토와 국경문 제』(과천: 국사편찬위원회, 2004. 12.).

나인균, "大韓民國과 大韓帝國은 法的으로 同一한가? -國家의 同一性 내지 繼續性 에 관한 國際法的 고찰-", 『국제법학회논총』, 제85권(대한국제법학회, 1999. 6.).

노영돈, "白頭山地域에 있어서 北韓과 中國의 國境紛爭과 國際法", 『國際法學會論 叢』, 제68호(1990. 12.).

_____, "국제법의 3유형", 『국제법평론』, 통권 제14호(국제법평론회, 2000).

_____, "청-일 간도협약의 무효와 한국의 간도영유권", 『한국 근대의 북방영토와 국경문 제』(과천: 국사편찬위원회, 2004. 12.).

_____, "한·중 간도영유권문제와 국제법상의 시효문제", 『白山學報』, 제71호(백산학 회, 2005. 4.).

_____, "간도영유권과 중국과의 국경문제", 『Strategy 21』 제9권 제2호 통권 제18호(해 양전략연구소, 2006).

_____, "간도영유권을 둘러싼 법적 제 문제", 『간도협약 100년의 재조명: 회고(回顧)와 전망(展望)』(서울: 북방민족나눔협의회 간도되찾기운동본부, 2009).

도시환, "1910년 '한·일병합조약'의 국제법적 재조명", 『외법논집』, 제34권 제1호(한국 외국어대학교 전문분야연구센터 법학연구소, 2010. 2.).

박기갑, "남북한의 국제법상 관행연구", 『벽파 김정건 박사 화갑논문집-변화하는 세계와 국제법』(서울: 박영사, 1993).

_____, "일반국제법 이론에 비추어 본 남북한 간 가능한 국가승계 형태론", 『한림법학 Forum』, 제5권 1호(한림대학교법학연구소, 1996. 10.).

박동기, 『統一韓國에 있어서 北方領土에 關한 硏究』(조선대학교 정책대학원 지방자치 학과 석사학위논문, 1998).

박명용, "연해주를 눌러싼 한국과 러시아 영토문제, 1650년에서 1900년까지", 『北方史 論叢』, 제4호(고구려연구재단, 2005. 4.).

박문숙, 『국제법상의 조약승계: 남북통일에의 적용문제를 중심으로』(중앙대학교 법학석사학위논문, 2009).

박배근, "국제법상 시제법의 이론과 실제"『國際法學會論叢』, 제53권 제1호(대한국제
법학회, 2008. 4.).

_____, "국제법상 국가의 동일성과 계속성",『저스티스』통권 제90호(한국법학원, 2006.
4.).

_____, "대한민국임시정부의 국제법적 지위와 대한민국의 국가적 동일성(하)",『법학연
구』, 제14권 제1호 통권 제22호(연세대학교 법학연구소, 2004. 3.).

박범영,『법치국가와 전법치국가적 과거의 청산: 과거 북한의 국가적 불법행위 청산을
중심으로』(고려대학교 석사학위논문, 2005).

박선영, "북한과 중국의 비밀 국경조약",『中國史研究』, 제34집(중국사학회, 2005. 2.).

_____, "한중 국경획정의 과거와 현재: 유조변, 간도협약, 북중비밀국경조약 분석을 중
심으로",『北方史論叢』, 제4호(2005. 4.).

_____, "소련이 '간도 지역을 북한의 영토로 확정'한 중화민국 외교부 사료와 간도문제
에 대한 연구 과제",『중국사연구』, 제43집(중국사학회, 2006. 8.).

_____, "1960년대 중국의 국경 인식과 조선과 중국의 국경조약",『중국의 변강 인식과
갈등』(한신대학교출판부, 2007).

박용찬,『國境承繼와 Uti Possidetis 原則에 관한 研究』(서울대학교 법학석사학위논문,
1989).

박용현, "條約의 承繼에 관한 연구",『한국동북아논총』, 제3집(1996. 2.).

_____, "南北統一에 따른 國家承繼 問題",『統一問題研究』, 제15집 통권 18호
(2002).

박춘호, "北韓·蘇聯間의 河川·領海境界協定 分析",『法學論集』, 제29호(고려대학
교 법학연구소, 1993. 12.).

_____, "동북아에서의 영토분쟁: 불행하지만 현재 상태가 오랫동안 계속될 가능성 높
아",『北韓』, 통권 401호(북한연구소, 2005. 5.).

배성준, "중·일 역사 교과서의 근대 영토문제 서술",『중국 역사 교과서의 민족·국
가·영토문제』(서울: 동북아역사재단, 2006).

배재식, "南北韓의 法的關係",『大韓國際法學會論叢』제21권 제1·2호(대한국제법
학회, 1976. 12.).

백학순, "중국내전 시 북한의 중국공산당을 위한 군사원조",『한국과 국제정치』, 통권 19
호(경남대학교 극동문제연구소, 1994. 6.).

서병한, "Oder-Neisse 國境線",『大韓國際法學會論叢』, 제21권 제1·2호(대한국제법학

회, 1976. 12.).

서정천, 『間島領有權에 關한 硏究』(국방대학원 석사학위논문, 1996).

손춘일, "한국의 '간도영유권' 주장에 대한 비판적 고찰", 『간도학보』, 제2호(한국간도학회, 2005).

신각수, "領土紛爭에 있어서 地圖의 證據力: 國際判例를 中心으로", 『國際法學會論叢』, 제49호(대한국제법학회, 1981. 10.).

_____, "條約에 관한 國家承繼 -1977년 Vienna協約의 法的 檢討-", 『國際法學會論叢』, 제51호(대한국제법학회, 1982. 9.).

_____, 『國境紛爭의 國際法的 解決에 관한 硏究』(서울대학교 대학원 박사학위논문, 1991).

신성원, 『베트남-중국 영토분쟁 해결요인 연구: 베트남의 편승외교정책을 중심으로』(서강대학교 대학원 석사학위논문, 2006).

신용호, "독일통일과 조약의 국가승계", 『比較法學』, 제8집(전주대학교 비교법학연구소, 2008).

_____, "조약의 국가승계와 국가관행", 『國際法學會論叢』, 제48권 제3호(대한국제법학회, 2003. 12.).

신창훈, "통일 이후 북한이 체결한 기존 해양경계획정협정의 승계문제", 『서울국제법연구』, 제16권 제2호(서울국제법연구원, 2009. 12.).

심헌용, "근대 조·러 국경획정과 영토, 이주민 문제: 영토주권과 역사주권을 중심으로", 『북방사논총』, 제6호(고구려연구재단, 2005. 8.).

_____, "러시아의 극동진출 전략과 국경을 둘러싼 조·러 양국의 대응: 녹둔도를 중심으로", 『軍史』, 제56호(국방부군사편찬연구소, 2005. 8.).

신주백, "동북아 정세의 특징과 간도영유권문제 해결의 접근법 탐색", 『일본문화연구』, 제20집(동아시아일본학회, 2007. 1.).

씸비르쩨바 따지아나(Tatiana M. Simbirtseva), "1869~1870년간에 진행된 러시아와 조선 간의 경흥협상과 그 역사적 의의", 『한국민족운동사연구』, 제32집(한국민족운동사학회, 2002. 9.).

안성수, 『북한의 대중국 동맹관리 -비대칭 동맹이론을 중심으로-』(한국외국어대학교 대학원 석사학위논문, 2007).

양선, "남북한관계의 새로운 방안제시와 법적 문제", 『國際法學會論叢』, 제50호(대한국제법학회, 1982. 2.).

양태진, "北韓·中共의 領土紛爭", 『北韓』, 통권 제137호(북한연구소, 1983. 5.).

_____, "南北韓의 韓國領土問題 認識에 관한 考察: 특히 北韓側의 國境·領土問題에 대한 對應側面을 中心으로", 『통일연구』 제1권(서경대학교 통일문제연구소, 1996. 12.).

_____, "찾아야 할 녹둔도(鹿屯島) 땅", 『北韓』, 통권 369호(북한연구소, 2002. 9.).

_____, "韓·中邊界條約을 통해 본 北方限界線: 白頭山 天池를 中心으로", 『北韓學報』, 제32집(북한연구소·북한학회, 2007).

엄정일, 『南北韓 統一條約의 締結에 關한 硏究』(명지대학교대학원 법학박사학위논문, 2000).

우덕찬, "키프러스통일 문제에 관한 연구", 『지중해지역연구』, 제10권 제2호(부산외국어대학교 지중해연구소, 2008. 6.).

우준모, "지정학적 탈근대성과 영토·국경갈등의 평화적 해결: 러시아-카자흐스탄의 국경 간 정책 사례분석", 『21세기정치학회보』, 제16집 제2호(21세기정치학회, 2006. 9.).

유병화, "남북한 UN가입과 한국통일의 법적 문제", 『통일문제연구』, 통권 제11호(통일원, 1991. 9.).

유영박, "對淸關係에서 본 鹿屯島의 歸屬問題", 『領土問題硏究』, 제2집(고려대학교 민족문화연구소, 1985).

윤종설, "간도와 북중 국경선 조약의 통일한국에 대한 효력", 『간도연구』(법서출판사, 1999).

이규일, "남북예멘 통일과 교훈", 『외교』(한국외교협회, 1990).

이규창, "북한 조약법에 대한 연구", 『인문사회과학연구』, 제7권(부경대학교인문사회과학연구소, 2006. 10.).

_____, "국제인권조약 계속성론에 관한 연구: 남북통일과 관련하여", 『통일정책연구』, 제16권 제2호(통일연구원, 2007. 12.).

_____, "북-러 두만강 국경선 재설정 협의와 북방영토문제", Online Series; CO 08-21 (통일연구원, 2008).

_____, "남북한 조약법의 비교", 『남북교류와 관련한 법적 문제점(7)』(법원행정처, 2009).

이근관, "국가승계법 분야의 새로운 경향과 발전 -조약의 승계를 중심으로 하여-", 『서울국제법연구』, 제6권 제2호(1999. 12.).

_____, "1948년 이후 남북한 국가승계의 법적 검토", 『서울국제법연구』, 제16권 제1호(2009. 6.).

이부하, "영토조항에 대한 규범적 평가", 『통일정책연구』 제15권 제1호(2006. 6.).

이상훈, "헌법상 북한의 법적 지위에 대한 연구", 『법제』, 제53호(법제처, 2004. 11.).

이석우, "영토 취득과 관련한 국제법의 일반원칙과 한국의 간도 영유권 주장의 향후 연구방향에 대한 시론적 제언", 『白山學報』, 제72호(백산학회, 2005. 8.).

_____, "한국의 간도 영유권 주장을 위해 극복해야 할 현대 국제법의 법리 연구", 『白山學報』, 제74호(백산학회, 2006. 4.).

이석용, "북한과 소련(러시아) 간 영해경계획정", 『국제해양분쟁사례연구 Ⅵ』(서울: 해양수산부, 2006).

_____, "북한과 소련(러시아) 간 경제수역과 대륙붕 경계획정", 『국제해양분쟁사례연구 Ⅵ』(서울: 해양수산부, 2006).

이성덕, "間島 歸屬과 관련한 몇 가지 국제법적 문제에 대한 管見", 『中央法學』, 제10집 제2호(중앙법학회, 2008. 8.).

李盛煥, "간도영유권 문제와 한일합방의 관련성 검토", 『한국 근대의 북방영토와 국경문제』(국사편찬위원회, 2004. 12.).

_____, "간도 영유권 문제 해결을 위한 시론(時論)적 연구: '간도협약의 재검토를 통해서", 『동북아문화연구』, 제14집(동북아시아문화학회, 2008).

李聖煥, "大韓民國 國民의 範圍", 『法學論叢』 제9집(국민대학교 법학연구소, 1997. 11.).

이순천, 『條約에 對한 國家承繼 -最近의 國際實行과 南北統一時 適用問題를 中心으로-』(고려대학교대학원 박사학위논문, 1996).

이승현, "남북관계의 측면에서 본 개헌논의: 영토조항을 중심으로", 『국가전략』, 제12권 제2호 통권 제36호(2006. 6.).

이영준, 『旣存 國際法에 對한 新生國의 收容態度에 關한 考察』(경희대학교 석사학위논문, 1978).

이영진, "헌법상 영토·통일조항의 개정논의와 남북특수관계론-국가보안법의 위헌·폐지론과 관련하여-", 『통일사법정책연구(2)』(법원행정처, 2008).

이완종, "러시아의 극동진출과 중-러 국경획정 연구", 『北方史論叢』, 제4호(고구려연구재단, 2005. 4.).

이일걸, 『간도협약에 관한 연구』(성균관대학교 박사학위논문, 1990).

_____, "間島協約에 관한 國際法的 考察", 『國際法學會論叢』, 제72호(1992. 12.).

_____, "러시아의 沿海州 不法取得과 沿海州 韓人自治州 設立 問題", 『國際政治論叢』, 제36집 제3호(1997. 8.).

_____, "동북공정과 간도영유권 분쟁", 『한국 근대의 북방영토와 국경문제』(과천: 국사
　　편찬위원회, 2004. 12.).

_____, "間島協約 締結 100년의 回顧와 展望", 『간도협약 100년의 재조명: 회고(回
　　顧)와 전망(展望)』(서울: 북방민족나눔협의회 간도되찾기운동본부, 2009).

이장희, "남북합의서의 법제도적 실천과제", 『남북합의서의 후속조치와 실천적 과제』, 아
　　시아사회과학연구원 제1회 통일문제학술세미나(1992).

_____, "남북한 통일 이후 국가승계의 국제법적 과제", 『한국법학 50년 과거 현재 미래
　　(Ⅰ)』(한국법학교수회, 1998).

_____, "북한의 조약체결 당사자 능력 인정에 따른 법적 문제 연구", 『人道法論叢』,
　　제16권(1996).

_____, "북한의 국제법", 『북한법 50년, 그 동향과 전망』(서울: 아시아사회과학연구원,
　　1999).

이정남, "중국과 러시아 간의 영토분쟁과 해결방식", 이동율 외 8, 『중국의 영토분쟁』(서
　　울: 동북아역사재단, 2008).

이재곤·배상오, "Gabcikovo-Nagymaros 공동개발사업 사건", 『법학연구』, 제9권 제1호
　　(충남대학교 법학연구소, 1998. 10.).

이종걸, 『南北韓 統一以後 條約承繼에 관한 硏究』(명지대학교 법학석사학위논문, 2001).

이주현, "남북한 특수관계의 의미", 『남북교류와 관련한 법적 문제점(1)』(법원행정처,
　　2002).

이지철, "한·중수교 공동성명에 대한 심층적 고찰; 중·일, 중·미 수교성명과 대비하
　　여", 『외교』, 제24호(1992. 12.).

이한기, 『한국의 領土: 領土取得에 관한 국제법적 연구』(서울대학교 박사학위논문, 1969).

이현조, "조중국경조약체제에 관한 국제법적 고찰", 『國際法學會論叢』, 제52권 제3호
　　(2007. 12.).

이효원, 『南北韓特殊關係論의 憲法學的 硏究 —南北韓 交流協力에 관한 規範體系
　　의 摸索—』(서울대학교 박사학위논문, 2006).

임채완·장윤수, "연방제와의 비교를 통해 본 남북연합의 형성조건", 『한국동북아논총』,
　　제8권 제3호 통권 28집(2003. 9.).

장명봉, "國家聯合(Confederation)에 관한 硏究 —우리의 統一方案의 發展과 관련하
　　여—", 『國際法學會論叢』, 제64호(1988. 12.).

_____, "남북한 기본관계정립을 위한 법적 대응", 『유엔가입과 통일의 공법문제』(한국공
　　법학회, 1991).

장시정, 『國境 및 領土의 承繼制度에 關한 硏究 ─國家의 條約承繼에 關한 Vienna 協約과의 關係를 中心으로─』(서울대학교 법학석사학위논문, 1983).

장효상, "통일과 국가상속", 『韓國國際法學의 諸問題: 箕堂李漢基博士古稀紀念』(서울: 박영사, 1987).

전광석·박기갑, "東西獨 統一條約에 나타난 國家承繼條項 分析에 비추어 본 南北韓 間 可能한 國家承繼形態와 그 體制에 관한 硏究", 『'93 북한·통일연구 논문집(Ⅰ) 통일정책분야』(서울: 통일원, 1993).

정득규·박하일, "분단국의 통일정책과 공존정책의 균형유지방안" 『통일연구문제』, 제1호(전남대학교 통일문제연구소, 1974. 10.).

정용태, "國際法과 國家承繼 問題", 『法學論集』(청주대학교 법학연구소, 1994).

정인섭, "統一後 한러 국경의 획정", 『서울국제법연구』, 제14권 제1호(2007. 6.).

_____, "통일과 조약승계", 『경희법학』, 제34권 제2호(1999).

정재은, 『북한과 국제법-북한 조약법을 중심으로-』(고려대학교 석사학위논문, 2008).

정진석, "Gabčíkovo-Nagymaros Project 사건과 조약법", 『서울국제법연구』 제10권 제2호 통권 제19호(2003. 12.).

정현수, "北韓의 多者條約 가입 현황", 『서울국제법연구』 제5권 제2호(1998. 11.).

제성호, "헌법상 통일정책과 자유민주주의 -제3조 영토조항과 제4조 통일조항", 『자유공론』, 제322호(1994. 1.).

_____, "남측 연합제와 '북측 낮은 단계의 연방제' 비교", 『國際法學會論叢』, 제46권 제1호(2001).

_____, "남북통일과 국가승계", 『북한의 조약체결현황 및 향후 처리 방안』(법무부 제36차 남북법령연구특별분과위원회 학술회의 토론문, 2010. 9.).

조병현, 『地籍學 接近方法에 의한 北方領土問題에 關한 硏究』(경일대학교 박사학위논문, 2007).

焦潤明, "국경 분쟁을 해결하는 법리원칙", 馬大正 주편, 이영옥 옮김, 『중국의 동북변강 연구』(서울: 동북아역사재단, 2007).

최경수, "국가승계에 의한 조약의 효력: 독일의 경험과 우리의 대책", 『한국사회 개별 연구(ⅩⅩⅩⅡ)』(서울: 고려대 아세아문제연구소, 1993).

최대권, "韓國憲法의 座標 ─「領土條項」과 「平和統一條項」─", 『법제연구』 제2권 제1호(1992. 6.).

최덕규, "중국 역사 교과서의 중·러 국경 문제 서술", 『중국 역사 교과서의 민족·국가·영토문제』(서울: 동북아역사재단, 2006).

_____, "중소관계와 국경분쟁-전바오다오(珍寶島) 사건(1969)을 중심으로", 안병우 외 12, 『중국의 변강 인식과 갈등』(서울: 한신대학교출판부, 2007).

최완규, "남북한 관계의 전망과 과제", 『남북한관계론』(파주: 한울아카데미, 2005).

최장근, "간도문제에 있어서 일제논리의 수용 가능성", 『한국 근대의 북방영토와 국경문제』(과천: 국사편찬위원회, 2004).

_____, "'통일한국'에 있어서 '조중변계조약'의 위상 ―정치성과 법적 지위에 관한 분석―", 『동북아문화연구』, 제2집(2009).

최정섭, 『間島문제와 국제 관계』(전북대학교 박사학위 논문, 1997).

최태현, "國境問題에 대한 國際法的 考察 ―領土紛爭事例 整理 및 向後 展望―", 『韓中關係史 硏究의 成果와 課題』(과천: 국사편찬위원회 · 한국사학회, 2004).

_____, "외교적 방식에 의한 영토분쟁의 해결", 『法學論叢』, 제24집 제4호(한양대학교 출판부, 2007).

한명섭, "북한의 조약체결 현황 및 향후 처리 방안", 『북한의 조약체결현황 및 향후 처리 방안』(법무부 제36차 남북법령연구특별분과위원회 학술회의 자료, 2010. 9.).

_____, "남북합의서의 법적 성격과 법제화 방안", 『統一과 法律』, 통권 제5호(법무부, 2011. 2.).

한형건, "分斷國家의 再統一에 관한 國際法的 考察", 『國際法學會論叢』, 제71호(1992. 6.).

허전, "남북기본합의서와 헌법", 『法學硏究』 제5권(충북대학교 법과대학 법학연구소, 1993. 12.).

홍성필 · 최태현, "南北聯合의 法的 地位에 관한 硏究", 『統一에 따른 法的 問題硏究』(서울: 국토통일원, 1989).

황명준, 『간도영유권 문제의 국제법적 분석』(서울대학교 석사학위논문, 2004).

다. 기타 자료

『최신 북한 법령집』(북한법연구회, 2008).

『북한조약집 Ⅱ(1979.1.~1987.12.)』(국가안전기획부, 1988).

『북한의 조약집(1949~1982)』(국회도서관 조약국, 1982).

『북한연감(2000~2003)』(연합뉴스).

『북한연감(2004~2005)』(서울신문사).

『政治學大辭典』(서울: 박영사, 1983).

『고뉴스』.

『동아일보』.

『문화일보』.

『연합뉴스』.

『조선일보』.

『중앙일보』.

『한국일보』.

2. 북한문헌

가. 단행본

김일성종합대학, 『김일성종합대학학보: 력사법학』, 제45권 제3호(평양: 김일성종합대학출
       판사, 1999).

김일성종합대학 편, 『국제법학(법학부용)』(평양: 김일성종합대학출판사, 1992).

사회과학원 법학연구소, 『법학사전』(평양: 사회과학출판사, 1971).

                 , 『국제법사전』(평양: 사회과학출판사, 2002).

조선중앙통신사, 『조선중앙년감(수제89)(1988~2000)』.

『조선민주주의인민공화국 법전(대중용)』(평양: 법률출판사, 2004).

나. 논문

림동춘, "≪을사5조약≫은 국제법상 불법무효한 강도적인 조약", 『김일성종합대학학보:
       력사법학』, 제47권 제4호(김일성종합대학출판사, 2001).

     , "≪강화도조약≫은 침략적이며 불평등한 예속조약", 『김일성종합대학학보: 력사
       법학』, 제42권 제3호(김일성종합대학출판사, 1996).

박영수, "남조선괴뢰들과 일본반동들이 조작한 새 ≪어업협정≫은 침략적이며 매국적인
       범죄문건", 『김일성종합대학학보: 력사법학』, 제45권 제3호(김일성종합대학출판사,
       1999).

최금숙, "공화국국내수역의 중요제도", 『김일성종합대학학보: 력사법학』, 제50권 제4호

(김일성종합대학출판사, 2004).

다. 기타

『민주조선』.
『로동신문』.

3. 외국문헌

가. 단행본

Brownlie, I., *Principles of Public International Law*(Oxford: Clarendon Press, 1976).
_____, *Principles of Public International Law*(New York; Oxford: Oxford University Press, 1994).
Bühler, K. G., *State Succession and Membership in International Organizations: Legal Theories versus Political Pragmatism*(The Hague; Boston: Kluwer Law International, 2001).
Charney, J. I., & Alexander L. M., *International Maritime Boundaries*, Vol. 1(1993).
Chen, L. F., *State Succession relating to Unequal Treaties*(Hamden: Archon Books, 1974).
Craven, M., *The Decolonization of International Law : State Succession and the Law of Treaties*(Oxford; New york: Oxford University Press, 2007).
Crawford, J., *Creation of States in International Law*(Oxford: Clarendon Press, 1979).
Cukwurah, A. O., The *Settlement of Boundary Disputes in International Law* (Manchester: Manchester University Press, 1967).
Dixon, M., *Textbook on International Law,* 6th ed.(New York: Oxford University Press, 2007).
Garver, J. W., *Protracted Contest: Sino-Indian Rivalry in the Twentieth Century* (Seattle: University of Washington Press, 2001).

Glahn, G. V., *Law among Nations*, 4th ed.(New York: Macmillan, 1981).

Harris, D. J., *Cases and Materials on International Law*, 4th ed.(London: Sweet & Maxwell, 1991).

Jennings, R. Y., *The Acquisition of Territory in International Law*(Manchester: Manchester University Press, 1963).

Kelsen, H., *Principles of International Law*, Robert W. Tucker rev. and ed., 2nd ed.(1966).

Longman, *Oppenheim's International Law*. Vol. 1., edited by Robert Jennings and Arthur Watts, 9th ed.(London: Longman, 1996).

Newman, D., *Boundaries, Territory and Postmodernity*(London: Frank Cass, 1999).

Malanczuk, P., *Akehurst's Modern Introduction to International Law*(London; New York: Routledge, 1997).

McNair, L. A., *The Law of Treaties*(Oxford: Clarendon Press, 1961).

McWhinney, E., *The United Nations and a New World Order for a New Millennium: Self-determination, State Succession, and Humanitarian Intervention* (The Hague; Boston: Kluwer Law International, 2000).

Menon, P. K., *The Succession of States in Respect to Treaties, State Property, Archives, and Debts*(Lewiston: Edwin Mellen Press, 1991).

O'Connell, D. P., *The Law of State Succession*(Cambridge: Cambridge University Press, 1956).

_____, *International Law*(London: Stevens, 1965).

_____, *International Law*, 2nd ed.(London: Stevens and Sons, 1970).

_____, *States Succession in Municipal Law and International Law*(Cambridge: Cambridge University Press, 1967).

Papenfuss, Dieter., *Die Behandlung der voelkerrechtlichen Vertraege der DDR im Zuge der Herstellung der Einheit Deutschlands*(Heidelberg: Müller, 1997).

Shaw, M. N., *International Law*, 4th ed.(Cambridge: Cambridge University Press, 1997).

_____, *International Law*, 5th ed.(Cambridge: Cambridge University Press, 2003).

Shearer, I. A., *Starke's International Law*, 11th ed.(London: Butterworths, 1994).

Schindler, D. and Toman, J., *The Laws of Armed Conflicts*, 3rd ed.(Leiden: Martinus Nijhoff Publishers, 1988).

Udokang, O., *Succession of New States to International Treaties*(Dobbs Ferry: Oceana Publications, 1972).

United Nations, *Multilateral Treaties deposited with the Secretary-General Status as at 31 Dec. 1992*(United Nations, 1993).

吉林省革命委員會外事辦公室 編,『中朝, 中蘇, 中蒙 有關條約, 協定, 議定書 滙編』(吉林省: 吉林省革命委員會外事辦公室, 1974).

謝益顯 主編,『中國當代外交史(1949～2001)』(北京:中國靑年出版社, 2004).

徐現燮,『近代朝鮮の外交と國際法受容』(東京: 明石書店, 2001).

植田捷雄,『東洋外交史(上)』(東京: 東京大學出版會, 1969).

楊成緒 主編,『中國周邊安全環境透視』(北京: 中國靑年出版社, 2003).

李鋼 主編,『上海合作組織』(上海: 上海海關出版社, 2004).

李浩培,『條約法槪論』(北京: 法律出版社, 1987).

張小明,『中國周邊安全環境分析』(北京: 中國國際廣播出版社, 2003).

中華人民共和國外交部條約法律司 編譯, 『領土邊界事務國際條約和法律彙編』(北京: 世界知識出版社, 2006).

坂野正高,『近代政治外交史』(東京: 東京大學出版會, 1973).

나. 논문

Bello, E. G., "Reflection on Succession of States in the light of the Vienna Convention on Succession of States in Respect of Treaties 1978," 23 *GYIL*(1980).

Cortran, E., "Legal Problems arising out of the Formation of the Somali Republic," *International and Comparative Law Quarterly* (The British Institute of International and Comparative Law, July 1963).

Dzurek, D., "Deciphering the North Korean-Soviet(Russian) Maritime Boundary Agreements," *Ocean Development and International Law,* Vol. 23(1992).

Eberhart, M., "Staatensukzession," Strupp, Karl/Schlochauer, Hans Juergen, *Woerterbuch des Voelkerrechts,* Bd. 3(1962).

Fiedler, W., "State Succession," *Encyclopedia of Public International Law*, Instalment 10(1987).

Fravel, M. T., "Regime Insecurity and International Cooperation: Explaining China's

Comporomises in Territorial Disputes," *International Security*, Vol. 30, No. 2(2005).

Lester, A. P., "State Succession to Treaties in the Commonwealth," *ICLQ*, Vol. 12(1963).

Marston, G., "The Stability of Land and Sea Boundary Delimitations in International Law," G. H. Blake(ed.), *World Boundaries,* Vol. 5: Maritime Boundaries 144(1994).

Minh, T., "Remarques sur le Principle del'intangibilité des Frontières," *Peupeles et Etats du Tiers Monde Face à l'Ordre International*(1978).

O'Connell, D. P., "State Succession and the Effect upon Treaties of Entry into a Composite Relationship," *BYIL*, Bd. 39(1963).

_____, "Recent Problems of State Succession in Relation to New States," *Hague Recueil*, Vol. 130(1970).

Ong, D. M., "The Legal Status of the 1989 Australia-Indonesia Timor Gap Treaty following the End of Indonesian rule in East Timor," 31 *Netherlands Yearbook of International Law* 67(2000).

Schachter, O., "State Succession: The Once and Future Law," *Virginia J. of I.L,* Vol. 33(1993).

Schaffer, R., "Succession to Treaties: South African Practice in the Light of Current Developments in International Law," *ICLQ*, Vol. 30(1981).

Sinclair, S. I., "Some Reflections on the Vienna Convention on Succession of States in Respect of Treaties," *Essays in honour of Eric Castern*(1979).

Treviranus, H., "Die Konvention der Vereinten über Stattensukzession bei Vertragen," *ZaoRV* 39(1979).

Zemanek, K., "State Succession after Dekolonization," *Hague Recueil,* Vol. 116(1965).

小谷鶴次, "分斷國の法的地位", 『國際法外交雜誌』, 第68卷 第1號(1969).

_____, "分斷國と國際法の適用", 『國際法外交雜誌』, 第71卷 第2號(1972. 7.).

李國强, "中國陸路邊界源流沭略", 『中國邊疆史地研究導報』第4輯(1989).

다. 기타 자료

AJIL, Vol. 22(1928).

AJIL, Vol. 45(1951).

Bundesgesetzbalatt(1991 Ⅱ).

ICJ Reports(1960).

ICJ Reports(1962).

ICJ Reports(1986).

ICJ Reports(1997).

ICLQ, Vol. 12(1963).

ICLQ, Vol. 30(1981).

PCIJ, *Series A/B*, No. 46.

RIAA, Vol. 11(UN, 2006).

United Nations, *Multilateral Treaties deposited with the Secretary-General Status as at 31 Dec 1992*(United Nations, 1993).

Waldock, H., Doc. A/CN. 4/202, *Annuaire de la Commission du Droit International*, Vol. 11(1968).

Yearbook of the International Law Commission, Vol. Ⅱ(1962).

Yearbook of the International Law Commission, Vol. Ⅱ(1963).

Yearbook of the International Law Commission, Vol. Ⅱ(1968).

Yearbook of the International Law Commission, Vol. Ⅰ(1974).

Yearbook of the International Law Commission, Vol. Ⅱ(1974).

한명섭 ─────────────────────

경희대학교 법과대학 졸업
북한대학원대학교 졸업(북한학 석사)
경희대학교 대학원 졸업(법학박사, 국제법)
제32회 사법시험 합격
제22기 사법연수원 수료
전) 부산지검, 서울지검 남부지청, 인천지검,
    법무부 특수법령과(현 통일법무과) 검사
현) 변호사, 북한대학원대학교 겸임교수
    법무부 법무자문위원회 남북법령연구특별분과위원회 위원
    통일부 개성공단법률자문위원회 위원
    통일법제추진위원회 위원
    통일정책자문회의 위원
    법제처 남북법제자문위원회 위원
    대한변호사협회 통일문제연구위원회 위원
    북한인권소위원회 부위원장
    통일법제사이버아카데미위원회 위원장

조중국경조약의 승계 문제를 중심으로

남북통일과 북한이 체결한
국경조약의 승계

초판인쇄 | 2011년 10월 17일
초판발행 | 2011년 10월 17일

지 은 이 | 한명섭
펴 낸 이 | 채종준
펴 낸 곳 | 한국학술정보㈜
주   소 | 경기도 파주시 문발동 파주출판문화정보산업단지 513-5
전   화 | 031) 908-3181(대표)
팩   스 | 031) 908-3189
홈페이지 | http://ebook.kstudy.com
E-mail | 출판사업부 publish@kstudy.com
등   록 | 제일산-115호(2000. 6. 19)

ISBN   978-89-268-2713-0 93360 (Paper Book)
        978-89-268-2714-7 98360 (e-Book)